Über den Autor

Franz Endler gilt weltweit als einer der besten Kenner der österreichischen Musikgeschichte. Er wurde 1937 in Wien geboren und erhielt seine erste musikalische Ausbildung bei den Wiener Sängerknaben (u. a. Auftritte unter Herbert von Karajan). Nach dem Studium der Musikwissenschaft wurde er 1956 Musikkritiker in Wien. Seit 1973 veröffentlichte er zahlreiche Werke über Musik und die Geschichte Wiens (Geschichte der Stadt Wien in vier Bänden, Bücher über Wiener Musikgeschichte, Egon Wellesz, Karl Böhm, die Wiener Sängerknaben, die Wiener Philharmoniker, den Walzer, die Geschichte der Stadt Wien zwischen den Weltkriegen). Herbert von Karajan bestimmte ihn zum Autor seiner autorisierten Autobiographie, und bis zum Tod des Dirigenten waren sie freundschaftlich verbunden. Franz Endler ist in Wien Dozent an der Musikhochschule, Autor mehrerer Rundfunkreihen für den Österreichischen Rundfunk und Kulturchef der großen Wiener Tageszeitung »Kurier«.

FRANZ ENDLER

Immer nur lächeln...
Franz Lehár
Sein Leben – Sein Werk

Originalausgabe

WILHELM HEYNE VERLAG
MÜNCHEN

HEYNE SACHBUCH
Nr. 19/596

Besuchen Sie uns im Internet:
http://www.heyne.de

Umwelthinweis:
Das Buch wurde auf
chlor- und säurefreiem Papier gedruckt.

ISBN 3-453-13886-4

»Für meine liebe Frau«

Inhalt

Ein Wort zuvor...

Bald wird es ein Jahrhundert her sein, daß im Theater an der Wien, in dem Johann Strauß Hauskomponist war, die Operette »Die lustige Witwe« uraufgeführt wurde. Und fünfzig Jahre sind vergangen, seit ihr Komponist als kranker und einsamer Mann in seiner Villa in Bad Ischl friedlich gestorben ist.

Wir leben in einer musikalisch orientierungslosen Zeit, in der wir uns nicht entscheiden können, ob wir die Fülle an Melodien und meisterhaft komponierten Operetten eines Franz Lehár noch mögen dürfen oder ob wir uns von den hohlen Strickmustern in Bann schlagen lassen müssen, nach denen singende Katzen oder Eisenbahnen imitierende Rollschuhläufer auf der Bühne agieren.

Das sogenannte breite Publikum entscheidet sich nur schwer. Es ist von den theatralischen Einfällen und Effekten des Musicals – nennen wir das Unding ruhig beim Gattungsnamen – fasziniert und füllt die Häuser, die man auf Jahre an »Produktionen« vermietet, manchmal sogar eigens für sie erbaut hat. Andererseits verfällt das Publikum immer noch dem Zauber einer Operetten-Melodie, auch wenn diese ganz ohne technische Unterstützung erklingt.

Franz Lehár gegen Andrew Lloyd Webber?

Das wäre ein reizvolles, ein provokantes Thema, aus dem man mehr als ein Buch machen könnte.

Hier soll das lediglich ein Aspekt sein, der den Leser daran erinnert, daß er das Leben und die Werke des bedeutenden Komponisten Franz Lehár näher kennenlernen soll. Und zwar aus der Sicht eines kritischen Musikliebhabers, der noch viele enge Freunde und begeisterte erste Interpreten des Meisters gekannt hat. Der aber auch um die Gegenwart, die unmittelbare Konkurrenz weiß und sich Gedanken macht, wie es hundert Jahre nach der Entstehung von »Cats« auf den Bühnen dieser Welt aussehen könnte.

Im voraus sei verraten: der Autor wird gute Gründe dafür anführen, daß er an eine Zukunft der viel geschmähten Meister-operetten glaubt und sich wenig um die synthetisch erzeugten Kunstfiguren sorgt, die mit ihren kleinen Stimmen und einem Minimum an musikalischen Einfällen auskommen müssen.

Einfach und aufrichtig: Der Zauner-Stollen, kulinarisches Wahrzeichen der Operettenstadt Bad Ischl, kann mit dem Big-Mac weltweit nicht konkurrieren. Seine Qualität aber ist ohne Zweifel immer noch höher einzuschätzen.

Das gibt mir Mut.

Das nicht sonderlich aufregende, aber grundsolide Leben des Helden dieses Buches hat mich fasziniert. Ich will dem geneigten Leser die eine oder andere wenig bekannte Seite von Franz Lehár nahebringen und uns allen den Glauben lassen, daß Musik, die Generationen berührt hat, auch im nächsten Jahrhundert nicht vergessen sein wird.

Wien/Baden bei Wien, im Mai 1998

I

Kindheit in Ungarn

Die große, weltweit anerkannte und beschworene Musikalität, von der Österreich bis auf den heutigen Tag zehrt, lag den Völkern der alten Monarchie nicht erst im neunzehnten Jahrhundert im Blut. Sie war über viele Generationen entstanden, stets von den Herrschern geschätzt und ausgeübt und gleichzeitig von allen ihren Untertanen, auch den ärmsten, geliebt und verstanden. Das war es, was die Musikalität der Donaumonarchie ausmachte.

Das alte Kaiserreich, das man jetzt unstatthaft vereinfachend Österreich-Ungarn nennt, war ein Staat, in dem sehr viele Völker beheimatet waren: Der volle Titel der Apostolischen Majestät erwähnt viele von ihnen.

Franz Joseph I. war Kaiser von Österreich, Apostolischer König von Ungarn, König von Böhmen, von Dalmatien, Kroatien, Slavonien, Galizien, Lodomerien und Illyrien, König von Jerusalem, Erzherzog von Österreich, Großherzog von Toscana und Krakau, Herzog von Lothringen, von Salzburg, Steyer, Kärnten, Krain und der Bukowina, Großfürst von Siebenbürgen, Markgraf von Mähren, Herzog von Ober- und Niederschlesien, von Modena, Parma, Piacenza und Guastalla, von Auschwitz und Zator, von Teschen, Friaul, Ragusa und Zara, gefürsteter Graf von Habsburg und Tirol, von Kyberg, Görz und Gradiska, Fürst von Trient und Brixen, Markgraf von Ober- und Nieder-Lausitz und in Istrien, Graf von Hohenembs, Feldkirch, Bregenz, Sonnenberg, Herr von Triest, von Cattaro und auf der windischen Mark, Großwojwode der Wojwodschaft Serbien etc. etc.

Wenn man seine Titel langsam vor sich hin spricht, hört man mit einiger Phantasie auch sehr viel unterschiedliche Musik, die mit den einzelnen Völkern oder Stämmen oder Nationalitäten verbunden ist. Und wenn man für einen Augenblick die Musik vergißt und sich nur für den Monarchen mit den ungezählten

Titeln interessiert, dann muß man anmerken, daß er als beinahe erster Habsburger unmusikalisch war, zum Ausgleich dafür aber pflichtbewußt war und um das Wohlergehen seiner Untertanen bemüht.

Man warf ihm vor, kaum mehr als der oberste seiner Beamten zu sein, und dieser Vorwurf mag zu Recht bestanden haben. Aber er achtete darauf, daß alle seine Beamten pflichtbewußt arbeiteten und als Diener des Staates einem Grundsatz huldigten, der seither mehrfach vergessen wurde. Unter Franz Joseph I. waren alle Menschen gleich. Die vielen Völker, aber auch die Rassen und Religionen, sie alle hatten Anteil am kaiserlichen Glanz. Die Menschen wußten sich von ihm geschützt – hatte nicht der Kaiser, als seine geliebten Wiener den pragmatischen Antisemiten Lueger zum Bürgermeister wählten, immer wieder vermieden, ihm seine »Bestätigung« zu erteilen? Aus keinem anderen Grund als dem, daß er Antisemitismus nicht leiden konnte?

Alle seine Untertanen brachten ihre Eigenart, ihre Sprache, ihr Erbe in das Reich des vorletzten Habsburgerkaisers ein, vor allem in den Jahren, in denen die Männer von daheim fort und zum Militär mußten. Man beließ sie als Soldaten nie in ihrer Heimat, man transferierte sie in die Weiten der Monarchie, man verstreute sie über das riesige Reich. Sie sollten erkennen, wie groß und herrlich das Land war, dem sie zu dienen hatten. Außerdem sollten sie keine Möglichkeit haben zu desertieren.

Wo sie stationiert waren, da sangen oder tanzten sie nicht nur mit ihren jeweiligen Bräuten, dort hatten sie ihre Kapellen, zu deren Klängen sie marschierten. An Sommersonntagen, keineswegs nur am 28. August zu Kaisers Geburtstag, riefen sie der heimischen Bevölkerung heiter in Erinnerung, daß sie von einer Armee beschützt wurde, in der man auf elegante Uniformen Wert legte. Jahre später jammerte man im Volksmund: »So ein schönes Heer. Und was tun wir? Wir schicken es in einen Krieg.«

Militärkapellen, Regimentskapellen. Sie waren in der Monarchie mehr als eine kleine Kapelle aus ein paar Klarinetten und Trompeten und der großen Trommel, die auf einem von einem Pony gezogenen Wagen mitgeführt wurde. Sie waren richtige

Klangkörper. Ausgebildete Musiker dienten, jedes Regiment war stolz auf seine Kapelle und seinen Kapellmeister. In der letzten Blütezeit dieser Institution waren sie einem Symphonieorchester durchaus ebenbürtig. Sie leisteten sich des begeisterten Publikums wegen eine Streicherbesetzung, wie man sie nicht an jedem Stadttheater hören konnte.

Der Kaiser, der erste wirklich unmusikalische Habsburger auf dem Thron, lebte und dachte als Soldat: Er vergaß den Wienern nicht, daß sie 1848 eine Revolution veranstaltet hatten und baute, als er insgeheim die Restauration betrieb und vor der Welt großzügig die Stadterweiterung zuließ, eindrucksvolle Kasernen an strategisch wichtigen Punkten des neuen Wien. Die Präsenz der Armee gab auch in Friedenszeiten jedem seiner Untertanen Sicherheit – und sollte für Ordnung sorgen. Aber der Kaiser hatte auch Sinn für den »Zauber der Montur« und wußte, daß zu diesem auch die Musik gehört. Aus diesem Grund war er auch stolz auf seine Kapellmeister und seine Musiker. Wenn er die Kapellknaben in der Hofburgkapelle nicht wie seine erlauchten Vorfahren selbst auswählte und die prunkvollen Messen, die jeden Sonntag aufgeführt wurden, im Hausoratorium nur mit einem halben Ohr hörte – wenn er die glanzvollen Walzer seiner Hofball-Musikdirektoren nicht unterscheiden konnte und selbst wußte, wie qualvoll nicht nur für ihn, sondern auch für seine Gäste die Bälle bei Hof waren – wenn er es möglichst vermied, einer Vorstellung seiner k.k. Hofoper beizuwohnen, weil er nicht verstand, weshalb ganz Europa ihn um dieses Haus und seine Sänger beneidete –, die Militärmusik gehörte zu ihm, war ihm nicht nur dienstliche Pflicht. Einen wirklich guten Militärkapellmeister belobigte der Kaiser gern.

Die k.k. Militärmusik hat eine große Tradition. Man kann sie bis zu Kaiser Maximilian I. (1493–1519) zurückverfolgen, dem Kaiser aus Innsbruck, der sein Haus in Wien mit großer Sorgfalt auch in musikalischen Belangen einrichtete. Trommler und Trompeter hießen über Generationen die Spielleute, ihr Signal war entweder Befehl oder Unterhaltung.

Sie waren wie die meisten Musiker auch Komponisten. Das Lied vom Prinzen Eugen ist, wie jeder Musikliebhaber weiß, von einem Trompeter erdacht, der es singen ließ, damit er sich »den Schnurrbart streichen« und leise zur Marketenderin schleichen konnte ...

Seither hatte es im kaiserlichen Dienst immer Musiker aller Arten gegeben. Die »infanteristische Militärmusik« nahm ihre Instrumente und Musikanten aus allen Gegenden, zu Pfeifer und Trommler kamen die Oboe, das Fagott, Böhmens Beitrag war das virtuos geblasene Waldhorn, die Nachfahren der Janitscharen hatten außer Glockenspiel und Trommel neue Rhythmen eingebracht. Und fertig war eine Musik, die sich im militärischen wie im zivilen Bereich auch Harmoniemusik nannte und ein Ensemble darstellte, für das Generationen von Komponisten ihre schönsten Melodien »setzten«, um sie unter das Volk zu bringen. Wolfgang Amadeus Mozart, am Wiener Hof auch Komponist für Ballmusiken, war immer darauf bedacht, seine neuesten Schlager nicht von routinierten Kollegen verarbeiten zu lassen, sondern selbst für Arrangements zu sorgen – weil er es besser konnte und weil er die Honorare für diese populäre Form der Darbietung benötigte. Und nicht nur Mozart sorgte dafür, daß Musik »für die Harmonie« geschrieben wurde.

Beim lauten Klang der Bläser blieb es jedoch nicht, man hatte hundert Jahre später auch Geigen und Bratschen und Celli im Orchester und war imstande, als militärische Formation mit Brillanz ein ganzes Kurorchester zu ersetzen. Die Militärmusik leistete dies in der Residenzstadt und anderswo; die berühmte Kapelle Strauß, geleitet von Eduard, dem Jüngsten, mußte in der zweiten Hälfte des neunzehnten Jahrhunderts immer öfter auf Reisen in die Welt, weil es in Wien zu viel billige, aber durchaus respektable, vom Publikum angenommene Konkurrenz in Uniform gab.

Die strengen Regeln sind erhalten; wo das Haus Habsburg herrschte, da gab es auch Vorschriften. Immerhin, sie helfen uns, den Stand der Kapellen genau zu kennen. »Von den bey einem Infanterie Regiment befindlichen 48 Spielleuten können 8 dergestalt zu Hautboisten genommen werden, daß vier die Feld Bataillons und vier das Garnisons Bataillon darstellen, es darf aber von einer Compagnie nicht mehr als ein Spielmann darzu gebraucht werden, und wenn das Garnisons Bataillon in einem abgesonderten Land liegt, wo eine mindere Löhnung abgereichet wird, so ist hievon bei den Feld Bataillons zugetheilten 4 Köpfen, die in dem Land, wo diese letzteren liegen angemessenere ganze Löhnung zu verabreichen, ohne daß der Regiments Unkosten Fundus hierzu zu concurriren habe.« Daß die Entlohnung genauestens festgelegt war, versteht sich. Uns interessiert nur die Stärke einer Regimentskapelle. Sie betrug immerhin achtundvierzig Mann.

Daß es einen Tambourmajor zu geben hatte und dieser vor allem repräsentative Aufgaben hatte, ist eine wesentliche Nachricht für Musikfreunde, die Alban Bergs »Wozzeck« und die Faszination des Tenors auf die arme Marie verstehen wollen. Der »Gott Mars im Unteroffiziersstil« war dazu da, um Aufsehen zu erregen und Prestige zu verdeutlichen. Für die Kapelle unerläßlich war aber der Kapellmeister, der »Unterricht« zu geben hatte. Von seiner Kompetenz hing es ab, welche Qualitäten ein Ensemble aufzuweisen hatte. Und außerdem war er in der wahrlich guten alten Zeit der Komponist des jeweiligen Regimentsmarsches und einiger besonders populärer Melodien, mit denen jede Kapelle aufzuwarten hatte.

Die Untertanen der Habsburger hatten ausgebildete Ohren, die genau unterscheiden konnten zwischen einem Haufen zusammengewürfelter Musikanten und einer exzellent besetzten und mit Begeisterung spielenden Kapelle. Das Publikum behielt die Melodien genau im Kopf und wußte, wer da aufmarschierte oder musizierte: Daß sehr viel später die Entstehung des einen oder anderen Marschs zum Inhalt einer Operette oder eines operettenhaften Films wurde (»Die Deutschmeister« oder so ähnlich heißen sie und sind in unserer Zeit wiederum allgemein bekannt, weil der Moloch Fernsehen sie alle braucht, um seine Programmstunden zu füllen), kann nur den verwundern, der die bereits eingangs erwähnte Freude an der Musik in Stadt und Land als Wunder bezeichnet.

Um 1822 dekretierte Kaiser Franz persönlich ganz präzise, welche Stärke die »Regiments Musiken« zu haben hatte, kümmerte sich auch um die Uniformen der Musiker und wollte ihnen keine blauen Röcke zugestehen, weil der leicht schmutzende weiße Besatz auf solchem Tuch »schwer oder gar nicht zu putzen« war. Selbst das Mindestalter der Musiker wurde damals festgelegt. Die Aufnahme von Knaben im Alter von fünfzehn Jahren war gestattet, um für den Nachwuchs zu sorgen und weil es auch dem allerhöchsten Herrn einleuchtete, daß ein entsprechender Effekt nur von einem Mann zu erwarten war, der schon früh Musikunterricht erhielt. Das Instrumentarium dieser Zeit: Flöten, Oboen, F- und C-Klarinetten, B-Bassetthörner, Fagotte, Contrafagotte, Baßhörner, C-Serpentine, Hörner, Trompeten, Tenor- und Baßposaunen, kleine und große Trommel, Becken und Triangeln.

Im Wien des Vormärz hatte sich auch die Bürgerschaft der Residenzstadt eigene Regimenter und eigene Kapellen gehalten. Joseph Lanner und Johann Strauß Vater, dann auch Johann Strauß Sohn hatten Uniform getragen und darauf geachtet, daß ihre Musiker nicht nur präzise, sondern auch mit Schwung musizierten.

Ihnen und ihren militärischen Kollegen war bewußt, was es hieß, Musik zu machen. Sogar die Trompetensignale, die nichts anderes als Befehle waren, hatten die Brüder Haydn erfunden. Mozart ließ sich von Militärmusik inspirieren, und Beethoven hatte sogar ein großes Schlachtengemälde komponiert. In seiner einzigen Oper zogen die Wachen nicht ohne Marschmusik in der Zitadelle auf ...

Und bald bestand die wirklich attraktive Regimentsmusik nicht nur aus Bläsern, sondern leistete sich eine ansehnliche Abteilung an Streichern. Die damals erst in Gründung befindlichen Wiener Philharmoniker hatten als erste Konkurrenten die Kapellen, die unter militärischer Patronanz in voller »symphonischer« Besetzung aufzuspielen pflegten.

Eduard Hanslick, Wiens gestrenger Oberrichter der Musik, wußte sich immer wieder lobend über die Militärkapellen und ihre Wirkung auf das Publikum zu äußern. Sie seien allenfalls in der Residenzstadt entbehrlich, »draußen aber, wo es weder ein Opernhaus noch einen Konzertsaal gibt, da bringt die Militär-

16

musik dem Volk eine Ahnung von der Schönheit der Musik«, schrieb er und sah als großartiger Freund der Großen seiner Zeit ein wenig gönnerhaft auf die Gegenden, aus denen der Nachwuchs an Musikern und Musikfreunden kam. Die Musik war ihm allerdings auch für das einfache Publikum wichtig. Die Konzerte waren zumeist gratis, denn sie fanden unter freiem Himmel statt; jedermann konnte nicht nur Märsche, sondern auch große Musik, Ausschnitte aus Opern und ganze Symphonien hören. Hector Berlioz wurde, als er Prag besuchte, durch eine Aufführung seiner Musik überrascht – der »zeitgenössische« Komponist bedankte sich. Berlioz hatte in seiner Heimat eine ähnliche Auszeichnung nie erfahren ...

Und ähnliches wäre auch heutzutage völlig undenkbar. Man stelle sich einmal vor: Da käme Pierre Boulez nach Wien, ginge in den Volksgarten und die Musik, die dort an Sommernachmittagen unterhält, spielte zu seinen Ehren eine seiner Kompositionen. Die Musiker hätten nicht die Noten, nicht die Technik. Das Publikum hätte nicht das Verständnis, nicht die einstmals einende Freude an der Musik, die »Oben« und »Unten« komponiert wurde, um dem Publikum »ins Ohr zu gehen« und auf dem Heimweg gesummt zu werden ...

Die Zeiten haben sich spätestens um die Wende zum zwanzigsten Jahrhundert für die Musik ein für allemal verändert, die unselige Unterscheidung zwischen ernster und unterhaltender Musik wurde nicht nur in den Gesellschaften, die Tantiemen abrechnen, sondern auch in den Köpfen der Musiker wirksam, und wir alle leben in traurigen Ghettos. Die einen erkennen noch einen Schlager, den andere nie gehört haben wollen. Letztere fühlen sich erhoben und bestätigt, wenn sie aus einem Konzert kommen, in dem man ihnen »die Gegenwart« auch akustisch vorgeführt hat. Zueinander finden diese beiden Gruppen der Gesellschaft nie. Voneinander halten sie so gut wie gar nichts. Gäbe es nicht kommerzielle Interessen, neuerdings sogar ernsthaft kommerzielle Erwägungen, die den Wechselbalg des »Crossover« gezeugt haben, die beiden erwähnten Gruppen wüßten nicht einmal voneinander. So unnatürlich, so wenig fruchtbar ist unsere Zeit im Gegensatz zu der des ausgehenden neunzehnten

Jahrhunderts, in denen Joseph Strauß die Wiener Erstaufführungen von Richard Wagner dirigierte und Hector Berlioz
nicht nur für die Strauß-Musik eintrat, sondern als ein Revolutionär der Musik von österreichischen Militärkapellen aufgeführt wurde.

Die Habsburger, die musikalischen und auch ihr beinahe letzter,
unmusikalischer Herrscher, hatten gottlob wenig Sinn für das Mar-
tialische. Bei Paraden sollte nicht getrommelt, sondern schwung-
voll gespielt werden. Die Burgmusik, die täglich um die Mittags-
stunde bei der Ablösung der Burgwache mitmarschierte, sollte
nicht bedrohlich, sondern heiter und erhebend klingen. »Die
Banda kommt«, sollte ganz Wien rufen und Freude daran haben.

Platzkonzerte an Sonntagen waren kein verordneter Dienst,
sondern musikalische Ereignisse, die vor Kennern vorgetragen
wurden. Die Kapellen spielten nicht nur den Regimentsmarsch
und die biederen Kompositionen abkommandierter Taktschlä-
ger; sie absolvierten ein breites Programm, sie kannten Klassi-
ker und später auch die Schlager aus den neuesten Operetten.
Und selbstverständlich alle Walzer.

In manchen Teilen der Monarchie zogen sie auch als Demonstration der ungeliebten Besatzungsmacht auf und waren gleichsam tönende Fahnen in Feindesland – die Italiener waren von
den Konzerten auf der Piazza Bra in Verona ebensowenig ange-
tan wie von den musikalischen Auftritten der Österreicher auf
dem Markusplatz in Venedig. Trotzdem, insgeheim hörten sie zu
und sie bewunderten wahrscheinlich stumm die Soldaten, die es
sich nicht nehmen ließen, in Venedig auch den großen Meister
Richard Wagner zu ehren: Die Kapellen spielten seine Kompositionen in dem Land, in dem Giuseppe Verdi mit seiner Musik
den nationalen Aufstand predigte.

Man weiß, daß anno dazumal die Musikliebhaber auch in
Italien in Lager gespalten waren und es selbstverständlich italienische Wagnerianer gab, die sich nicht daran störten, daß
Giuseppe Verdi »ihre« Musik komponierte und »ihre« Freiheit
forderte. Sie nannten Verdis Opern »Leierkastenmusik« und
zeigten sich begeistert von dem großen Deutschen.

Wagner selbst schreibt 1858: »Sonderbarerweise war es das

recht deutsche Element der guten Militärmusik, wie es in der österreichischen Armee so vorzüglich gepflegt wird, welches mich hier auch in eine gewisse Berührung mit der Öffentlichkeit gebracht hat. Die Kapellmeister der beiden in Venedig kantonierten österreichischen Regimenter gingen damit um, Ouvertüren von mir, wie die zu *Rienzi* und *Tannhäuser*, spielen zu lassen, und ersuchten mich darum, in ihren Kasernen den Einübungen ihrer Leute beizuwohnen.... Ihre Musikbanden spielten abwechselnd bei glänzender Beleuchtung in der Mitte des Markusplatzes, welcher für diese Art von Musikproduktionen einen wirklich vorzüglichen akustischen Raum abgab ... Nur fehlte es hierbei gänzlich an dem, was man so leicht sich sonst von einem italienischen Publikum hätte erwarten müssen: Zu Tausenden scharte man sich um die Musik und hörte ihr mit großer Spannung zu; nie aber vergaßen sich zwei Hände so weit, zu applaudieren, weil jedes Zeichen des Beifalls einer österreichischen Militärmusik als ein Verrat am Vaterland gegolten haben würde.«

Österreichs stolze Musikfreunde wissen es genau: Für Wagner spielten die Kapellen des Infanterieregiments 62 und die Musik der k.k. Kriegsmarine. Der Kapellmeister hieß Josef Sawerthals, dessen Nachfahren einen Dankbrief Richard Wagners aufbewahrt haben, der nachweist, wie genau der Komponist zugehört hatte und wie aufrichtig er in seinem Urteil war. »Mit dem Tempo vollkommen einverstanden. Nur (4 Takte vor dem Allegro) mehr Trommeln und sehr stark. Die Stelle war matt.« So schreibt man sich nur unter Kollegen ...

Musik war, wieder einmal, nicht frei von politischen und anderen Untertönen. Allein daß und wie und wo Musik gespielt wurde, hatte nicht nur die erhebende, sondern oft auch eine zweite, eine abträgliche Wirkung. Was den Österreichern als der traditionelle Auftritt einer musikalischen Nation galt, das war den Italienern eine Kundgebung der verhaßten Besatzungsmacht.

Kein Zweifel allerdings kann daran bestehen, daß die zwei »Musikbanden«, die in Venedig stationiert waren, aus ausgesuchten Musikern zusammengesetzt waren. Denn schließlich galt es, die Macht, aber auch die Ehre des Kaisers zu wahren.

Nicht anders verhielt es sich bei einer Konkurrenz der Militärkapellen, die 1867 in Paris stattfand. In Wien hatte man nach Probespielen die Banda des IR 73 ausgewählt und durch »die besten Instrumentalisten anderer Regimentsmusiken« verstärken lassen. Es lohnte sich, denn zwanzig Kapellen traten in Paris zum Wettstreit an, jede hatte als Pflichtstück die Ouvertüre zu »Oberon« von Carl Maria von Weber und anschließend eine Komposition eigener Wahl zu spielen. Eduard Hanslick, in der Jury, deutete an, daß es nur Höflichkeit gewesen sei, die schließlich drei erste Preise vergab: An Österreich, Preußen und Frankreich. Wieder hatte man Anerkennung gewonnen und dem Kaiser selbst gedient.

Dem Kaiser zeigte man mit »klingendem Spiel« auch täglich an, daß Wachablösung war. Angeblich konnte man ihn nur mit der Militärmusik an das Fenster seines Arbeitszimmers locken, weil er Militärmusik verstand ...

Franz Joseph I. wurde nicht nur Musik zur Wachablösung geboten, bei gutem Wetter musizierte die Burgmusik unmittelbar darauf mit Erlaubnis Seiner Majestät für das Publikum im Inneren Burghof, dessen Akustik wunderbar war und ist. Tagtäglich gab es in Wien den Anmarsch vom Ring her, vom Burgtheater durch die Löwelstraße, über den Michaelerplatz, durch die Michaelerkuppel in den Burghof. Und anschließend den Abzug hinaus über den damals noch nicht so genannten Heldenplatz wieder gegen den Ring zu. Unzählige Geschichten sind rund um dieses musikalische Spektakel erfunden worden. Es war die österreichische Antwort auf »Changing the Guards«, anstelle der grandiosen Kavalleristen bot die Monarchie Musik. Sie mußte nur dann kurz ausfallen, wenn der Kaiser ausländische Botschafter empfing oder man Rücksicht auf ein krankes Mitglied des Erzhauses zu nehmen hatte.

So herrlich ging es, was die Musik anlangt, nicht nur unter den Fenstern des Kaisers in der Hofburg zu, sondern überall, wo es die Monarchie gab.

Freilich, in Wien war es lauter und prächtiger als irgendwo sonst im großen, weiten Reich. Dort musizierten die Besten und dirigierten die Bekanntesten. In Wien war das zahlreichste und das musikalischste Publikum.

In Wien konnte man beispielsweise zum Jahreswechsel 1886/87 sehr viele Kapellen hören. Carl Michael Ziehrer leitete als Kapellmeister das IR Nr. 4 (die einfache Bezeichnung für die Hoch- und Deutschmeister) in Drehers Etablissement auf der Landstraße. Und seine Kollegen an diesem Tag? Kapellmeister Komzak mit dem IR Bauer im k.k. Volksgarten, Kapellmeister Král mit dem IR Rheinländer im Cursalon, Kapellmeister Czibulka mit dem IR Mecklenburg in den k.k. Blumensälen, Kapellmeister Czerny mit dem IR Handel im Sofiensaal, Kapellmeister Sochor mit dem IR Erzherzog Wilhelm in Tuchers Bierhalle, Kapellmeister Sicora mit dem IR Degenfeld im Glücksradel-Saal, Kapellmeister Obhlidal mit dem IR Erzherzog Ludwig Victor im Saal »Schwarzer Adler«, Kapellmeister Loscot mit dem IR Windischgraetz im Hotel Rabl, Kapellmeister Sebor mit dem IR Raiffel im Casino Elterlein und Kapellmeister Panhans im Prater im 2. Caféhaus. Gut fünfzehn Kapellen in Zivil waren zu diesem Neujahrswechsel ebenfalls engagiert – die Wiener hatten Interesse an ihnen allen. Die Konkurrenz war groß. Versteht man, daß es da zivile Kapellen schwer hatten, selbst wenn ein Strauß an der Spitze stand? Das Repertoire all der Musikanten war nicht ähnlich, sondern gleichwertig. Das Auftreten der uniformierten Musiker war keine Pflichtübung, sondern selbstbewußt. Gegen sie anzuspielen, war nicht leicht.

Das aber war nur die Musik, die in der Kaiserstadt geboten wurde, ein Bruchteil der Militärkapellen des Kaisers, die für den Jahreswechsel Programme studiert und annonciert hatten. Noch das kleinste Städtchen, wenn es nur Soldaten in der Nähe hatte, wollte etwas gelten und hatte ähnliches aufzuweisen. Wenigstens, was die Musik anging.

Dabei ging es überall hoch her. Man war entweder konkurrenzlos und musizierte für die Bevölkerung einer Stadt, die sich ihr Amüsement nicht auswählen konnte. Oder man war nach Wien abkommandiert, dann hatte man sich vor dem schwierigsten Publikum der Welt und vor vielen, vielen anderen Musikern zu bewähren, die auch im Prater oder in einer »Bierhalle« nicht einfach Musik, sondern die allerbeste Musik hören wollten.

Und wenn man nicht nach Wien kommandiert war, aber etwas

gelten und weiterkommen wollte, dann mußte man anderswo in der Monarchie nachweisen, daß Triest oder Pola oder eine andere Garnison in Sachen Musik der Residenz nicht nachstand.

Das heißt, es war nicht nur für einen einfachen Musiker, sondern vor allem für einen Kapellmeister undenkbar, lediglich »Dienst« zu tun. Stets war gesunder Ehrgeiz und die Hoffnung auf eine Platz im Himmel der Musik dabei. Hatte man nicht das sicherste Erbe des Reiches mitzuverwalten? War man nicht Inbegriff der weltweit anerkannten Übermacht der Monarchie? Der Monarchie der Musik?

Wenn die Briten stolz waren auf ihren Rasen, der nichts weiter brauchte als ständige Pflege über Generationen, so waren die Völker der Monarchie der festen Überzeugung, in ihrer Musikalität unübertroffen zu sein. Sie hatten sie von ihren Vätern geerbt.

Die Musikalität in der Monarchie war unbeschreiblich vielfältig. Die Italiener hatten sie. Die Tschechen hatten sie. Die Ungarn hatten sie. Die Janitscharen hatten sie gehabt, als man sie kennenlernte und von ihnen nicht viel, aber ihre Musik übernahm. Und so unterschiedlich die Völker in ihrer Mentalität waren und zu bleiben gedachten, in der Musik vermischten sie sich glücklich.

Die Sprachen fanden nicht zueinander. Im Gegenteil, sie trennten, sie ließen die Soldaten wie die Musiker an ihre Verschiedenheit denken. Ihre Musik aber verband sie.

Das war der Nährboden, aus dem der Militärkapellmeister Franz Lehár, Sohn des Militärkapellmeisters Franz Lehar, zum erfolgreichsten Komponisten seiner Zeit heranwuchs. Seine Geschichte ist auch fünfzig Jahre später noch zu erzählen.

Allerdings, man soll nicht eilen dabei, man soll an den Humus erinnern, aus dem seine Familie, sein Vater, sein Stand kamen.

Die Liste der Vorfahren, nur einmal aus dem Stand der Militärkapellmeister, ist lang, und viele von ihnen haben ihrem berühmtesten Nachfahren nicht nur Verantwortung, sondern auch Erfahrung hinterlassen. Ein ordentliches Register zählt unter anderen auf: Alfons Czibulka, ein klingender Name – er musizierte in Prag, Krakau, Triest, Peterwardein, Bozen und selbstverständlich in Wien, bearbeitete Beethovens Kompositionen, und als er 1894 starb, kam zu seinem Requiem der Freund Franz von Suppé, ein Nachfahre Gaetano Donizettis.

Josef Fahrbach zählte zur Familie, als sie der Dynastie Strauß erst als treue Mitarbeiter, dann als tapfere Konkurrenten diente, er war Flötist und Soldat, erlebte die Feldzüge des Radetzky hautnah und endete sein Leben in Zivil als seriöser Musiker und Mitglied der Hofmusikkapelle zu Wien.

Seine Anverwandten: Philipp Fahrbach senior und junior waren die wahren Strauß-Rivalen. Der Vater brachte es zum Hofball-Musikdirektor, zog zeitweilig die Uniform aus und diente dann wieder – als geachteter und tüchtiger Musiker konnte man zurück in den Dienst des Kaisers, wenn man als freier Unternehmer Pech gehabt hatte. Der Sohn wurde zwar vor allem als Kapellmeister auf Tourneen, also auch mit zivilen Kapellen (und mit fremden und eigenen Walzern selbstverständlich) weltbekannt, die letzten zehn Jahre seines Lebens aber wirkte er in »ungarischen Garnisonen«. Er ging zuletzt nach Wien und wurde 1894 »aus dem aktiven Wirken«, also wieder als Militärkapellmeister, gerissen.

Julius Fucik ist ein Name, der nicht fehlen darf. Der Prager wurde unterrichtet und gefördert von Antonin Dvořák. Wenn er nicht bei einem Regiment diente, war er Theaterkapellmeister, immer war er Komponist. Wenigstens seine Märsche sind bis in unsere Zeit bekannt – und wenn einer meint, er kenne keinen, dann weiß er doch vom »Einzug der Gladiatoren«. Dieser Marsch ist nicht nur in Wien allemal zu hören, wenn es Ringkämpfe gibt und sich die Teilnehmer vor Beginn der Vorstellung ihrem Publikum präsentieren.

Josef Gungl kam aus Ungarn und stand im Schatten von Johann Strauß Vater. Josef Hellmesberger wurde zwar als Geiger und Lehrer am Wiener Konservatorium berühmt und war gewissermaßen der Vater einer ganzen Schule von ausgezeichneten Wiener Musikern, er diente seine Militärzeit jedoch als Kapellmeister ab und war der einzige unter ihnen, der es als Nachfolger Gustav Mahlers zum ständigen Dirigenten der Wiener Philharmoniker brachte. Noch unter Mahler dirigierte er die

»Fledermaus« in der Hofoper, deren Ouvertüre aus besonderem Anlaß noch einmal der Komponist selbst geleitet hatte – es war das letzte Mal, daß der Walzerkönig vor seinem Publikum stand.

Karl Komzak, der klassische böhmische Musikant, ist als Orchestererzieher in die Geschichte der Militärmusik eingegangen. Und als Komponist: der »48er-Regimentsmarsch«, vor allem aber sein unvergänglicher Walzer »Badner Madeln« befinden sich im Repertoire der Kurkapellen und der Orchester in kleinen Städten, auf Bällen, aber auch auf Tourneen bis in den Fernen Osten bis auf den heutigen Tag.

Emil Nikolaus von Reznicek, Offizierssohn und Schöpfer der Oper »Donna Diana«, von der sich die Ouvertüre im Repertoire der Wiener Philharmoniker gehalten hat, brachte es in Prag zum Regimentskapellmeister. Und auch Carl Michael Ziehrer, der vom legendären Musikverleger Carl Haslinger als Konkurrent zum übermächtig gewordenen Johann Strauß Sohn erzogene Musiker, dem man erst einmal das Notenschreiben und Instrumentieren beibringen mußte, als er bereits gegen Strauß antreten sollte, kam selbstverständlich aus der Militärmusik. Er wechselte wie viele seiner Kollegen immer wieder ins zivile Lager, er wurde Operettenkomponist, er zog aber, als die große Zeit der Tanzmusik in Wien sich ihrem Ende zuneigte, wieder den Rock des Kaisers an. Immerhin, er mußte nicht mehr in eine ferne Garnison – man war stolz darauf, ihn in Wien bei den »Edelknaben« als Kapellmeister zu haben.

Bleibt, nach sehr vielen Namen, die wir nicht mehr kennen, Franz Lehar senior, 1838 in Schönwald am Fuße des Altvatergebirges geboren, in Wien am Theater an der Wien engagiert, 1857 Teilnehmer an den Schlachten bei Solferino und Magenta, Mitglied der Musik des Infanterieregiments Nr. 5, bis 1863 in Norditalien stationiert. Der Vater ...

Franz Lehar wird von seinen Vorgesetzten und von seinem Sohn gleich geschildert. Ein guter Musiker, ein treuer Diener seines Kaisers, ein strenger Familienvater. Die Reihenfolge kann man nach Belieben ändern.

Daß er ein guter Musiker war, kann man seinen »Engagements« entnehmen. Er stammte aus einer nordmährischen Fa-

24

milie, sprach deutsch, schrieb sich noch Lehar ohne jeden Akzent und war einer von drei Brüdern – der älteste wurde Tischler, der mittlere hieß Anton und wurde ebenso wie der jüngste, Franz, Musiker. Franz Lehar lernte Geige, Violoncello, Kontrabaß, Horn, Klarinette, Trompete und beherrschte alle notwendigen Schlaginstrumente. Mit siebzehn war er Flötist am Theater an der Wien, zwei Jahre spielte er unter Franz von Suppé das übliche Operettenrepertoire und Schauspielmusik. Johann Strauß hatte damals noch keine Operette komponiert ...

Zum Militär eingezogen, kam er 1857 zum Infanterieregiment Nr. 5, musizierte in Wien, brachte es bis zum Korporal, bewarb sich 1863 um die frei gewordene Stelle eines Kapellmeisters beim Infanterieregiment Nr. 50 und wurde 1863 zum damals jüngsten Militärkapellmeister der Armee ernannt. Es scheint, er bildete in der Armee insofern eine Ausnahme, als er nicht ein auf Zeit verpflichteter Kapellmeister, sondern ein regulärer Soldat war – man leistete sich zu des Kaisers Zeiten große Orchester und Dirigenten, aber man betrachtete wenigstens den Dirigenten nur als einen halben Armee-Angehörigen. Er hatte Pflichten, er hatte einen Sold, man verlieh ihm in der Regel den Titular-Feldwebel, er hatte eine Uniform. Aber: Er hatte keine Pension. Des Kaisers sprichwörtliche Sparsamkeit überließ es den »Inhabern« der einzelnen Regimenter, ihre Musik auszustatten. Geld aus der Kasse des Kaisers, das manchmal erbeten wurde, gab es partout nicht, denn als richtiger Soldat mit allen Privilegien, die die Armee zu bieten hatte, durfte sich ein Kapellmeister nicht fühlen.

Vater Lehars Position war anders, er war Soldat. Seine weitere Laufbahn brachte ihn noch in unmittelbare Nähe von Schlachten, um es simpel zu erzählen. Franz Lehar machte 1866 die Schlacht bei Custozza mit, bei der die Österreicher eine Niederlage einzustecken hatten und Lehar senior den Oliosi-Sturmmarsch komponierte, seine angeblich populärste Schöpfung. Unmittelbar darauf wurde Lehar, der erst nach der gleichfalls verlorenen Schlacht bei Königgrätz mit seinem Regiment in Znaim eintraf, für kurze Zeit Kriegsgefangener der Preußen. Er kam in ein Internierungslager nach Brünn. Nach Kriegsende war er wie-

der in Wien. im Spätherbst 1868 ging es mit dem Regiment,
dem Lehar treu diente, nach Komorn, einer »Wasserfestung« am
Zusammenfluß von Waag und Donau.

Komorn, eine Festung und Garnison, zwischen Preßburg und
Budapest gelegen, nur zwei Stunden (mit der Eisenbahn) von
Wien entfernt, hatte 1870 – das stationierte Militär nicht mitge-
rechnet – 13 000 Einwohner, die wahlweise deutsch, slowakisch,
vor allem aber ungarisch dachten und sprachen. Komorn wurde
der Geburtsort des Operettenkomponisten Franz Lehár, denn
der treue Kapellmeister Seiner Majestät heiratete im Mai 1869
eine Ungarin, Christine Neubrandt, aus Komorn. Ihre Familie
gehörte zu den notwendigerweise »kleinen Leuten«, sie waren
Handwerker – der Vater Seifensieder und Kerzenmacher und ein
begeisterter Ungar, der längst nichts mehr davon wissen wollte,
daß er offenbar von deutschsprachigen Einwanderern ab-
stammte. Daß seine Frau Christine eine geborene Goger war,
also auch keinen uns oder Operettenkennern typisch ungarisch
klingenden Namen trug, soll nicht verwirren – ebensowenig wie
die mitunter angedeuteten seltsamen Verhältnisse der Mutter
Franz Lehárs. Sie war keine Zigeunerin, denn die Vorstadt, in
der sie auf die Welt kam, hieß nur zufällig *die Zigeunerwiese*.
Mehr an Abenteuerlichem brachte sie nicht mit in die Ehe, von
feurigem Blut, das dem sein Leben lang besonders distinguier-
ten und noblen Komponisten von der Mutter vererbt worden
wäre, kann nicht die Rede sein. Im Gegenteil, sie wird als die liebende und ausgleichende Gattin und Mutter beschrieben und ist
von ihrem Sohn nie anders als »ruhig« geschildert worden.

Immerhin, sie war Ungarin und fand es selbstverständlich,
daß ihr Verlobter seinen Namen endlich auf ungarische Weise
schrieb – der Herr Regimentskapellmeister in Komorn hatte
sich also seit seiner Verheiratung Lehár Franz zu schreiben.

Anders hätte man den Namen in der Stadt nicht schreiben
können, und er stand ja immer wieder auf Ankündigungen:
Lehár leitete nicht nur die militärischen Aufzüge, er war auch
bei Platzkonzerten, Gartenkonzerten, Promenadenkonzerten
und auf Bällen im Einsatz. Man darf getrost annehmen, daß er
seine täglichen Proben zu absolvieren hatte, daß er wie alle Mu-

siker spät ins Bett kam, anders freilich als freie Musikanten in der Hauptstadt am Morgen wieder auszurücken hatte. Bei aller zivilen Begeisterung für die Musik, die er zu wecken hatte, war er ein Militär ...

Außerdem war er Österreicher und sprach deutsch und erst spät ein wenig ungarisch – und verliebte sich in eine Ungarin, die kein Wort deutsch verstand. Trotzdem kam Jahre nach dem »Ausgleich« von 1867 – der nach Ansicht vieler später klug Gewordener den Untergang der Monarchie mit besiegelte, weil er nur Budapest und Wien, nicht aber Prag betraf –, kam Jahre nach dem großen »Ausgleich« ein kleiner, privater in Form einer nicht so ganz gewöhnlichen Ehe in Komorn zustande. Man heiratete am 4. Mai 1869, der erste Sohn kam am 30. April 1870 auf die Welt.

Nicht, daß es bedeutungsvoll gewesen wäre – immerhin ist aus den beiden Daten zu ersehen, daß der Herr Kapellmeister nicht heiraten mußte, sondern heiraten wollte. Die um neun Jahre jüngere Ehefrau Christine war damals zwanzig und blieb, glaubt man den Worten ihrer Söhne, ein Leben lang in ihren Mann verliebt. Sie selbst erklärte ihnen, ihr Mann sei ihrem Vater »in Wesen und Gebärden« sehr ähnlich gewesen. Sie brachte in ihre Ehe nicht nur Liebe und Zuneigung, sondern auch Respekt ein. Eine Tugend, die heutzutage nicht mehr gefordert werden darf, die man anno dazumal aber – altmodisch sagt man dazu – wenigstens von den Ehefrauen erhoffte. Respekt vor dem Ernährer, dem Vater der Familie.

Man war seinerzeit vom Ernährer abhängig. Das ging so weit, daß man auch ein Wanderleben auf sich zu nehmen hatte, wenn man die Frau eines Regimentskapellmeisters war. Franz Lehár ging mit seinem Regiment nach Preßburg, dann nach Ödenburg und weiter durch die Garnisonen. 1880 aber nahm er Rücksicht auf die Familie und wechselte zum 102. Infanterieregiment, das in Budapest stationiert war. Sein Erstgeborener sollte die Möglichkeit haben, ein »ordentliches« Gymnasium zu besuchen.

Bis dahin war der junge Franz Lehár gewesen, was man anno dazumal ein Tornisterkind nannte, ein Kind also, das mit seinem Ernährer mitzuziehen hatte und überall in dem großen

Reich ungefähr die gleichen Bedingungen erlebte, aber immer andere Sprachen, andere Freundschaften ...

Die Familie, die in die Großstadt zog, war bereits beinahe auf ihren endgültigen Stand angewachsen: 1875 war die Schwester Maria Anna geboren worden, 1876 der Bruder Anton. (1872 hatten die Lehárs schon einmal einen zweiten Buben, Eduard, der nach einem Jahr aber starb. Ein Spätling, die Schwester Emilie, sollte noch folgen.)

Großstadt?

Budapest war 1880 eine Metropole mit dreihundertsiebzigtausend Einwohnern und war dabei, ihren Rang als zweite Hauptstadt der Monarchie geltend zu machen: Franz Joseph war Kaiser von Österreich und König von Ungarn, zweimal gekrönt. Seine geliebte Ehefrau war – wer wüßte das nicht aus unzähligen Büchern, Operetten, Filmen, sogar Musicals – eine warmherzige Freundin ungarischer Magnaten und, wenn man ihren Biographen glauben darf, im Herzen längst Ungarin. (Die wahre Geschichte der kaiserlichen Familie ist immer neu geschrieben worden, wie sehr die bayerische Prinzessin, die es nach Wien verschlagen hatte, ihre Gefühle für Ungarn entdeckte, ist kaum zu belegen. Sie war immerhin eine bald traurige, hinter Schleiern verborgene Frau, die sich eher der Poesie als der Musik hingab. Die Lebensweise ihres Mannes beeinflußte sie kaum, Interesse für die schönen Künste weckte sie in ihm nicht. Seine kleine Leidenschaft für das Theater nützte sie, ihm eine »Lebensfreundin« zu geben, die legendäre Katharina Schratt, in deren Salon der Kaiser immerhin auch Menschen vom Theater traf und amüsant fand. Für den Operettenkomponisten Franz Lehár war das nicht von Belang.)

Das Leben einer grundmusikalischen Familie (in der in Franzens Kindheit ausschließlich ungarisch gesprochen wurde) hätte in Budapest allein stattfinden können, wären da nicht »Pläne« für den Erstgeborenen aufgetaucht. Er sollte wie sein Vater Musiker werden, aber Karriere machen. Wie immer im Leben: Er sollte es besser haben. Das bedeutete, er mußte einerseits eine Gymnasialbildung aufweisen können und andererseits der deutschen Sprache mächtig sein: Ungarisch war und ist, darüber hat auf das allerdeutlichste Friedrich Torberg geschrieben, eine Geheimsprache. Zwar in der ganzen Welt gesprochen, aber doch nur von Eingeweihten. Deutsch aber war anno dazumal die Amtssprache und das in der ganzen Monarchie.

Freilich, man hat sich in vergangene Zeiten zurückzuversetzen: Deutsch sprach man selbstverständlich in den gehobenen Kreisen des Bürgertums und der Beamtenschaft. Ungarisch oder Tschechisch sprach man als Angehöriger des Adels, der seine Latifundien hatte und seine »Herkunft« nicht verleugnen wollte. Deutsch, Ungarisch und Tschechisch hatte man als Mitglied des Erzhauses zu sprechen, denn da war man kein nationaler Patriot, sondern ein Habsburger, ein von Gottes Gnaden Auserwählter.

Daß sich die Zeiten seither und auch schon zu Zeiten Franz Lehárs änderten und Deutsch in Budapest und Prag zu einer ungeliebten Sprache wurde und Ungarisch sich als ein für Außenstehende unverständliches Idiom von Verfassern von Salonkomödien (und später Filmskripts) bis weit über den Ozean in das ferne Hollywood ausbreitete, steht auf einem anderen Blatt, das wir noch aufzuschlagen haben werden.

1880 aber mußte man, wenn man ein hoffnungsvoller Sohn war, in Budapest ungarisch sprechen und, wenn man zum Beispiel Musik studieren wollte, deutsch beherrschen. Das bedeutete für den Knaben Franz Lehár eine weitere Odyssee: Er mußte aus der Stadt, in der er nicht nur Eltern, sondern auch Großeltern hatte (seine Großmutter Neubrandt war nach Budapest gezogen und bot ihm eine Heimstatt, von der er später schwärmte), zu den Verwandten väterlicherseits nach Mähren. Dort erwartete ihn zwar kein Großvater mehr, aber immerhin die allernächste Verwandtschaft. Die Brüder seines Vaters waren ihrem Beruf treu geblieben – Onkel Johann war Tischler- und Glasermeister in Deutsch-Liebau, Onkel Anton war Stadtkapellmeister in Sternberg. Keine besondere Position, aber immerhin verlangte sie einen vielseitigen und umtriebigen Musiker. Bei einem kleinen Ensemble, das immer höhere Aufgaben bewältigen wollte, mußte man improvisieren, Partituren umschreiben, auf die nicht notwendigen Instrumente verzichten und für notwendige Phrasen ein vorhandenes Instrument ersatzweise heranziehen.

Ganz anders, als man heutzutage vom originalen Klang oder von Werktreue spricht und denkt, war man damals bestrebt, möglichst viele Kompositionen auf pragmatische Art und Weise aufzuführen und bekannt zu machen. Und die Komponisten, die von dieser Art der Simplifizierung wußten, wehrten sich nie – im Gegenteil, sie erklärten sich einverstanden mit Änderungen, mit Kürzungen, mit vielen Umbesetzungen, die heutzutage als Sakrileg gelten. Ihnen war daran gelegen, aufgeführt zu werden. In der Hauptstadt, aber auch in einem kleinen Provinzort. Das allein machte sie populär. Das und die Anzahl der verkauften Klaviernoten, die man damals als rechten Anzeiger eines Erfolges werten durfte. In jeder Familie stand ein Klavier, in jeder Familie hatte wenigstens eine Tochter Unterricht erhalten, in jeder Familie konnte man also auch nachspielen, was einem gefallen hatte.

Die Zeiten sind vorbei, doch ein Gang in ein Antiquariat kann sie auch heute noch wieder lebendig werden lassen: Man verfertigte und verkaufte Klaviernoten von Walzerfolgen oder Operetten-Melodien. Auch die neuesten Symphonien waren in Fassungen für Klavier zu zwei oder zu vier Händen vorrätig, und wenn man sie sich vornahm, dann war das für damalige Verhältnisse genau das, was heute geschieht, wenn man eine CD einlegt und seine Boxen dröhnen läßt. Der Unterschied liegt im Detail: Zu den so glücklichen Zeiten des jungen Franz Lehár musizierte das Publikum noch selbst daheim. Heute läßt es musizieren und ist, obgleich sehr viel weniger gebildet, sehr viel anspruchsvoller. Es hört mehr, aber es versteht weit weniger.

Ein hoffnungsvoller Sohn – und dabei war von seiner musikalischen Grundausbildung noch gar nicht die Rede?

Lehár selbst erzählte in späteren Jahren gern. Und wie bei allen bereits anerkannten Meistern, die aus ihrer Kindheit berichten, muß man genau hinhören, genau lesen. Denn sie erzählten ja nicht der Familie, sondern einer breiten Öffentlichkeit, einem begeisterten Publikum.

»Bereits als Vierjähriger konnte ich am Klavier zu jeder Melodie die richtige Begleitung, selbst in schwierigsten Tonarten, finden. Ich vermochte bei verdeckten Tasten und im finsteren Zimmer zu spielen. Ich konnte auch ein aufgegebenes Thema kunstvoll variieren. Meine Eltern freuten sich darüber. Ab und zu durfte ich mich vor Besuchern produzieren; aber Anträge, mich öffentlich spielen zu lassen, wies mein Vater mit aller Entschiedenheit zurück. Der falsche Ehrgeiz vieler Eltern, die das Talent ihres Kindes ausbeuten, war ihm glücklicherweise fremd.«

In dieser Erzählung und Charakteristik, die der sechzigjährige Lehár veröffentlicht haben wollte, ist eine Parallele unschwer zu entdecken: Die Wunderkinder Wolfgang und Nannerl Mozart hatten, vom Vater bei jeder Gelegenheit in Gasthöfen (um Geld selbstverständlich) ausgebeutete, Kunststücke vorzutragen, etwa bei verdeckten Tasten zu spielen und über »aufgegebene Themen« zu variieren. Nicht, daß sich Lehár mit dem kleinen Wolferl oder dessen größerer Schwester vergleichen wollte. Er war ein bedeutender Musiker und bereits weltweit anerkannt, als er von seiner Kindheit erzählte, gleichzeitig aber wußte er sehr genau um eine Rangordnung, der er selbst viel abgewinnen konnte. Mit einem Wort, er fand, auf seine Kindheit angesprochen, in ihr nur eine faszinierende Wunderkind-Komponente, die ihn auch an den jungen Mozart erinnerte. Aber zugleich war er als zutiefst bürgerlicher Mensch der Ansicht, Eltern hätten aus einem gottgegebenen Talent ihrer Kinder kein Geld zu schlagen, und Kinder sollten aus ihnen geschenkten außergewöhnlichen Fähigkeiten möglichst nur Freude, nicht aber raschen, falschen Gewinn ziehen.

Die Wirklichkeit sah folgendermaßen aus: Lehár hatte Klavierunterricht und wurde von früh an zum Musiker erzogen. »Von einem Wunderkind hätte man in der Familie nur dann gesprochen, wenn ich *nicht* Musiker geworden wäre«, sagte er einmal, und das allein relativiert schon alle weiteren Bemerkungen des Sohnes des Militärkapellmeisters Franz Lehár.

Über diese Ausbildung weiß man, wie immer, wenn es um die frühe Kindheit eines Meisters geht, nur aus der Familienüberlieferung, die Lehár selbst nicht einmal als eigene Erinnerung weitergegeben hat. Sein Vater achtete »pedantisch« auf die Einhaltung der richtigen Tempi, Strenge und Systematik beherrschten den Unterricht. Scharfen Tadel erhielt der Bub, wenn er bei schwierigen Stellen langsamer wurde, ebenso, wenn er bei leichteren übermütig schneller werden wollte. Sein Vater nannte das, wie es heute wenigstens in Wien noch immer üblich ist, »hudeln«, und er hatte so viel dagegen wie jede gute Klavierlehrerin auch heutzutage.

Wer die kurzen Dokumentarfilme kennt, die den greisen Franz Lehár am Klavier als Erzähler seines Lebens und als Interpreten seiner Lieblingsmelodien zeigen, der begreift nicht nur, der hört auch, wie die professionelle Ausbildung als Pianist dem Musiker ein Leben lang geholfen hat: Mit knappen Bewegungen und streng im ganz und gar nicht strengen Takt kann man da vom Pianisten Lehár alle »Reißer« hören, die ein betagter Mann ohne jede Schwierigkeit aus seinem Bösendorfer-Flügel zaubert. Er hat schon als Vierjähriger und unter der Aufsicht eines Musikers gelernt und niemals vergessen ...

Und er hat den Musikunterricht auch in der kurzen Periode, die er in einem anderen Teil der Monarchie zubrachte, nicht vernachlässigen müssen – Onkel Anton sorgte dafür, daß auch nicht eine Note vergessen wurde, die Vater Franz ihm beigebracht hatte. Der Onkel sorgte außerdem dafür, daß zum Klavierspiel auch die Geige als wichtiges Instrument hinzugezogen wurde. Ein angehender Musiker, dem nach den Regeln seiner Umgebung wohl am ehesten erst einmal ein Platz in einem Orchester zugedacht war, hätte als Pianist kein Auskommen gehabt. Was man heute in Kurkapellen kennt, den Pianisten, der für vollen Klang sorgt und zugleich alle die Nebenstimmen spielt, die sich das kleine Ensemble nicht leisten kann – das kannte man in einer Zeit des instrumentalen Überflusses nicht. Klavierspieler gab es im Orchester, wie ein Franz Lehár es leitete, nicht. Geiger aber brauchte man. Und nur gut ausgebildete, beinahe virtuose Geiger konnten eines Tages auch ein Orchester leiten – nicht nur die Mitglieder der Dynastie Strauß, auch viele Militärkapellmeister kennt man in der Pose des Dirigenten mit dem Geigenbogen. Es hatte sich seit den Zeiten von Strauß Vater und Lanner eingebürgert, daß ein echter Unterhaltungsmusiker auch zugleich der Vorgeiger war. Da mußten die Chefs der Militärkapellen mithalten, sonst wären sie zu einfachen Taktschlägern verkommen – eine Bezeichnung, die damals wenigstens noch kein Kompliment war.

Zudem hatte Franz Lehár Gelegenheit, die anderen Instrumente eines kleinen Orchesters kennenzulernen und das Verständnis dafür zu gewinnen, welchen Tonumfang sie haben und wie man sie am besten miteinander kombiniert. Eine gute, eine praktische Lehre, die der als genialisch bezeichnete Erfinder immer neuer Orchesterfarben seinem Deutschunterricht beim Onkel verdankt. Wer zuerst einmal begreift, wie man aus geringem Material Wirkung holt, der ist später imstande, mit immer mehr Unterstützung immer effektvollere Musik zu machen. Der hat dann keine Angst mehr, ins volle Faß der Orchesterfarben zu greifen, denn er kennt sie ja alle mit ihren Nuancen, ihren Schattierungen, und weiß, wie man immer neue erfindet.

Franz Lehár junior hatte nicht nur dies zu lernen, sondern sich auch in mehreren Sprachen umzutun. In Budapest war er schon Gymnasiast, im mährischen Sternberg mußte er zurück in die Volksschule. Deutsch war wichtig.

Und dann?

Dann war es plötzlich an der Zeit, eine musikalische Ausbildung für ihn zu finden, die dem längst erkannten Talent entsprach. Die möglichst beste.

Die hätte es in Wien gegeben. Das Konservatorium versammelte die besten Lehrer und die besten Schüler der Monarchie. In dem neu errichteten Gebäude der Gesellschaft der Musikfreunde des österreichischen Kaiserstaates unterrichtete Anton Bruckner Theorie. Der Adlatus des berühmten Johannes Brahms war als Archivar angestellt, in Wahrheit aber die graue Eminenz des Musiklebens, ein so berühmter wie strenger Lehrer. Eusebius Mandyczewski war und blieb auf Jahrzehnte derjenige, dem sich junge Musiker mit Ehrfurcht nahten. Noch die jungen aus der Provinz anreisenden Kapellmeister-Lehrlinge Karl Böhm aus Graz und Herbert von Karajan aus Salzburg fürchteten den ehrwürdigen Greis, der als ein Überbleibsel aus der Zeit des Johannes Brahms für Zucht und Ordnung sorgte.

Wien, das aus mehr als einem Grund auch der musikalische Mittelpunkt des Reiches war, hatte mit seinem begeisterungsfähigen Publikum Anziehungskraft auf Virtuosen aller Art und besaß das vorzüglichste aller Orchester, die aus den Mitgliedern des Hofopernorchesters gebildeten Philharmoniker, die ihre Konzerte unter jeweils einem einzigen gewählten Dirigenten von Weltrang gaben. Wien hatte ein grandioses Opernhaus, in dem die szenischen Darbietungen nicht sonderlich erregend waren, die musikalischen aber ernst genommen wurden. Größter Popularität erfreute sich jedoch die Hofmusikkapelle, eine vor Jahrhunderten gegründete Institution, die Sonntag für Sonntag in der Hofburg für den Kaiser spielte. Auch sie ist über die Wirren der Zeit erhalten geblieben. Touristen und Kenner besuchen immer noch die sonntäglichen Gottesdienste in der Hofburgkapelle und können sich eine Vorstellung davon machen, wie Maximilian I. vor fünfhundert Jahren die musikalische Umrahmung der Liturgie einrichten ließ.

Wien besaß allerdings auch eine Reihe ganz ausgezeichneter Operettentheater, alle in den sogenannten Vorstädten und als deren regierende Größen die Meister Franz von Suppé, Johann Strauß, Carl Millöcker, Karl Zeller und Carl Michael Ziehrer. Mit Ausnahme des Meisters Ziehrer waren sie bereits alte Herren und brachten kaum noch neue Werke auf die Bühne. Immerhin aber feierten sie mit ihren Operetten in Wien und überall auf der Welt Triumphe, und wenigstens Johann Strauß war gegen Ende des Jahrhunderts nicht nur mit seiner verunglückten Oper »Ritter Pasman«, sondern auch mit seiner erfolgreichen Operette »Die Fledermaus« in das Hofopernhaus vorgedrungen. Und ungezählte ausgebildete Theaterkapellmeister, die imstande waren, eine Schauspielmusik zu komponieren und außerdem Abend für Abend die Musik zu leiten, musizierten und gaben weiter, wie man einen Dreivierteltakt wienerisch spielt, und sorgten für das, was Wien am meisten schätzte: Den Charme, die scheinbar oberflächliche kleine Geschichte, die eingängige Musik, die man sofort nachsingen konnte. Vor allem, wenn das Publikum im Theater an der Wien oder im Carl-Theater die eine oder andere Wiederholung eines Duetts oder eines Walzers erzwungen hatte – die einer großen Erfolgsoperette oder »nur« die zu einem Schauspiel.

Wien besaß zudem genügend herausragende Kritiker, deren Urteil über Wohl und Wehe jedes Musikers entschied – bei Eduard Hanslick, dem Professor an der Universität und Kritiker der »Neuen Freien Presse« hatte man Antrittsbesuche zu machen, wenn man als Komponist oder Interpret der Gnade einer Erwähnung teilhaftig werden wollte. Unvorstellbar, welchen Einfluß Hanslick hatte – ein Wort von ihm genügte, und man konnte bei Johannes Brahms selbst vorsprechen. Eine abfällige Bemerkung seinerseits, und das Wiener Publikum begann nachzudenken, ob Johann Strauß wirklich noch der richtige Komponist sei. Und das blieb so – auch noch der höchst erfolgreiche Gustav Mahler, einst Student am Konservatorium, mußte nach allen bestandenen Aussprachen mit allerhöchsten Stellen Hanslick besuchen, ehe er mit dessen Zustimmung zum Direktor der Hofoper ernannt wurde. Selbst Richard Strauss, der hoffnungsvolle Komponist, mußte erst einmal seine Aufwartung bei Hanslick machen, bevor er sich mit seinen Werken dem Wiener Publikum vorstellen konnte.

Die wahre Autorität aber ist schon erwähnt: Hinter Hanslick stand, verehrt und als Instanz von unangreifbarer Integrität geschätzt, Johannes Brahms. Ihn hatte einst Robert Schumann den Nachfolger Ludwig van Beethovens genannt, er war in Wien heimisch geworden und hatte sich seinen Weltruhm von hier aus erworben. Das Publikum stürmte die Konzerte, in denen seine Symphonien aufgeführt wurden, keineswegs. Brahms war kein »Liebling« des Publikums. Aber er war im allgemeinen Urteil der Welt der bedeutendste lebende Musiker. Er lebte in Sichtweite des Musikvereinsgebäudes, er war ein in der Wiener Gesellschaft hoch geschätzter Mann. Alle die Anekdoten, die sich um seine Grobheit ranken, sind bis auf den heutigen Tag bekannt, unzählige Geschichten aber von seiner warmherzigen Art, mit Freunden umzugehen, kennt man nur, wenn man in alten Tagebüchern oder Erinnerungen blättert.

Wien war in den Jahren, in denen das Tornisterkind Franz Lehár aufwuchs, zu Groß-Wien geworden. Der Kaiser hatte gnädig gestattet, daß man die Basteien schleifte, er hatte großzügig zugestanden, daß eine Ringstraße als Prachtstraße angelegt wurde und an dieser die Palais der Adeligen und der Großbürger, das neue Opernhaus, das neue Hofburgtheater, das Rathaus, die Universität – und auch das Parlament, an dem der Kaiser keine Freude hatte, dessen Sitzungen er nie beiwohnte, dem er aber wenigstens einen großartigen Platz im Ensemble der Ringstraße, beinahe in Sichtweite der Hofburg, zugestand.

Der Gesellschaft der Musikfreunde wurde ein Baugrund zwischen Ringstraße und Wien-Fluß überlassen, auf dem 1869 ein Bau von Theophil von Hansen in die Höhe wuchs, Konzertsaal und Musikschule unter einem Dach vereinend. Heute noch erinnert ein Foyer zwischen dem weltberühmt gewordenen »Goldenen Saal« und dem Kammersaal daran – es heißt Schulgang, und eine Tafel zeigt an, daß hier einst unterrichtet wurde. Heute noch gibt es einen von Studenten genutzten Orgelsaal im Haus – er zeigt die Verbundenheit der vor Generationen in die Selbständigkeit entlassenen ersten Musikschule des Landes mit der Gesellschaft der Musikfreunde. Damals und für viele Jahrzehnte hieß die Schule »Konservatorium« und war, wie es anderswo (in Sankt Petersburg, in Budapest, in Prag zum Beispiel) noch immer üblich ist, der wesentlichste Bestandteil der Gesellschaft. Gewiß, sie veranstaltete große Konzerte. Wichtiger aber war, sie sorgte für den besten Nachwuchs, den sich eine Musikstadt nur wünschen konnte.

Das Konservatorium hatte aber keinen Platz für den jungen Musiker aus einer Musikerfamilie: Man wurde erst mit vierzehn zu einer Aufnahmeprüfung zugelassen.

2

Lehrjahre in Prag

Blieb als zweite achtbare Möglichkeit das Konservatorium in
Prag. Es ließ bereits Zwölfjährige zu den Prüfungen zu und
hatte als Anreiz einen besonderen Paragraphen: Wer die strenge
Aufnahmeprüfung bestand, konnte unentgeltlich unterrichtet
werden.

Daß die Familie den Erstgeborenen zur Prüfung nach Prag
schickte, beweist, wie sehr man von seiner Musikalität, seiner
Begabung überzeugt war. Es bedeutete immerhin, daß der Zwölfjährige auf sich allein gestellt Unterricht nehmen sollte und daß
der Vater, von seinem Regiment unabkömmlich, diese harte
Schule für seinen Buben als die richtige empfand.

Franz Lehár bestand die Aufnahmeprüfung, wurde als Stipen-
diat aufgenommen und begann das Studium. Sein Hauptfach
wurde Geige, in den obligaten Nebenfächern, also auch Musik-
theorie, Kontrapunkt und Kompositionslehre, hatte er keine
berühmten, aber sorgsame Lehrer.

Sein zweites Hauptfach war das Überleben. Der Sold seines
Vaters war weiterhin gering, die Familie konnte ihn nur mit
wenig Geld unterstützen. Der Zwölfjährige mußte fern der
Heimat (welche Heimat, wenn man nicht die augenblickliche
Station des Vaters als solche bezeichnete?) leben und arbeiten.
Mag sein, daß diese strenge Schule sich auf seine weitere Per-
sönlichkeitsentwicklung auswirkte – daß er erst einmal übermütig wurde und sich ganz und gar nicht sparsam zeigte, als
erste Erfolge ihm Anerkennung vorgaukelten, und daß er haus-
halten lernte, als er ein gemachter Mann war und nie mehr
finanzielle Sorgen haben mußte. Mag sein, daß ein Großteil seines späteren Lebens von der umfassenden musikalischen Schu-
lung daheim und dann von den Jahren der Entbehrung geprägt
war. In den zahlreichen »Interviews«, die der arrivierte Operettenkomponist gab, erinnerte er sich seiner ersten Jahre in Prag,

erzählte aber von ihnen weder theatralisch noch wehleidig – Franz Lehár war, man kann es nachlesen, im Gespräch mit Journalisten ein kluger, ruhig abwägender Mann. Eher reserviert, möchte man sagen.

Er mußte zwei Jahre »in Kost« leben und Hunger leiden und hat auch von dieser Erfahrung später einprägsam erzählt. »Es waren keine goldenen Zeiten. Mein Zimmer lag über einem Eiskeller: Im Winter froren mir fast die Stiefelsohlen am Boden fest. Wenn ich meine Geigenübungen durchführen wollte, kroch ich tagsüber ins Bett.« Und weiter: er habe Hunger gehabt, er sei vor Hunger auf der Straße umgefallen. Er habe es aber den Eltern nicht verraten, sondern die kurzen Besuche seiner Mutter nur genutzt, sie von seinen Fortschritten am Konservatorium zu überzeugen.

Der junge Student lebte in der dritten großen und wichtigen Stadt des Reiches, bereits ein wenig auf einem Vulkan: Wo sich in Budapest kein Mensch unterdrückt fühlen mußte, weil es ja einen »Ausgleich« gab und ein Ungar ein gleichberechtigter Untertan des Kaisers war, da gab es in Prag die kleine deutsche Oberschicht und eine breite tschechische Bevölkerung, die man fühlen ließ, daß sie nicht angesehen war. Das alte, herrliche Prag war voll von Literatur und Geheimnissen und Geschichte, der Golem lag auf einem Dachboden unweit des Friedhofes und wartete darauf, wiedererweckt zu werden. In den verwinkelten Gassen des jüdischen Viertels waren Familien daheim, die große Schriftsteller hervorbringen sollten. Die Werfels, die Kisch, die Kafkas. In den prachtvollen Palais am Ufer der Moldau entfaltete sich der Reichtum der Adelsgeschlechter, die auch im Wien des Kaisers etwas galten, aber als tschechische Fürsten dachten. Die Schwarzenbergs ...

Auch Prag war eine Stadt mit großer künstlerischer und musikalischer Tradition, hatte Theater, Opernhäuser und war voll von guter, neuer Musik. Und voll von Neuigkeiten aus Wien – man las in den Kaffeehäusern Wiener Zeitungen, man hatte alle bedeutenden Wiener Künstler zu Gast, man musizierte in nationalem Eifer sogar gegeneinander an: Im alten Ständetheater, in dem einst Mozarts »Don Giovanni« uraufgeführt worden war, musizierte man in deutscher Sprache. Angelo Neumann, zu seiner Zeit einer der bedeutendsten Theaterdirektoren, führte das Haus. Er engagierte den blutjungen Gustav Mahler als ersten Kapellmeister – Wagner, Mozart, Beethoven und die Erfolgsoper »Der Trompeter von Säckingen« waren das Repertoire des späteren Hofoperndirektors, bevor er weiterzog. Im »Interimstheater« an der Moldau spielte man tschechische Opern – Smetana und Dvořák standen auf dem Programm. 1883 eröffnete man, als habe eine Stadt an zwei Opernhäusern nicht genug, auch noch das Nationaltheater mit Smetanas »Verkaufter Braut«. Der kleine Lehár hatte, wie alle Konservatoristen, Freiplätze für Konzerte und Opern. Zweifellos hat er in seinen jungen Jahren die besten Dirigenten seiner Zeit erlebt – und die beste Musik seiner Zeit gehört.

An Anregung fehlte es nicht, es wurde in allen Kreisen der Bevölkerung begeistert musiziert. Immerhin: Prag war stolz darauf, die Stadt zu sein, die Mozart als Genie erkannt hatte – sehr im Gegensatz, sagte man damals bereits stolz und unrichtig, zu Wien. Für Prag hatte Mozart, sagte man mit gutem Recht, geschwärmt und komponiert.

Trotzdem: Die Musik einte die Menschen keineswegs – die Monarchie war um 1882 noch nicht in Auflösung begriffen, der Keim aber zu allem Unheil, das sich erst nach dem ersten großen Welterfolg des Franz Lehár ereignen sollte, war längst in der Erde. Die Nationalitätenfrage ...

Wir werden noch oft über sie nachzudenken haben, die wichtigsten Werke Lehárs, vor allem seine musikalische Sprache, haben viel mit den Nationalitäten der Monarchie zu tun. Nur: Es ist noch zu früh, davon zu sprechen, um 1882 wußte der zwölfjährige Geigenschüler weder, was in der Welt geschehen würde noch daß er einmal diese Welt auch mit Melodien, die aus allen Teilen des großen Reiches – und dann des zugrunde gegangenen Reiches – kamen, erobern würde. Er wollte einfach Musiker werden, Vorbild war sein sehr strenger Vater. Kapellmeister mit Komponierverpflichtung – so ungefähr, nicht sehr viel weiter gesteckt, darf man sich das Lebensziel des frierenden, hungernden, Geige und Theorie studierenden Buben vorstellen, der immerhin schon Deutsch und Ungarisch konnte und während seines Studiums genügend Brocken Tschechisch aufschnappte, um zu Recht als vielsprachig zu gelten.

Daß es am Konservatorium einem angehenden Geiger verboten war zu komponieren, war selbstverständlich. Man hatte sich auf sein Instrument zu beschränken und Nebendinge nur aufzunehmen, soweit die Zeit es zuließ.

Daß Lehár nach zwei Jahren der Entbehrung freier und besser leben konnte, weil seine Familie nach Prag versetzt wurde, war ein Gottesgeschenk. Er mußte nicht mehr hungern, er war der schlimmsten Sorgen enthoben, er konnte sich auf sein Studium konzentrieren – und begann allen Verboten zum Trotz zu komponieren: Daß er als kleiner Bub bereits einen sentimentalen Text vertont hatte, sei nicht vergessen, ist aber unerheblich. Sein »erster Gedanke« dürfte kein Geniestreich gewesen sein. Daß er am Konservatorium ernster daranging und Lieder »nach sehr mittelmäßigen Texten« und eine Sonatine schrieb, ist ihm selbst in Erinnerung geblieben. Allerdings mit dem abwertenden Zusatz »viel wird an den Sachen nicht gewesen sein«.

1887 wurde die Familie wieder auseinandergerissen. Bruder Anton, der nach dem Wunsch des Vaters auch Musiker werden sollte, entging dem Schicksal – er hatte noch in Prag im Rudolphinum zu studieren begonnen, zeigte seine Leidenschaft fürs Militär aber deutlich und wurde, als das Regiment des Vaters nach Wien versetzt wurde, aus der Schule genommen. Anton ging mit nach Wien, zuerst auf die Realschule, dann in die Infanterie-Kadettenschule. Seine Laufbahn war ihm ebenso vorherbestimmt wie dem musikalischen Erstling der Familie, der auf Befehl des Vaters in Prag zu bleiben hatte, um sein Studium zu einem ordentlichen Abschluß zu bringen. Bei allen finanziellen Schwierigkeiten im Hause Lehár stand fest, daß es den Söhnen einmal bessergehen sollte, und der Vater war der festen Überzeugung, daß es nur Menschen bessergehen könne, die eine abgeschlossene – eine mit Diplom abgeschlossene – Bildung vorzuweisen hätten. Es ging so wie in allen Familien, wie zu allen Zeiten: Der Vater war ein geachteter Mann, dem gleichzeitig daran gelegen war, seinen Kindern zu vermitteln, was ihm verwehrt geblieben war. Die Söhne, die erst spät begriffen, welches sein Ziel war, dankten es ihm auch entsprechend spät.

Immerhin: Der Vater glaubte an das Talent seines Sohnes – nicht nur an das des künftigen Geigers und Kapellmeisters, sondern auch an das des Komponisten. In Prag hatte Antonin Dvořák persönlich dem jungen Lehár geraten zu komponieren, und der junge Lehár hatte außerhalb des Konservatoriums bei dem seinerzeit nicht minder berühmten Komponisten Zdenèk Fibich Kompositionsunterricht.

Der Legende nach aber – sie ist von einem sorgsam gehüteten Dokument untermauert – fand Vater Lehár in Wien eine Möglichkeit, seinen Sohn dem großen Johannes Brahms vorzuführen. Der Siebzehnjährige durfte eine Sonatine vorspielen und erhielt eine Visitenkarte, mit der er weitergeschickt werden sollte: »Herrn M.D. Lehár empfehle angelegentlich und bitte wegen seines Sohnes freundliche Rücksprache zu nehmen – die Beilagen sprechen und empfehlen weiter!« So Brahms an den Musiktheoretiker Eusebius Mandyczewski, seinen Getreuen im Konservatorium, der die Bitte des Wiener musikalischen Gottes nicht ausgeschlagen und den Sohn des Musikdirektors Lehár zweifellos in seine strenge Schule genommen hätte. Wäre da nicht der Musikdirektor selbst gewesen, der an der Empfehlung genug hatte, dem nur die Bestätigung des Talents seines Sohnes wichtig war. Der Vater dachte in engeren Kreisen und wollte notwendigerweise erst einmal das Prager Studium beendet wissen.

Der Senior selbst war, man vergißt es immer, ein ernsthafter Musiker, der sich in Wien offenbar nicht nur mit seiner Regimentskapelle, sondern auch als Kammermusiker einen Namen machte. Das dürfte auch die notwendige Verbindung zum großen Johannes Brahms hergestellt haben, der mit Bitten um Interventionen überhäuft wurde und ein Gutteil seines Rufes als Sonderling und bösartiger Junggeselle seinem Bedürfnis nach Ruhe verdankte. Mit ausgewiesenen Musikern, weiß die Wiener Gesellschaft noch heute zu berichten, ging Brahms kollegial und freundschaftlich um. Man weiß von Abenden, an denen er sich mit Musikern und mit Schülern in Gasthäusern traf und nicht nur aß und trank, sondern auf Wunsch auch am Klavier improvisierte – und zwar Unterhaltungsmusik, wie er sie aus seiner schweren Kindheit in Hamburg kannte, aus der Zeit, die er selbst als Unterhaltungsmusiker in verrauchten Kneipen zubringen mußte. Der Pianist Brahms, von dem man weiß, daß er nicht immer richtig, aber stets mit schweren Händen und Freude an donnernden Akkorden in die Tasten griff, spielte nicht nur seine Werke – er war ein großer Bewunderer des Johann Strauß und imstande, viele der Walzer seines Freundes auf virtuose Art darzubieten. Brahms war, was man aus seinen Kompositionen unschwer ablesen kann, ein Bewunderer aller, denen die Musik scheinbar zuflog. Das scheinbar Leichte, das scheinbar Unbeschwerte war ihm, wenn es nur einigermaßen Inhalt hatte, der Inbegriff des Wienerischen, das er, der Norddeutsche mit dem sprichwörtlich schweren Blut, in den Werken eines Franz Schubert ebenso liebte wie in den vergleichsweise leichten Werken der Unterhaltungsmusik.

Immerhin, eine Empfehlung von Johannes Brahms gab es, und das war ein Hinweis, den sich der junge Geiger nicht entgehen ließ. In ihm steckte mehr, das wußte er, das hatte er jetzt schriftlich.

Es gehörte zu den Eigenheiten Franz Lehárs, daß er – zuerst ein vergnügt und unbesonnen vor sich hinlebender Luftikus – auch eine sehr ausgeprägte buchhalterische Ader hatte. Dieser ist nicht nur zu danken, daß man aus den Unterlagen seines Verlages ziemlich präzise von den finanziellen Welterfolgen seiner Werke weiß, sondern auch, daß Dokumente wie die Visitenkarte des Johannes Brahms die Zeiten überdauert haben und man auch einige andere, sehr spät in Lehárs Leben wichtige Ereignisse begreifen kann. Man muß sich nur immer vor Augen halten, was schon den siebzehnjährigen Geigenstudenten in Prag auszeichnete: Er war fleißig, er war ausdauernd, er war auch aus der Ferne ein guter Sohn und er hatte Ziele vor Augen, aber er überschätzte sich nicht wirklich.

Franz Lehár erreichte das Ziel, das er sich selbst gar nicht gesetzt hatte, in genau der möglichen Zeit: Am 12. Juli 1888 spielte er im Prager Rudolphinum, dem heute noch als Konzertsaal zugänglichen großen Saal an der Moldau, bei der »ersten öffentlichen Austritts-Prüfung der Instrumental-Zöglinge« als vierter des Konzerts am Vormittag das 2. Violinkonzert in d-Moll von Max Bruch. Mit Orchesterbegleitung, wie ausdrücklich auf dem Programm vermerkt ist. Er hatte damit als Geiger »ausgelernt« und wurde in das Berufsleben entlassen. Sechs Jahre Studium unter Entbehrungen hatten ein Ende.

Nebstbei: In Wien hatte der Walzerkönig sein Œuvre so gut wie vollendet. Mit Ausnahme der Kaiser-Walzer waren alle seine Operetten, alle seine großen Walzer komponiert. Den Sommer 1888 nützte das Ehepaar Strauß zu einem Besuch der Bayreuther Festspiele. Eine Begegnung des nur noch selten und zu besonderen Anlässen auftretenden Johann Strauß mit den beiden musizierenden Lehárs stand noch bevor. Als »Groß-Wien« entstanden war, die Eingemeindung aller Vorstädte stattgefunden hatte, komponierte der Walzerkönig einen gleichnamigen Walzer und führte ihn im Frühsommer 1891 in der Prater-Rotunde, dem Wunderwerk der ersten Wiener Weltausstellung von 1873, mit fünfhundert Militärmusikern zum ersten Mal auf. Die Kapellmeister Franz Lehár (senior) und Karl Komzak waren für die Einstudierung verantwortlich und durften anschließend dem greisen Komponisten einen Lorbeerkranz überreichen. Franz Lehár (junior) spielte bereits in der Kapelle seines Vaters und hat das Konzert, die einzige Begegnung mit Johann Strauß, in seinen Erinnerungen geschildert.

»Ich sehe ihn noch vor mir mit kohlschwarz gefärbtem Haar und Schnurrbart. Er war sichtlich müde und altersschwach. Aber als er das hohe Dirigentenpult betrat, war er mit einem Schlage wie umgewandelt. Schon nach den ersten Takten seines Walzers begann er, sich im Rhythmus zu schwingen. Man hatte den Eindruck von Tanzbewegungen. Ein Applaus erfüllte die überdimensionale Konzerthalle. Das Orchester wurde vom Beifall gänzlich übertönt. So sah ich Johann Strauß noch vor seinem Tode als wahrhaften Walzerkönig, von seinen Wienern anerkannt und gefeiert.«

Noch vor seinem Tode ... Strauß lebte noch viele Jahre und dirigierte, wenn es seine Gesundheit zuließ, den einen oder anderen Walzer in einem Konzert seines Bruders im großen Musikvereinssaal oder die Ouvertüre zur »Fledermaus« wenige Wochen vor seinem Tod 1899 in einer Nachmittagsvorstellung der Hofoper. Aber er war dem Tagesgeschehen wahrlich entrückt, er mußte weder um Anerkennung noch um Bewunderung – und längst auch nicht mehr um Tantiemen – kämpfen. Daß der junge Musiker Lehár, der zudem immer wieder weit weg von Wien seinen Geschäften nachging, keine weiteren Begegnungen mit Strauß aufzuweisen hat, ist nachvollziehbar.

Nachvollziehbar wie das eine Konzert, in dem er mitwirkte und beides sah. Den müden, altersschwachen Komponisten und den vor den Musikern lebendig werdenden und überzeugenden Dirigenten. Strauß selbst haßte zu dieser Zeit seine öffentlichen Auftritte sehr, denn er war davon überzeugt, nur mit der Geige in der Hand den richtigen Eindruck machen zu können. »Mit dem Staberl« kam er sich beinahe nackt vor. Das war für den Bezwinger der Massen keine Art, Musik zu machen.

Verständlich?

Selbstverständlich. Genau deshalb hatte Lehár Geige studiert, man überzeugte sein Publikum nicht als Dirigent, sondern als Musiker. Und Musiker war man nur, wenn man ein Instrument meisterte ...

Der junge Lehár war Geiger. Sein erstes Engagement erhielt er in Deutschland – ein neu eröffnetes Theater suchte einen jungen ersten Geiger, der sich (so Lehár) rasch zum Konzertmeister mausern konnte. Elberfeld, die deutsche Kleinstadt, die sich 1888 ein eigenes stattliches Theater leistete, war eine Nachbarstadt zu Barmen. Seit 1930 kennt man beide Städte unter dem gemeinsamen Namen Wuppertal und das Opernhaus als eines, in dem bedeutende Sänger und Dirigenten unserer Zeit ihre Laufbahn begannen.

Lehár gab später einmal zu, er habe in seiner kurzen Zeit als Theatermusiker bei wenig Geld und viel Diensten manches für sein weiteres Leben gelernt. Es wird so gewesen sein. Es war Sitte und bewährte sich, daß junge Musiker sich nicht sofort in einer Großstadt präsentierten, sondern oft Jahre in der »Provinz« verbrachten und dabei einen Grundstock an Praxis erfuhren, der ihnen später in den heikelsten Situationen helfen sollte.

Bis in die erste schon in unserem Jahrhundert geborene Generation von Theaterleuten und Musikern wurde es so gehalten. Alle die Regisseure wie Max Reinhardt und Dirigenten wie die Titanen Furtwängler, Karajan oder Böhm hatten genauso begonnen – Wilhelm Furtwängler übrigens und sein lebenslanger Konkurrent Herbert von Karajan als Dirigenten, die sehr viel Operetten zu leiten hatten. Die heiteren Geschichten vom Operettendirigenten Herbert von Karajan habe ich alle so begeistert gehört wie noch amtierende Wiener Philharmoniker, mit denen er wenigstens noch die Ouvertüre zum »Zigeunerbaron« musizierte. Und von Furtwängler existiert ein Brief an Franz Lehár, in dem der Dirigent sich daran erinnert, daß er seine »gesamte Dirigentenlaufbahn« mit zwölf Aufführungen der »Lustigen Witwe« in Zürich begonnen hatte. Als er das tat, war Zürich musikalisch noch Provinz, das heute blühende Opernhaus möge diese Bemerkung verzeihen. Es tut für Operette immer noch sehr viel und investiert in Aufführungen vor allem von Offenbach und Strauß nicht nur Zeit, sondern vor allem seine wichtigsten Mitglieder: Die Zeiten ändern sich.

Trotzdem, Lehár war es nicht beschieden, die Ochsentour eines Orchestermusikers auf sich zu nehmen. Er wurde noch in seiner ersten Spielzeit nach Wien abberufen: Der Vater brauchte einen tüchtigen Geiger in seiner Kapelle und hatte es nicht schwer, seinen Sohn zurückzuholen. Er ließ ihn einfach assentieren, das heißt, er ließ dank seiner Beziehungen den Sohn zum Militär einberufen, und dagegen konnte weder der freiheitsliebende Sohn noch der Theaterdirektor in Elberfeld etwas unternehmen. Man mag das als eine ziemlich rabiate Art, die Laufbahn des Sohnes in die Hand zu nehmen, bezeichnen. Doch sie paßt zum Charakterbild des alten Lehár.

Gleichzeitig darf man annehmen, daß es auch dem jungen Lehár gefallen hat, nach kurzer, aber arbeitsamer und erfolgreicher Bestätigung seines geigerischen Könnens in gutem Einvernehmen mit dem Vater nach Wien zurückzukehren. Denn immerhin war es Wien, wohin er als musizierender Soldat einberufen wurde, und schließlich waren es Geigensoli im Kursalon und im Casino, die seine soldatischen Pflichten darstellten.

Es existiert ein Familienphoto aus der Zeit des gemeinsamen militärischen Musizierens vor dem zum Großteil höchst zivilen Publikum. Wie alle alten Photographien verrät es einerseits überhaupt nichts über die »Personen der Handlung«, denn sie sind ja alle in langwierigen Vorbereitungen in Positur gebracht worden und zwar in genau die, die anno dazumal für ein Gruppenbild vorgesehen war. Andererseits kann man, wenn man die abgelichteten Personen auch nur andeutungsweise kennt, doch auch aus dieser vergilbten Photographie lesen, wie sich die Familie Lehár in Wien miteinander eingerichtet hatte.

Da sieht man einen etwas griesgrämigen älteren Herren mit grau gewordenem Schnurrbart und bereits schütterem Haar in Uniform. Er hält seine Hand auf die Ärmchen eines kleinen Mädchens, es könnte seine erste Enkelin sein, die da auf dem Schoß einer jung scheinenden, schlanken Frau sitzt. Franz Lehár senior mit seiner Frau Christine, die ihm zwanzig Jahre nach dem ersten Sohn noch einmal eine Tochter Emilie geschenkt hat. Der 52jährige Vater sieht für unsere Begriffe älter aus, der 41jährigen Mutter scheint das Kind gutgetan zu haben, wie man heute sagen würde.

Zwischen den Eltern: Maria Anna Lehár, 1875 geboren, sie sieht dem Vater ähnlicher als der Mutter. Nahe beim Vater: Anton Lehár, erst vierzehn, aber schon in Kadettenuniform und sichtbar stolz darauf, demnächst in die noch zu großen Hosen hineinzuwachsen.

Und, das Photo dominierend, elegant hinter der Mutter posierend, als einziger in einer offenbar maßgeschneiderten Montur, die einem schon aufgrund des offenbar silbernen Uniformkragens bedeutender als alles andere erscheint: Franz Lehár junior, flotte zwanzig Jahre alt und drauf und dran, nach einem kurzen Zwischenspiel aus dem Schatten des Herrn Vater zu treten und ihn zu übertreffen.

Man kann aus dieser Photographie, wenn man ein Kenner der Materie ist, so viel herauslesen: Daß der strenge Vater stolz ist auf seine Söhne in Uniform (samt Säbel, sogar den trugen Musiker damals) und daß er die Karriere der beiden nicht mehr erleben wird. Daß die Mutter von den Söhnen geliebt wird und wenigstens noch sehen wird, daß beide »etwas werden«, daß also nicht nur der kleine brave Soldat, sondern auch der große legere Musikant ihre Ziele erreichen. Und daß die ganz kleine Schwester Emilie Christine ihre Brüder auf ihrem Lebensweg treu begleiten und den ältesten Bruder zuletzt auch pflegen wird. Aber das kann man wirklich nur als einer sehen, der nachher in die Zukunft sieht.

Oder sieht man die Photographie nur so, wenn man weiß, daß sich nach kurzer gemeinsamer Zeit die Wege der beiden Lehárs trennten und der Jüngere dabei den Älteren »überholte«?

In einem Interview, das er Jahrzehnte später gab, um auch davon erzählt zu haben, deutete er an, sein Vater habe ihm gesagt: »Schau, daß du weiterkommst, such dir eine eigene Stellung.« Im Österreichischen war das auch damals keine freundliche Formulierung, keine Aufforderung, es zu etwas zu bringen, sondern ein glatter Hinauswurf. Lehár nahm ihn als solchen, bewarb sich um die Stelle eines Regimentskapellmeisters und brach alle Rekorde. Er wurde es bereits mit zwanzig Jahren, vier Jahre jünger als dereinst sein Vater.

3

Der Regimentskapellmeister

Das 25. Infanterieregiment war in Losoncz an der Eipel stationiert, einer der vielen Städte, die im Laufe von Generationen
quasi viel herumkamen in der Welt. Die knapp 8000 Einwohner
waren vorwiegend Slowaken, gehörten jedoch in der Monarchie
zu Ungarn, in schlimmen Zeiten dann zu einem Protektorat,
nach dem Zweiten Weltkrieg als Lucenec zur ČSSR, sind derzeit,
soweit sie immer noch in dem Städtchen, endlich Bürger der
Slowakei ...

Um 1890 war Losoncz jedenfalls ein Nest, in keiner Form das
Ziel eines bedeutenden Musikers, aber immerhin ein sogenann-
ter Start. Der Regimentskapellmeister hatte kein besonders fähi-
ges Ensemble, er mußte also fleißiger Proben abhalten als manche seiner Kollegen in großen Garnisonen. Dafür hatte er aber
ein hungriges Publikum, er mußte also sehr oft für Unterhaltung sorgen und dies sowohl als Komponist wie als ausübender
Musiker. Franz Lehár selbst blieben von seinen Jahren als einmal jüngster Regimentskapellmeister nur zwei Erinnerungen.

Eine vom Beginn seines Wirkens in Losoncz: Ein Baron Fries,
Oberst des Regiments, ernannte ihn zum Gesangslehrer seiner
Tochter. Lehár war alles andere als Stimmbildner und suchte
seine Mängel dadurch wettzumachen, daß er der wichtigen Schü-
lerin wenigstens neue Lieder komponierte. Ihm selbst blieb
»Vorüber!« als seine damals bedeutendste Komposition in Erinnerung. Lehár hatte es auf einen Text von Emanuel Geibel komponiert. Und zudem schrieb er selbstverständlich, weil das erwartet wurde, einen Oberst-Baron-Fries-Marsch und weitere
flotte Klänge, die anderen hohen Offizieren des Regiments gewidmet wurden.

So viel zum Anfang der Jahre in Losoncz. Und zum Abschied
von der ersten eigenen Kapellmeisterstellung?

»Durch einen etwas peinlichen Konflikt verlor ich nun auch

48

noch meine Stellung in Losoncz. Ich hatte mit meiner Kapelle im Offizierskasino konzertiert und wollte mich nach Mitternacht zurückziehen. Da forderte mich ein Major auf, ein Geigensolo zu spielen, was ich mit Rücksicht auf die späte Stunde ablehnte. Der Major bestand aber auf seinem Begehren, wurde schließlich in seinen Ausdrücken schärfer, so daß ich ihm den Rücken kehrte und mich in das Billardzimmer nebenan begab. Am nächsten Tag wurde ich zum Regimentsrapport befohlen; der Oberst forderte mich auf, den Major um Entschuldigung zu bitten. Ich weigerte mich und sagte, ich sei kein Zigeuner, der auf Befehl spiele. Der Oberst drohte mir die Kündigung an. Ich hatte aber schon mein Entlassungsgesuch mitgebracht. Dieser Vorfall war entscheidend, denn ich kam aus dem kleinen Ort heraus in ein neues Milieu.«

Die nachträglich höflich geschilderte Szene kann sich genau so abgespielt haben, wie Franz Lehár sie 1912 schilderte. Schließlich waren die Musikanten in Uniform keine richtigen Offiziere. Immerhin ließ man sie das in kleinen Garnisonen noch viel deutlicher spüren als in den »Großstädten«, in denen sie ja populäre Publikumshelden waren. Und immerhin befand man sich als Offizier wie als Musikant unter dem strengen Reglement des Kaisers, der nichts dagegen einzuwenden hatte, daß um die Jahrhundertwende ein Reserveoffizier namens Dr. Arthur Schnitzler aus der Armee ausgestoßen wurde, weil er in der Neujahrsausgabe der »Neuen Freien Presse« ein Feuilleton erscheinen ließ: Der berühmt gewordene »Leutnant Gustl« war als Anklage gegen das der Offiziersehre aufgetragene Duell geschrieben, wurde allgemein so verstanden und mußte gesühnt werden. Wer sich nicht den ehernen Gesetzen der Armee unterordnete, für den war kein Platz mehr.

Kein Wunder also, daß Losoncz auf den Musiker verzichten mußte, der nicht als Zigeuner behandelt werden wollte, obgleich er Geige spielte wie ein Zigeuner und sich Jahre später auch genug »Zigeunerisches« für seine Bühnenwerke einfallen ließ.

Ein kleines Wunder aber, daß die Armee den Frevel des Musikers nicht weiter ernst nahm, sondern anderswo für ihn einen verlockenden Posten parat hatte. Es hätte ja auch anders ausgehen können. Man hätte den jungen Fant auch brandmarken und von weiterer Verwendung im Dienste des Kaisers ausschließen können. Franz Joseph I. selbst und sein Hof waren nachtragend: Johann Strauß Sohn wurde lange Zeit nicht mit dem Titel eines Hofball-Musikdirektors ausgezeichnet, weil man ihm nachtrug, daß er 1848 als junger Musiker auch die Marseillaise vorgetragen hatte. Und wie detailverliebt der Kaiser war, zeigte sich später an Franz Lehár selbst, als dieser einmal nicht zur Parade ausrückte und noch ein Jahr später dem greisen Monarchen in Erinnerung war als *der* Lehár, der nicht zur Parade ausgerückt war ...

Der Lehár hatte Glück. Er stellte sich einer mächtigen Konkurrenz und wurde Marinekapellmeister in Pola, dem Zentrum der k.u.k. Kriegsmarine und dem Hauptkriegshafen der Monarchie.

Mit vierundzwanzig Jahren hatte er einhundertzehn Musiker unter seinem Kommando, darunter »mehr als dreißig Musikmeister im Feldwebelrang«. Lehár war nicht nur für die musikalischen Darbietungen in Pola zuständig, sondern probte nebstbei mit den Musikabteilungen, die man dann – es gab keinen Krieg, Ausfahrten dienten dem Prestige der Monarchie – den Kriegsschiffen zuteilte. Er war nicht nur für sein Alter, sondern für einen Musiker im Armeedienst bereits sehr weit gekommen.

Allerdings malte sich der von seiner neuen Position geblendete junge Kapellmeister bereits eine ganz andere Zukunft aus. Lehár wollte weder der oberste aller Marinemusiker bleiben noch sich eine Position als oberster Regimentskapellmeister in Wien erarbeiten. Sein Auskommen hatte er noch als Musiker im Dienste des Kaisers. Seine Zukunft aber hatte er schon im Kopf. Mehr noch, er hatte sie bereits in Händen. Denn: Er schrieb längst an seinem ersten Bühnenwerk. Neben Märschen, die Offizieren gewidmet waren, und Liedern, die Töchter von Offizieren sangen, hatte er längst andere Musik komponiert und war reif für das, was sein wirkliches Leben ausmachen sollte.

Ob er Komponist als Geiger im Theater wurde oder als Besucher der Wiener Hofoper oder einfach als Musiker, der – wie jeder andere Musikfreund – die Oper für die höchste aller musikalischen Kunstformen hielt? Lehár hat sich selbst nie darüber geäußert, und Vermutungen sind immer eine heikle Angelegenheit und etwas für Musiktheoretiker, denen man niemals völlig trauen soll. Franz Lehár war, da sind sich er und sein Publikum und auch die Musikwissenschaftler einig, für die Operette auf die Welt gekommen. Und deshalb musizierte er mit Begeisterung in Wien, in Losoncz, in Pola und war erfolgreicher als viele seiner Kollegen. Gleichwohl kam er dennoch rascher als viele andere zu seinem einzig wahren Beruf, für den er vorzeitig, also noch vor einem echten Bühnenerfolg, die sozusagen sichere bürgerliche Laufbahn eines Militärkapellmeisters aufgab.

Warum?

Weil es so sein mußte und der irrt, der nichts von Berufung hält und meint, es sei eher Zufall, wohin einen der Lebensweg führt.

Zwischendurch führte Lehár der Lebensweg noch auf eine Reise – er sollte sein Leben lang nicht wirklich seßhaft werden, immer viel Zeit unterwegs verbringen, mit Freuden Einladungen zu Aufführungen seiner Werke in aller Welt annehmen. Wenn man dergleichen mag, kann man seinen Reisetrieb als unmittelbare Fortsetzung seiner Kindheit, die sich ja in vielen Garnisonen abspielte, bezeichnen. Oder man nimmt die Angelegenheit einfacher und meint, Lehár habe die Gelegenheit, als Kapellmeister einmal auch an Bord gehen zu können, gern genutzt, weil er ein Stück von der Welt sehen wollte, die ihm noch fremd war. An Bord der »Maria Theresia« war er bei der Eröffnung des Nord-Ostsee-Kanals in Kiel dabei und wußte, daß auf der Heimreise Spanien, Gibraltar, England und Frankreich angelaufen werden sollten. Naturgemäß unter dem Kommando eines echten Erzherzogs, der wiederum naturgemäß den Kapellmeister Lehár zu sich befahl und erklärte, er wünsche auf jedem Programm »eine ungarische Musiknummer«. Man sprach daraufhin miteinander ungarisch, die allerhöchsten Wünsche wurden erfüllt, und geschadet kann diese vielseitige Verwendbarkeit dem Musiker nicht haben.

Trotzdem, er wollte Opernkomponist sein und verbiß sich in

»Kakuska« und fand für sein Werk einen Verleger und ein Opernhaus, das die Uraufführung annahm. Am anderen Tag war er sozusagen kein Militärkapellmeister mehr.

Leichtfertig darf man Lehár nur in seinen jungen Jahren nennen. Die Tatsache, daß immerhin Leipzig sein Erstlingswerk angenommen hatte, war zweifellos beachtlich. Lehár aber und jeder in seiner Familie konnte sich ausrechnen, daß die Tantiemen selbst bei einem guten Erfolg niemals den sicheren Sold ergeben könnten, den ein »fest angestellter« Kapellmeister hatte, und er und jeder in seiner Umgebung wußte auch, daß man ihn für den Besuch von Proben und Aufführungen durchaus freigestellt hätte.

Aber: »Ich tauge nicht zum Militärkapellmeister, ich habe zu viel Ehrgefühl dazu!« schrieb Lehár an den entsetzten Vater nach Wien, quittierte seinen Dienst und fuhr nach Leipzig, um 1896 ein freier Musiker zu sein.

Nebstbei, aber nicht ohne Hintersinn: In ungezählten Kritiken über beinahe alle seine Operetten, mit denen er Jahre später sein Glück machte, war immer zu lesen, daß Franz Lehár Militärkapellmeister gewesen sei, daß der »Schmiß« seiner Melodien und der Rhythmus aus genau dieser jugendlichen Betätigung käme. Manchmal war es besonders bös, manchmal auch ausnehmend wohlwollend gemeint. Immer aber war es den Herren Rezensenten eine Bemerkung wert, die sie ihrem Publikum nicht vorenthalten wollten. Franz Lehár, der einmal ein Militärkapellmeister gewesen ist ...

Der Komponist selbst litt offenbar nicht sehr unter diesem Aspekt, er hat sich über andere Kritiken an seinen Werken sehr viel mehr geärgert und vor allem – zu seiner Ehre muß man das gleich zu Beginn feststellen – der Operette die Treue gehalten, sie in schwierigen Zeiten als eine legitime Kunstform verteidigt und wiederholt dargelegt, man habe auch als Operettenkomponist eine Aufgabe, die man gut zu erfüllen habe. Jahre also, nachdem er ausdrücklich weg wollte vom Militär und ausdrücklich hin zur Oper, Jahre später sah er sowohl seine Jugend wie auch sein (damaliges) Wirken anders. Nur in Pola, wo es ihm vergleichsweise herrlich ging, wollte er weg aus der Fron.

Aus dieser Zeit und den Jahren danach existieren Briefe der Mutter an den jüngeren Sohn, wunderschöne Dokumente von Liebe und Besorgnis, von Angst und Hoffnung, vor allem aber von einer großen Verwunderung über den bunten Vogel, der sich einfach aus dem Nest geworfen hatte, bevor er irgendwo ein anderes in Aussicht hatte. Die Zeit ihres Lebens fleißige und vor allem notgedrungen sparsame Mutter Lehár wollte allen ihren Kindern mit auf den Weg geben, daß sie fleißig und sparsam sein sollten.

Und noch etwas verlangte sie ausdrücklich von ihnen. Ihre Kinder sollten Gutes tun und auch mit geringen Mitteln – an Millionen, die ihr Sohn Franz einst verdienen sollte, konnte sie nicht einmal denken – noch an ärmere Menschen denken und ihnen etwas von dem abgeben, was sie immerhin schon besaßen. Die Mutter, der beide Söhne öfter und herzlicher gedachten, als man es von zwei so aufregenden Persönlichkeiten erwarten muß, predigte in ihren Briefen bis zuletzt. Ihre Saat ging auf.

Freilich nicht sofort und nicht bei beiden Brüdern gleichzeitig. Anton, der jüngere, blieb offenbar lange genug daheim, war der Mutter nahe und ließ sich vom Beginn seiner Laufbahn weg zu dem bestimmen, was die Eltern aus ihm machen wollten – er wurde ein Soldat und brav, später ein guter Soldat und tapfer und noch später ein Held und verwegen. Aber das wird im rechten Moment noch zu erzählen sein.

Franz, der Ältere, ging erst einmal nur halbwegs auf die Wünsche seiner Eltern ein. Als Opernkomponisten ohne feste Anstellung hatten sie ihn sich nicht vorgestellt. Daß er mit nichts anderem als dem Vertrag für die Uraufführung seiner ersten Oper nach Leipzig ging, die Proben verfolgte, sich für den größten Abend in seinem bisherigen Leben die entsprechende Garderobe anfertigen ließ – und nach der Uraufführung zwar seinen Bruder einladen, selbst aber hungrig bleiben mußte, weil der Vorschuß bereits ausgegeben war –, das war alles andere als die von der Familie Lehár erwünschte Lebensart. Aber sein Verhalten war verständlich und auch verzeihlich, wenn man einmal bedenkt, daß Leipzig eine große Stadt war und die Oper ein Haus von Reputation. Schließlich war eine Uraufführung eine große Sache und auch eine von Reputation.

Daß »Kakuska« nicht zu den Meisterwerken Franz Lehárs zählt, weiß man allmählich. Die Zeit ist nicht nur ein sonderbar Ding, sondern auch ein unbestechlicher Kritiker. Nur was die Zeit überdauert, das hat wirklich Wert. Nur was über Generationen gehört werden will, das gilt.

»Kakuska« ist heute vergessen: An den Ufern der Wolga verliebt sich der Soldat Alexis in die schöne Fischerstochter Tatjana. Naturgemäß hat er einen Nebenbuhler, einen Tscherkessen, der ihn haßt.

Tatjanas Vater, Fischer und Wunderheiler in einem, wird seines reichen Fischfangs wegen von den Bauern verprügelt, sein Schwiegersohn in spe will ihm beistehen, verletzt im Kampf für seine künftige Familie den Starost, also einen Beamten. Er muß in die Verbannung, das erste Finale ist voll des leidvollen Abschieds der Verliebten.

In der Verbannung trifft der tapfere Alexis seinen Nebenbuhler als Bewacher wieder, hat seine liebe Not mit ihm, wird aber »im Kampf« mit ihm zum edelmütigen Verbündeten. Im dritten Akt, in der Steppe also, finden sich auf opernhafte Art schließlich die beiden Liebenden, denen der vorher verhaßte Bariton noch zu helfen versucht hat: Alexis ist dem Tode nahe und sieht im eisigen Wind nicht nur seine Tatjana wieder, sondern träumt mit ihr auch von Frühling und Glück. Der eisige Wind der Steppe ist für das Liebespaar, was die enge Gruft für Aida und Radames darstellt. Das Grab, in dem die Oper nach einem letzten Duett endet.

Am 27. November 1896 erlebt Franz Lehár die Aufführung seines Werkes zum ersten Mal. Er hat es großzügig instrumentiert und folkloristisch ausgestattet, er hat sein erstes Herzblut in die Partitur geschrieben. Das Publikum glaubt ihm und applaudiert. Die Kritiken bestaunen einen jungen, begabten Komponisten. Ihm fehlt nachher nichts als die überwältigende Anzahl weiterer Aufführungen – die Oper steht selten und auch das nur für kurze Zeit auf dem Spielplan, von den Tantiemen kann er nicht leben. Auch nicht in Budapest, wo er jetzt immerhin bei seiner Familie sein kann, die ihn liebt und nicht hungern läßt. Auch wenn sie mit ihm nicht zufrieden ist: »Als wir in größter Sorge um ihn waren, da kam er auf einmal daher. Wie ein echter Künstler. Krawatte verdreht. In seinem Fledermausmantel. Ohne Ringe, ohne Uhrkette, ohne Busennadel. Wie gesagt, ein echter Künstler ... Seither geht alles so wie früher. Franz macht eine Balletteinlage fertig, hofft und träumt ... Am achten kommt der Briefträger. Er bringt Franz 51 Gulden Tantiemen von den ersten zwei Vorstellungen. Nun muß er einen Monat bis zur nächsten Abrechnung warten. Dies ist der erste große Erfolg! 41 Gulden hat sich Franz behalten. 10 Gulden gab er mir. Davon habe ich gleich Holz gekauft. Franz hat in Leipzig 170 Gulden ausgegeben und alles versetzt. Nun ist Prag in Aussicht. Franz will einen Monat dort bleiben und alles selbst einstudieren. Was wird das kosten? Wird es überall so sein, daß er dreimal so viel ausgibt, als er einnimmt?« So liest sich die Bilanz eines ersten Opernerfolgs, wenn sie nicht vom überglücklichen Komponisten, sondern von dessen aufmerksam liebender Mutter in einem Brief niedergeschrieben wird.

Wir schreiben die letzten Jahre vor der Jahrhundertwende, noch wissen wenige Menschen davon, daß man bald nicht mehr von Erfolgen in Prag und Budapest, auch nicht mehr von Stationierungen in Pola oder anderswo in der Monarchie wird träumen können. Noch glaubt man als ein Untertan des bald ein halbes Jahrhundert regierenden Monarchen, die Welt werde immer so bleiben, wie sie ist. Auch in Budapest, wo der Vater im neu aufgestellten bosnischen Regiment Nr. 3 seines Amtes waltet, müde und nur noch der Pension entgegen lebend.

4

Erste Erfolge

Franz Lehár, dessen erstes öffentliches Auftreten als Kapellmeister in Pola vor dem deutschen Kaiser stattfand – Wilhelm II. hatte seinen Besuch bei der befreundeten Marine angesagt und unter anderem zweifellos auch die »Musik« in Trab gehalten – und der für dieses erste Auftreten die »Zufriedenheit« des hohen Gastes erfuhr, begann nahezu sofort in der heiteren, friedlichen Atmosphäre Istriens an einer Oper zu schreiben.

Es war in Wahrheit keine herrliche, keine Postkartenzeit mehr für die Monarchie. 1889 hatte die Tragödie von Mayerling das Reich erschüttert. Kronprinz Rudolf, neben allem anderen auch ein Musikliebhaber, hatte sich erschossen. Der »gute alte Herr im Schönbrunner Park« wurde von seinem Volk geliebt, war allerdings von seiner Frau längst in die Einsamkeit entlassen worden. Der neue Thronfolger Franz Ferdinand war, wie man später begriff, ein fortschrittlicher und kluger Mann, der allerdings gegen den Hof weder seine Gedanken noch seine Stellung behaupten konnte. 1890 gingen erstmals in der Geschichte Österreich-Ungarns die Arbeiter auf die Straße – zweihunderttausend Menschen demonstrierten am 1. Mai für den Acht-Stunden-Arbeitstag. So war es ein Jahr vorher beschlossen worden und Tage vor der Demonstration vom Statthalter von Niederösterreich für ungesetzlich erklärt worden. Im Prater, wo der erste Mai-Aufmarsch trotzdem stattfand, hatte man Militär in Stellung gebracht. Es blieb bei einem friedlichen Demonstrationszug. Während der jüngste Militärkapellmeister sein erstes Engagement antrat, gab es die ersten Krawalle der »Jungtschechen« bei einer Sitzung des Böhmischen Landtags. Man erfand bei der Gelegenheit das später auch im Wiener Parlament eingeführte Klappern mit den Pultdeckeln, das Sitzungen unmöglich machte. Aber: Während der mit Zwischenstation in Wien nach Pola gereiste zukünftige Komponist sich an die Arbeit machte, entstand im Wiener Prater 1895 der legendäre Vergnügungspark »Venedig in Wien«, ein riesiges Areal mit Kanälen, aus Venedig importierten Gondeln, Kaffeehäusern und Restaurants und mehr als einer Möglichkeit, sich als Kapellmeister zu produzieren. Über mehr als ein Jahrzehnt fanden die Wiener Gefallen daran, nicht nur an den liebgewordenen Ringelspielen und Kaffeehäusern im Wurstelprater, so bezeichnet nach dem auch Wurstel genannten Kasperl. Vor allem die Wiener, die es sich leisten konnten, besuchten »Venedig in Wien« und spielten alle die kleinen Verwechslungskomödien, die man bald darauf bei Arthur Schnitzler in seinem »Reigen« wiederfinden konnte.

Franz Lehár hatte zu dieser Zeit gewiß wenig Sinn für das Militärische. Er hatte endlich begonnen, das zu schreiben, was ihm wirklich am Herzen lag: »Kakuska« sollte eine Oper werden, der Marineoffizier Felix Falzari schrieb in seinen Mußestunden das Libretto. Lehár komponierte in bestem Einvernehmen und in offenbar sehr vielen ruhigen Stunden die Musik. Das erste Publikum waren die Menschen, die in Pola lebten, und die ersten Interpreten waren die Musiker, die unter Lehár zu arbeiten hatten. Lehár selbst bezeichnete die ziemlich seltene Möglichkeit, die sich ihm bot, als »Komponieren am Orchester« im Gegensatz zu dem üblichen Verfahren, eine Oper »am Klavier« zu komponieren. Er hatte für seine allerersten Versuche ein reich besetztes Ensemble zur Verfügung und konnte, was man allen seinen bis heute bekannt gebliebenen Werken anmerkt, jeden Effekt, den er erdachte, sofort in der Praxis erproben.

Das ist mehr als selten. Komponisten sind mitunter in der Lage, als Kapellmeister durch das Partiturstudium und die Aufführung anderer Werke zu begreifen, welche Möglichkeiten ein Orchester bietet – und es gibt genügend Beispiele dafür, daß Komponisten am Dirigentenpult sich unbewußt genau der Kunstmittel bedienten, die sie bei ihrer Arbeit im Konzertsaal oder in der Oper von einem »Kollegen« angeboten erhielten.

Oft leben – lebten, müßte man fairerweise schreiben – Komponisten erst einmal von ihren »Einfällen« und lernten erst langsam und schrittweise, wie sie aus einer Melodie oder einem »Thema« ein eigenes, unverwechselbares Werk gestalten konnten. Sie wußten, wie ihre Lehrer oder unmittelbaren Vorfahren instrumentiert hätten und blieben erst einmal in diesem Geleise, aus dem sie sich mit der Zeit auf einen neuen, bisher noch unbekannten Weg begaben.

Immer aber oder zumindest in den meisten Fällen hatten sie als Mittel, um ihre Kompositionen vor der ersten Aufführung zu hören, nur ihr eigenes Instrument und ihre Phantasie. Um im Reich der Operette zu bleiben: Johann Strauß, der in seiner Jugend für die Kapelle komponieren mußte, die seine ersten Walzer aufführte, liebte es, seine Operetten auf einem Harmonium zu spielen. Er fand, dies hätte nicht nur einen weicheren, sondern auch einen volleren Klang als ein Klavier. Er fand, aus seinem Spiel auf dem Harmonium ließe sich der noch gar nicht notierte Klang des Orchesters eher ableiten ...

Sein Nachfolger, wie man irgendwann Franz Lehár wird nennen müssen, hatte als Kapellmeister für kurze Musikstücke dieselbe Erfahrung wie der große Strauß. Aber er hatte als Militärkapellmeister für seine Oper mehr Möglichkeiten, Erfahrungen zu sammeln, als der große Strauß. Er konnte komponieren, aufführen lassen und aus den allerersten Erfahrungen sofort korrigierend lernen, bevor er seine erste Opern-Partitur endgültig zu Papier brachte. Das meinte er mit »auf dem Orchester komponieren«, und das ist es, was selbst die kritischsten seiner Hörer ihm nie absprachen. Ein eigener, unverwechselbarer, sehr nuancierter Klang. Heute würde man das »Sound« nennen.

Davon abgesehen war der junge Herr Kapellmeister für seine neue Beschäftigung verloren. Denn er hatte nichts anderes im Sinn, als seine erste Oper zu schreiben und für diese zu leben – und durch eine besondere Fügung sah er sie auch an einem nicht allerersten, aber an einem guten Haus zur Uraufführung angenommen: Leipzig meldete sich und war willens, »Kakuska«, eine tragische Liebesgeschichte, auf den Spielplan zu setzen. Lehár war bereit, dafür seine Position aufzugeben und entgegen allen Erwartungen als frei schaffender Komponist zu leben.

Das ging nicht. Selbstverständlich nicht, denn um von Tantiemen zu leben, muß man nicht nur eine Uraufführung vor sich haben, sondern auch bereits einige sichere andere Bühnen, eine gehörige Anzahl an gut verkauften Vorstellungen – also sehr viel mehr, als Lehár hatte.

Aus Budapest, wohin der Vater zuletzt kommandiert war und seine letzten Dienstjahre absolvierte, kamen die Briefe der geliebten Mutter an ihren braveren Sohn Anton, in denen sie die Verhältnisse des leichtsinnigeren Sohnes Franz schilderte. Unschwer, sich aus diesen Zeilen ein sehr genaues Bild zu machen, unschwer vor allem, wenn man auch den Kummer der Mutter begreift und das völlige Unverständnis der guten Frau, die nie in ihrem Leben etwas anderes getan hatte, als für ihre Familie zu sorgen.

Freilich, die Briefe wurden im Winter geschrieben, die Uraufführung – von Publikum und Kritik freundlich aufgenommen – war vorbei und die erste Erregung wohl auch für den Komponisten selbst. Aber die Lehárs waren insgesamt doch höchst unterschiedlicher Ansicht, was die Aufgaben und die Positionen eines Musikers anging. Vater Lehár studierte, liest man in freundlichen Erinnerungen, die Partitur seines Sohnes aufmerksam, seine Kommentare aber sind nicht überliefert. Bruder Anton war, wie man weiß, für die Uraufführung eigens nach Leipzig gefahren, dann aber gleich wieder zu seinem Regiment zurückgekehrt. Mutter Christine sah nur, was die finanziellen Aussichten einer Oper und die Auswirkungen auf ihren Ältesten anging: Da gab es wenig Geld und viel Verführerisches. Da wurde in den Zeitungen geschrieben und wenig bezahlt und einem jungen Menschen der Kopf verdreht, daß er Schulden machte und auf einen anständigen Posten verzichtete. Künstler, das war auch nach einem langen Leben an der Seite eines Kapellmeisters für Christine Lehár kein Ehrentitel, sondern die Charakterisierung für einen Menschen ohne sichere Zukunft. Musiker, das war für sie einer, der geigte oder dirigierte, vor allem aber genau wußte, was ihm am Monatsende ausbezahlt wurde.

Daß sich der spätere Millionär in seinen allerersten Jahren leichtsinnig und unbesorgt gab, soll ihm nicht als Schwäche angekreidet werden. Man weiß und hat es in mehr als einer Hinsicht auch bewundernd oder kritisch vermerkt, daß er in seinem weiteren Leben nicht nur ein höchst erfolgreicher Komponist, sondern auch ein kluger, bedächtiger Geschäftsmann wurde, der sein Kapital zu mehren wußte und in schlechten Zeiten aus eigener Kraft für sich sorgen konnte.

Freilich, nicht als Opernkomponist. »Kakuska«, später umgearbeitet und als »Tatjana« (so benannt nach der weiblichen Hauptrolle) noch einmal dem Publikum angeboten, hat sich niemals zu einem richtigen Erfolg mausern können. Eine Erstlingsarbeit immerhin und, das behaupten Kenner, bereits eine mit großem Fleiß und viel Klangphantasie komponierte Oper, in der man hören kann, daß sich Franz Lehár vom Beginn seiner Laufbahn auf die Behandlung von Stimmen und noch mehr auf den Einsatz eines großen Orchesters verstand. Er war unter den Musikern seiner Zeit einer der »besser« ausgebildeten und mußte sich nicht von versierten Mitarbeitern helfen lassen. Lehár hatte gelernt, wie man genau das aufs Papier bringt, was man zu hören wünscht. Damals schon wußte er, was er selbst später über seine Arbeit mitzuteilen beliebte – daß nicht der Einfall, nicht die Genialität, sondern die vielen Nächte am Schreibtisch, die immer und immer wieder neue Präzisierung des sogenannten Einfalls eine Komposition ausmachen. Daß er es wußte und konnte, verschaffte ihm vom Start weg einen Vorteil gegenüber den meisten seiner Konkurrenten. Denn anno dazumal gab es noch eine ganze Generation von Operettenkomponisten, die in Wahrheit bei versierten Kollegen arbeiten ließen ...

»Kakuska« enthält viel lokales Kolorit, viel bedrohliche Soldateska, viel Auseinandersetzung der Volksgruppen und Stämme – damals schon war dem Franz Lehár an Themen gelegen, die sich auch aus nationalen Klängen beschreiben ließen. Nicht allgemeine, umfassende, keiner melodischen Heimat zugeordnete Inhalte, sondern große Themen in einem besonderen, einem speziellen musikalischen Milieu.

Daß man in Pola an der Adria als Vertreter des Vielvölkerstaates auf die Weite der Steppe stoßen und sich in ihren Bann schlagen lassen konnte?

Anders als in der Gegenwart, in der ein Österreicher kaum noch unendliche Weiten aus eigener Anschauung beschreiben könnte, wäre er immer nur im eigenen Land geblieben, gab es vor dem Ersten Weltkrieg keine Landschaft, kein Milieu, das nicht zum Machtbereich der Habsburger gehört hätte. Ein Untertan von Franz Joseph I. war also auch im weiten Osten daheim, verstand zumindest die slawische Musik. Oder konnte sie sich, wenn man so will, überzeugend aneignen.

Was auch ein Untertan des »guten, alten Kaisers« nicht konnte: Er vermochte nicht ohne Protektion auszukommen. In den Erinnerungen eines einst wichtigen, weil mit Gott und der Welt bekannten Journalisten kann man nachlesen, daß die Familie Lehár das auch wußte und versuchte, dem Umstand Rechnung zu tragen. Man machte Besuch, man bat um Unterstützung, man wollte eine Empfehlung für weitere Opernhäuser – »Kakuska« war in Leipzig insgesamt sieben Mal aufgeführt worden, und das war auch für einen Opernerstling keine wirklich aufsehenerregende Zahl.

Die Unterstützung half, Lehár konnte nach einer Anstandsfrist seine Oper auch in Budapest auf die Bühne bringen. Vorher hatte er allerdings noch einmal zu Kreuze zu kriechen, noch einmal die Uniform anzuziehen, mußte als Kapellmeister zuerst nach Triest, dann (in weniger aufsehenerregender Position) mit seinem Regiment zurück nach Pola. Und schließlich, immer noch als Militärkapellmeister, nach Budapest, wo er die Stelle seines Vaters übernahm. Kapellmeister beim bosnisch-herzegowinischen Infanterieregiment Nr. 3. Nicht mehr, aber auch nicht weniger als das, was sein verdienstvoller und pflichtbewußter Vater als Lebensziel erreicht hatte. Aber immerhin bereits in einem Regiment, dessen Name den Operettenfreund sehr an Franz Lehárs ersten Welterfolg erinnert. Bosnisch-herzegowinisch? Wenn einem da nicht gleich die »Lustige Witwe« einfällt ...

Lehár senior starb 1898 und erlebte die Budapester Aufführung von »Kakuska« nicht mehr. Und erlebte auch (gottlob) nicht mehr, daß sein Sohn noch einmal – wie der Vater es empfunden hätte – den nahezu unverzeihlichen Fehler beging, allen seinen Übermut zusammennahm und nach der (wieder nur halbwegs erfolgreichen und finanziell verheerenden) Aufführung in Budapest wieder als freier Musiker zu leben versuchte: Als

Musiker und Verleger, was ihm später herrlich gelang, in diesen Anfangszeiten jedoch alles andere als ausgezeichnet stand.

Der Verleger der »Kakuska« verkaufte, auf dem Weg in den Konkurs, Notenmaterial und Aufführungsrechte noch rasch um eine ansehnliche Summe (die Lehár aus dem väterlichen Erbe und Schulden zusammenkratzen mußte) an den Komponisten, der für sich selbst werben mußte. Ziemlich erfolglos, wie man sieht; die Aufführungen des Werkes, die ihm »im Eigenverlag« erheblich mehr Einnahmen gebracht hätten, blieben aus. Die Opernhäuser, denen er es einsandte, sagten ihm höflich ab.

Um zu erklären, was es mit dem »Untertan Lehár« auf sich hat: Eine der historisch ziemlich gesicherten Beziehungen zwischen Franz Joseph I. und Franz Lehár ist in einem Brief seiner Mutter nachzulesen. »Am Tage der Premiere hat Franz ein großes Verhängnis ereilt. Wie soll ich Dir als Offizier das erzählen, ohne zu erröten. Daß ich mich kurz fasse: zufällig war am Tage vor der Premiere Hoftafel. Der Korpskommandant, Prinz Lobkowitz, erwähnte dem Kaiser, daß eine Oper von einem Budapester Militärkapellmeister aufgeführt wird. Der Kaiser fragt, von welchem Regiment. Am nächsten Tag war die Kaiserparade. Franz kam erst um 2 Uhr nachts nach Hause und sagte mir noch, ich weiß nicht, soll ich ausrücken oder nicht. Dann schliefen wir ein. Franz war nicht ausgerückt. Bei der Parade fragte der Kaiser nach dem Kapellmeister, der die Oper geschrieben hat ...« Dieses Dokument schildert den eher leichtsinnigen, übermütigen Komponisten, wie er damals war. Aber die Geschichte ist damit noch nicht zu Ende, denn Jahre später, als man dem Kaiser von Erfolgen Franz Lehárs erzählte, soll er einfach erklärt haben: »Ach ja, der Lehár, das ist der, der damals in Pest nicht ausgerückt ist.«

Die Geschichte kann, obgleich sie nur nacherzählt wird, auch wahr sein, denn all die vielen trockenen historischen Berichte über den Kaiser, sein Beamtengedächtnis und seine Abneigung gegen alle geringfügige Abweichungen, die einer sich gegen »das Reglement« leistete, lassen es sehr wahrscheinlich erscheinen, daß ihm ein Kapellmeister in Pest, der nicht zur Kaiserparade ausrückte, auf Jahre in Erinnerung blieb. Als eine sehr dubiose Erscheinung, die es unter seiner Herrschaft eigentlich zu nichts zu bringen hatte.

Gottlob, Franz Lehár kam zu spät, war nicht mehr unter denen, die als ihr höchstes Ziel den Titel eines Hofball-Musikdirektors ansahen. Er hätte seiner Müdigkeit nach einer Opernpremiere wegen nie mit einem Titel rechnen können ...

Immerhin, unter den Instituten, die der Komponist mit Partitur und Angebot von »Kakuska« überschüttete, das diese Oper aber nicht aufführte, war auch die Hofoper in Wien. Direktor Gustav Mahler nahm das Werk und den Komponisten zur Kenntnis und ließ sich einiges an Intervention gefallen, war aber zuletzt doch nicht zu gewinnen: Lehár erzählt in seinen Erinnerungen, daß er einmal mit Mahler (der ihn nicht kannte) im Zug von Wien bis Baden bei Wien in einem Coupé saß und nicht wagte, den Herrn Direktor anzusprechen. Der bewußte Kontaktmann, Ludwig Karpath, behauptete in seinen Memoiren, sich bei Mahler sehr für Lehár eingesetzt zu haben. Karpath, später mit dem Hofratstitel ausgezeichnet und noch später ein wichtiger Kritiker, der beinahe allein die Uraufführung der »Lustigen Witwe« rettete, war um die Jahrhundertwende als Gefolgsmann dem Hofoperndirektor eine wertvolle Beziehung zur Wiener Gesellschaft – der scheinbar unnahbare Künstler Mahler, in seinem Haus als Despot und unerbittlicher Chef immer wieder höchst unbeliebt, nutzte seine mit vielen Handschreiben und Einladungen aufgebauten Beziehungen zu einflußreichen Kritikern allemal, wenn es darum ging, seine »Kulturpolitik« zu erklären oder seinen Gegnern eins auszuwischen.

Verstand man es, ihm einen Dienst zu erweisen, dann hatte man es auch als Journalist bei Gustav Mahler in Wien wirklich gut. Man erfuhr Neuigkeiten aus der Oper, man konnte mit Kleinigkeiten aus dem innersten Kreis aufwarten, man war wer im Wiener Kaffeehaus. Und Mahler war zu allen erdenklichen Gegendiensten gern bereit, wenn es möglich war. Allerdings nicht zu Konzessionen, wenn es um den Spielplan seiner Oper ging. Da war er nicht nur seinem Kaiser gegenüber alles andere als konziliant, da hatte er auch keinen Sinn für mögliche Vorteile, die er sich einflußreichen Journalisten gegenüber hätte verschaffen können.

Karpaths Intervention nutzte im Falle »Kakuska« einfach gar nichts, und niemand war ihm böse, denn nach einigen Jahren, als die wahre Begabung Lehárs zutage getreten war, wollte der Komponist selbst nicht mehr an die Genialität seiner Oper glauben. Karpath konnte ruhigen Gewissens zugeben, daß er höflich, aber nicht mit vollem Einsatz all seiner Überzeugungskraft interveniert hatte. Mahler dachte selbst schon ganz anders von dem Musiker Lehár.

Die erste echte überlieferte »Verbindung« zwischen Gustav Mahler und Franz Lehár gibt es erst nach der Uraufführung der »Lustigen Witwe« zu notieren, und auch sie ist sehr wienerisch und heiter: Alma Mahler-Werfel berichtete später, sie hätten die Partitur der Operette nicht daheim gehabt und den Hauptwalzer aus dem Gedächtnis nicht völlig rekonstruieren können. Also wäre das Ehepaar in die – noch heute existierende – Notenhandlung Doblinger (mit eigenem Verlag, in dem die Werke Mahlers, Bruckners, aber auch Lehárs erschienen) gegangen. Gustav Mahler habe sich über seine eigenen Kompositionen unterhalten, und Alma habe einstweilen unbefangen in den Noten der »Witwe« geblättert. Bis der Walzer richtig saß und der Herr Hofoperndirektor trotzdem nicht zugeben mußte, daß er sich für eine Operette interessierte.

Streng waren, streng blieben die Bräuche in der Kaiserstadt auch nach außen hin: besonders streng war damals die Trennung von Oper und Operette. Bei Lebzeiten hatte es selbst ein Johann Strauß nur zur Aufführung seiner »Fledermaus« in der Hofoper gebracht. Dann noch zur Annahme, Aufführung und zum Mißerfolg seiner Oper »Ritter Pasman«, niemals aber zum Beispiel zu einem Sprung des »Zigeunerbaron« auf diese allererste Bühne. Anderswo war der »Zigeunerbaron« längst als Oper anerkannt, in Wien mußte dieses Meisterwerk Jahrzehnte warten. Wie also sollte ein Militärkapellmeister mit seinem Erstling an dieses Institut kommen? Auch wenn es sich um eine Oper handelte ...

Immerhin, die Kaiserstadt eroberte er sich zur Jahrhundert-

wende trotz alledem. Am 1. November 1899 wurde er Militär-
kapellmeister beim 26. Infanterieregiment und blieb in dieser
Position unter anderem, weil er andere Posten, um die er sich in
Wien bewarb, aus den komischsten Beweggründen nicht bekam.
Beim neu gegründeten »Wiener Konzertverein«, aus dem in vie-
len Jahrzehnten die Wiener Symphoniker wurden, war eine
Stelle für die sogenannten populären Programme vakant. Adolf
Müller junior, der versierte Theaterkapellmeister, dem Johann
Strauß noch die Zusammenstellung der Operette »Wiener Blut«
überlassen hatte, war gestorben.

Franz Lehár konnte bei einem Probedirigieren nicht überzeugen. Die Jury erklärte, er sei zwar ein durchaus exzellenter
Musiker, aber nicht das, was man suche. Er wäre herrlich für
symphonische Werke, aber kein Dirigent für leichte Musik, ins-
besondere Walzer. Vorsitzender der Jury, die ihm keine Hand für
»leichte Musik« zubilligte, war der Schriftsteller und Komponist
Richard Heuberger, als Kritiker der »Neuen Freien Presse« ein
gefürchteter Mann, als Komponist der Operette »Der Opernball«
einer der wenigen damals wirklich erfolgreichen Musiker. Allerdings: Er ist uns ausschließlich mit dem »Opernball« in Erinnerung geblieben – und in Sachen Franz Lehár außerdem dank
der Tatsache, daß er bereits an der Vertonung der »Lustigen
Witwe« arbeitete, als man ihm das Libretto wieder wegnahm und
es dem jungen Konkurrenten auf den Tisch legte.

Lehár Jahre später über das Mißgeschick, nicht engagiert zu
werden: »Es war ein Glück für mich, daß ich in Heubergers
Augen keine Gnade gefunden habe, denn die vielseitigen Aufgaben eines Kapellmeisters im Konzertverein hätten mir wohl
kaum die Zeit dazu gelassen, das zu komponieren, wodurch ich
mir später einen Namen gemacht habe.«

Das Publikum der Stadt Wien aber war nicht nur an der
Spitze eines Symphonieorchesters, sondern durchaus auch mit
einer Militärkapelle zu erobern: Schon in den vergangenen
Jahrzehnten hatte die Kapelle Strauß, immerhin unter der Leitung des letzten lebenden und mit Verve aufspielenden der
drei Strauß-Brüder, immer öfter auf Weltreise gehen müssen,
weil die Militärkapellen ihr das Wasser abgruben. Schon in den

vergangenen Jahren hatten nicht nur sämtliche Vergnügungs-
etablissements, sondern auch alle großen gesellschaftlichen
Ereignisse auf die zivilen Kapellen verzichtet und sich der Mitwirkung tüchtiger (und fesch gekleideter) Militärkapellen versichert. Kein Ball, kein Wohltätigkeitsfest, keine der ungezählten
Feierlichkeiten zu einem der vielen Jubiläen im Kaiserhaus,
bei dem man nicht auf die Mitwirkung der offenbar tüchtig-
sten unter des Kaisers Soldaten Wert legte. Lehár dirigierte
und komponierte. Bald hatte er seinen ersten wirklich genialen
Einfall für eine Faschingsredoute der Fürstin Pauline Metternich.

Die Fürstin Pauline Metternich ...

Für die Geschichte Wiens und für die Musikgeschichte ist
diese Frau eine wesentliche, aufregende, anregende Persönlichkeit, an die man sich in unzähligen Anekdoten erinnert.

Sie war eine Enkelin des 1848 von der Revolution hinwegge-
fegten Staatskanzlers, erregte bald darauf als Frau des österreichischen Botschafters in Paris Aufsehen, protegierte Richard
Wagner (der es ihr nicht dankte, daß sie ihm eine Premiere in
der Oper verschaffte) und machte bei einem ihrer atemberau-
benden Feste Johann Strauß Sohn über Nacht zum Liebling der
Pariser Gesellschaft – auch Strauß dankte es ihr nicht, sondern
widmete ihr nur einen Walzer und ließ sie als alte Dame »im
Regen stehen« und verzichtete darauf, ihrer großen und in die
Wiener Geschichte eingegangenen Internationalen Theater-Aus-
stellung im Prater Aufmerksamkeit zu schenken. Eine Fehlent-
scheidung, wie sie dem Musiker Strauß manchmal unterlief,
wenn er sich schlecht beraten ließ.

Trotzdem, sie war sowohl als große Persönlichkeit wie auch
als Mäzenatin in Wien geliebt und gefürchtet, ihre Aufforderun-
gen zu Wohltätigkeitsfesten waren unmißverständlich und mußten befolgt werden, ihre Ideen waren außerordentlich und wurden wie von selbst angenommen – der große Blumenkorso in
der Prater-Hauptallee zum Beispiel, den die Fürstin Metternich
einführte, hielt sich über Generationen als eine wienerische Institution, bei der kein Prinz und kein Großbürger fehlen konnte.

Vor allem ihre Faschingsredouten in ihrem Winterpalais

waren gesellschaftliche Ereignisse, die man erleben mußte, wenn man in Wien dazugehören wollte.

»Rot und Weiß« hieß die Devise im Fasching 1901 in den Sofiensälen – die eine bewegte Geschichte haben und auch heute noch existieren, denn nach dem Zweiten Weltkrieg wurden sie von einer Grammophongesellschaft gemietet, und die ersten Kräfte der Wiener Staatsoper nahmen Richard Wagners »Ring des Nibelungen« auf. Herbert von Karajan dirigierte die großen Opern, die er als Direktor im Haus am Ring einstudierte, in den Sofiensälen noch einmal vor den Mikrophonen, dann standen sie leer und wurden in allerjüngster Vergangenheit zum Treffpunkt der Jugend, die keine Bälle, aber sehr wohl »Events« liebt. Am 5. Februar 1901 spielten zwei Kapellen auf, der Sohn von Eduard Strauß, der sich Johann Strauß junior nannte, leitete eine davon. Die zweite war »die treffliche Kapelle des Infanterieregiments Nr. 26 unter der Leitung ihres Kapellmeisters Lehár«. Sie spielte als erstes den der Veranstalterin gewidmeten »Paulinen-Walzer« und war damit immerhin so erfolgreich, daß der Auftrag für den Titelwalzer der Redoute im nächsten Jahr an ihren Kapellmeister ging. Lehár setzte sich hin und komponierte dem Motto gemäß »Gold und Silber«, seinen ersten Walzer, der die Zeiten überdauert hat. Er wurde am 27. Januar 1902 zum ersten Mal aufgeführt, freundlich aufgenommen, schließlich vom »Verleger Chmel« um 50 Gulden erworben und bald darauf an das Londoner Verlagshaus Bosworth & Co. weitergegeben. Der Komponist erfuhr, da sich der riesige Erfolg des Walzers bald einstellte, genau das Schicksal, das vor ihm alle Mitglieder der Dynastie Strauß zu erleiden gehabt hatten: Er hatte eine Komposition um ein »Schandgeld« verkauft, und ein Verlag machte daraus ein Riesengeschäft auf viele Jahrzehnte – im besonderen Fall wird dieses Geschäft sogar noch einige Zeit andauern, denn dank der geltenden rechtlichen Bestimmungen erlischt das Copyright erst siebzig Jahre nach dem Tode des Komponisten. »Gold und Silber« bringt also noch im einundzwanzigsten Jahrhundert Gold, freilich nicht den Erben Franz Lehárs.

Aber: An Stelle des entgangenen Honorars erhielt Lehár immerhin das, was auch seine musikalischen Vorfahren erst einmal

als die unmittelbare Folge ihrer erfolgreichen Kompositionen erhalten hatten: Die Aufmerksamkeit des Publikums, den sogenannten Namen, den er sich »machte«, das Ansehen, das ihm allmählich zuteil wurde. Und die Aufmerksamkeit der Jugend, die
mit ihm ging und seine Werke hören wollte und vor allem zu
seiner Musik am Eislaufverein.

Der Eislaufverein ist einer der ältesten Wiener Institutionen,
die seit ihrer Gründung nichts an Faszination verloren haben.
Ursprünglich zwischen dem neu eröffneten Konzerthaus und
dem Wiener Stadtpark gelegen, jetzt etwas eingezwängter zwischen dem Konzerthaus und einem Block einer internationalen
Hotelkette, steht der privat geführte »Verein« vom Spätherbst bis
zum Winterende mitten in der Stadt nicht nur seinen Mitgliedern, sondern auch jedem für eine Stunde auf das Eis streben-
den Wiener offen. Zu gewissen Stunden, an bestimmten Tagen
hatte man und hat man sich auf dem Eis zu treffen – da sind
sich die allerjüngsten Wienerinnen und Wiener bis heute nicht
einmal bewußt, welcher Tradition sie huldigen. Im Gegenteil, sie
alle glauben, daß sie diese gewissen Stunden erst erfunden
haben. Heute tanzt man naturgemäß zu Musik aus der Kon-
serve. Um 1900 ließ man selbstverständlich eine Militärkapelle
aufspielen: Ihr Kapellmeister war der unermüdliche Franz
Lehár, und ihre Mitglieder waren tapfere Musiker, die viele Stunden in der für sie nicht frischen, sondern kalten Luft das Publikum unterhielten. Immerhin, sie hatten das beste Publikum von
Wien.

Franz Lehár hatte jetzt alle Voraussetzungen, um populär zu
werden. Er war ein exzellenter Dirigent, er war ein hervorra-
gender Geiger, er schrieb ins Ohr gehende Musik – und er war
»fesch«, hatte einen entsprechend eleganten Schnurrbart und
konnte Ungarisch. Dabei sah er allerdings niemals wie ein »Zigeuner« aus, damals wenigstens unter Musikern noch keine abfällige Bezeichnung, sondern eher ein Gattungsbegriff: Lehár
konnte mit der Geige brillieren. Zigeuner führten mit ihren
Instrumenten Zauberkunststücke auf. Lehár konnte für Zigeuner komponieren. Aber ihr sogenanntes Temperament hatte er
nur als Komponist, nicht als Virtuose.

Um die Zeit, in der die Figuren eines Arthur Schnitzler, eines Hugo von Hofmannsthal noch als die Helden des »Reigen« oder des »Unbestechlichen« über die Ringstraße schlenderten und noch nicht wußten, daß sie bald darauf als Protagonisten der »Letzten Tage der Menschheit« auf der Ringstraße unter das Seziermesser des Karl Kraus geraten sollten, war ein guter Musiker in Wien eine angesehene und beliebte Person. Vor allem, wenn er eine Persönlichkeit war und etwas anzubieten hatte, und der Kapellmeister Lehár hatte sehr viel mehr eigene Musik anzubieten, als man sich heute in Erinnerung rufen will. »Stadtparkschönheiten«, einer seiner Walzer, trug die Opuszahl 72, es war also schon sehr viel mehr als eine elegische Oper entstanden, sehr viel mehr auch als eine Reihe von Liedern für die Tochter eines Obersten in einer entfernten Garnison. Es gab schon Widmungswalzer und eine große Anzahl »fescher« Märsche, und wenn man die heute nicht mehr im Ohr hat, kennt man viele von ihnen trotzdem. Denn der große Verwerter Lehár hat seine Melodien nicht vergessen, sondern im richtigen Moment in einer seiner Operetten wieder erklingen lassen – ein Segen für ihn und eine Freude für sein Publikum, das so keinen seiner wirklichen Einfälle vermissen muß. Beispiele dafür sind später anzuführen, eines immerhin als Vorgeschmack: Weil die Operette »Der Göttergatte« zu lang war, kaufte die Direktion der Sängerin Mizzi Günther den Vortrag einer Arie buchstäblich um Bargeld ab. Zweihundert Gulden mußte man ihr quasi unter der Hand zustecken. Anders hätte sie nicht darauf verzichtet, den Fortgang des Geschehens aufzuhalten.

Lehár aber wußte um den Effekt seiner Komposition und hob sie auf. Als er wenig später für seine Hanna Glawari eine große Arie im zweiten Akt (der »Lustigen Witwe«) benötigte, hatte er nichts mehr zu tun, als die fix und fertige Arie einzufügen. Niemand wußte davon, niemand bemerkte einen Stilbruch, jedermann applaudierte so lange, bis dieses kleine Glanzstück wenigstens einmal wiederholt war. Nicht einmal die Mühen einer neuerlichen Einstudierung hatte man. Die gleiche Mizzi Günther, der man das Lied einmal verwehrt hatte, durfte es mit einem anderen Text zum Riesenerfolg singen.

Und wieder ist überhaupt nichts gegen diese Art von Wieder- oder Weiterverwertung einzuwenden. Schließlich ist das als »Vilja-Lied« bekannt und beliebt gewordene Stück ausschließlich die musikalische Erfindung Lehárs, und die Methode, mit eigener Musik so umzugehen, ist über Generationen üblich gewesen – lange vor und lange nach Mozart haben Komponisten effektvolle Arien immer wieder genau dort eingefügt, wo sie entweder einem »Star« Freude bereiten oder ihr Publikum besonders für sich einnehmen wollten.

Aber das ist ja bereits beinahe wieder Musikwissenschaft und soll uns nicht weiter stören. Nicht in der Geschichte des Operettenkomponisten Franz Lehár, der im bewußten Jahr 1902 mit »Gold und Silber« begann und es mit der Eröffnung der später so genannten »silbernen Ära der Operette« endete.

5

Lehár der zweite

In dem bewußten Jahr 1902 setzte der Komponist alles daran, endlich frei und unabhängig zu werden – einerseits fand er offensichtlich, daß es langsam Zeit wurde. Andererseits machte man es ihm leicht, indem sein Regiment wieder einmal versetzt wurde und er laut Vertrag das Recht hatte, keinen weiteren Ortswechsel mitzumachen.

Wie immer, wenn das Schicksal oder die Fügung oder der Zufall es so will, ergaben sich gleich mehrere glückliche Konstellationen, wurden mehrere von langer Hand vorbereitete »Bekanntschaften« reif, hatte mit einem Mal ein immer noch junger Mann endlich das, was man auch Glück nennen kann.

Otto Schneidereit, der die bisher objektivste und genaueste Biographie Franz Lehárs geschrieben hat – immer wieder staunt man, was es da an Zeitungskritiken und Interviews und Anmerkungen noch bis vor wenigen Jahren zu sammeln, zu sichten, auszuwerten gab, und selbstverständlich bedient man sich dankbar des bereits vorhandenen Materials – Otto Schneidereit zählt die glücklichen Faktoren auf: Das traditionsreiche Theater an der Wien, an dem einst Ludwig van Beethovens »Fidelio« uraufgeführt worden war, dem mit wenigen Ausnahmen Johann Strauß mit seinen Operetten treu blieb, in dem Franz von Suppé und Adolf Müller als Theaterkapellmeister wirkten, erhielt eine neue Doppeldirektion, Wilhelm Karczag, Ungar und Journalist, war die treibende Kraft und schließlich auch derjenige, der für die Spielzeit 1902/1903 Franz Lehár als Kapellmeister verpflichtete. Er hatte den Militärkapellmeister gehört und begriffen, daß in ihm nicht nur ein halber Landsmann, sondern vor allem ein ganzer Musiker steckte. Und zudem ein für damalige Begriffe billiger, denn er hatte ja noch nie ins private Geschäft gesehen und mußte nehmen, was man ihm bot.

Zur gleichen Zeit eröffnete ein Kabarett, für das Autoren wie

Felix Salten und Frank Wedekind schrieben. Lehár war derjenige, der sich als Komponist mehrerer Nummern einstellte. Kabarett war damals in Wien wie auch in München oder Berlin eine aufregende, aber auch künstlerische Form der Unterhaltung und nicht mit dem zu verwechseln, was gegenwärtig auch Kabarett genannt wird. Der Gattungsbegriff wäre, ginge es mit rechten Dingen zu, für die Abende zu schützen, an denen eine Grethe Wiesenthal auftrat, ein Frank Wedekind seine Bänkellieder sang und für die genialische Menschen wie Egon Friedell gemeinsam mit Schriftstellern wie Alfred Polgar kleine Szenen schrieben ...

Ebenfalls zu dieser Zeit nahm Lehár um des Broterwerbs willen ein Engagement im Vergnügungspark »Venedig in Wien« an. Wienern ist von ihren Eltern und Großeltern immer und immer wieder erzählt worden, was dieses »Venedig in Wien« war. Ein 1895 von dem Theaterdirektor und Impresario Gabor Steiner konzipiertes Riesenareal, das ursprünglich der »Englische Garten« hieß, auf dem man echte Kanäle gegraben hatte, in echten venezianischen Gondeln das verehrte Publikum zwischen unechten Fassaden venezianischer Palazzi durch den Abend führte und bei jeder Anlegestelle ein Kaffeehaus oder ein Theater anbot. Um sich die Dimensionen vorzustellen: Die Kanäle führten durch achttausend Quadratmeter Wien. Vierzig Venezianer wechselten sich als Gondolieri ab. Auf Plätzen und vor Restaurants wurde aufgespielt. Auf der Hauptinsel stand das Operettentheater, das den Sommer über täglich zwei Vorstellungen gab. Um die Wienerinnen und Wiener immer wieder zum Besuch zu animieren, wechselte man nicht nur im Theater, sondern auch auf den Piazettas ständig die Programme und Besetzungen und engagierte nach Möglichkeit für Gastspiele Stars, zu denen »man« einfach kommen mußte.

Völlig unverständlich ist uns heute, welche Faszination dieses falsche Venedig gehabt haben mochte, nicht. Zwar konnte in wenigen Stunden der Wiener per Bahn über den Semmering in das echte Venedig. Und wenn man die Adria als Meer erleben wollte, das auch an Österreich-Ungarns Gestaden lag, konnte man noch rascher nach Triest, wo die Welt für uns noch heil war und Kaffeehäuser und die Börse und ein Opernhaus genauso aussahen, wie man es sich in einer großen Stadt der Monarchie erwartete. Trotzdem aber war das dem Wiener offenbar nicht genug, er wollte in wenigen Minuten aus der Inneren Stadt mit dem Fiaker in den Prater und nicht für zwei Tage, sondern nur für zwei, drei Stunden italienisch essen, trinken und sich amüsieren.

Bedenkt man, daß es damals nicht gang und gäbe war, in Wien eine Unzahl von italienischen Restaurants jeglicher Kategorie besuchen zu können, dann ist ein Anreiz bereits deutlich. »Venedig in Wien«, ein legitimer – und wahrscheinlich geschmackvollerer – Vorläufer von Disney World? Es muß ungefähr so etwas gewesen sein, denn nicht nur die Bewohner der Stadt, auch alle ihre Gäste drängten in dieses Vergnügungsviertel, und hier wie überall im Zeichen der Musik kam es zu der großen Verbrüderung der Stände: Es war einmal eine Kaiserstadt, in der jedermann seine Position genau kannte und wußte, wer er war. Soldat, Arbeiter, Handwerker, Bürger, Beamter, von Adel ...

Aber Wien war zugleich eine Kaiserstadt, die ihre besondere Tradition des Miteinander hatte: Bei musikalischen Unterhaltungen war man nicht Mitglied des Erzhauses oder Fiaker, sondern gleich kennerisches Publikum und für ein paar Stunden beinahe gleichgestellt. Man wollte dieselben Wiener Lieder hören, man begeisterte sich für dieselben Schrammeln (damals schon ein Sammelbegriff für alle kleinen Ensembles, die wienerische Musik in Gasthäusern und beim Heurigen spielten), man bewunderte dieselben Volkssänger.

Und gerne vergaß man die sonst streng gezogenen Grenzen, wenn es um die Musikbegeisterung ging.

Vor allem in »Venedig in Wien«. Spätestens seit den Zeiten des Wiener Kongresses 1815 hatte sich die Bevölkerung der Stadt angewöhnt, illustre Herrschaften zwar als wichtig, zugleich aber auch als vergnügungssüchtig einzustufen. Man war übereingekommen, bei den einfachen Freuden wie gutem Essen und guter Musik eine allgemein demokratische Gesinnung auszurufen, die keiner weiteren Revolution bedurfte. Aus dieser Zeit stammte auch der weltweit anerkannte Rang Wiens als einer Stadt des

Walzers und der exzellenten musikalischen Unterhaltung – und wenn auch um die Jahrhundertwende längst Musiker am Werk waren, eine zweite Wiener Schule ins Leben zu rufen, der nicht nach Unterhaltung war, so gab es doch auf den Reklametafeln in ganz Europa immer noch die walzerselige Hauptstadt des Reichs der Geiger und Orchester. Daß das Publikum auf einem Vulkan tanzte, war ihm ganz und gar nicht bewußt.

Lehár eroberte sich sein Publikum in einem Kaffeehaus und im Operettentheater im Prater rasch, er konnte erfahren, was ankam und worauf man lieber verzichtete. Er hatte als Routinier Zeit genug, ins Publikum zu schauen und sich zu merken, welche Art von Melodie, welcher Rhythmus sogleich ins Blut ging. Er machte eine Schule durch, die noch weitaus wichtiger war als seine langen Nachmittage auf dem Eislaufverein. Im Prater war nicht die vornehme Gesellschaft. Im Prater war ganz Wien. Man bot den Wienern immer neue Sensationen, Konzerte, in denen zwölf Dirigenten an einem Nachmittag das hundertzwanzig Mann starke Orchester leiteten. Programme, die von so populären Komponisten wie Karl Michael Ziehrer, Richard Heuberger, Karl Komzak und Franz Lehár bestritten wurden. Und immer wieder Feste mit einem eigenen Motto: »Teufelsfesttag« nannte Gabor Steiner (dem auch das Etablissement Ronacher gehörte, er war Herr über ein Imperium des Vergnügens) zum Beispiel den 18. Juni 1902.

Man merkt, seit den Zeiten, in denen Johann Strauß Vater die Wiener zu Festen samt Feuerwerk in den Augarten oder den Prater lockte, hatte sich wenig geändert.

Verändert hatte sich nur das, was man die Landschaft nennen könnte: Die Großen sowohl der Musik (Anton Bruckner und Johannes Brahms) wie auch die der Wiener Operette waren (mit Ausnahme von Karl Michael Ziehrer) alle gestorben, die Kette der mit Begeisterung erwarteten Novitäten war gerissen. Seit dem Strauß-Verschnitt »Wiener Blut« einerseits und dem Volltreffer »Der Opernball« andererseits hatte es keine wirklich aufregende Operette mehr gegeben. Die zahlreichen Bühnen spielten in der Regel »Repertoire« und suchten verzweifelt nach neuen Sensationen.

So verzweifelt wie Franz Lehár, der gerne eine Sensation geliefert hätte, jedoch zuerst einmal einen Librettisten finden mußte.

Diese waren in Wien damals in der Regel erstens einflußreiche Journalisten bei den bedeutenden Blättern – und daher durch die Bank an einem Neuling uninteressiert. Zweitens aber waren sie eine sehr geschlossene Gesellschaft, deren Mitglieder sich in zwei Kaffeehäusern trafen und Ideen samt möglichen Komponisten untereinander tauschten – und daher schien es für einen unbekannten Musiker keinen Zugang zu ihrem Kreis zu geben.

Lehár hatte Glück. Er kam zu zwei Aufträgen gleichzeitig.

»Wiener Frauen« sollte er komponieren, weil er einen Kaufmann kannte, dessen Bruder ein Schauspieler war, der wiederum mit einem Journalisten befreundet war, der den großen Alexander Girardi gut kannte. Hat man das richtig nachvollzogen? An einem Ende der Kette Lehár, am anderen Girardi, der populärste aller Wiener Volkshelden. Und dazwischen drei Glieder, die sich nur ineinanderfügen mußten, um eine Operette entstehen zu lassen. Die Direktion des Theaters an der Wien hatte Girardi unter Vertrag und keinerlei Bedenken, ihren eigenen Kapellmeister für ihn ein neues Werk schreiben zu lassen: Daß Franz Lehár den großen Girardi noch nie auf der Bühne gesehen hatte und seine immer sehr dezidierten Anforderungen an eine Rolle nicht kannte, vermutete niemand in der Direktion. Lehár selbst erinnerte sich: »Dabei durfte ich meine Unbildung, die ihren Grund in ständiger dienstlicher Verwendung als Militärkapellmeister hatte, um Gottes willen niemand merken lassen. Ich hatte Angst, daß man mir das Buch wieder wegnehmen könnte: Einer, der Girardi nie gesehen hatte, will für Girardi eine Rolle schreiben! Aber es ging alles gut aus. Und als ich endlich auf einer Probe ein paar Takte von diesem unvergleichlichen Darsteller gesungen hörte, war ich ganz weg.«

6

Wiener Volkstypen

Alexander Girardi, der für den Operettenkomponisten Johann Strauß war, was später Richard Tauber für Franz Lehár werden sollte, war als Autodidakt nach Wien gekommen und hatte die Stadt im Sturm erobert. Girardi hatte mehr als eine Mode gemacht und war nicht nur der Held beinahe aller Strauß-Operetten, sondern auch ein begnadeter Schauspieler, der seinen Lebensabend doch noch am Burgtheater verbringen sollte. Außerdem aber muß er auch ein Tyrann gewesen sein, nach dessen speziellen Wünschen sich Librettisten, Komponisten und Theaterdirektoren zu richten hatten. Er garantierte mit seinem Auftreten ein volles Haus, also mußte man ihm bieten, was er verlangte: Und er forderte in der Regel nicht nur seine große Szene, sein großes Couplet, sondern auch stets weniger effektvolle Nummern für seine Partnerinnen und Partner.

Lehár komponierte, auch er ein Genie, in seiner ersten Operette für Girardi einen Marsch, der den Erfolg des Abends gewährleistete. Das heißt, er komponierte ihn in Wahrheit für die Figur eines Musiklehrers namens Nechledil, den der beliebte Schauspieler Oskar Sachs darstellen sollte. Girardi aber erkannte nach der ersten Probe die Wirksamkeit des Marsches, und sofort geschah, was geschehen mußte: Der Nechledil-Marsch wurde dem Hauptdarsteller weggenommen und im zweiten Akt eine Szene eingefügt, in der der Klavierstimmer Willibald Brandl (Girardi) verkleidet als der alte Nechledil auftrat und diesem (also dem Konkurrenten) vorsang, was man alsbald als die Hauptnummer der Operette erkannte.

Unnötig zu erklären, daß die Girardi-Operette im Theater an der Wien einschlug und neben den Elogen für den Darsteller auch freundlichste Worte für den Komponisten abfielen. Außer dem Marsch wurden ein Walzer, ein Duett und ein Damenterzett

als »beste Stücke der Partitur« gepriesen – und kein Kritiker der Uraufführung im November 1902 vergaß darauf hinzuweisen, daß der mitreißende Nechledil-Marsch selbstverständlich nur von einem flotten Militärkapellmeister so genial erfunden werden konnte. Diese Etikettierung, unter der Lehár Jahrzehnte zu leiden hatte, war mit seiner ersten Operette erst so richtig geschaffen worden.

Zur gleichen Zeit aber komponierte der operettenhungrige Lehár bereits seine zweite Operette: Der große Victor Léon, noch von der Zusammenarbeit mit Johann Strauß her in den Adelsstand der Librettisten aufgenommen, hatte eine Zusammenarbeit mit dem unbekannten Militärkapellmeister zuerst abgelehnt, war aber der Legende nach von seiner Tochter, die Lehár als Musiker am Eislaufverein hörte und anhimmelte, durch ununterbrochenes Vorspielen des Marsches »Jetzt geht's los« umgestimmt worden.

Eine Legende?

Wahrscheinlich eine mit den Jahren von allen Beteiligten gebilligte Legende, die so nie stattgefunden hatte, einen kleinen Kern an Wahrheit enthielt, von niemandem aber ernst genommen wurde. Denn als man sie erzählte und aufschreiben ließ und immer und immer wieder nacherzählte, da war die glückliche Verbindung von Victor Léon und Franz Lehár bereits vollzogen und jedermann mit ihr einverstanden.

Daß sich Léon zuerst nicht dazu verstanden hatte, einem Unbekannten ein Libretto zu geben, wird schon so gewesen sein.

Daß seine Tochter Lizzi (eine der vielen möglichen wienerischen Abkürzungen für Elisabeth) die Musik des feschen Militärkapellmeisters daheim auf dem Klavier spielte, mag zutreffen.

Daß Léon letztendlich ein sogenanntes »heikles« Buch dem Neuling überließ, ist eine Tatsache. Denn so entstand »Der Rastelbinder«, zwischen Frühjahr und Herbst 1902, gleichzeitig mit der Musik zu »Wiener Frauen«, aus mehr als einem Grund aber ungleich inspirierter und hübscher als diese.

Lehár selbst erzählte gern, daß er erst einmal nur das Vorspiel zum »Rastelbinder« bekam und erst nach dessen Komposition auch »den Rest des Buches«. Lehár erzählte auch die weitere Vorgeschichte seiner sozusagen besseren ersten Operette: Die Direktoren Karczag und Wallner wollten die Uraufführung des »Rastelbinder« verhindern, weil sie den Komponisten als Kapellmeister unter Vertrag hatten und damit ein Anrecht auf alle seine Werke ableiteten. Lehár mußte erst kündigen, um zu erreichen, daß man ihm die erste Aufführung der Operette mit einem Libretto von Léon im Carl-Theater gestattete, gleichzeitig aber auf die Aufführung der Girardi-Operette nicht verzichtete. Für eine kurze Zeitspanne sah es so aus, als säße der junge Mann zwischen allen Stühlen – er verhandelte als wieder einmal kurzfristig freier Komponist mit einem Berliner Theater über die Uraufführung der »Wiener Frauen«. Aber die Zeitspanne war wirklich kurz, die Autoritäten Wiens einigten sich über seinen Kopf hinweg im guten und legten fest, daß beide Werke in Wien zur Uraufführung kommen sollten.

Am 20. Dezember 1902, knapp einen Monat nach der Operette »Wiener Frauen«, kam »Der Rastelbinder« heraus. Und zwar als ungeliebtes Produkt – wie später noch einmal waren sich die Theaterdirektoren völlig einig, daß mit der »Kinderkomödie« kein Staat zu machen sei, und setzten bereits die nächste Premiere für den Januar fest. Daß diese schließlich warten mußte, weil man im Carl-Theater erst einmal eine Serie von 225 Vorstellungen des »Rastelbinder« zu spielen hatte, war vor der Uraufführung keine ausgemachte Sache. Und daß die Operette (Schneidereit rechnet es nach) bis zum Ende des Ersten Weltkriegs bereits die Grenze von 2500 Aufführungen an deutschsprachigen Bühnen hinter sich hatte, war sogar für den Librettisten Victor Léon eine Überraschung. Er hatte sich was Hübsches ausgedacht, er hatte mit einem jungen Mann etwas riskiert. Daß sich das aber gleich so auszahlte ...

»Der Rastelbinder« ist heute nicht mehr sehr bekannt, wie ja auch der Beruf des Rastelbinders heutzutage erklärt werden muß. Im Straßenbild Wiens war zur Jahrhundertwende neben vielen anderen Figuren, die ihre selbsterzeugten Waren anboten, auch die des Rastelbinders jedermann ein klarer Begriff. Er war zumeist jung, kam aus der Slowakei und verkaufte Bürsten und Besen, die in seiner Heimat »von Hand« hergestellt wurden. Der Rastelbinder war eine der vielen möglichen Varianten des Straßen-, des Wanderhändlers, wie sie damals mit eigenen grundmusikalischen Lockrufen unterwegs waren, und besaß eine Konzession, war also von der Obrigkeit geduldet. Aber dennoch befand er sich sozusagen am unteren Ende der sozialen Skala, weil arm, weil immer unterwegs, weil aus der Slowakei, von der man in Wien unklugerweise viel zu wenig hielt.

Außer dem Rastelbinder, der in der Operette erst ein kleiner Bub ist, der in seinem Heimatdorf eine Kinderverlobung feiert, um später dann in Wien seine einstige Verlobte zu vergessen und sich mit der Tochter eines Spenglermeisters zu verloben – er trifft naturgemäß seine kleine ehemalige Braut, die auch längst einem anderen versprochen ist, und aus dem Treffen ergibt sich ein gar nicht so bedeutender dramatischer Knoten, der vom Zwiebelhändler Pfefferkorn zum guten Ende gelöst wird –, außer dem Rastelbinder bevölkern also viele Personen die Bühne, die man bis dahin nur selten als Operettenfiguren gesehen hatte. Das war das »Heikle« an dem Buch Victor Léons, der sich sowohl das Vorspiel in der Slowakei wie auch die äußerst wirkungsvolle Figur des jüdischen Zwiebelhändlers ausgedacht hatte und gegen alle Einwände dem Publikum zeigen wollte.

Man darf vermuten, daß der weltkluge und die Zeichen der Zeit richtig deutende Journalist und Bühnenschriftsteller mehr sagen wollte, als er in einer harmlosen kleinen Operette unterbrachte. Léon wollte an eine Volksgruppe erinnern, die nicht nur wunderbare Musik und hübsche Trachten, sondern auch eine große Tradition hatte, die einfach nicht zur Kenntnis genommen wurde. Und er wollte einen partout jüdischen Komiker als die allen anderen überlegene Figur präsentieren und aufzeigen, welche besondere Weisheit nicht nur die großen Bankiers und Seidenwarenfabrikanten, die sich assimiliert hatten, in Anspruch nehmen durften.

Léon ordnet die heitere Lebensweisheit ausdrücklich nicht ihnen, sondern einem der verachteten Ostjuden zu, die nicht einmal in den jüdischen Bezirken Wiens besonders geschätzt waren.

Vergessen wir nicht, zu dieser Zeit hatte der Feuilletonredakteur der »Neuen Freien Presse«, Theodor Herzl, schon seine große Vision vom »Judenstaat« veröffentlicht (1896 war das Buch erschienen, das maßgeblich den Aufbau des Staates Israel ein halbes Jahrhundert später beeinflußte), war auch in Wien die Diskussion um die Identität des Judentums und dessen

Recht auf ein eigenes gelobtes Land längst virulent. Zwar hielt man sich, vor allem als Abonnent der »Neuen Freien Presse«, derlei Diskussionen fern, man war ja gottlob aus dem Ghetto ausgezogen und hatte auch die Leopoldstadt hinter sich gelassen, verkehrte mit dem Wiener Großbürgertum und wollte mit den sogenannten Kaftanjuden nichts gemein, nichts zu tun haben.

Doch wußte man auch im eigenen Palais in Wahrheit immer noch um die so einzigartige wie gefährdete Auszeichnung, ein Jude zu sein, und konnte sich auch als getaufter Jude nicht völlig anerkannt, nicht wirklich sicher fühlen. Im nicht so fernen Rußland gab es immer noch Pogrome, in Paris hatte es die Affäre Dreyfus gegeben, die ausschließlich eine Affäre des Antisemitismus war. In Wien war man als Jude gönnerhaft aufgenommen. Aber war man irgendwo, und sei es auch unter der Herrschaft des Kaisers Franz Joseph I., wirklich ungefährdet? Regierte nicht allen ablehnenden Gesten des Kaisers zum Trotz der erklärte Antisemit Karl Lueger die Stadt? 1895 war er gewählt worden und dreimal hintereinander von Franz Joseph I. nicht bestätigt worden. Beim dritten Mal gab es sogar eine geheime Auseinandersetzung zwischen den beiden, nach der Lueger »dermalen« auf sein Amt als Bürgermeister verzichtete. 1897 aber gab es kein Mittel mehr, den Volkstribun von seinem Amt fernzuhalten. Er kam, arbeitete exzessiv zum Wohl der Stadt, war einer der populärsten Politiker seiner Zeit, und selbst der Kaiser arrangierte sich mit ihm. Da Lueger lauthals verkündete, er selbst bestimme, wer seiner Ansicht nach »ein Jud'« sei, konnte man sich weiterhin einigermaßen sicher fühlen. Aber doch nur einigermaßen, nicht vollkommen ...

Die Direktoren des Carl-Theaters hatten genau der Bestandteile wegen, die Léon wichtig waren, mit einem Mißerfolg des »Rastelbinder« gerechnet. Sie waren schließlich selbst Juden und konnten sich nicht vorstellen, daß es nicht zu heftigen antisemitischen Kundgebungen kommen werde. Louis Treumann, ein beliebter Operettenheld, war ihrer Ansicht und wollte dem Zwiebelhändler Pfefferkorn den Namen und das Judentum nehmen, weil auch er sich keinerlei positive Reaktion erwartete. Der Komponist dachte völlig unbeirrt an den großen Namen Léon und war begeistert, seine lebenslange Erfahrung im Umgang mit Folklore in die Partitur schreiben zu können. Er hielt sich aus den Diskussionen fern.

Einzig der Librettist war sich seiner Sache, seines Anliegens sicher. Und hatte – bis heute ist nicht zu erklären, weshalb, es sei denn, man nimmt die Musik Lehárs als Erklärung – ausnahmsweise recht. Dem Publikum (nicht der Kritik) gefiel sowohl das slowakische Milieu des Vorspiels wie auch der Zwiebelhändler als *Deus ex machina*.

Die Kritik – Lehár nahm sie in der Erinnerung einfach als eine Art Vernichtungsversuch des Werkes – war mehr als herb, griff an, bezog sich allerdings vor allem auf das Libretto, auf Geschmacklosigkeiten und Unappetitlichkeiten, noch die freundlichste erzählte dem Leser, Léon, »der unermüdliche Erfinder und Finder von Operettensujets, hat nun auch die Slowakei mit ihrer Rastelbinderindustrie und Zwiebelkultur für die leichtgeschürzte Muse entdeckt«. Das zitierte »Fremdenblatt« war an sich gnädig. Es lobte die Interpreten und fand freundliche Worte für den Komponisten, den man allen seinen bisherigen Erfolgen zum Trotz durchaus noch als einen Neuling bezeichnen konnte: »Die Musik Franz Lehárs schöpft mit glücklicher Wirkung aus dem volkstümlichen Melodienschatz. Vieles in der Partitur ist sauber, liebenswürdig und stimmungsvoll zurechtgemacht und verrät eine schriftkundige Hand. Nur wo sich Lehár auf den ausgesogenen Boden des musikalischen Wienertums begibt, wird auch er nichtssagend und trivial. Der Komponist wurde nach jedem Aktschluß mit den Hauptdarstellern oft vor die Rampe gerufen«, las man am 21. Dezember 1902, dem ersten wahren Glücksjahr unseres Helden. Der Komponist, der sich einer harten und tüchtig absolvierten Grundschulung rühmen durfte, war dreiunddreißig Jahre alt und hatte in einem Jahr seinen erfolgreichsten Walzer und zwei vom Publikum mit Begeisterung aufgenommene Operetten in die Welt gesetzt.

Er selbst erinnerte sich, wie sollte es anders sein, wehmütig daran, daß er dieses Jahr finanziell längst nicht so erfolgreich abschloß wie seine Verleger: »Ich war daher sehr froh, als mir

Weinberger die Musik zum *Rastelbinder* um zweitausend Kronen abkaufte. Später sollte ich erfahren, ein wie schlechtes Geschäft ich und ein wie gutes Weinberger gemacht hatte. Die Stimmung schlug nämlich um, *Der Rastelbinder* erlebte viele Aufführungen, und Weinberger hat an den Musikalien mindestens hundertsechzigtausend Kronen verdient.« Franz Lehár, in einer aus Not sparsamen Familie aufgewachsen, von seiner Mutter immer wieder zur Sparsamkeit ermahnt, war sein Leben lang, auch als Millionär, nicht zufrieden damit, daß andere an seiner Arbeit mehr verdienten als er selbst. Wer möchte es ihm verdenken? Wer erinnert sich nicht der Auseinandersetzungen, die in der Musikgeschichte Komponisten und Verleger (auch solche, die einander über Jahrzehnte treu waren) immer wieder entzweiten? Giuseppe Verdi klagte. Johann Strauß Sohn klagte immer wieder. Und auch Lehárs Zeitgenossen Arnold Schönberg und Richard Strauss waren immer wieder der Ansicht, sie seien die Knechte ihrer Verleger ...

Lehár lebte, als für ihn ein immerhin sehr erfolgreiches Jahr zu Ende ging, noch bei der Mutter. Und diese durfte weiterhin nicht seine Finanzen verwalten, sondern nur leise Einwände gegen zu große Ausgaben machen. In einem wunderbaren Brief an ihren jüngeren Sohn dachte sie darüber nach, welcher von ihren Buben mehr Gutes tun kann. Sie kam zu dem Schluß, daß ein erfolgreicher Operetten-Komponist keineswegs zu beneiden sei. Ein Offizier – wie Anton – habe einen ganz außerordentlich wichtigen Beruf: »Wie viele Menschen, die wie Halbwilde zum Militär gekommen sind, erziehst Du zu ordentlichem Leben, zu Reinlichkeit, Gehorsam, Geduld. Sie lernen bei Dir lesen und schreiben. Sehen, daß man auch für andere sich aufopfern muß, nicht nur immer alles für sich selbst. Wieviel Gelegenheit hast Du, bei gutem Willen Gutes zu tun ...«

In den Augen der wunderbaren Christine Lehár, liest man aus dem Brief zu Weihnachten 1902 unschwer heraus, war ein ordentlicher Hauptmann wahrscheinlich für die Menschheit wichtiger als einer, der mit seinen Melodien im Theater an der Wien und im Carl-Theater seinem Publikum Freude bereitete. Gleichzeitig aber waren ihr alle ihre Kinder lieb. Wohl dem, der eine solche Mutter hat, der bis über das dreißigste Lebensjahr unter ihrem wachsamen Auge leben kann.

Der freie Komponist und ehemalige Militärkapellmeister Franz Lehár legte mit seinen ersten beiden Erfolgen allerdings auch den Grundstein zu einer einseitigen Feindschaft, unter der er Jahrzehnte zu leiden hatte. Karl Kraus, der bedeutende Satiriker und Hüter der deutschen Sprache, war nicht nur ein leidenschaftlicher Verehrer Jacques Offenbachs und ein ebenso leidenschaftlicher Gegner aller Wiener Operetten einschließlich der »Fledermaus«. Er war vor allem ein unerbittlicher Feind aller Journalisten und infolgedessen auch aller zeitgenössischen Operettenlibrettisten, deren Texte er unerbittlich sezierte und der Lächerlichkeit preisgab. Die jeweiligen Komponisten kamen in seinen Attacken beinahe gut weg, waren sie allerdings besonders erfolgreich, entkamen sie Karl Kraus nicht ganz. Da nahm er dann auch sie mit in die Anklagen, die er in der »Fackel« mit großer Regelmäßigkeit veröffentlichte.

»Der Rastelbinder« selbst entging noch dem Schicksal, von Kraus ernsthaft zur Kenntnis genommen zu werden. Lehár aber nicht. Immer und immer wieder kam Kraus auf dessen Vorleben zurück und fand erbitterte Sätze zum Thema. »Man bedenke, daß die charmante Pracht einer Offenbachschen Welt versunken ist, und daß sie einst mit allen ihren Wundern nicht entfernt das Entzücken verbreitet hat, das heute ein bosniakischer Gassenhauer findet, den ein Musikfeldwebel geschickt instrumentiert ...«

Immer und immer wieder legte Kraus den Finger in eine »Wunde«, die für den Musiker Lehár keine war, denn selbstverständlich hatte er keinen Grund, sich für die Ausübung eines ehrsamen Handwerks zu schämen; und selbstverständlich wollte er den Erfolg, den Kraus ihm übelnahm.

Wir werden zu einem einfachen Ende kommen. Daß nämlich Kraus ein mehr als konservativer Kritiker war, ein Bewunderer eines bereits zu seiner Zeit »alten« Burgtheaters, ein musikalischer Laie, der den Tagen des Walzerkönigs Johann Strauß nachtrauerte und den Operettenkomponisten Strauß nicht gelten lassen wollte. Wenn er in seiner Kampfschrift für lebende Komponisten eintrat, dann aus kulturpolitischen Gründen, nicht aus Sympathie.

Wenn Kraus einmal haßte, dann war alle Mühe vergebens, dann konnte sich ein Musikfeldwebel nur ein für allemal in die Rolle eines Opfers versetzen und versuchen, diese mit Anstand auszufüllen. Und sich mit genau dem zu trösten, was ihm in überreichem Maß zuteil wurde: Mit Zuneigung eines nach Millionen zählenden (und zahlenden) Publikums in aller Welt und dem Verständnis der Kollegen vom sogenannten ernsten Fach.

In seinen vielen, vielen Interviews und den Gesprächen, die er mit seinen beiden autorisierten Biographen führte, kommt der Name Karl Kraus nicht vor. Franz Lehár wich ihm wohl nicht nur in Kaffeehäusern, sondern auch in seiner Lektüre aus. Eine andere Möglichkeit, sich gegen ungezählte Angriffe zu wehren, hatte er nicht.

1903 allerdings war er noch nicht im Visier des aufstrebenden Kritikers, der sich in der »Fackel« erst einmal der Wiener Literaten und des Wiener Theaters – und der ungezählten Querverbindungen zwischen Literatur und Journalistik – annahm und seinen auch unendlichen Kampf gegen die »Neue Freie Presse« aufnahm. Lehár stand da noch nicht auf der Liste des Karl Kraus.

Lehár konnte also eine »erste Bilanz« ziehen, sich seiner ersten Erfolge erfreuen und sogar eine Art Privatleben führen: Man weiß, daß er erstmals an Heirat dachte, daß aber Ferry Weißenberger, die Angebetete, ein für ihn unerreichbares Ziel war. Die Nichte der legendären Anna Sacher (der mit Zigarre bewehrten Herrscherin über das nach ihrem Mann benannte Hotel gleich hinter der Oper) und Tochter des Gastronomen Ferdinand Weißenberger war zwar in den um zehn Jahre älteren feschen Musiker verliebt, mußte aber nach dem Willen der Familie einen gewissen Hans Trummer, Sohn eines Bauunternehmers, heiraten. Die Geschichte weiß, für sehr Neugierige, zu berichten, daß es keine glückliche Ehe wurde. 1904 wurde geheiratet, der Bräutigam war zwar reicher als der Liebhaber, aber auch um acht Jahre älter als sein unglücklicher Nebenbuhler. Er starb 1911 an einer Nikotinvergiftung. Ferry Weißenberger blieb unglücklich zurück, heiratete noch einmal, wurde nach sieben Jahren noch einmal Witwe – und schrieb Franz Lehár ein Leben lang Briefe. Daß der Empfänger antwortete, jedoch nie mehr versuchte, mit seiner ersten großen Liebe in persönlichen Kontakt zu treten, mag man deuten, wie man will. Lehár hatte resigniert zur Kenntnis nehmen müssen, daß ihn ein junges Mädel auf Wunsch seiner Familie sitzenließ. Er scheint es nie ganz verwunden, nie ganz vergessen zu haben.

1903 war eines der wenigen Jahre, in denen keine neue Operette von Lehár auf die Bühne kam. Er hatte weder ein Libretto noch einen Auftraggeber, er blieb bei seinen – an den damaligen Verhältnissen gemessen hohen – Ansprüchen und wollte unter keinen Umständen mit einer dilettantischen »Firma« in Kontakt treten, sich nur mehr mit erfolgversprechenden Routiniers zu einer eigenen Firma zusammenschließen. Leo Stein (eigentlich Dr. Leo Rosenstein) und Victor Léon waren diejenigen, die gemeinsam mit Franz Lehár diese Firma bildeten. Wenigstens für zwei Jahre, für zwei Operetten, zwei Erfolge.

»Der Göttergatte« wurde im Januar 1904 zum ersten Mal im Carl-Theater aufgeführt. Die Autoren waren die erwähnte Firma, der Stoff war uralt. »Amphytrion«, vorher und nachher immer wieder Urquell vieler Komödien, diesmal um ein Vorspiel bereichert: Ein thebanischer Librettist fleht Jupiter um einen originellen Operettenstoff an, dem fällt in der Eile nichts anderes ein als sein Abenteuer mit Alkmene ...

Und was die Firma anlangt: Erstmals führt der Komponist Auseinandersetzungen mit seinen Librettisten, will an dem Stoff mitarbeiten, ist gegen die eine oder andere Szene, wünscht sich Momente, die ihn inspirieren. Lehár ist nicht mehr der kleine dankbare Musiker, der vertont, was man ihm vorsetzt. Er mischt sich ein, er mischt mit. Und er scheint keinen schlechten Sinn für das Theater zu haben, denn nach der ersten Aufführung konzentriert sich die positive Berichterstattung nicht auf die Konfektionäre des Textes, sondern auf den Einfallsreichtum des Komponisten. Ich zitiere, wie andere auch, nur einzelne Sätze. »Franz Lehár saß selbst am Dirigentenpult, von wo aus er mit sicherer Hand die Schönheiten seiner Prachtpartitur bloßlegte.«

»Ein Beifallssturm um den anderen tobte durchs Haus, als nach dem zweiten und besten Akt der glückliche Komponist auf der Bühne erschien.« »Lehárs Musik hält meisterlich die Mitte zwischen Operette und Spieloper.« »Sie zeigen Lehárs frische, weit über dem Durchschnitt stehende Empfindung und seine liebenswürdige Orchestration, die dieser Musik einen Ehrenplatz in der Reihe der besten in Wien aufgeführten Operetten sichern.«

Die Rezensenten irren ein wenig, die meisterlich frische, weit über dem Durchschnitt stehende Musik Lehárs findet wenig Anklang, die Operette wird kein großer Erfolg. Und auch der nächste Versuch, einmal mit einem anderen Autor, wird wenig Furore machen: Ende 1904 kommt »Die Juxheirat« heraus, diesmal wieder ein Stück, in dem Alexander Girardi mitwirkt, das Theater an der Wien als traditionsreiches Haus den Rahmen abgibt – und sich nach einigen Auseinandersetzungen vor und hinter der Bühne die Freude an der Operette verflüchtigt.

Sehr viel mehr muß man über die »Juxheirat« nicht wissen, sie ist vergessen und kann Lehár selbst nicht sehr gefallen haben, denn er hat keinerlei Versuch unternommen, sie in einer Neufassung wieder auf die Bühne zu bringen. Wie bereits erwähnt, war Lehár ein großer Zweitverwerter; er half seinen vom Text her schwächeren Werken gern noch einmal auf die Beine, wenn er der Ansicht war, der Grundeinfall und seine Musik wären beim ersten Mal nicht gebührend gewürdigt worden.

Viel aber muß man über die Operette wissen, die entstand, während die »Juxheirat« einstudiert wurde.

7

»Da geh ich in's Maxim ...«

Leo Stein und Victor Léon arbeiteten gemeinsam an einem Libretto nach dem Lustspiel »Der Attaché« von Henri Meilhac, einem äußerst fruchtbaren Autor. Meilhac hatte für Jacques Offenbach Texte geschrieben, er war einer der Bühnendichter des Stückes, aus dem in Wien »Die Fledermaus« wurde. Diplomaten eines kleinen deutschen Fürstentums sorgen sich in Paris, wie das Vermögen einer verwitweten Baronin Palmer gerettet werden könnte. Attaché Graf Prachs erledigt die Angelegenheit. Er räumt in Duellen die Bewerber um die Hand der reichen Baronin aus dem Weg und erobert sie – und ihr Geld – selbst.

Stein und Léon arbeiteten die Vorlage rasch und routiniert um, Paris blieb der Schauplatz des Geschehens, aus Vertretern eines Duodezstaates aber wurden »Balkanesen«. Und der Komponist für diese noch unbenannte Operette wurde selbstverständlich Richard Heuberger, von dem man sich nach langer Pause wieder einen Erfolg à la »Opernball« erwarten durfte ...

Was heute undenkbar wäre, war 1904 noch möglich. Die Librettisten erhielten die ersten Kompositionsproben Heubergers und spürten, daß sich kein Erfolg à la »Opernball« ankündigte. Sie überlegten und verhandelten und versprachen dem Komponisten demnächst andere, für ihn passendere Sujets. Stein und Léon fanden sich mit dem Kollegen Franz Lehár erneut zu einer Arbeitsgemeinschaft zusammen. Am 2. Januar 1904 wurde in der Wiener Dorotheergasse unter den Augen des Verlagschefs des Hauses Doblinger, Bernhard Herzmansky, der Autorenvertrag geschlossen. Der Grundstein für einen Welterfolg, an dessen Ausmaße weder die weltklugen Librettisten noch der bereits ziemlich erfahrene Komponist zu denken wagten. »Die lustige Witwe« sollte entstehen.

Beinahe ein ganzes Jahr wurde daran gearbeitet. Folgt man den Erinnerungen des Komponisten, dann war der Text für ihn eine große Freude, eine andauernde Quelle der Inspiration. Liest man wenigstens einen Brief des Librettisten Léon, dann war man seitens der Autoren mit der Musik noch um die Jahresmitte nicht so vollständig zufrieden. »Nach meiner Empfindung muß textlich manches geändert werden; aber auch – und jetzt erschrick nicht! – musikalisch. Soll ich ganz offen sein? Mir fehlt die starke und eigenartige Musik, das absolut Zwingende. Vertröste mich nicht aufs Orchestrieren, das ist in dieser Beziehung Nebensache. Ich habe es mir lange überlegt, ehe ich Dir das schreibe. Aber gesagt muß es endlich und schließlich doch werden! Und dabei bitte ich Dich, mich nicht mißzuverstehen. Ich suche etwas Besonderes, das musikalisch Zwingende, bei dem irgendeine Originalität hervorleuchtet. Deine Walzer zum Beispiel gehen die allerbreiteste Heeresstraße. Gerade bei den Walzern muß man besonders auf neuartigen Rhythmus und neuere melodische Wendungen sehen, sonst lieber nicht. Ich bitte Dich inständig, nimm mir das nicht übel, ich bin eben keine Ja-Maschine.« So am 21. Juli Léon aus Unterach am Attersee.

Glaubt man auch nur die Hälfte aller Legenden, die sich um die Aufnahme der Operette durch die Direktoren des Theaters an der Wien ranken, dann waren sowohl die Librettisten als auch der Komponist endlich einmal völlig auf dem Holzweg und lieferten ein Werk ab, dem erfahrene Theaterleute keine Chance geben konnten. Vor allem der Musik wegen.

»Als ich die Operette in meiner Wohnung den Direktoren Karczag und Wallner vorspielte, wurde sie sehr kühl aufgenommen. Die Librettisten verschwanden wortlos, und Direktor Wallner erklärte mir unumwunden: Lieber Lehár, du hast uns sehr enttäuscht. Das ist keine Operettenmusik, eher Vaudeville-Musik!«

Freilich, man feierte die fünfhundertste und tausendste Vorstellung und weitere brillante Jubiläen, als die Autoren ihre Erinnerungen niederschrieben und übereinstimmend die Schwierigkeiten schilderten, unter denen sie im Theater an der Wien die letzten Proben abhielten. Und auch die handelnden Nebenpersonen, die bei den allerletzten Proben mitwirkten, waren längst Zeugen eines Welterfolges, als sie in ihren Memoiren bekräftigten, es sei ganz genau so gewesen. Ob es wirklich so war, ist heute erstens nicht mehr von Bedeutung und zweitens nicht zu diskutieren. Man hat die ein für allemal festgeschriebene Geschichte vom unvorhersehbaren Erfolg nachzubeten und gemeinsam mit allen, die sich geirrt haben wollten, zu lachen. So haben sie die Vorgeschichte der »Lustigen Witwe« übereinstimmend erzählt, so soll sie für alle Zeit stehen bleiben.

Versuchen wir einmal, die Version als authentisch zu betrachten, die Maria von Peteani, eine Vertraute der Familie und Begleiterin des alten, einsam gewordenen Franz Lehár, aufschrieb. Auch in dieser Version wurde als erster Schlager aus der neuen Operette der »Dumme Reitersmann« komponiert, war die Hauptarbeit im Sommer teils in Ischl, teils bei Léon in Unterach am Attersee erledigt. (Noch war Ischl nicht ständiger Wohnsitz Lehárs, aber bereits der Ort, an dem er seine besten Einfälle hatte.)

Das Vorspielen der fertigen Operette erfolgte tatsächlich in der Wohnung Lehárs, damals wohl noch in der Marokkanergasse. Die Bemerkung aber, die manchmal auch dem Herrn Direktor Wallner zugeschrieben wird, hat nach der autorisierten Fassung Wilhelm Karczag dem »schon sehr nervösen« Librettisten Victor Léon zugeraunt. Sie lautete: »Ich verstehe Sie nicht, lieber Léon, das ist doch keine Musik!«

Der Streit um das eklatanteste Fehlurteil eines Wiener Theaterdirektors ist erstens unerheblich und zweitens rasch entschieden. In allen zeitgenössischen Berichten wird Wilhelm Karczag als die Persönlichkeit beschrieben, die Spielplan und Geschick des Theaters an der Wien verantwortete. Man darf daher guten Gewissens auch ihm nachsagen, er habe sich einmal sehr ernsthaft und sehr nachhaltig geirrt, und allen anderen Beteiligten, sie hätten schließlich und endlich dazu beigetragen, daß *die* Operette aller silbernen Operetten doch noch auf die Bühne kam.

Bleibt als weiteres Detail der Vorgeschichte eine Überlieferung, derzufolge Lehár in der Theaterkanzlei des Hauses an der Wien den wichtigsten Mann des Hauses habe ausrufen hören: »Keine Freikarten mehr an die Witwe von dem Amtsrat! Wenn sie das nächste Mal kommt, werfen Sie sie hinaus, die lästige Witwe!«, worauf er entzückt »seinen« Operettentitel gefunden hatte. Maria von Peteani berichtete, auch um den Titel habe Lehár lange ringen müssen. Ein Brettelschlager der Zeit hätte nämlich »Die kleine Witwe« geheißen, und jedermann habe dem Komponisten abgeraten, sich in so gefährliche Nachbarschaft zu begeben.

Auch das ist, nimmt man es genau, nicht wirklich wichtig – nach dem Riesenerfolg und keinem weiteren Zweifel an der »Lustigen Witwe« hat es sich in Wien eingebürgert, nahezu jede im Dunstkreis der Musik lebende Witwe als »lästige Witwe« zu bezeichnen und das komisch zu finden. Im Haus der Universal Edition, dem Verlag Arnold Schönbergs, waren eine Zeitlang gleich zwei derart charakterisierte Damen zu Gast (Anton von Webern hinterließ als einziger der wichtigen Meister der Zweiten Wiener Schule keine Ehefrau), und auch auf dem Sektor Unterhaltungsmusik haben sich bis in die Gegenwart tapfere Frauen gefunden, die das Andenken ihrer längst verstorbenen Männer hochhalten und es auf sich nehmen, mit dem erwähnten Ehrentitel bezeichnet zu werden.

Weiter in der Legendenbildung: Im Theater an der Wien war man bis zum Premierentermin nicht bereit, an diese Operette zu glauben. Man investierte weder in genügend Proben noch in Ausstattung, man suchte nach einem ungünstigen Premierentermin und außerdem schon nach dem nächsten Werk, das den Spielplan retten sollte. Das liest der Neugierige in allen Berichten, mehr oder weniger ausgeschmückt, immer wieder. Noch 1931 erinnerte sich Victor Léon daran, daß die Autoren bereits mit einem Anwalt drohten, daß man um Proben bettelte, daß schließlich auch die Darsteller der großen Partien bereit waren, sich lieber in Nachtproben als überhaupt nicht vorzubereiten. »Es gelang ihnen, angesichts solcher Opferwilligkeit mußten wir nachgeben. Die Probe dauerte von halb elf Uhr nachts bis vier Uhr früh. Aber ohne Orchester! Lehár jammerte darüber, daß er nicht einmal Zeit gefunden hätte, sich die Stichworte in die Partitur zu schreiben. Und mit dem Tanzen ging es auch nicht zusammen, trotz allen Fleißes. So fand am nächsten Morgen eine

Tanzprobe mit Klavier statt – bei herabgelassenem eisernen Vorhang, damit wir nicht die gleichzeitig stattfindende Orchesterprobe störten – und sie nicht uns. Anschließend fand noch eine ganze Probe mit Orchester statt, und dann kam die Generalprobe.«

Bei dieser Generalprobe sahen die Autoren erst, wie wenig in das neue Stück investiert worden war; sie holten aus einem nahegelegenen Geschäft (es existiert noch heute unweit des Theaters an der Wien und bietet außer Masken und Knallfröschen auch immer noch Lampions an), was ihnen in die Hände fiel, um im zweiten Akt den Eindruck eines halbwegs luxuriösen Festes entstehen zu lassen.

Die letzte und auch komische Episode wird von allen handelnden Personen nahezu übereinstimmend geschildert. Während der Generalprobe, die der besonderen Umstände wegen einmal nicht vor geladenem Publikum stattfand, wurde der einflußreiche Kritiker des »Neuen Wiener Tagblatts«, Ludwig Karpath, erst einmal aus dem Haus gewiesen. Karpath wollte aber auf seinem Recht als graue Eminenz des Wiener Theaterlebens unter allen Umständen bestehen und rettete diese letzte Probe vor leerem Haus durch laute Bravo-Rufe, die nicht dem Dirigenten, sondern dem Komponisten Lehár galten. Sowohl Direktor Karczag, der seinen Intimfreund Karpath nicht in die Probe lassen wollte, wie auch der sehr berühmte Kritiker, der Lehár anfeuerte, haben Jahre später zugegeben, die Generalprobe habe sich genau so abgespielt. Auch der Komponist hat den Vorfall mit ähnlichen Worten seiner Biographin diktiert. Und der Librettist hat ihn Journalisten erzählt – von all den Anekdoten rund um die letzten Stunden vor der Sensation ist keine dermaßen anerkannt.

»Die Lustige Witwe« wurde zum ersten Mal aufgeführt am 30. Dezember 1905, einem Samstag. (Seltsamerweise gibt die Vertraute des Komponisten den 28. Dezember als Tag der Uraufführung an, doch kann man nicht mehr nachprüfen, weshalb ihr dieses für Lehár wohl wichtigste Datum seiner Laufbahn nicht richtig diktiert worden war.) Nach übereinstimmender Ansicht von Theaterleuten war der vorletzte Tag des Jahres, an dem man Weihnachten hinter sich und den Silvesterabend vor sich hatte, alles andere als ein günstiger Termin für eine »Novität«, immerhin aber ein Datum, das man sich später leicht merken kann. Der Theaterzettel gibt Auskunft, was Franz Lehár, Victor Léon und Leo Stein anboten. Eine »Operette in 3 Akten (teilweise nach einer fremden Grundidee)«. Dieser Hinweis darauf, daß es eine fremde Grundidee gab, nach der das Stück geschrieben worden war, schützte vor allem die Librettisten – lange vor ihnen hatten Mitarbeiter des Johann Strauß weniger vorsichtig fremde Grundideen verwendet und waren entweder zu echtem Bußgeld oder wenigstens zu sehr viel Hohn und Spott seitens der schreibenden Kollegenschaft verurteilt worden. Dergleichen riskierte man im zwanzigsten Jahrhundert angesichts diverser funktionierender Verwertungsgesellschaften nicht mehr. Trotz dieser Vorsichtsmaßnahme gab es, als der Welterfolg der »Witwe« feststand, eine Plagiatsklage aus Paris, einen Prozeß, bei dem eine der beiden Parteien vom späteren französischen Ministerpräsidenten Poincaré vertreten wurde. Es erfolgte eine Einigung über ein paar Prozente der Tantiemen, die seither an die echten Autoren (und deren Erben) zu fließen hatten.

Die Handlung?

Die Sensation?

Die Handlung ist rasch erzählt. Die Sensation ist bis heute nicht vollständig zu erklären.

Mit raschen vierzig Takten wird der Vorhang und die Stimmung hochgerissen, keine Ouvertüre läßt die kommenden Melodien genüßlich ahnen, in vollem Trab sind wir in der Pontevedrinischen Gesandtschaft in Paris, in der gefeiert wird. (Pontevedro stand anno dazumal, versteht sich, für Montenegro, und die Verwicklungen, die aus der durchsichtigen Namensgebung entstanden, wären eine Geschichte für sich.) Baron Mirko Zeta gibt das Fest zu Ehren seines »Landesvaters«, vor allem aber, um die heikelste diplomatische Mission zu erfüllen, die man ihm je aufgetragen hat. Er soll Hanna Glawari, die reichste Landsmännin, zu ihrer zweiten Heirat verleiten und zwar zu einer, bei der die Millionen ihres verstorbenen Mannes im Lande bleiben.

Es könnte zu leicht geschehen, daß sie sich in Paris nicht nur dem sprichwörtlichen glänzenden Leben, sondern auch einem Pariser Lebemann ergibt – und Pontevedro braucht ihr Geld.

Wie sehr pontevedrinische Frauen Gefallen an Parisern finden, beweist Valencienne, die Frau des Gesandten. Sie flirtet mit einem jungen Gesellschaftslöwen, Camille de Rosillon, indem sie ihm immer wieder versichert, eine anständige Frau zu sein. Wer ihr das glaubt, ist kein echter Pariser.

Pontevedro hat als einzig attraktive Person Graf Danilo Danilowitsch anzubieten, den Tenorhelden des Abends. Er ist Gesandtschaftssekretär, arbeitet konsequenterweise nie und hat seinen ersten großen Auftritt, indem er dem Publikum (wie es vor ihm unzählige Lustspielfiguren in Wiener Theatern getan haben) genau erklärt, was er tut und was er nicht tut. Vor allem geht er »zu Maxim«, wo er mit allen Damen sehr intim ist und sie bei ihren Kosenamen nennt. Er zählt sie auf ...

Und noch bevor er vom Kanzlisten der Botschaft – er heißt Njegus und ist für den weiteren Abend derjenige, der alle erdenklichen Lazzi treiben darf – von dem Auftrag erfahren hat, den er auszuschlagen gedenkt, erlebt man den Auftritt der bereits jedermann bekannten lustigen Witwe Hanna Glawari.

Auch sie hält sich an altwienerische Traditionen und erklärt in Paris, wie es ihre Vorgängerinnen in Wien getan hätten, wie es ihr so geht. Sie singt den anstürmenden Verehrern die pure Unwahrheit zu. Sie habe sich in Paris noch nicht ganz so akklimatisiert ...

Immerhin, sie kann Mazurka tanzen und sich benehmen. Niemand weiß, daß sie einmal ein sehr einfaches Mädchen gewesen ist, verliebt in den bewußten Grafen Danilo Danilowitsch und von ihm einzig aus Standesgründen nicht geheiratet.

Niemand weiß es und begreift deshalb auch nicht, weshalb das Aufeinandertreffen von Hanna und Danilo, von Operettendiva und Operettentenor, erst einmal so verwirrend abläuft: Denn er schwört ihr sehr rasch, ihr niemals »Ich liebe dich« sagen zu wollen. Danilo kann es sich nicht leisten, als Mitgiftjäger abgewiesen zu werden. Er führt sich allerdings durchaus wie ein Verliebter auf: Er holt bei Damenwahl alle verfügbaren jungen Frauen in den Saal, um die potentiellen Nebenbuhler in Trab zu halten. Er versucht, den ihm angebotenen Tanz mit Hanna Glawari zu versteigern. Und erst, als niemand zehntausend Franc bezahlen will, tanzt er das Finale des ersten Aktes selbst. Freilich stumm und ohne die Erklärung, die ihm auf der Zunge brennt. Immerhin handelt es sich um das Walzerfinale des ersten Aktes, da genügt es schon noch, drauf los zu tanzen ...

Da es sich nach der neueren Wissenschaft bei der »Lustigen Witwe« um eine Tanzoperette handelt und zwar um den anschließend nie mehr erreichten Prototyp, ergibt sich zwanglos, daß Hanna und Danilo einen rauschenden Walzer tanzen. Einen von denen, die Franz Lehár zuerst angeblich nicht dirigieren und dann anscheinend nicht wirklich komponieren konnte – daß er ein Jahrhundert überdauert hat, weiß man.

Im zweiten Akt erfährt man es noch einmal: Hanna Glawari hat eine Gegeneinladung ausgesprochen, wieder findet ein Fest statt, diesmal mit all den Personen des ersten Aktes in ihrem Pariser Palais. Ein pontevedrinisches Fest, endlich können alle Damen und Herren in folkloristischen Kostümen erscheinen und vor allem Danilo hat auszusehen wie eine Kopie von Kronprinz Danilo von Montenegro, den es damals wirklich gegeben hat.

Hanna singt ein Lied aus der Heimat – daß es zugleich ein Lied aus einer anderen Operette ist, das zwei Jahre vorher nur nicht zum Publikum kam, damit man nicht zu lange wurde, braucht niemand zu wissen. Das Vilja-Lied ist original pontevedrinisch und verlangt nach wenigstens einer Wiederholung.

Aber nicht nur dieses Lied, beinahe alles, was auf dem Fest der Hanna Glawari gesungen wird, will das Publikum zweimal hören. Da bittet Camille de Rosillon die Frau des Gesandten, sie möge doch in den kleinen Pavillon kommen. Da treffen sich für eine völlig absurde, ausschließlich zum Absingen eines dann auch so genannten »Weibermarsches« sämtliche männlichen Teilnehmer an dem Quidproquo – und dieses Marsch-Septett mit dem heute schon gefährlichen Text vom Studium der Weiber, das beschwerlich ist, kann trotz seiner frauenverachtenden Aussage nicht aus dem Verkehr gezogen werden. Es ist zu populär, zu schmissig, zu mitreißend. Seine Dacapos sind in den natürlichen Ablauf des Geschehens bereits eingeplant, eine Aufführung der »Lustigen Witwe«, bei der das Publikum sie nicht verlangt, ist unvorstellbar.

Nicht genug damit, liefern sich die Glawari und ihr Tenor gleich zwei Duelle: Kaum ist er aufgetreten, nennt sie ihn einen dummen Reitersmann und reizt ihn beinahe zu dem von ihr erhofften Geständnis. Dann springt sie in letzter Minute für die fast schon zum Ehebruch bereite Valencienne ein, kommt aus dem bewußten »kleinen Pavillon«, in dem man sie – Hanna Glawari – wirklich nicht vermutet hat. Damit hat sie nicht nur eine peinliche Situation entschärft, sondern zudem noch Danilo Danilowitsch, wo sie ihn haben will: In Weißglut, aus der Lehár ein grandios gezimmertes Finale komponiert. Danilo erzählt die Geschichte von den zwei Königskindern, die nicht zueinander kommen konnten, erzählt von einer enttäuschten Liebe. Und zieht, tief getroffen, sein ganz persönliches Resümee. Er geht zu Maxim.

Beinahe wäre damit der zweite Akt zu Ende, aber Hanna Glawari hat das letzte Wort. Sie jubelt. Er hat sie lieb. Sie hat den Kampf um Danilo natürlich längst gewonnen, auch wenn sie sich und dem Publikum noch eine kurze Pause gönnen muß.

Im traditionell kurzen dritten Akt stellt sich die Wahrheit unschwer heraus. Denn der Kanzlist Njegus hat das Maxim gleich nebenan im Palais der Glawari installiert, man findet an dieser

Unmöglichkeit ebensowenig wie an dem raschen Happy-End: Die Glawari erklärt, sie verliere laut Testament ihres Mannes bei einer Wiederverheiratung ihre Millionen. Danilo genügt diese Tatsache, um sofort um ihre Hand anzuhalten, und zieht auch nicht mehr zurück, als ihm seine zufriedene Eroberin mitteilt, der zweite Passus im Testament besage, die Millionen gingen an denjenigen, der sie zur Frau nimmt.

Und Valencienne, deren Fächer im Pavillon nebenan gefunden wurde? Ihre Pointe ist noch simpler. Sie hat ja nur den Text ihrer Kennmelodie draufgeschrieben. »Ich bin eine anständ'ge Frau.« Baron Mirko Zeta entschuldigt sich. Das habe er nicht gewußt ...

Halt, in dieser ganz knappen Inhaltsangabe fehlt selbstverständlich die eine Szene, die die Operette erst zur idealen »Tanzoperette« macht. Danilo hat geschworen, seine Liebe nicht auszusprechen. Was er allerdings nicht geschworen hat, das ist unmittelbar vor dem allgemein versöhnlichen Schluß des Stückes ein verrucht langsam gesungener und getanzter Walzer mit Hanna Glawari.

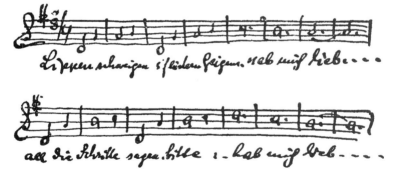

»Lippen schweigen, 's flüstern Geigen: Hab' mich lieb«, singen Diva und Tenor. Ein wundersamer Operettenunsinn, eine immer wirksame Szene. Das endlich vereinte Liebespaar allein auf einer möglichst weit geöffneten Bühne. Gleich wird der allerletzte Trubel hereinbrechen und das Publikum entlassen. Aber da gibt es noch den retardierenden Moment: Rundherum kein störender Festbesucher. Nicht einmal Njegus. Abermals darf man den Text der Routiniers vergessen, muß es beinahe, um ihn nicht lächerlich zu finden. Aber mitsummen und den Walzertakt mit atmen, das darf, das muß man. Wenn man's getan hat, ist auch »Die lustige Witwe« zu Ende, jedermann hat gegen alle Vernunft und nur, weil man ja »laut« ins Finale muß, noch einmal den Weibermarsch zu singen.

Diejenigen, die lange über die »Witwe« nachgedacht haben, bezeichnen die letzte Schlüsselszene der Operette entweder als den ersten Höhepunkt einer beinahe neuen Gattung – zwingender als in vielen anderen Werken wird da ein Walzer ausdrücklich als Walzer zum Symbol von Liebeswerben und vorweggenommenem Glück. Oder sie haben sich den Text hergenommen und es als absoluten Widersinn erklärt, daß einer laut und deutlich singt, die Lippen schweigen. Man kann sich aussuchen, welcher Interpretation man sich anschließen will. Millionen von Menschen haben in diesem Jahrhundert Lehár für die schweigenden Lippen geliebt.

Und jedermann kann völlig unvoreingenommen nachprüfen: Was Franz Lehár auf diese eine Operette an melodischen Einfällen verwendet hat, würde nach heutigen Maßstäben ausreichen, um mehrere höchst erfolgreiche Musical-Produktionen mit weltweit verbreiteten Songs auszustatten. Scheinbar mühelos hat er »Schlager« auf »Schlager« geschrieben und das Kunststück zuwege gebracht, daß ihn sein Leben lang auszeichnete. Er hat einerseits ein in sich stimmiges Werk auf die Bühne gebracht und andererseits Nummer für Nummer mehrfach verwertbar (für sich selbst) erfunden.

Nebstbei: Eine andere »Schule« nennt Lehárs »Witwe« eine Salonoperette und den Auftakt der Operette internationalen Zuschnitts, und auch das hat etwas für sich. Denn selbstverständlich spielt das Werk, durchaus in einer 1905 vorhandenen Realität angesiedelt, nur in Salons und unter deren ganz besonderen Bedingungen. Aller Walzerseligkeit zum Trotz spielt die Handlung weit weg von Wien, hat nichts mehr mit der bisher obligaten Verherrlichung der Kaiserstadt oder der Anbetung des geliebten Steffls, des Stephansdoms, zu tun.

Die »Witwe« macht deutlich: Die einstmalige Wiener Operette ist über die Monarchie hinausgewachsen, hat die Welt erobert und wird von dieser auch entsprechend begeistert angenommen.

Trotzdem ist sie noch immer sehr altösterreichisch und – das begriff Léon schon in den Briefen aus Unterach – sie lebt auch von ihrer soliden Machart. Denn Lehár ist genau das Gegenteil eines Musikfeldwebels, er ist ein solide ausgebildeter Komponist mit einer unverwechselbaren Handschrift und einer überdurchschnittlichen Begabung der Orchesterbehandlung. Wenn er auch in der »Witwe« noch eher bescheiden bleibt und keinerlei außergewöhnliche Besetzung verlangt, so weiß er doch sehr genau, wie er die Instrumente einsetzt, wie er Farben mischt, wie er sowohl freche und »pariserische« als auch »pontevedrinische« Stimmungen aus dem herkömmlichen Arsenal im Orchestergraben hervorholt. Lehár weiß es nicht zum ersten Mal, denn er hat es bald zehn Jahre erprobt.

Für all das gibt es unendlich viele literarische Zeugnisse – vor allem dafür, daß man auch in Wien die »Witwe« als moderne Operette zur Kenntnis genommen hat. Felix Salten, der populärste der Wiener Literaten, bringt es 1906 ganz deutlich zum Ausdruck: »Unsere Melodie – in der *Lustigen Witwe* wird sie angestimmt. Alles, was so in unseren Tagen mitschwingt und mitsummt, was wir lesen, schreiben, denken, plaudern und was für moderne Kleider unsere Empfindungen tragen, das tönt in dieser Operette. Lehár ist mehr allgemein modern als wienerisch, er ist mehr durch die Zeit als durch einen Ort zu bestimmen. Er ist von 1906, von jetzt, von heute, gibt den Takt an zu unseren Schritten.« Salten und seine Freunde waren innig mit Wien verbunden, gleichzeitig aber längst nicht mehr lokalpatriotisch gestimmt. Sie hatten alle ihre Reisen ins Ausland unternommen, waren ausdrücklich kosmopolitisch erzogen. Mit Lob auf Wien hätte man sie kaum mehr zu Begeisterungsstürmen hingerissen.

Und hingerissen waren sie.

Zwar gibt es noch eine wienerische Legende, die man nicht vergessen darf. Der Besuch des Theaters an der Wien war nach den ersten Vorstellungen nicht sehr befriedigend, es hätte sich das von den Direktoren prophezeite rasche Ende dieser Operette auch ergeben können, hätte nicht der Sekretär des Hauses, Emil Steininger, durch eine kluge Politik der gratis ausgegebenen Karten dem Stück über die Durststrecke geholfen: Es mag eine diskrete Nachhilfe gegeben haben, gleichzeitig aber muß es sich herumgesprochen haben, was da im Theater an der Wien zu sehen und zu hören war.

Sekretär Steininger, mit an der Wiege des Welterfolgs, hat sich diese Partie als einer der Nothelfer wahrscheinlich redlich verdient. Allerdings nur in bescheidenem Rahmen und ganz gewiß nicht als derjenige, ohne den es für die »Lustige Witwe« keine Zukunft gegeben hätte. Denn auch die nur höflichen, keineswegs übertriebenen Kritiken genügten schließlich. Und das »Wattieren«, wie man im Theaterjargon das Füllen des Zuschauerraums mit nicht zahlendem Publikum nennt, half eben auch über die ersten Wochen, in denen sich noch nicht herumgesprochen hatte, was da zu hören war.

Auch gibt es eine Ansicht, die meint, ein Wohnungstausch habe dem Stück sehr geholfen: Die Operette übersiedelte im Sommer für einen Monat an das Neue Wiener Stadttheater, wie die heutige Volksoper damals hieß, und Rainer Simons machte weit draußen am Gürtel gute Einnahmen. So gute, daß es für den Herbst ganz selbstverständlich war, mit dem Stück wieder die Spielzeit an der Wien zu eröffnen. Und plötzlich zog es. In Zahlen ausgedrückt, konnte man von Abendeinnahmen in Höhe von 5400 Kronen berichten, wohingegen es in der Zeit vor dem Sommer nur 3000 Kronen in der Kasse gab. Die 5400 Kronen aber waren die höchste erreichbare Einnahme. Das heute noch wunderbare und geliebte Haus faßt kaum an die neunhundert Menschen und ist, wenn nicht *en suite* und mit billigen Dekorationen gespielt wird, immer schon ein gefährdetes Haus gewesen. Daß es in der Gegenwart nicht gefährdet, sondern subventioniert ist, versteht sich von selbst. In der aufregenden Zeit aber, in der man unter einem Privattheater ein wirklich privates, auf Gewinn ausgerichtetes Unternehmen verstand, mußten die aufgeführten Stücke ihr Geld einspielen. Das war ein ebenso ehernes Gesetz wie die Regelmäßigkeit, mit der seit Generationen Theaterdirektoren in den Ruin schlitterten.

Freilich nicht die Direktoren des Theaters an der Wien. Von einem vorzeitigen Absetzen der »Witwe« war nicht mehr die Rede, und bald nach einer der ersten auswärtigen Premieren (am 3. März im Neuen Hamburger Operettentheater) feierte man in Wien die hundertste Vorstellung. Bereits wenig mehr als ein Jahr nach der Uraufführung war die »Witwe« ein Welterfolg. »Aufführungen haben bisher dreitausendneunhundertsiebzig stattgefunden. Die einzelnen Städte anzuführen, dürfte wenig Zweck haben; das Werk ist eben überall gewesen«, schreibt der Verleger im Februar 1907 an den Komponisten. Da hatte er allerdings nur den europäischen Kontinent gemeint, den Sprung über den Ärmelkanal nach London und den über den Atlantik nach Amerika hatte man noch vor sich. Als diese beiden Sprünge getan waren, hörte man mit dem Zählen und der Statistik auf. In London lief die »Witwe« erst einmal in achthundert Vorstellungen *en suite.* In Amerika brauchte man nicht lange, um die fünftausendste Vorstellung anzukündigen.

Und so weiter.

Die letzte schriftlich festgehaltene Schätzung stammt aus dem Jahr 1970, in dem Otto Schneidereit mit deutscher Gründlichkeit rekapitulierte, wo und wie oft man »Die lustige Witwe« bis dahin aufgeführt hatte, und dann resignierend schrieb, es hätte wenigstens eine halbe Million Aufführungen gegeben.

Nicht, daß diese Zahl und alle die weiteren Zahlen über verkaufte Noten, über Verfilmungen, über Schallplatten, über immer neue Aufnahmen mit den teuersten oder gefragtesten Künstlern jeder Generation wirklich alle die wütenden Proteste vergessen machen könnten, die es gegen die »Witwe« auch gab. Nicht, daß einer der ganz wenigen außerordentlichen Welterfolge auf dem Gebiet der Unterhaltungsmusik mit den gigantischen Summen, die »eingespielt« wurden, auch die Qualität erwiese.

Aber: Es bleibt unbestritten, daß Franz Lehár mit seiner dritten oder vierten Operette zur richtigen Zeit das Vorbild für eine neue Art von Operette geschaffen hatte.

Man wurde – mit wenigen Ausnahmen, die freilich auch bedeutend und erwähnenswert sind – international, zumindest alles andere als wienerisch. Man suchte Themen anderswo als im guten alten Wien, man besann sich anderer musikalischer Traditionen, statt aus dem Fundus zu schöpfen, den das neunzehnte Jahrhundert in Walzer, Polka und Marsch angelegt hatte.

Die Ausnahmen? Oscar Straus mit seinem »Walzertraum«, der sich gleichsam gegen das neu gefundene Schema aufbäumte und liebenswert noch einmal von Wien und nichts als Wien träumte – und einen Serienerfolg landete. Und Leo Fall, der im »Fidelen Bauer« einen wieder anderen Weg einschlug und von der ländlichen Idylle zum gespreizten Bürgertum ging, um den gesunden Bauer über die dümmlichen – allerdings nicht wienerischen – Stadtleut' triumphieren zu lassen. Später gab es dann, aber das ist ein weiteres Kapitel in diesem Buch, eine Serie von Operetten, die weder Wien noch ein bestimmtes Milieu, sondern bedeutende Persönlichkeiten zum wahren Inhalt haben. Lehár selbst hat diese weitere Art von Operette zwar nicht erfunden, aber zu einer erstaunlichen, absurden Blüte geführt: Der Teufelsgeiger Niccolo Paganini und Deutschlands bedeutendster Dichter Johann Wolfgang von Goethe erschienen bei ihm auf der Bühne und sangen Lieder, die so gut wie nichts mit ihnen zu tun hatten, aber als »Schlager« rund um die Welt gingen ...

Die Salon-, die Tanzoperette war mit der »Witwe« ein für allemal erfunden und wird seither kommentiert, neuerdings auch analysiert: Es hat beinahe ein Jahrhundert gedauert, ehe sich literarisch oder musikalisch ernsthaft interessierte Wissenschaftler mit Franz Lehár auseinandersetzten. Jetzt gibt es eine große und gelehrte Studie »Franz Lehár oder das schlechte Gewissen der leichten Musik«, in der mit ungezählten Zitaten nachgewiesen wird, wie zeitbedingt notwendig es nicht nur die Musik der Zweiten Wiener Schule, sondern auch die unerhört wichtige Musik Lehárs geben mußte. Ein Essay von überdimensionaler Breite erklärt die »Ideologie der Operette und Wiener Moderne« und weist nach, daß die »österreichische Identität« sich um die Jahrhundertwende immer noch in der Musik auf den Operettenbühnen erkennen ließe. Und der Wissenschaftler Volker Klotz hat unter dem schlichten Titel »Operette – Porträt und Handbuch einer unerhörten Kunst« ein ernsthaft-verliebtes Buch (so nennt er es selbst) über die wichtigsten Operetten überhaupt geschrieben: Zu Lehár fällt ihm viel ein. Am meisten, versteht sich, schreibt er über die »Witwe«.

Erstaunlich, welche Möglichkeiten es gibt, mit Zitaten und Querverbindungen und Vergleichen über Hanna Glawari und Danilo Danilowitsch nachzudenken, wie man sowohl das Lebensgefühl des Jahres 1905 in dem Stück findet wie auch die totale Verworfenheit, in der ein Reich dem Ende entgegentaumelte. Wie man immer noch Kraus anhängen kann, der die totale Humorlosigkeit der »Witwe« erklärte, oder das Stück als den lang erwarteten Aufschwung charakterisieren kann.

Eine kleine Erinnerung daran, was Franz Lehár in dieser einen Operette, die er nicht als sein erstes und einziges Meisterstück, sondern als eine mögliche erste große Chance konzipierte, an seit bald hundert Jahren nicht mehr vergessenen, rund um die Welt gespielten und geliebten Melodien untergebracht hat?

Die zweite Sopranistin im Ensemble, nicht einmal eine herkömmliche Soubrette, sondern eine hoffentlich erstklassige Sängerin der Valencienne, hat den ersten Schlager, der ins Ohr geht. »Ich bin eine anständ'ge Frau«. Gleich nach ihr stellt sich Hanna Glawari vor. »Hab' in Paris mich noch nicht ganz so akklimatisiert«. Als nächstes Auftrittslied merkt man sich Danilos »O Vaterland, du machst bei Tag, mir schön genügend Müh und Plag«, das in Wahrheit selbstverständlich bekannt ist, weil es in »Da geh ich zu Maxim« mündet. Der Kampf um Hanna bringt den nächsten Walzer. »O kommet doch, o kommt, ihr Ballsirenen«. Es folgen im zweiten Akt das »Vilja-Lied«, das Duett mit dem »Dummen, dummen Reitersmann«, der so zündende wie verruchte »Weibermarsch«, erstmals das »Lippen schweigen, 's flüstern Geigen«, darauf die andere Art der Verführung mit »Komm in den kleinen Pavillon«, mit der auch der zweite Tenor des Abends seine Melodie hat. Dann Danilos große Erzählung von den zwei Königskindern. Und im dritten Akt, in dem traditionsgemäß kaum noch Neues anzubieten wäre, kommen erst die »Grisetten« mit ihrem eigenen Auftritt.

Einmal und immer wieder ist es nicht zu vergessen: Die Fülle, die verschwenderische Reichhaltigkeit der Melodien allein hebt diese Operette weit, weit über viele Treffer anderer Meister in der unmittelbar darauf folgenden Zeit hinaus. Es ist, als hätte der Komponist am Ende dieser Operette seine Einfälle, sein Material längst nicht verbraucht – ginge das Stück weiter, er hätte noch Einfälle für zwei weitere Akte.

Es ist nahezu beispiellos, was da zu hören ist. Rund um Lehár und nach ihm geht kein Komponist so großzügig mit seinen Einfällen um ...

Und keiner erfindet für seine »Schlager« einen derart raffinierten Orchesteruntergrund. Beim »Vilja-Lied« zum Beispiel hört man erstmals zwei Solo-Violinen, vierfach geteilte Geigen, dazu zwei Tamburizzas, Gitarre und ein Tamburizza-Baß. Beim an sich gräßlichen »Weiber-Marsch« sind es die Holzbläser, die die Charakterisierung übernehmen, Klarinetten kichern über den Geigen und der Harfe, das Glockenspiel lacht sich auch eins, wenn sieben Männer dem Publikum erklären, das Studium der Weiber sei schwer ... Wer heute dieses Septett immer noch genießt, kann als Ausrede angeben, es sei schon anno dazumal von Lehár so komponiert worden, daß die Pontevedriner und Pariser halt etwas zu laut eingestanden, ihnen fiele es schwer, mit ihren Frauen auszukommen.

Der rasche und eindeutige Erfolg der »Lustigen Witwe« veränderte Lehárs Leben naturgemäß ein für allemal: Der Komponist, bisher ein beliebter und dabei keineswegs als *die* Ausnahmeerscheinung angesehener Musiker, wußte spätestens nach der zweiten Inszenierung, daß er seinen Millionen-Coup gelandet hatte. Ein Erfolg an einem Theater in Deutschland, das bedeutete die Annahme der Operette an ungezählten Bühnen. Und selbstverständlich auch den Ruhm daheim in Wien, wo sich das Publikum von Erfolgen anderswo beeindrucken ließ. Die Direktoren des Theaters an der Wien wollten längst vergessen haben, je ein abfälliges Urteil über die »Witwe« abgegeben zu haben. Franz Lehár war beinahe über Nacht *der* Musiker von Wien geworden.

Freilich, man muß nicht nur die zeitgenössischen Urteile über ihn und die von ihm quasi erfundene »silberne« Operette zur

Kenntnis nehmen. Es ist wichtig, sich auch einmal in der Literatur um 1940 umzusehen und zu erfahren, wie man in schlimmen Zeiten über die Operette nach 1900 dachte und offiziell zu schreiben hatte.

»Zu Anfang des 20. Jahrhunderts begann sich die äußere Entwicklung der letzten Jahrzehnte des 19. Jahrhunderts in den geistigen Bezirken auszuwirken: nachdem sich die breite Masse des Wiener Kleinbürgers ihr politisches Haus gebaut und die Herrschaft über die Stadt Wien übernommen hatte, begann sie ihr geistiges Leben zu gestalten; da zeigte sich, daß der fremde Zustrom auch ihre Geistigkeit in bedeutsamem Umfang durchsetzte und die alte erbeingesessene Schicht nicht imstande war, den Ton anzugeben: geistig und politisch hatte der Wiener liberale Großbürger die Herrschaft verloren. Die neue Operette spiegelte die Geistigkeit der Kleinbürger und der Zugewanderten. Es wäre ungerecht, zu verkennen, daß auch die Operetten des silbernen Zeitalters ihre Werte haben; sie liegen in der Musik, nicht aber in den Texten.«

Und weiter, damit man nicht meint, Lehár und seine Erfolgsoperetten seien nicht gemeint gewesen: »Noch vor hundert Jahren auf der Bühne Vorbild innerer und äußerer Haltung, in den achtziger Jahren des 19. Jahrhunderts als Muster guten Benehmens und tadelloser äußerer Form verniedlicht, gaben sich jetzt diese Serenissimi oder merkwürdigen Diplomaten und sonderbaren Gesandten aus Ländern etwas dunklen internationalen Rufs in der Metropole ungehemmten Lebensgenusses, in Paris, mit den entsprechenden Damen ein Stelldichein und spielten dem braven Wiener Kleinbürger vor, wie man sich benimmt, wie man gefällt und verführt: schnell war die Bühne aus einer moralischen zu einer unmoralischen Anstalt geworden.« Wenn da nicht die »Witwe« gemeint ist?

Und war nicht auch Lehár als Komponist gemeint, wenn man die Verwendung des Walzers tadelte? »Das Gefährliche an dieser Art Operetten ist auch, daß sie sich eines Sprechers bedienen, der internationale Geltung hat und allgemeines Ansehen genießt; der Wiener Musik. Sie ist das Wertvolle an den Operetten des silbernen Zeitalters. Eine neue Komponistengeneration kommt heraus; ihr Anführer ist bezeichnenderweise kein Wiener, sondern ein Ungar, Franz Lehár, und in ihrer musikalischen Vielgestalt ist sie ein gutes Abbild der national zerklüfteten Donaumonarchie und ihrer internationalen Verbindungen. Böhmen schickt die Polka, Polen die Mazurka, Ungarn den Csárdás, aus Paris kommt der Cancan, aus England der Cakewalk und aus Amerika die Niggertänze; und der Wiener Walzer, der früher der Hausherr gewesen ist, wird zum Hausmeister, der den fremden Gästen mit einem freundlichen Gruß das Tor zu seinem alten Wiener Haus aufsperrt und auch darin wohnen darf.«

Ob Franz Lehár dieser Deutung seiner Musik zugestimmt hätte? Er hatte völlig andere Ideen und hätte diese Bewertung einfach nicht verstanden. Als Tornisterkind zur Welt gekommen, wurde er früh zum Weltbürger erzogen, und er wollte nichts mehr, als das Genre weiterpflegen, das unter Franz Joseph schon dem letzten Walzerkönig Ruhm (und Tantiemen) eingebracht hatte. Und er reagierte auf seinen ersten Erfolg, wie er es später immer wieder tat, indem er sofort wieder komponierte (allerdings nicht gleich die nächste große Operette, sondern erst einmal »kleinere Sachen«, eine Art von Fingerübung), andererseits aber mit seinem ganz persönlichen Einsatz Erstaufführungen des großen Erfolgs an allen Bühnen Europas unterstützte, oft an der Einstudierung mitwirkte, besonders gern die erste Aufführung und dann die bald folgenden Jubiläumsvorstellungen »persönlich« dirigierte – und dabei offensichtlich mit Stolz seinen Anteil am Erfolg (auch in Form von Beifall, für den er sein Leben lang empfänglich blieb) selbst entgegennahm.

Sein Tagebuch hält über Jahrzehnte fest, wie sehr er sich immer wieder von allen möglichen Häusern zu Premieren und Jubiläen einladen ließ. Wie sehr er den Beifall des Publikums selbst entgegennehmen, die begeisterten Kritiken möglichst rasch lesen wollte. Nicht nur bei seinem ersten Haupttreffer, auch in den darauf folgenden Jahrzehnten war er immer mit dabei, wenn es galt, eine neue oder die hundertste Aufführung Lehárs zu feiern.

Eitel? Es scheint, daß er auch eitel war.

Vor allem aber war er daran interessiert, selbst zu hören und zu sehen, wie seine Musik das erreichte, was er als sein Lebensziel ansah: Auf einem von ihm selbst als durchaus angemessen bezeichneten Niveau dem Publikum einen schönen, einen unterhaltsamen, einen im besten Fall unvergeßlichen Abend zu bescheren. Lehár, der sein »Lebensziel« immer wieder erreichte und in einem ausführlichen Interview vor laufender Kamera noch einmal präzisierte, sagte es im hohen Alter nicht anders als in den Jahren nach dem ersten Treffer, in den Jahren nach der ersten Serie von Treffern, deretwegen er von Interview zu Interview gereicht wurde. »Ich bin nicht auf die Welt gekommen, um das Leben zu genießen, sondern um anderen Menschen Freude zu bereiten.« Ein einfacher Satz, mit dem er auch sein künstlerisches Leben abschloß.

Und es ist zugleich ein sehr komplizierter Satz, denn er erinnert von ferne an die Fragen, ob es denn eine »lustige« Musik gäbe, und er erinnert auf einem gar nicht niederen Niveau daran, daß Komponieren nicht Vergnügen, sondern ernste und harte Arbeit bedeutet. Er läßt auch erahnen, was Lehár selbst oft gesagt und seine ersten klugen Biographen den Lesern mitgeteilt haben: Lehárs Art zu komponieren ist auch ein Kampf um ein voll klingendes, nuanciertes Orchester für die Operette. Wo damals sechs erste und zwei zweite Geigen, zwei Bratschen, zwei Celli und zwei Bässe, eine Oboe, ein Fagott, drei Hörner, manchmal eine Posaune und das Schlagzeug im Orchestergraben saßen, dort wollte er ein Orchester von der Stärke eines Ensembles für die Oper. Also so viele Streicher, daß Unterteilungen möglich sind. Eine volle Holzbläserbesetzung. Ein viertes Horn. Eine Tuba.

All das ist für den Komponisten unabdingbar, er will ja kein Begleitorchester, das schmeichelnde Melodien unterstützt, er will auch in der Operette aus dem Orchestergraben heraus das dramatische Geschehen kommentieren. Dabei denkt er nicht einen Augenblick an ein fernes, unerreichbares Ziel – die Oper –, sondern an eine notwendige Brillanz für das, was er längst schreibt, also die Operette.

Und erst ganz zuletzt verrät er einen Lebenszweck, den viele große Musiker vor Lehár so nicht definiert, aber verwirklicht haben. Oder meint man, Wolfgang Amadeus Mozart habe seine Opern komponiert, um die Welt zu verbessern? Oder denkt man, Franz Schubert wollte mit seinen ergreifenden Symphonien nicht auch dem Publikum seine Art von Freude bereiten? Oder behauptet man, die Virtuosenkonzerte, die ungezählte Meister von Beethoven bis Mendelssohn-Bartholdy geschrieben haben, wären alle nur der Ewigkeit oder dem Zweck, die Menschen zu erheben, zu Papier gebracht worden?

So heikel es ist, Freude zu definieren, und so gefährlich, die Freude aus der Schiller'schen Ode im letzten Satz der neunten Symphonie Beethovens mit dem Begriff in Zusammenhang zu bringen, den Franz Lehár als Freude bezeichnete – manchmal muß man das Heikle wagen und aus einem genialen Operettenkomponisten einfach einen genialen Musiker machen – auch wenn er seine Erfolge alle unmittelbar erlebte, in barer Münze ausbezahlt bekam und selten auftrat, als käme er vom Parnaß. Aber hat er nicht (spät wird man darauf aufmerksam) in der »Lustigen Witwe« richtige Finale geschrieben? In einer anscheinend fatal schlichten Operette grandiose Aufeinanderfolgen komponiert? Hat er nicht schließlich das Kunststück zuwege gebracht, das glückliche Ende der beiden Helden aus den Melodien der beiden so unterschiedlichen Frauen des Stücks zu filtern? Kommt »Lippen schweigen« nicht direkt als die Harmonie der »Anständ'gen Frau« und des »Vilja-Lieds« daher? Ist das nicht mehr als ein Kunststück, also wirkliche Kunst? Kann man Generationen später Lehár einen Strick daraus drehen, daß sich diese und viele andere seiner musikalischen Erfindungen dermaßen verbreitet haben, daß man sie als »Ohrwurm« bezeichnet? Und, noch einmal viel zu hoch gegriffen, aber ganz im Sinne der großen und wichtigen Widersacher, die auch Mozart und Offenbach zu Hilfe nahmen, wenn sie Lehár verdammen wollten: Nimmt man Ludwig van Beethoven übel, was die Welt aus seiner Ode an die Freude gemacht hat? Bei welchen Anlässen man sie gesungen hat? Wie sie vulgarisiert wurde?

Einmal und selbstverständlich im Zusammenhang mit dem seriös herangewachsenen und nicht minder seriös bekannt ge-

wordenen Franz Lehár muß man es zu erwägen geben: War
er nicht zu Beginn des zwanzigsten Jahrhunderts ein genialer
Musiker?

Der Komponist, dem mit der Zeit einige gewichtige Feinde er-
wuchsen, die im Grunde doch immer nur seine Librettisten
meinten, wenn sie auf ihn einschlugen, war sich seines »Auf-
trags« bewußt. Dank seiner offenbar ruhigen und angenehmen
Art fand er auch genügend treue Freunde, die den langen und
erfolgreichen Lebensweg mit ihm gingen. Trotzdem, er ist als
»Privatmensch« außer von seiner Biographin Maria von Peteani
kaum je ausführlich geschildert worden.

Doch er scheint, wenigstens seit seiner Existenz als gefeierter
Operettenkomponist, ein auch erfolgreich privater Mann und
trotzdem mehr als ein Geschöpf der Öffentlichkeit gewesen zu
sein.

8

In der Theobaldgasse

Lehár sorgte für seine Familie – erstmals leistete er sich eine eigene Wohnung, in die er allerdings auch seine Mutter und seine Schwester einziehen ließ, in der Schleifmühlgasse. Kenner des Wiener Stadtplanes, denen auch gleich verraten sei, daß er als sozusagen beste Wiener Adresse dann ein Haus in der Theobaldgasse kaufte und bewohnte, können seine Annäherung an das Theater an der Wien auch so verfolgen. Von der Marokkanergasse, in der er bei seinen Eltern lebte, mußte Lehár über den Schwarzenbergplatz, und den weit und ungestalt liegenden Karlsplatz; erst dann kam er zur »Wienzeile«, an der das Theater liegt. Von der Schleifmühlgasse, in die er 1905 zog, hatte er es schon viel näher, man konnte gemächlichen Schritts in knapp fünf Minuten das großbürgerliche Haus sehen, hinter dessen Fassade sich das altehrwürdige Theater verbarg.

Als er schließlich das Eckhaus in der Theobaldgasse kaufte, war er seinem Theater noch einmal um zwei Minuten näher gerückt. Er mußte nur zwei Häuserblocks entlang und war beim Bühnentürl des Theaters an der Wien, das sich gegen die heute so genannte Lehárgasse in seiner historischen Form zeigte und zeigt. Der Eingang, der nach wenigen Metern auf die Hinterbühne führt, war genau der, durch den einstmals nach dem Wunsch von Johann Strauß die Truppen aus der Schlacht direkt in den dritten Akt des »Zigeunerbaron« einmarschieren sollten. Der Eingang wird heute immer noch benutzt und manchmal auch, um Operettenpersonal ins Haus zu lassen. Der kurze Weg von seiner Wiener Wohnung aber zu diesem Bühnentürl, den Franz Lehár zweifellos zahllose Male gegangen ist, der heißt heute Lehárgasse ...

Seine Mutter schildert seine erste eigene Wohnung in der Schleifmühlgasse noch begeistert: »In der Wohnung von Franz schaut es ganz herrlich aus. Wohin man blickt, sind Kränze und

Blumen. Ganze Bäume Flieder und Rosen. Als ich in den Salon trat, überwältigte mich der Anblick. Die elektrische Beleuchtung war wie im Feenland. Dabei alles wohlig durchwärmt. Franz war im Abendanzug, weil er eingeladen war. Wir gingen von einem Zimmer ins andere und er zeigte mir alles. Mit seiner unnachahmlichen, herzgewinnenden Liebenswürdigkeit. Da kam mir mein Kind wie ein König vor.«

Die gute Frau, die ihr Leben lang gespart und Entbehrungen auf sich genommen hatte, sah ihren Sohn, dessen Leichtfertigkeit ihr jahrelang Sorgen bereitet hatte, noch wie einen König. Sie konnte zu ihm ziehen und beruhigt merken, daß er sein Ziel erreicht hatte und dabei ihr Sohn geblieben war – in Sorge um sie, für sie sorgend.

Sie konnte den Triumph der »Lustigen Witwe« nur mehr kurz miterleben, sie wurde krank, sie ließ sich von ihrem berühmten Sohn nach Ischl mitnehmen. Christine Lehár starb am 6. August 1906, als die große Operette ihres Sohnes Franz den Siegeszug um die Welt erst so recht antrat.

Und welch ein Siegeszug das war. Begleitet von immer bösen Bemerkungen in der »Fackel« hatte sie sofort alle erdenklichen Bühnen in Deutschland, selbstverständlich alle Bühnen der Monarchie erobert. Bald aber war sie der Erfolg der Erfolge in Paris und wurde als »La Veuve Joyeuse« das Tagesgespräch.

Dann übersprang sie den Kanal und lief ungezählte Male en suite als »The Merry Widow« mit einem Publikumsandrang, den man in London erst Jahrzehnte später und nicht mehr für eine Operette, sondern für das Musical wieder erlebte: Plätze waren ein Jahr im voraus zu bestellen, die Abendkassen hatten nur höchst selten noch Eintrittskarten zu vergeben. Italien, Spanien, Holland, Schweden, Dänemark folgten. Das Jahr 1910 brachte Lehár Tantiemen aus 18 000 Vorstellungen in zehn verschiedenen Sprachen. Und Amerika folgte erst. Es machte mit allen den Möglichkeiten, die man in Europa gar nicht kannte, Reklame für die Operette – Zigarren, Schokoladen, Hüte wurden nach der »Witwe« benannt und verkauft, damals freilich noch ohne jede Beteiligung des Komponisten an den Einnahmen.

Man denke, welche Summen dem Musiker anno dazumal verlorengingen – die Branche, die heute jede Rock-Tournee, jedes neue Musical ein zweites Mal ausbeutet, indem sie nicht nur Platten, sondern auch alle erdenklichen Accessoires dazu erzeugt, hat es um 1910 bereits gegeben, der Markenschutz aber, der heute den Autor (oder den Produzenten) zu einem doppelt steinreichen Mann macht, war noch nicht erfunden.

Die Meldungen, die noch dem alternden Komponisten wert waren, in den von ihm diktierten Erinnerungen festgehalten zu werden: Japan ließ sich via Australien eine Produktion der Operette vorführen und ermöglichte eine höchst erfolgreiche Tournee. »Den glade Enke« hieß das Werk, als es in der norwegischen Hauptstadt Christiania ein Theater, das vor dem Bankrott stand, mit einer Serie von mehreren hundert Aufführungen rettete. Nach Kopenhagen kam Lehár selbst als Dirigent – ihm unvergeßlich, weil das Publikum so lange im Theater blieb, bis er sich die Geige des Konzertmeisters lieh und selbst noch einmal »Lippen schweigen« spielte – der Vorhang ging sofort auf, und Hanna und Danilo waren beglückt, ihren langsamen Walzer einmal im Leben zur Begleitung des Komponisten selbst tanzen zu können.

Eine der vielen Raritäten unter den Produktionen ist ihm stets in Erinnerung geblieben: In Zambesi an den Viktoriafällen war eine europäische Truppe mit der »Witwe« unterwegs – zu ihren Vorstellungen setzte man Sonderzüge für das Publikum aus Rhodesien ein.

Allerdings: In Konstantinopel und in Triest gab es das erste und einzige Mal lebhafte Demonstrationen gegen das Stück. Montenegriner und Jugoslawen fühlten sich verletzt und wollten eine Absetzung der »Witwe« erreichen. Lehár selbst, wieder zur Premiere angereist, wurde ausgepfiffen. Der Erfolg der weiteren Vorstellungen blieb ...

Und selbstverständlich ließ er in seinen Erinnerungen seine liebsten Interpreten notieren: Bei der Uraufführung sangen Mizzi Günther und Louis Treumann, der das Pech (oder das Glück) hatte, dem montenegrinischen Kronprinzen ähnlich zu sehen. Nach dreihundert Vorstellungen gaben sie ihre Partien allmählich ab. Der in Wien lange Zeit berühmteste Danilo wurde Hubert Marischka, ein Frauenliebling – und als Schwiegersohn des Herrn Direktor Karczag auch ein Held des Theaters an der Wien. Seine prominenteste Hanna Glawari war 1919 Maria Jeritza, die zu dieser Zeit bereits ein Star war und in den Jahren darauf eine Primadonna wurde. Ihr schrieben Komponisten von Rang Partien auf den Leib, ihretwegen verzichteten Komponisten von Weltrang auf Diskussionen über »richtig gesungene Noten«, vielmehr erbaten sie sich einfach die Jeritza als Sängerin einer Uraufführung.

Das allerdings war schon nach dem Ersten Weltkrieg – und fand seine Fortsetzung auch nach dem Zweiten Weltkrieg, denn da waren Martha Eggerth und Jan Kiepura ein Jahr lang Hanna Glawari und Danilo Danilowitsch am Broadway. Man erzählt, daß nahezu jede Nummer wiederholt werden mußte und Kiepura nachher erklärte, er habe nicht 365, sondern mindestens 730 Vorstellungen gesungen ...

In Berlin, wo man als echte Metropole zwischen den Kriegen immer die größten und die teuersten Aufführungen auf die Bühne bringen wollte, zeigte man, was deutsche Gründlichkeit vermag und richtete ein völlig neues »Witwe«-Fest aus, bei dem in einem Vorspiel der noch nicht verstorbene reiche Herr Glawari auftritt – Hanna ist also zu Beginn noch nicht Witwe. Und als Finale nach dem letzten Akt der Operette brachte man ein Hochzeitsfest der somit wiederum nicht mehr als Witwe zu bezeichnenden Hanna auf die Bühne, damit das Ballett auch wirklich was zu zeigen hatte.

Freilich, wenn man den Berichten eines sehr korrekten Biographen des Musikers Ralph Benatzky glaubt, war in Berlin auch eine Revue-Fassung der »Lustigen Witwe« zu sehen, in der die Musik mit Zustimmung des Komponisten (nach damaligen Maßstäben, die alles, was »amerikanisch« klang, so nannte) verjazzt wurde. Lehár soll zu dieser Version, die immerhin für ein großes Publikum gedacht und entsprechend tantiemenreich war, sogar einige Nummern nachkomponiert haben. Eine Revue: Der an sich immer auf der Höhe seiner Zeit schaffende Lehár hat selbst zwar fürs Kabarett komponiert und sich manchmal nach der Oper gesehnt – die Revue aber ist ihm als Vehikel für viele, viele Schlager nicht sympathisch gewesen.

Man darf annehmen, er habe sich auch in den berühmt-berüchtigten aufregenden zwanziger Jahren zwar in Berlin nicht fremd gefühlt, seine Musik aber weiterhin anders gehört als diejenigen, die sich »im Milieu« wohl fühlten und vor allem verrucht sein wollten.

Er schrieb, scheint es, nach der »Witwe« erst einmal keine neue Operette. Aber es scheint nur so. Er war – wie vor ihm auch die Großen der Wiener Musikszene – nicht nur ein Musiker, sondern auch ein Operettenmusiker, und als solcher hatte er den Regeln zu entsprechen, die für das Genre galten. Oberste Regel: Man ruht auf einem Erfolg nicht aus, man schickt so rasch wie möglich die nächste Operette ins Gefecht und versucht, die gewonnenen Massen gleich noch einmal für sich zu gewinnen.

So sind, um nur daran zu erinnern, in den fruchtbaren Jahren des Johann Strauß nicht nur die sozusagen ewigen, sondern auch viele vollkommen in Vergessenheit geratene Operetten entstanden – die Theater verlangten neue Stücke, das Publikum wollte seine alten Lieblinge mit neuen Melodien. Und wenn dann nicht »Die Fledermaus« oder »Der Zigeunerbaron« kam, dann waren doch auch in allen anderen Piecen Walzer oder Gesangsnummern, die sich weiterverwenden ließen.

Die Vorwürfe, die man Strauß gemacht hat, sind keine anderen als die, die Jahrzehnte später Lehár in den Kritiken lesen mußte. Daß schlimme, alberne Libretti gewählt wurden und daß Jahr für Jahr wenigstens ein neues Werk ans Licht der Welt gebracht werden mußte.

Strauß ertrug die Vorwürfe, Lehár gleichfalls.

Er resümierte: »Als Ideal schwebt mir immer das musikalische Lustspiel vor, das auf große Posseneffekte verzichtet und dafür reichlich Gelegenheit zu subtiler Illustrierung der Vorgänge gibt. Den Vorwurf, stellenweise allzu opernhaft zu werden, nehme ich ruhig hin, denn ich bin egoistisch genug, lieber mir selbst Konzessionen zu machen, als den Effekt mit Possenmusik und Gassenhauern zu suchen. Ich glaube, mit der *Lustigen Witwe* dem

Ziel, soweit eben meine Kräfte reichen, nahe gekommen zu sein.« Das »Neue Wiener Tagblatt« konnte diese Selbsteinschätzung freilich erst im März 1918 drucken. Da war Lehár soweit, eine erste Bilanz zu ziehen und freimütig über sich selbst zu sprechen.

Immerhin, er komponierte unmittelbar nach den Aufregungen rund um die erste durch und durch gelungene seiner Operetten weiter. Im Auftrag des Theaters an der Wien, das anno dazumal auch etwas für den Nachwuchs tat und um die Weihnachtszeit ein »Märchenspiel mit Musik« auf den Spielplan nahm, entstand »Peter und Paul reisen ins Schlaraffenland«. Zwei Schauspieler des Hauses – einer von ihnen war immerhin der nachmals berühmt gewordene Komiker Fritz Grünbaum – zimmerten die Handlung, in der zwei Schuster-Lehrbuben verführt werden, im Schlaraffenland dem holden Nichtstun zu frönen. Weil es sich erstens um ein Märchenspiel handelt und zweitens Kinder noch mit Moral gefüttert werden, finden sie jedoch selbst heraus, daß nicht der böse Geist Schlendrianus, sondern die gute Fee Laborosa weiß, was gut für sie ist: Sie feiern als brave Buben Weihnachten wieder in der Werkstatt ihres Meisters, bei dem sie fortan fleißig sein wollen ...

In Wien hat die Tradition, Kindern einmal im Jahr auf dem Theater eigens für sie geschriebene und produzierte Stücke zu zeigen, immer Erfolg gehabt. Sie hat sich weit in das zwanzigste Jahrhundert erhalten und Generationen mit den seltsamsten Geschichten aufwachsen lassen. Im Falle eines wirklichen Serienerfolges, der weit über die Weihnachtszeit hinaus lief, erfand man einfach ein neues Finale und feierte den Triumph des Guten im Osterhasenwald. »Peter und Paul reisen ins Schlaraffenland« scheint keine derartige Adaptierung erlebt zu haben, hat aber viele Abnehmer gefunden, denn in den Jahren darauf hat es immer wieder Bühnen gegeben, die das »für die Kleinen zu ermäßigten Preisen« gedichtete Stück in den Spielplan nahmen.

Eine weitere Nebenarbeit Lehárs brachte ihn wiederum nicht aus dem Haus an der Wienzeile, dem Theater an der Wien heraus: In der »Hölle«, einem im Keller des Theaters untergebrachten Kabarett, konnte man den Einakter »Mitislaw der Moderne«

ab Januar 1907 miterleben. Ein Zwischenstück, wie Lehárs Biographen behaupten, die mit dieser Charakterisierung – wahrscheinlich unbewußt – sogar recht haben. Denn: Nach damals ehernen Regeln hatte es in jedem guten Kabarettprogramm außer Conférencen und Chansons und oft auch tänzerischen Darbietungen (die manchmal großartiges Niveau erreichten) eine Art Einakter zu geben, der im Jargon „das Mittelstück« hieß. Während dieser Darbietung begannen die Kellner, sofern in dem Theater an Tischen auch Getränke serviert wurden, zu kassieren. Nach dem Mittelstück war die Gefahr gegeben, daß sich die Gäste nicht mehr stören lassen wollten – und nach dem Ende des »Programms« verschwanden sie traditionsgemäß so rasch, daß es wenigstens für die Kellner zu spät gewesen wäre.

Daß Lehár sich auch in der später immer wieder so genannten Kleinkunst versuchte, ist nicht verwunderlich. Es muß für ihn eine willkommene Abwechslung gewesen sein, ebenso wie das Kindermärchen. Gewiß war es für ihn eine ideale Nebenarbeit gewesen, vor allem in den aufregenden Monaten, in denen sich allmählich die »Witwe« als Publikumsmagnet erwies und der Komponist die Anzahl der Bühnen erfuhr, die den Wiener Erfolg nachspielen wollten.

Und außerdem: Völlig wahllos war Franz Lehár nicht. Er suchte lange und verzweifelt nach einem Textbuch, das ihm Inspiration und eine Art von Erfolgsgarantie geben sollte. Denn er war nicht mehr der, von dem man sich eine hübsche Operette erwartete. Von ihm wollte man selbstverständlich eine zweite und dritte und möglichst noch effektvollere »Lustige Witwe« ...

Einmal mehr kam ein Journalist zum Zug. Julius Bauer.

Um wenigstens einmal dem Leser verständlich zu machen, was so ein Name bedeutete, hier der Auszug aus dem damaligen »Deutsch-österreichischen Künstler- und Schriftsteller-Lexikon«:

BAUER Julius, Chefredacteur des »Illustrirten Wiener Extrablattes«, IX., Porzellangasse 13, geb. Raab-Szigeth, 15. Oct. 1853, schrieb Feuilletons und Kritiken für den »Raaber Lloyd«, kam nach Wien als Mitarbeiter des »Jungen Kikeriki«, »Kladderadatsch« etc., ist Feuilletonist der »Bürgerzeitung« (II. Bezirk), Redacteur der »Tagespresse«, des »Floh« und schließlich Ge-

116

richtssaal-Berichterstatter des »Illustrirten Wiener Extrablattes«, wo er später die Theaterkritik übernahm und jetzt Chefredacteur ist. Er verfaßte eine Anzahl Bühnenwerke, darunter mit Hugo Wittmann die Operettenlibretti: »Der Hofnarr« (Musik von Adolf Müller), »Die sieben Schwaben« (Millöcker), »Der arme Jonathan« (Millöcker), »Fürstin Ninetta« (Johann Strauß); die Possen: »Die Wienerstadt in Wort und Bild« (mit Fuchs und Zell), »Zur Hebung des Fremdenverkehrs«, »Im Zeitungsverschleiß« etc.

Aus dieser Eintragung, die selbstredend mit dem Einzutragenden abgesprochen war, läßt sich sehr viel erkennen. Der bewußte Julius Bauer war ein aus dem ungarischen Teil der Monarchie stammender junger Mann, der sich als Mitarbeiter eines kleinen, angesehenen Provinzblattes in die Hauptstadt gewagt hatte, dort einmal frei bei kleinen Zeitungen und für ein Blatt des vor allem den Wiener Juden zur Verfügung stehenden Bezirkes arbeitete, sich aber schließlich in einer Zeitung mit Breitenwirkung etablieren konnte. Als Theaterkritiker schrieb er gemeinsam mit einem sehr angesehenen Kollegen vom Feuilleton konsequenterweise auch bald Operettenlibretti – nebenbei, versteht sich und ohne einen Augenblick sein kritisches Amt aufzugeben. An einem Premierenabend als Autor mit vor dem Vorhang, am nächsten im Parkett.

Man kann sich so etwas heute nicht mehr so leicht vorstellen, muß sich aber immer wieder vor Augen halten, daß es um die Jahrhundertwende wenigstens in Wien gang und gäbe war. Kritiker und Autor, das war immer wieder ein und dieselbe Person, die Kritiken der jeweils nicht als Autor beschäftigten Kollegen waren abhängig von persönlichen Animositäten oder den dankbaren Erinnerungen an gemeinsam errungene Siege im Feldzug um Tantiemen. Je nachdem ...

Und Karl Kraus, der gegen diese Unsitte ankämpfte wie ein Löwe? Er war selbst ein begeisterter Vortragender, ein verhinderter Schauspieler, und klagte wortreich in der »Fackel«, daß ihm die Journaille nicht die gebührende Anerkennung zuteil werden ließ.

Wundert das jemand?

Anton Kuh, ein tapferer Wiener Kaffeehaus-Literat, der einmal einen viel beachteten Vortrag gegen das Idol Karl Kraus hielt und dabei nicht nur stürmische Ablehnung erntete, hat den Kritiker der Kritiker enttarnt. Anton Kuh hat ihn als manischen »Antworter« bezeichnet, dessen Spezialität es war, das letzte Wort behalten zu wollen. In Sachen Operette und Franz Lehár hat Kraus sein Ziel nicht erreicht. Heute lebt eine Generation, die immer noch die »Witwe« kennt, von Kraus aber nur noch schemenhaft weiß.

Julius Bauer, um eines der zahlreichen Opfer des Karl Kraus' zu erwähnen, war der Autor des nächsten Librettos für Franz Lehár. »Der Mann mit den drei Frauen«, Anfang 1908 uraufgeführt und in Wien nicht wirklich erfolgreich, war immerhin ein »aktueller« Stoff: Als Helden hatte die Operette einen Mitarbeiter eines Reisebüros, der sich in seiner Eigenschaft als Fremdenführer neben seiner Frau in Wien auch Nebenfrauen in Paris und London hält und selbstverständlich konsterniert ist, als er eines Abends daheim (also in Wien) alle drei Frauen in seinem Bett vorfindet.

Gleich nach der Premiere fielen die Kritiken vor allem für Julius Bauer böse aus, man erinnerte sich seiner ersten Zusammenarbeit mit Lehár, erinnerte an die »Juxheirat« und meinte, der Komponist habe eine reiche Mitgift in die Ehe gebracht, der Librettist »zusammengefeilschtes Zeug«.

Was Lehár an der Vorlage gefallen haben mag, ist rasch erklärt. Er wollte partout Stoffe, die »in der Gegenwart« spielen. Er wollte ein noch unverbrauchtes Milieu, und er war begeistert von jeder Gelegenheit, musikalisch mehrere Sprachen sprechen zu können. Daß ihm das englische so wenig lag wie das explizit französische, daß das Milieu des aufkommenden Tourismus und der Reisebüros damals noch nicht genügend komische Situationen hergab, daß eine fade Gegenwart längst nicht genügte, um das Publikum zu locken, wußte der Musiker bald nach der Wiener Uraufführung: In Wien brachte es das Stück auf achtzig Aufführungen, es waren wenigstens Publikumslieblinge wie Mizzi Günther und Louise Kartousch, die im Theater an der Wien auftraten. Bühnen aber, die sich um die Rechte stritten, ließen sich zählen.

Es war ein Reinfall, das wußte nicht nur die Kritik, das begriff auch der Komponist, der allerdings das Jahr 1908 beruhigt auf dem finanziellen Polster verleben konnte, das ihm aus den Tantiemen der »Witwe« aus aller Welt immer angenehmer und behaglicher gemacht wurde.

Trotzdem, die Reaktion Franz Lehárs auf den Mißerfolg war typisch. Er engagierte sich selbst als Komponist von gleich drei neuen Operetten, und er sorgte für ein standesgemäßes Domizil – er kaufte dem »Inkassoverband der Theater- und Orchesterunternehmungen Österreichs« das Haus Theobaldgasse 16 ab und nahm selbst Quartier im zweiten Stock des großen, vierstöckigen Zinshauses. Er wurde Hausherr, was in Wien immer eine Art Standeserhöhung bedeutete. Hausherr, das ist jemand, der erstens als Herr im eigenen Haus wohnt und der zweitens aus Mieteinnahmen auch noch Ertrag hat. »Unser Vater war ein Hausherr und ein Seidenfabrikant« singen in einem immer noch populären Wiener Lied zwei junge Burschen, die kaum arbeiten, aber um so lieber gegen Abend Geld ausgeben. Sie können es sich leisten. Ihr Vater war ein Hausherr ...

Ganz am Rande darf man vorwegnehmen: Die Theobaldgasse liegt nicht nur in unmittelbarer Nähe des Theaters an der Wien, sondern quasi am stadtseitigen Beginn des sechsten Wiener Gemeindebezirks, in dem sich um diese Zeit in billigen Unterkünften ein gewisser Adolf Hitler aufhielt. Der gebürtige Braunauer verbrachte seine Abende entweder in der Hofoper oder aber (seltener, selbstverständlich) im Theater an der Wien, wo er »Die lustige Witwe« sah und hörte, ihre Melodien nachzupfeifen lernte und sie genausowenig aus dem Gedächtnis verlor wie seine Zeitgenossen. Der Komponist freilich hatte damals von diesem Mann aus Linz so wenig Ahnung wie ganz Wien. Und daß er spät in seinem Leben dem »Führer« eine Photographie mit Widmung übersenden und sich deswegen an seinem Lebensabend fragen lassen mußte, wie denn das geschehen konnte, das lag für den neugebackenen Hausherren in der Theobaldgasse noch in weiter Ferne.

Sinnlos, schon an dieser Stelle auf Adolf Hitler und die Wirrnisse hinzuweisen, in die er eine ganze Welt stürzte. Der junge,

nicht sehr arbeitsame Mann aus kleinen Verhältnissen, dem die
große Stadt Wien nicht wohl gesonnen war, hat sich an dieser Stadt – und selbstverständlich auch am Rande an all den
Journalisten und Operettenlibrettisten – grausam gerächt. Was
blühte und gedieh und Erfolg hatte, als er seine Postkarten
zeichnete in der Stadt, das zerstörte er auf das gründlichste. Daß
in seinen Erinnerungen »Die lustige Witwe« einerseits für die
verjudete Operette stand, andererseits bei seinem sehr begrenz-
ten musikalischen Geschmack deren Melodien für immer in seinem Gedächtnis eingegraben waren und er dem Komponisten
Lehár nicht auf den Leib rückte, ist eine andere und später zu
erzählende Geschichte.

9 Die nächsten »Würfe«

Daß ein Komponist aus einem Mißerfolg die Konsequenz zieht, gleich drei weitere Versuche zu unternehmen, ist selten. Bei Franz Lehár nicht ganz so selten, er arbeitet in seinem Leben immer wieder nach dem Prinzip, das Leben habe weiterzugehen und niemand müsse zurückblicken. Er macht für eine Niederlage niemanden außer sich selbst verantwortlich, er zieht bei allem drohenden Unheil auf eigene Gefahr die Konsequenzen. Er spricht es nie aus, aber er ist ein Mensch von großer Selbstbeherrschung. Auch das ist ein Charakterzug, der zu seinen Erfolgen führt.

Lehár beginnt im Sommer 1908 die Arbeiten an »Das Fürstenkind«, an der »Zigeunerliebe« und an »Der Graf von Luxemburg«. Seine Arbeitsweise ist höchst konsequent – 1910 sind alle drei Operetten uraufgeführt, und jede hat ihre besondere Geschichte. Und eine ihren besonderen Erfolg.

Seine Mitarbeiter sind ihm alle vertraut. »Das Fürstenkind« wird ihm von Victor Léon angeboten, und natürlich hat es ein französisches Vorbild, diesmal allerdings den Roman »Le roi des montagnes« von Edmond About, es kann also wenigstens zwischen dem Verfasser des ursprünglichen Buches und dem Librettisten nicht wieder zu Auseinandersetzungen um Tantiemen kommen.

Wieder handelt es sich um einen aktuellen Stoff. Der Fürst ist ein Räuberhauptmann, dessen Geld längst in einer Aktiengesellschaft angelegt ist. Das Fürstenkind ist selbstverständlich seine Tochter, die er so liebt, daß man ihm bei allen seinen Machenschaften nur an den Karren fahren kann, wenn man die Tochter als Geisel gefangennimmt ...

Kaum jemand kennt heute noch das »Fürstenkind«, also genügt es zu erwähnen, daß Léon seinen Freund Lehár wahrscheinlich für die Geschichte von dem Fürstenkind – das nichts vom Räuberleben seines Vaters weiß, sich einem amerikanischen Marineoffizier anvertraut und dann begreift, daß es nicht nur die Tochter von Hadschi Stavros, dem Fürsten von Parnas, sondern halt auch die Tochter eines Räubers ist – nur interessieren konnte, weil er ihm wiederum zwei musikalisch verschiedene Welten anbot, die in der Operette aufeinanderprallen konnten. Abenteuerliche griechische Folklore und sehr moderne amerikanische Musik. Und? Lehár ließ auch angesichts dieser Möglichkeiten die Chance, einen Walzer zu komponieren, nicht aus – einen mit der bei ihm so beliebten Tempoangabe »Valse moderato«. Auch der ist so gut wie vergessen. Aber der Komponist liebte ihn und sorgte dafür, daß er wenigstens in Aufnahmen unter seiner Leitung immer wieder in Rundfunk-Programmen blieb.

Gleichzeitig oder unmittelbar danach ist die »Zigeunerliebe« entstanden, und wirklich gleichzeitig »Der Graf von Luxemburg«: Nicht, weil Lehár unbedingt zwei Operetten zur gleichen Zeit komponieren wollte, sondern weil er anders vertragsbrüchig geworden wäre.

Er hatte bis Jahresende 1909 eine Operette für das Theater an der Wien zu liefern, das nach dem Mißerfolg des »Mann mit den drei Frauen« treu zu seinem Komponisten stand. Er hatte für das Johann-Strauß-Theater das »Fürstenkind« komponiert und wollte »Zigeunerliebe« am Carl-Theater herausbringen. Aber das Theater an der Wien erinnerte an den Kontrakt Nummer eins, der ihm eine neue Operette von Franz Lehár zusicherte. Im Falle eines Kontraktbruches war eine Konventionalstrafe fällig!

Dieser entging der Komponist mit der Operette, die er quasi nebenbei schrieb, seiner eigenen Aussage nach eine »schlampige Arbeit«, an der »gar nichts dran« sei. Die Legende reduzierte die Arbeit am »Luxemburger« auf drei Wochen, was freilich nur eine Legende sein kann. Daß aber wieder einmal von drei Operetten diejenige der Erfolg wurde, die nicht im »Lebensplan« des Komponisten war, ist herzerfrischend und kommt der Wahrheit sicher nahe.

Der Reihenfolge der Uraufführungen nach gewann noch einmal das Theater an der Wien. Der scheinbar aus purer Verlegenheit komponierte »Graf von Luxemburg« kam am 12. November 1909 heraus – in Hausbesetzung und mit dem nachmals in aller

Welt geschätzten und geliebten Max Pallenberg (der in seiner Zusammenarbeit mit Max Reinhardt Weltformat erreichte) als Fürst Basil. Ob Pallenberg schon damals improvisiert und seine Kollegen aus dem Konzept gebracht hat? In den hymnischen Berichten ist es nicht nachzulesen, Pallenberg selbst hat in seinen Erinnerungen von seiner genialischen Eigenschaft, aus vorgegebenen Texten völlig eigene, neue zu gestalten, nicht berichtet. Nur alle Kenner und Literaten, die ihn »noch« gesehen haben und aus der Emigration zurückfanden, erzählten stundenlang und in immer neuen begeisterten Variationen über die Kunst des großen Pallenberg, der bei den Salzburger Festspielen ebenso virtuos gewesen sei wie in den kleinsten Rollen einer Komödie. »Sie können es sich nicht vorstellen«, behauptete Friedrich Torberg, und ich werde nie vergessen, daß er dies angesichts des großen Schauspielers Hans Moser auf der Terrasse des berühmten Café Bazar in Salzburg tat und ihm nicht widersprochen wurde ...

Folgt man den wesentlich seriöseren Zeitangaben des verläßlichen Otto Schneidereit, dann begann Lehár mit der Komposition an seinem zweiten großen Erfolg Mitte Mai 1909 und lieferte die Partitur Ende August ab, was also drei Monate konzentrierter Arbeit bedeutet. Und liest man aufmerksam weiter, dann komponierte Lehár an der Operette bis zur Uraufführung im November weiter, arbeitete um, änderte, fügte ein – zuletzt ergibt sich eine Arbeitsdauer von beinahe einem halben Jahr, und damit wird es seine Richtigkeit haben. Nur war tatsächlich eine Notsituation gegeben. Der schon bekannte Theatersekretär Emil Steininger kam noch im Sommer nach Bad Ischl, um die Partitur in Besitz zu nehmen, und aus dem Treffen und den angeblich resignierenden Worten des Komponisten über sein Stück ergab sich eine hübsche Geschichte. Und hübsche Geschichten sind im nachhinein sowohl bei den »Produzenten« wie auch bei den Komponisten immer gefragt: Sie können bei Interviews immer wieder erzählt werden, sie glorifizieren so oder so die Entstehung eines Erfolges. Sie schleifen sich in den Wiederholungen so lange ab, bis nur noch das Wesentliche bleibt.

In diesem Falle die Essenz, Lehár habe seine Partitur einen

»Schmarren« genannt. Und weiter, er habe durchaus nicht an einen Erfolg geglaubt, schließlich habe er das »Notenbündel« in nur drei Wochen geschrieben.

1909 – einmal sei man daran erinnert, was außer dem »Graf von Luxemburg« noch komponiert wurde. Das Jahr begann mit der Uraufführung der »Elektra« in Dresden, der ersten gemeinsamen Oper von Richard Strauss und Hugo von Hofmannsthal. Und es endete mit den Fünf Orchesterstücken op. 16 von Arnold Schönberg. Ein Jahr also der Radikalität in der Musik – nie wieder hat sich Strauss so weit vorgewagt wie in der »Elektra«. Und erstmals ging Arnold Schönberg mit seinen Orchesterstücken aus der erweiterten Tonalität, in der man immerhin noch Erinnerungen an die Spätromantik finden konnte, hinaus in das »Neuland« der freien Tonalität, das er in der Folge mit dem neuen Raster seiner eigenen Methode des Umgangs mit den zwölf Tönen ein für allemal absteckte.

Lehár war alles andere als ein simpler Unterhaltungsmusiker. Er war ein wacher, aufmerksamer Beobachter aller Musik seiner Zeit. Man weiß, daß er die Kompositionen von Richard Strauss in Partitur besaß. Und man darf annehmen, daß er von Arnold Schönberg sehr viel mehr wußte, als daß dieser für weniger begnadete Operettenkomponisten auch als Orchestrator tätig war. Lehár kannte die »Elektra«, als er gleich drei Operetten schrieb. Und er wußte genau, daß er mit seinen »ins Ohr gehenden« Melodien alles andere als ein musikalischer Revolutionär war. Aber: Er wußte auch, daß seine Musik ihre Qualitäten haben und bestehen mußte. Nicht nur vor dem Publikum, sondern auch vor den Kollegen, die im Konzertsaal und in der Oper wirkten. Er wußte es und machte seine Arbeit gut.

So auch bei einem von der Legende als „Nebenwerk“ eingestuften Haupttreffer: Immerhin knüpfte er mit dem Sujet und dem Ort der Handlung an den ersten großen Erfolg an. Wieder war er in Paris, und wieder konnte sich ein adeliger Held erst im allerletzten Moment mit seiner Geliebten finden.

Also dieselbe Schablone? Dieselbe musikalische Masche?

Man sollte es so nicht sagen, denn der »Graf von Luxemburg«, so einfach seine Handlung auch gestrickt ist, hat ebenso wie die

»Witwe« einige außergewöhnliche Situationen und einige außerordentliche Melodien, die aus diesen Situationen förmlich herauswachsen.

Die Handlung?

Ein junger Lebemann, wie man ihn um 1909 noch gut gekannt hat, steht zwar mit einem Adelstitel, aber ganz ohne Geld da. Ein alter russischer Fürst ist verliebt und braucht, um seine Angebetete heiraten zu können, einen Mann von Stand, der durch eine Scheinehe der gefeierten Opernsängerin Angèle Didier zu dem Titel verhilft, der ein halbes Jahr später (nach der vertraglich versprochenen Scheidung von René Graf von Luxemburg) eine gesellschaftlich denkbare Eheschließung mit ihm, dem Fürsten, ermöglicht.

Der Luxemburger geht auf den Vorschlag ein und läßt sich im Atelier seines Freundes Armand Brissard trauen, ohne die Ehefrau auch nur zu sehen. Er nimmt 500 000 Francs und gibt sich wieder seinem heiteren Leben hin, in dem er die ihm unbekannt gebliebene Sängerin kennenlernt, sich selbstverständlich in sie verliebt – und in der Falle sitzt, denn einerseits kann er nicht um eine verheiratete Frau werben, andererseits wird er wütend, als er begreift, daß er mit dieser Frau aus recht banalen Gründen bereits verheiratet ist. Die Opernsängerin und er sind, als ihnen klar wird, welche seltsame Situation sie selbst herbeigeführt haben, voneinander enttäuscht: Sie kann einen Grafen nicht schätzen, der um Geld seinen Titel verkauft hat. Er kann sich nicht damit abfinden, daß eine junge Frau sich um genau dieses Geld einen Titel kaufen ließ, damit sie schließlich noch einen glanzvolleren erheiraten kann.

Um diese völlig verfahrene Situation nicht nur zu retten, sondern ein notwendiges glückliches Ende herbeizuführen, muß ein Deus ex machina dem fernen Rußland anreisen. Gräfin Stasa Kokozeff trifft in Paris ein, erinnert Fürst Basil an ein längst gegebenes Eheversprechen – und damit gibt es zum Finale drei glückliche Ehepaare. Der Luxemburger muß nicht einmal heiraten, und der Fürst muß sein Eheversprechen einlösen. Der dritte Bräutigam ist der Maler und Freund des Grafen, der aus lauter Freude über die rundum zufriedenen Menschen aus seinem Verhältnis zu seinem Model Juliette Vermont auch noch eine Ehe macht.

Wie fragwürdig eine allgemeine Heiratswut ist und wie schwierig Ehen werden können, ist kein Thema für die Operette. Vor dem Fallen des Vorhangs gehen die füreinander bestimmten Paare den Bund der Ehe ein.

Ob das scheinheilig ist? Dann wären auch große Opern wie »Così fan tutte« oder »Die Hochzeit des Figaro« ebenso scheinheilig und so gut wie jedes Werk, das eine Lösung eines Problems wenigstens für den letzten Moment verspricht, abzulehnen.

Freilich, in der Operette – bis Lehár wohlgemerkt, er wird das im Laufe seines Lebens radikal ändern – ist die Ehe noch ein heiliger, ein erstrebenswerter Stand, und deshalb müssen nicht nur die Diva und der Tenor, sondern wenigstens noch die Soubrette und der Buffo (also die feststehenden Figuren jeder Operettenhandlung) den sogenannten Bund fürs Leben eingehen.

Nachzutragen wäre, daß die »Handlung« wieder einmal nicht ein Originalbuch, sondern eines nach einer Strauß-Operette ist. Alfred Maria Willner hatte gemeinsam mit Bernhard Buchbinder die letzten Operettentexte für den Walzerkönig geschrieben. »Die Göttin der Vernunft« war allerdings nur mehr ein Achtungserfolg. Der Autor war klug beraten, seine Idee noch einmal zu verwerten und, als das Theater an der Wien eine Konventionalstrafe androhte, mit dem Libretto bei seinem Freund Lehár anzuklopfen.

Die Musik?

Man hat es noch einmal sehr leicht, man muß nur die Hauptmelodien aufzählen – und unter Operettenfreunden werden sogar die Texte genügen, um sofort ein sehr heftiges Nachsummen all der geliebten musikalischen Einfälle hervorzurufen.

Der Graf von Luxemburg selbst präsentiert sich wie alle seine berühmten Vorgänger mit seiner Lebenseinstellung »Das Leben liri, lari, lump, ist nur ein Pump«. Kein wirklich aufregender, literarisch wertvoller Text. Aber er sagt aus, was er sagen will.

Die Scheinehe wird mit dem Lebensbekenntnis der Angèle eingeleitet: »Unbekannt, deshalb nicht minder interessant, ist

126

mir der heil'ge Ehestand«, eine Mazurka, die musikalisch auch wertvoller ist als die vertonten Worte.

Die sofortige Trennung des Paares, das sich noch einmal finden und beisammen bleiben wird, ereignet sich schon in Lehárs liebstem Walzertempo, und dabei heißt es: »Sie geht links, er geht rechts, Mann und Frau, jeder möchte's. Ideal ist solche Ehe, schmerzlos ohne jedes Wehe« ...

Aber das Finale des ersten Aktes zeigt, genialisch wenigstens in der Musik, daß da mit einer Leinwand dazwischen doch die richtige Vereinigung stattgefunden hat. Denn die beiden fragen: »Bist du's, lachendes Glück, das jetzt vorüberschwebt?« und wir wissen, hören, daß es das Glück ist, aus dem ein Walzer werden muß, so populär wie »Lippen schweigen«. Was er ja auch geworden ist.

De facto sind alle Hauptmelodien bereits ausgespielt, wenn der zweite Akt beginnt. Aber eine hielt Lehár noch zurück: »Lieber Freund, man greift nicht nach den Sternen« wird dem Luxemburger bedeutet, der den Stern ja längst in Händen hält. Und damit der zum Fürsten erhobene Komiker, der ausnahmsweise zuletzt von einer typischen Dritte-Akt-Komikerin geheiratet wird, auch ein Couplet zu singen hat, darf er behaupten: »Ein Löwe war ich im Salon, im Liebeskampf ein Tiger« ...

Zweifellos stehen alle diese in Erinnerung gerufenen Melodien in der legitimen Nachfolge der »Lustigen Witwe«, ist die Mixtur aus anscheinend pariserischer Lebensfreude und slawischer Leidenschaft dem ersten großen Erfolg des Komponisten nicht fremd. Die Texte selbst jedoch sind von einer Albernheit, die man ihnen von der Uraufführung weg anlasten kann – was selbstverständlich auch geschehen ist.

Aber die Texte von Alfred Maria Willner, Robert Bodanzky und Leo Stein sind, wenn man einmal etwas nachdenkt, durchaus nicht banaler als viele Libretti, die ein Giuseppe Verdi zu seinen aufregendsten Opern vertont. Zu ihrer Zeit sind sie durchaus den Texten vergleichbar, mit denen sich ein Giacomo Puccini anfreunden konnte. In der »Butterfly« heißt es (in der deutschen Übersetzung, die noch der Meister selbst gehört haben muß) von dem kleinen Pavillon der armen Cho-Cho-San, er sei »ein Häusel aus Bambusgesäusel«, und Generationen von Opernfreunden haben das nicht einmal zur Kenntnis genommen, sondern nur Puccini gehört.

Eine bedenkliche Verteidigung, selbstverständlich. Ein sehr schwacher Standpunkt, liest man die Texte (und die Übersetzungen) Jacques Offenbachs oder die überaus witzigen Verse der Operetten von Gilbert und Sullivan.

Aber die Texte haben Franz Lehár genügt, um den »Graf von Luxemburg« zu komponieren, also haben sie etwas geleistet.

Maria von Peteani, die den Komponisten schon als junge Frau gekannt hat, schreibt in ihrem Buch über Lehár, bei der Premiere habe sich Adele Strauß, die damals noch sehr aktive Witwe von Johann Strauß, zu ihr umgedreht. »Der Mann kann wirklich etwas!« soll sie gesagt haben. Wenn die Geschichte wahr ist, dann hat da eine Kennerin zur rechten Zeit ein Urteil abgegeben, das sich bewahrheitet hat.

Nach dem Tod Lehárs bleibt seine treue Freundin bei ihrem von Adele Strauß übernommenen Urteil und kann es mit dem immer noch anhaltenden Erfolg des »Luxemburg« beweisen: »Die schlampige Arbeit eroberte bald die Welt. Hanna Glawari, die pontevedrinische Witwe, und René Graf von Luxemburg, sie beide spazierten fortab triumphierend über die Ozeane. Und was man der schlampigen Arbeit noch nachsagen kann: Sie hat ihre Leuchtkraft bis heute nicht verloren.«

Ein kompetenter Analytiker von Lehárs Musik, der Schriftsteller Ernst Decsey, erklärt es zwar nicht ähnlich, aber doch sehr bestimmt. Er nennt den neuen Typus des Walzers, den Lehár komponiert, den Slawenwalzer. »Das treuherzig ländlerhafte des Altwiener Walzers fehlt dem Lehár-Walzer vollständig. Immer guckt bei Strauß und Millöcker der Tanzboden, das Hügelland, das ›Blauaugete‹ durch. Lehárs Walzer ist schwarzäugig: ein Walzer der Steppen und Pußten, der Walzer eines Einsamen, der sich krank sehnt – die Mollkadenzen, die unterdominantischen Elemente reden vom Reiz des Vergeblichen. Danilo umtanzt die schöne Glawari so lang allein, bis sie erliegend mittanzt. Diese Geste haben alle Lehár-Walzer. Sie sehnen sich und reizen durch demütige Werbungsversuche. Das ist slawisch und

1 Franz Lehár (Titelblatt des Notendrucks »Rendezvous bei Lehár« um 1929)

2 Franz Lehár senior, 1875

3 Franz Lehár, 1882

4 Christine Lehár mit Franz, 1871

5 Johannes Brahms
(1833 - 1897)

6 Johann Strauß (1825 - 1899)

7 Prag, Karlsbrücke mit der Kleinseite (um 1890)

8 Wien, Ringstraße mit
Hofoper (um 1890)

9 Wien, Stephansdom
(um 1890)

10 Wien, Theater an der Wien (Aquarell um 1840)

11 Louis Treumann und Mizzi Günther in »Die lustige Witwe«, Wien 1906

Sigm. v. Skwirczynski: Die Fixsterne der Wiener Operette, umgeben von ihren Trabanten, im Café Museum.

12 »Die Fixsterne der Wiener Operette«, Karikatur von Sigmund von Skwirczynski, 1912

13 »Auf der Höhe des Erfolgs«, Karikatur aus dem Wiener »Floh«, 1914

14 Franz Lehár, 1910

15 Sophie Lehár, 1920

ein masochistisches Element. Aber der Slawenwalzer steht immer v o r dem Korybantismus der Erfüllung. Seine Sehnlichkeit ist von primärer Unerschöpflichkeit, endet in süßen Mollschauern, um darin wieder zu erwachen. Der Lehár-Walzer fleht. Er greift ins Endlose; heimatlos umkreist er die Welt der Frauen und die Frauen der Welt ... Er ist die letzte Leidenschaft der Melodie überhaupt.«

Ein wenig schwülstig, aber es sagt aus, was man vor Generationen über die in der ganzen Welt geliebten Walzer Franz Lehárs schrieb, wenn man sowohl von der Technik der Komposition als auch von der Welt etwas verstand.

Wobei man sich vergegenwärtigen muß: Der Walzer war bald ein Jahrhundert alt, er war von Carl Maria von Weber und Johann Strauß (und Joseph Lanner) nahezu gleichzeitig zu einer allgemein bekannten, getanzten, geliebten Form gemacht und noch vor der Mitte des neunzehnten Jahrhunderts von Johann Strauß Sohn geadelt worden. Außerdem war er ein für allemal als der Wiener Walzer benannt worden, denn selbstverständlich wollte die ganze Welt weder die Hervorbringungen der Pariser noch der nordischen Musiker, die auch im Dreivierteltakt schrieben, sondern einzig die Walzer, die von der Wiener Dynastie Strauß immer komplizierter und reicher und mitreißender komponiert wurden.

Dann allerdings starben um die Jahrhundertwende die großen Wiener, die noch des Wiener Walzers mächtig waren – Strauß 1899, Carl Millöcker im Jahr darauf. Einzig der jüngste Strauß, dessen Einfälle nie viel wert gewesen waren, und Carl Michael Ziehrer, dem man den einen oder anderen Walzer als wirklich wienerisch abnahm, lebten weiter und waren bald unzeitgemäß: Ziehrer mit seinem Titel als Hofball-Musikdirektor und den hübschen, aber nicht sehr zugkräftigen Operetten. Eduard Strauß als eifriger Sammler von Städten, in denen vor ihm noch kein Strauß aufgetreten war und als Geschäftsmann. Er mußte mit seiner Kapelle reisen, um der billigen Konkurrenz in Wien auszuweichen und um noch einmal Kapital anzusammeln – sein Vermögen hatte ihm seine eigene Familie (vor allem ein typisch mißratener Sohn) verschleudert, und er wollte doch seine alten Tage auch »standesgemäß« verleben.

Daß er 1909, als er sich endgültig zur Ruhe setzte, das gesamte Notenmaterial seiner Kapelle – und darunter nicht nur die Arrangements aller Kompositionen der Strauß-Dynastie, sondern auch alle Arrangements, die Johann, Joseph und er von Meisterwerken des neunzehnten Jahrhunderts geschrieben hatten – verbrennen ließ, war eine verzweifelte, gräßliche Tat. Mit den Noten ging, weil er es so wollte, der bis dahin erhaltene originale Strauß-Klang im Feuer unter, wurde nicht nur unerhört viel Material für die notwendige Forschung vernichtet, sondern auch echte, bis dahin lebendige Musik.

Und außer dem Klang ging auch viel von dem verloren, was den Wiener Walzer ausgezeichnet und wahrlich in aller Welt ausgemacht hatte. Denn ungefähr um diese Zeit verschwand der »drahrerische« Wiener Walzer für immer, und der offenbar bald darauf so bezeichnete »Slawen-Walzer« Franz Lehárs übernahm es, immer noch im Dreivierteltakt, aber anders phrasiert und sehr viel komplizierter angelegt, das Terrain zu erobern. Eine andere, eine neue Welt kam mit einiger Verspätung für das Jahrhundert auf, das ja auch auf anderen Gebieten mit einiger Verspätung begann: Die Zeitrechnung hielt sich nicht an die Jahreszahlen. Man schloß die Vorherrschaft des Walzers mit dem Tod des Walzerkönigs. Man endete die gute alte Zeit mitten im Ersten Weltkrieg 1916 mit dem Tod des Kaisers. Und man begrüßte das zwanzigste Jahrhundert mit dem Zusammenbruch der Monarchie, also 1918.

Zeitrechnungen sind immer willkürlich und können angefochten werden. Aber eines bleibt, ob es nun die liebenswerte Begleiterin des Komponisten oder ein fachkundiger Musikschriftsteller erklären, eine unwiderlegbare Wahrheit: Einige Operetten Lehárs sind bald ein Jahrhundert lang nicht von den Bühnen wegzudenken, haben in allen Fassungen ihre Unverwechselbarkeit bewiesen, waren weder durch Verfilmungen noch durch Adaptionen umzubringen. Sie haben von 1905 an selbst wiederum ein eigenes Jahrhundert begonnen. Lehárs Operetten leben von der Musik, um es auf das allereinfachste zu sagen.

Denn: Wenn man dem Sprichwort, noch kein Meister sei vom Himmel gefallen, sonst glauben darf, im Falle des Operettenkomponisten Lehár gilt es nicht. Nach seiner Lehrzeit in der Militärmusik und als Kapellmeister der bewußten Ensembles, die das gesamte musikalische Repertoire bewältigen mußten, hat er nahezu mit seinem ersten Werk die Sprache, die er nicht mehr verändern muß, gefunden. Wenn er noch um Nuancen ringt, dann sind das immer nur Fragen des jeweiligen Kolorits und Überlegungen, welches musikalische Klima ihm besonders gut liegt. Nie aber Fragen, ob er jetzt endlich das Metier meistert – er hat es von Anbeginn im Griff und ändert sich selbst nicht mehr. Seine Librettisten ändern sich. Seine Ideen von einer gut aufgebauten Operette, seine Vorstellungen von einem guten Stoff ändern sich. Seine Meisterschaft im Erfinden und Komponieren von Melodien, die die Welt erobern, ändert sich nicht mehr. Lehárs Meisterschaft ist und bleibt ein für allemal auf einer schier unerreichbaren Höhe.

Vielleicht ist Lehár auch deshalb seinen Kollegen und Konkurrenten, die gleichzeitig mit ihm oder bald nach ihm auf den Plan treten, immer überlegen: Ihnen gelingt die eine oder andere Operette, der Reichtum aber, den sie zu verschwenden haben, bleibt hinter dem Angebot Lehárs zurück.

Und es treten Kollegen und Konkurrenten auf. Unmittelbar nach dem Erfolg der »Lustigen Witwe«, die ein Genre wiederbelebt, kommen sie alle mit ihren besten Stücken auf die Bühne.

Der Freund Leo Fall hat eine ähnliche Ausbildung wie Lehár und ist wahrscheinlich der musikalischste seiner Generation. Er hat in Wien auf dem Konservatorium studiert, muß dann als Geiger in eine Militärkapelle, wird Operettenkapellmeister an deutschen Bühnen, versucht sich zuerst an Chansons, schreibt (längst vergessene) Opern und erreicht 1907 seinen ersten großen Erfolg mit dem »Fidelen Bauer«, wiederum einer inhaltlichen Novität, bei der Victor Léon der Autor ist – Léon meint, jetzt müsse nach den mondänen Salonthemen, mit denen Lehár konkurrenzlos auftritt, wieder ein Stück Natur auf die Bühne, und Fall beweist, daß er den gewünschten Ton trifft. Freilich, er bleibt nicht auf dem Land, er komponiert, ähnlich fruchtbar wie sein Freund Lehár, Operette auf Operette, und einige von ihnen sind auch heute noch bekannt. »Die Dollarprinzessin«, »Die

Rose von Stambul« und »Madame Pompadour« kommen immer wieder auf den Spielplan.

Oscar Straus ist gleichfalls ein fundamental ausgebildeter Musiker. Auch er beginnt am Kabarett und versucht sich erst im Stile Offenbachs, bevor er – ebenfalls im Jahr 1907 und offenbar überzeugt, mit Lehár sei ein neues Operettenzeitalter angebrochen – mit dem »Walzertraum« sein Meisterstück schafft, an das er später freilich nie mehr herankommt. Seiner Laufbahn schadet das nicht, er wird mit dieser einen bittersüßen Operette steinreich und gehört für immer zum inneren Kreis der in Bad Ischl residierenden Meister. Sehr klug merkt ein Kenner der Operette an, Straus habe sich von seinen Kollegen durch besondere Charakterfestigkeit abgehoben: Von ihm gibt es im Ersten Weltkrieg keinen patriotischen Beitrag für die Bühne, er läßt sich nicht zu Machwerken verführen wie nahezu alle Komponisten um 1914.

Ein Sonderfall ist der Kollege Heinrich Berté, der in die Geschichte der Operette als der Musiker einging, der ein Werk komponieren wollte und gezwungen wurde, ein Werk zusammenzustellen: Er schrieb »Das Dreimäderlhaus« zuerst als eine rührselige Geschichte um Franz Schubert und verwendete diskret Kompositionen des Titelhelden. Ihm wurde vom uns allen längst bekannten Direktor Wilhelm Karczag die Partitur mit der Bitte um »mehr Schubert« so oft zurückgereicht, bis er auf seinen eigenen Anteil verzichtete und die gesamte Operette aus Melodien Schuberts schrieb. Sämtliche heiteren und ernsthaften Historiker haben Berté deshalb der Denkmalschändung, des Diebstahls und noch schlimmerer Delikte angeklagt. Keiner hat darauf hingewiesen, daß der sehr ernsthafte Musiker damals nahezu vergessene Kompositionen Schuberts populär machte, sich nicht auf »Reißer« konzentrierte – und sich die Tantiemen, die er für das unfaßbar erfolgreiche »Dreimäderlhaus« bekam, durch Demut verdiente.

Der 1882 geborene Emmerich Kálmán, der nach seiner ersten erfolgreichen Operette, dem »Herbstmanöver«, 1908 nach Wien kam und sich mit ungezählten Werken als einer der sehr populären Komponisten etablierte, war der deklarierte »Ungar« im

Kreis. Kálmán besaß freilich wie die meisten seiner Landsleute die Gabe, das typisch Ungarische in seiner Musik derart international auszusprechen, daß seine Operetten »mit Paprika« auf allen Kontinenten daheim sein konnten: Analog zu den aus Budapest gebürtigen Verfassern von Salonkomödien war er der Weltbürger par excellence. Mit Sitz in Wiener Kaffeehäusern und in Bad Ischl, selbstverständlich. Er hat, ganz anders als Kollege Straus, sich mit »Gold gab ich für Eisen« 1914 sofort als Patriot erwiesen und dafür einen kurzlebigen Ruhm und viele gerechtfertigte Vorwürfe einzustecken gehabt. Mit der vitalen »Csárdásfürstin« gelang ihm allerdings 1915 ein Riesenerfolg, den auch Lehár neidlos anzuerkennen hatte.

Edmund Eysler, der sich spät mit seiner »Gold'nen Meisterin« einen sicheren Platz in allen Lexika (und auf allen Operettenbühnen) sichern konnte, gehörte ebenfalls zu den »Fixsternen der Wiener Operette«, die 1912 bereits auf einem einzigen Blatt als große, durcheinander schreiende Kaffeehausgesellschaft karikiert wurden. Freilich: Damals bezog man auch den Komponisten Erich Wolfgang Korngold (der für Max Reinhardt Strauß-Operetten bearbeitete) und Schriftsteller wie Hermann Bahr (der sich als engagierter Deuter der jeweiligen Moden und als Lustspielautor einen Namen gemacht hatte) mit ein.

Die Karikatur, die alle Konkurrenten in lebhafter Gestik, auch telephonierend, an wenigen Kaffeehaustischen mit den wichtigsten Direktoren, Librettisten (und also Kritikern) vereinte, erinnert an die Realität: Während der Saison in Wien, im Sommer in Bad Ischl waren die Autoren und Komponisten tatsächlich in eine Art Schicksalsgemeinschaft aufeinander angewiesen und in ständigem Wechsel untereinander mit Plänen oder Arbeiten verbunden. Liest man die Titel der Uraufführungen und der jeweiligen Urheber, kommt man auf eine verblüffend geringe Anzahl von Kapazitäten und auf eine ständig wechselnde Zusammenarbeit – bei aller Konkurrenz muß es gesellig und verständig zugegangen sein.

Ein Beispiel?

Das Jahr der »Lustigen Witwe«, also 1905, brachte laut einer wunderbar fleißig zusammengestellten Statistik folgende Werke:

»Der Schnurrbart« von G. Verö, »Pufferl« von E. Eysler, »Die Ringstraßenprinzessin« von R. Berger, »Kaisermanöver« von B. v. Ujj, »Das Wäschermädel« von R. Raimann, »Der Polizeichef« von J. Bayer, »Das Schwalbennest« von H. Herblay, »Fesche Geister« von Carl Michael Ziehrer, »Die Bonbonniere« von B. Sänger, »Prinz Bob« von E. Huszka, »Der Nabob« von F. Albini, »Die Schützenliesl« von Edmund Eysler, »Vergelt's Gott« von Leo Ascher, »Der Rebell« von Leo Fall und erst als letzte Uraufführung des Jahres die alle anderen Werke überstrahlende »Witwe« selbst. Vierzehn Versuche, den großen Wurf zu machen, in einem einzigen Jahr. Viele der Komponisten sind heute nicht einmal mehr andeutungsweise bekannt, und nur ganz wenige Operetten lassen wenigstens den Kenner noch ahnen, daß sich in den Stücken ein »Schlager« hatte singen lassen. Einige haben sich nicht als Operette, aber später als Vorwurf für einen Film verwerten lassen ...

Es ging, muß man einmal feststellen, in diesem leichtlebigen Genre nicht anders zu als auf dem Gebiet der Oper: Jedes einschlägige Lexikon kann den Interessierten lehren, daß um 1900 Jahr für Jahr an die hundert neue Opern geschrieben (und damals auch aufgeführt) wurden und trotzdem nur noch zwanzig Werke aus einer ganzen Generation bekannt und heute noch im Repertoire der Musikliebhaber sind.

Gleichzeitig aber macht das Register (Franz Hadamowsky und Heinz Otte haben es zusammengestellt, es muß harte Arbeit in Archiven bedeutet haben) die völlig unterschiedlichen Voraussetzungen verständlich, unter denen ein Komponist vom Rang Franz Lehárs seine Operetten im Theater an der Wien herausbringen konnte: Angesichts der Tatsache, daß er mit seiner als der fünfzehnten Premiere eines Jahres angetretenen »Lustigen Witwe« auch nur als vielversprechend, aber noch nicht erfolgsverwöhnt eingestuft war, gab man ihm zwar die ersten Kräfte des Hauses, aber keinerlei besonders aufwendige, kostspielige Ausstattung. Jahre später, als man ihm den »Luxemburg« abverlangte und er schon seinen Namen hatte, stand mehr Geld für die Ausstattung zur Verfügung. Aber auch diesmal nicht alles Geld der Welt – die klugen Direktoren investierten in Operetten immer vorsichtig. Allmählich waren sie bereit, während einer Serie nachzubessern, den Chor aufzustocken, die Kostüme prächtiger zu gestalten, erst, wenn sie sicher sein konnten, daß es auch wirklich bei ihnen wieder einmal eingeschlagen hatte. Denn sie wußten aus Erfahrung, daß keiner ihrer Komponisten in keiner der möglichen Verbindungen mit ihren Librettisten einen Erfolg garantieren konnte. Manchmal gingen scheinbar herrliche Premieren nach wenigen Wochen unter, dann wieder ließ sich aus einem Zufallswurf eine Aufführungsserie von bis zu sechshundert Vorstellungen erreichen.

Die Direktoren waren private Unternehmer, sie hatten nicht die geringste stabile Unterstützung, sie mußten in ihrer Gagenpolitik vorsichtig sein, sie versuchten, sich auch den Komponisten gegenüber abzusichern. Wilhelm Karczag, dem man zuerst als Theaterdirektor in Wien nicht einmal die Konzession erteilen wollte, weil er nicht genügend Eigenkapital hatte, wurde erst mit seinem Kompagnon Karl Wallner angesehen genug, das Haus »auf eigene Gefahr« zu führen. Alljährlich mußte er wieder um die Konzession einreichen. 1905 allerdings war man soweit, als etabliert zu gelten, man erhielt von der zuständigen Behörde die Konzession auf gleich fünf Jahre. Die Direktion sicherte sich klug ab: Die Chefs des Theaters an der Wien betrieben ihren eigenen Verlag, Franz Lehár war also doppelt an sie gebunden und erhielt von Karczag nicht nur Aufträge, sondern auch Tantiemen. Karczag wiederum hatte, wenn eine Lehár-Operette einschlug, auch entsprechende finanzielle Freuden an den Einnahmen, von denen er keine Prozente an einen Theaterverlag abzuführen hatte.

In einer Geschichte der silbernen Operette, die ja gleichzeitig die Lebensgeschichte Franz Lehárs ist, darf die Pointe nicht fehlen: Der sehr berühmt gewordene und dominierende Wilhelm Karczag mußte 1913 eine Lieblingsidee fallenlassen. Er wollte das Theater an der Wien endlich als erstes großes Kinotheater führen. Der Plan wurde vom Statthalter für Niederösterreich durchkreuzt. »Das Theater an der Wien würde durch Kinovorstellungen auf ein ihm gänzlich fremdes Gebiet geführt werden und damit eine schwere, die gesamten Theaterverhältnisse

Wiens nur nachteilig beeinflussende Schädigung seines Ansehens erfahren.« Die Polizeidirektion von Wien schloß sich dieser klugen Meinung an und wies am 8. Januar 1914 »mit Rücksicht auf die dringend gebotene Einschränkung der Kinematographenlizenzen« das Ansuchen Karczags zurück.

Wer die ganze Geschichte des Theaters an der Wien kennt, wer also weiß, daß dieses Haus nach dem Zweiten Weltkrieg die Heimstatt der zerstörten Wiener Staatsoper wurde, dann das Festspielhaus der Stadt Wien und immer wieder heiß umworben von Künstlern, die es weiterhin als ein ideales Haus für Oper und Operette halten, der erinnert sich vielleicht gerne daran, wann ein geschäftlich äußerst erfolgreicher Direktor erstmals aus dem ehrwürdigen, geliebten Haus ein Kino machen wollte. Und freut sich, daß anno dazumal die sogenannte Behörde nicht daran dachte, kommerzielle Erwägungen eines privaten Besitzers wichtig zu nehmen, sondern an die Wiener Theaterlandschaft dachte und dem Haus seine besondere Funktion zusprach. Vorausblickend darf man dieses Urteil nennen.

Die Clique der von der Operette lebenden Schriftsteller und Komponisten, die sich nach ungezählten Berichten und Anekdoten in Wien in zwei Kaffeehäusern und in Bad Ischl einzig in der Konditorei Zauner trafen, lebte eine Art Scheinleben: Die Zeitungslektüre war zuerst einmal notwendig, um nach den Nachrichten zu sehen, die Reklame für die laufenden Produktionen machten. Was heute Tratschspalten sind, waren damals Nachrichten aus der Gesellschaft, und die Operettendiven und -Soubretten mußten immer für Aufsehen sorgen, um auch die Inszenierungen im Gespräch zu halten. Dann war nach Stoffen Ausschau zu halten – die aktuellen Meldungen in den Tageszeitungen brachten zwar keine Ideen für ein neues Libretto, aber Hinweise auf Themen, die aktuell und dennoch erfolgversprechend waren.

Ein ausführlicher »kulturhistorischer Essay« aus der jüngsten Vergangenheit weist nach, wie zeitbezogen die Wiener Operette schon seit Johann Strauß war: Der österreichisch-ungarische Ausgleich fand seinen Niederschlag im »Zigeunerbaron«, die »Lustige Witwe« spiegelte die neue Einstellung der Gesellschaft zu

Ehe und Sexualität wider, die Vielfalt der ethnischen und kulturellen Traditionen, die in den großen Städten, vor allem in Wien, zusammenfanden, ergaben einen vor allem in der Musik hörbaren völlig neuen Ton: Man findet ihn – einmal mehr muß man hehre und unterhaltende Musik zur gleichen Zeit erwähnen – in den Symphonien Gustav Mahlers ebenso wie in der mit slawischer oder ungarischer Folklore sympathisierenden Operette.

Vor allem aber lautete das Gebot der Stunde »Sei modern«, und das erzählt nicht nur Stefan Zweig in seinem einfühlsam melancholischen Bericht von der »Welt von Gestern«, das läßt sich auch aus der Behandlung der Themen auf der Operettenbühne ablesen. Was noch bei der »Fledermaus« mit ihrer gesellschaftskritischen Haltung eine Sensation bedeutete, das war von der »Witwe« an unbedingt gefordert. Die Frauen hatten sich emanzipiert zu geben, der Ehehafen war nur mehr scheinbar das Ziel aller Träume, die zwischenmenschlichen Beziehungen innerhalb eines Ensembles konnten gewagter, freizügiger gestaltet werden.

Was »aktuell« war, vordergründig Aufsehen erregte, waren die direkten Anspielungen auf Kleinstaaten wie Montenegro (oder Luxemburg), war der Versuch, nicht nur die allzu mächtigen Ungarn, sondern auch die unterdrückten Slowaken auf die Bühne zu bringen. Und, immer wieder, das ferne und noch sehr unbekannte Amerika mit in die Handlung einzubeziehen.

Daß sich zwischendurch immer wieder altväterische Rückfälle ereigneten und Erfolg haben konnten, ist nicht verwunderlich. Die Zeichen der Zeit aber, die ja immer noch die sogenannte gute alte mit ihrem guten alten Kaiser war, standen auf Zukunftsgläubigkeit und Anbetung des Fortschritts.

Das entnahmen die Librettisten und ihre Komponisten aus den Tageszeitungen und diskutierten darüber, bevor sie einen alten französischen oder einen neuen ungarischen Schwank adaptierten.

Daß ihnen aber außer dem Wiener Kaffeehaus, einer bis in die Gegenwart in anderen Ländern nicht kopierten Institution, für den Sommer ausgerechnet der Kurort Bad Ischl als gemeinsames Refugium diente, zeigt ihren Eifer, ernsthafte Bürger zu sein.

10

In Ischl

In Ischl residierte im Sommer seit Jahrzehnten Kaiser Franz Joseph und gab sich leutselig und bürgernah, ging auf die Jagd oder besuchte die von seiner Gemahlin für ihn ausgewählte Lebensfreundin, die Hofschauspielerin Katharina Schratt. In der Folge siedelte sich zwar nicht der Adel, aber die oberste Schicht des Wiener Großbürgertums in Ischl an, um auf der Promenade den Hut vor Seiner Majestät ziehen zu können und die unzweifelhaft beste aller »Sommerfrischen« zu genießen – denn die mußte es doch sein, wenn der Kaiser selbst sie regelmäßig allen möglichen Aufenthalten vorzog.

Ischl aber war außerdem ein Ort, an dem sich seit langem Musiker niedergelassen hatten. Johann Strauß und Johannes Brahms waren im Sommer im Trauntal – Strauß ausdrücklich, weil er regnerisches Wetter als beste Voraussetzung für das Komponieren mochte und das Salzkammergut in Österreich als besonders regenreich gilt.

Strauß und Brahms zogen Kollegen in die Gegend, in und um Ischl suchten bedeutende Interpreten Erholung. Gleichzeitig aber war (nicht nur des Kaisers wegen, aber gewiß auch dank seiner Anwesenheit) das Ischler Theater mit seinen Aufführungen für alle Autoren ein Anziehungspunkt: Der junge Arthur Schnitzler wollte ebenso aufgeführt sein wie die Operettenkomponisten, die Aussicht, ein unverbindliches Lob des Kaisers einzuheimsen, war sowohl den Dichtern und Komponisten wie vor allem den Direktoren aus Wien sehr viel wert. Der Kaiser hingegen fand die immer gleiche Formulierung, hatte sich noch bei Johann Strauß köstlich unterhalten und seine Operetten Opern genannt. Franz Joseph war nicht weniger huldvoll, wenn es Jahrzehnte später um ein Werk Franz Lehárs ging – der Mann blieb ihm als der Kapellmeister, der nicht zum Kaisermanöver ausgerückt war, immer in Erinnerung, gleichzeitig aber kam er ihm als anscheinend sehr erfolgreicher Musiker immer wieder unter. Nicht Lehár, aber Karczag nutzte die freundlichen Worte aus allerhöchstem Mund.

Karczag, der allmächtige Direktor und Verleger, war es auch, der für seine Autoren und Mitarbeiter Ischl zum Sommersitz machte: Da er sofort nach Ende der Theatersaison ins Salzkammergut fuhr, folgte ihm der gesamte Troß und überlegte gemeinsam mit ihm, was für die nächsten Jahre zu erfinden, zu komponieren war. Leo Fall, Emmerich Kálmán, Leo Ascher siedelten sich direkt in dem kleinen Ort an, Victor Léon blieb Unterach am Attersee treu, die anderen Librettisten und Komponisten kamen wenigstens für Tage oder Wochen vorbei. »So dauerte es nicht lange, bis in Ischl von einem Ende der Esplanade bis zum anderen überhaupt nur noch von Tantiemen geredet wurde«, schrieb Emil Steininger, und er als Kassier des Theaters an der Wien mußte wissen, was das eigentliche Thema aller Zusammenkünfte war.

Von Lehár selbst wird berichtet, daß er der fleißigste aller Operettenkomponisten war und sich an den täglichen Zusammenkünften kaum beteiligte: Er redete nicht von den nächsten Stücken, er schrieb sie. Und er genoß die Lebensfreundschaft mit der Frau, die er erst 1924 heiraten konnte. Gleich nach seiner Enttäuschung mit der für ihn zu »guten« Ferry Weißenberger hatte er sich in ihre Freundin verliebt und lebte mit Sophie Meth, einer allerdings verheirateten Frau, die zwanzig Jahre auf die gerichtliche Trennung von ihrem Ehemann warten mußte. Daß sie in diesen zwanzig Jahren immer in der Nähe Lehárs ihre eigene Wohnung hatte und auch in Ischl nicht in seiner Villa, sondern immer nur in deren Nähe untergebracht war, bleibt seltsam: Die angeblich so offene Zeit, in der längst »alles« möglich war, verlangte von einem in der Öffentlichkeit stehenden Mann noch immer, daß er den Ehestand respektierte und wenigstens nach außen hin den Anschein wahrte.

Der in seinen Operetten der Liebe und Verführung huldigende Musiker war, scheint es, ein zutiefst bürgerlicher Mensch, der seiner Arbeit und seinen Erfolgen lebte und sich nur selten Zeit nahm, als erfolgreicher Mann aufzutreten. Er dirigierte Premieren, er sammelte lobende Kritiken, er gab Interviews, er suchte nach immer mehr Platz für seine Souvenirs. Aber: Er flanierte nicht einmal in Ischl auf der Esplanade, sondern saß über seinen Partituren und war darauf aus, sie sorgfältiger und reichhaltiger als alle seine Konkurrenten zu gestalten. Ischl, heute vor allem darauf bedacht, als die Sommerfrische des Kaisers und Franz Lehárs zu gelten, sah vor dem Ersten Weltkrieg den Kaiser und Karczag. Nicht Lehár.

Schließlich wurde es Mode, nicht nur im Sommer in Ischl eingemietet zu sein, sondern als Zeichen größten Erfolges in Ischl eine eigene Villa zu besitzen – Franz Lehár brachte es, nachdem er sich viele Sommer nur einmietete, selbstverständlich schon 1909 (oder doch erst 1912?) zu einer eigenen Villa, und diese ist gewissermaßen bis auf den heutigen Tag sein Domizil. Er kaufte die von der Herzogin von Sabran erbaute Villa am Traunkai, direkt gegenüber dem Hotel Elisabeth, damals dem Haus, in dem die Gäste des Kaisers abstiegen, wenn sie im Sommer nach Ischl kamen.

Freilich liegt die Villa jetzt am Lehár-Kai, und das Hotel Elisabeth beherbergt kaum noch kaiserliche oder königliche Hoheiten. Die Lehár-Villa kann im Sommer täglich besichtigt werden, sie ist eine Attraktion für Touristen, vor allem aus dem fernen Japan. Mit allen Erinnerungsstücken und Dokumenten ist sie eine Art großartiges und unvergleichliches Panoptikum, und ein Besuch ist zu empfehlen. Man sieht die Salons, die Arbeitszimmer, die Sammlung des erfolgreichsten Komponisten dieses Jahrhunderts und wundert sich, daß der in Plüsch und Kitsch gelebt und dabei alles andere als Plüsch und Kitsch komponiert hatte.

Man darf sich wundern und muß gleichzeitig zur Kenntnis nehmen, daß der solide Hausherr Franz Lehár in Ischl tatsächlich den Großteil seiner populärsten Operetten komponierte. Und gleichzeitig seine berühmt-berüchtigte Korrespondenz in Ordnung hielt. Denn er war nicht nur ein Musiker, der mit dem Bleistift unzählige Partiturseiten mehr als einmal schrieb, er war auch für seine Höflichkeit und Pünktlichkeit bekannt. Ohne Sekretär beantwortete er nicht nur alle Anfragen von potentiellen

Mitarbeitern oder neuen Direktoren, auch die gesamte Verehrerpost, die einem Künstler wie ihm ins Haus kam, wurde pünktlich und handschriftlich bewältigt.

»Die meisten von Lehárs Werken entstanden in Bad Ischl. Sein Arbeitszimmer befand sich im zweiten Stock der Villa unter den vier Steinvasen, welche die Stirnseite des flachen Daches schmücken, ein kleiner Balkon gewährte dem Schaffenden Luft und Ausblick für Erholungspausen. Bataillone von frischgespitzten Bleistiften lagen auf dem Schreibtisch, das technische Rüstwerk, dazu bestimmt, die filigranen Notenköpfchen aufs Papier zu werfen. Manchmal sah eine Orchesterpartiturseite wie ein zierlich geklöppeltes Spitzenmuster aus«, schreibt Maria von Peteani, der als aufmerksamer Frau dieser Vergleich am ehesten in die Feder floß. Ein Musiker hätte etwas dagegen einzuwenden, seine Notenarbeit mit einem Spitzenmuster oder einer Strickarbeit verglichen zu sehen – de facto aber kann man das Schreiben ungezählter Noten in Partitur, wenn man will, auch mit einer beinahe mechanischen Arbeit vergleichen. Allerdings: Auch sie kann nicht mechanisch vollzogen werden, sondern braucht eine ständige Kontrolle durch das Ohr: Welches Instrument hat jetzt über die Streicher hervorzuklingen, welche Mixtur der Holzbläser erzeugt den gewünschten Effekt, bleibt alles trotzdem diskret genug, um die Singstimme nicht zu ersticken?

Mit dem »Graf von Luxemburg«, der auftragsgemäß fertig geworden und uraufgeführt worden war, war Lehárs neue Werkreihe ja gleichsam nur begonnen. »Zigeunerliebe« wartete schon auf ihren ersten Abend. Dieser kam knapp zwei Monate nach dem Erfolg an der Wien.

Diese dritte der in einem Jahr entstandenen Operetten brachte den Librettisten wenig, dem Komponisten große Zustimmung ein. Natürlich kam keiner der Rezensenten an der Tatsache vorbei, daß Lehár offensichtlich an drei Operetten gleichzeitig geschrieben hatte. Damals nahm man Fruchtbarkeit noch als ein Zeichen von Qualität. Vor allem aber hörte man in dem rührenden Stück nicht so sehr die Folklore, die sich aus dem Sujet ergab, sondern die Meisterschaft des Komponisten in der Behandlung des Orchesters. Lehár hatte offenbar auf die

»Zigeunerliebe« mehr Arbeit verwendet als auf den »Luxemburger«, also dankte man es ihm auch sofort und notierte: »Herr Lehár hat mit einem bedeutenden Aufwand von orchestralen Mitteln große Steigerungen erzielt, die sich zuweilen ganz ins Opernhafte verlieren. Die *Zigeunerliebe* macht den Eindruck, als wäre sie dem Komponisten Herzenssache gewesen. Das Publikum bereitete ihm vor allem einen starken persönlichen Erfolg, hatte an einzelnen Nummern großen Gefallen und zeigte sich sehr beifallsfreudig.« So die erste Kurzkritik im »Neuen Wiener Journal« am 9. Januar 1910.

Bereits einen Monat später, so rasch hatte man sich in Berlin der Novität versichert, urteilte man über den Komponisten: »Lehár ist ein liebenswürdiger Herr, der sein Handwerk versteht. Damit müssen wir uns dem Tiefstand der Operette begnügen. Lehár hat eine saubere Handschrift, er macht ein klangvolles Orchester zurecht, und was er in der *Zigeunerliebe* an hübschen Melodien niedergelegt hat, ist fast erstaunlich. Er hat die Gabe der Erfindung. Er ist nicht nobel; dafür wurzelt er im Volkslied, bevorzugt einfache diatonische Fortschreitungen und erreicht damit eine Herzlichkeit, die den Hörer für ihn einnimmt. Ihm gelingt der Schlager ohne die unangenehme Absichtlichkeit des Schlagers. Er ist auch nicht banal, weil es a priori überhaupt keine banale Melodie gibt, sondern weil eine Melodie erst durch den Gebrauch banal wird.«

Goldene Worte, die Lehár zweifellos mehr als einmal nachgelesen hat. Ein Schlager ohne die unangenehme Absichtlichkeit des Schlagers. Die Gabe der Erfindung. Das war zweifellos Balsam für den Musiker, der auch auf seine ihm zugestandene saubere Handschrift stolz war, mehr noch aber darauf, daß er seine »Schlager«, die um die Welt gingen, nicht als Schlager konzipierte.

Freilich, wie's drin aussah in dem erfolgreichen Komponisten, das ist kaum nachzuvollziehen.

Die Photographien, die aus der ersten erfolgreichen Zeit des Komponisten erhalten sind und die ihn mit Alexander Girardi, Mizzi Günther, Louis Treumann und selbstverständlich auch mit seinem glückstrahlenden Direktor Wilhelm Karczag zeigen, lassen erahnen, daß Lehár alles in allem ein ruhiger, auf Seriosität bedachter Mann war. Ein leises Lächeln, mehr gönnt er dem Photographen nie. Immer zeigt er sich nach der Mode der Zeit als »Herr«, äußerst gepflegt gekleidet und mit einem waghalsig zugeschnittenen, nach oben gezwirbelten Schnurrbart, der allerdings damals nichts Waghalsiges hatte – man trug einen Bart als ein Zeichen der Männlichkeit, nur Schauspieler und Sänger konnten sich diese »Zierde« nicht leisten, mußten glattrasiert durchs Leben gehen und litten manchmal sogar darunter. Der Legende nach bekamen die Herren des Chors der Hofoper damals zum Dank, daß sie auf ihre Bärte verzichteten, das Privileg, den musikalischen Teil der Begräbnisse auf Wiener Friedhöfen zu gestalten – aber auch das ist nur eine Legende. Die etwas wahrscheinlichere Entstehungsgeschichte des bis heute gültigen Privilegs ist, daß in der harten Zeit nach dem Ersten Weltkrieg, als sich der »Wasserkopf Wien« weiterhin ein Institut vom Rang der Staatsoper leisten wollte, Direktor Franz Schalk um die ständige Betrauung des Herrenchors mit Grabgesang einkam. Damit er wenigstens ein wenig von den Gagen sparen konnte, für die er die Mittel nicht mehr zur Verfügung hatte ...

Die allseits beliebten Künstlerpostkarten, die alle Hauptdarsteller einer neuen Operette und im Erfolgsfall auch die Autoren zeigten, lassen die eine oder andere Pose der großen Diven erkennen, beweisen den »männlichen« Charme des offenbar unschlagbaren Louis Treumann, zeigen Alexander Girardi, wie er in einem abenteuerlichen Kostüm vor dem Photographen steht und unverwechselbar ein ganz besonderer Menschendarsteller ist.

Die Postkarten zeigen den Komponisten Franz Lehár immer etwas skeptisch, immer eine Nuance distanziert. Ob sitzend neben Victor Léon, ob unter den Fittichen von Wilhelm Karczag, ob zwischen seinen Hauptdarstellern – nie ist ihm ein heiteres oder gar stolzes Lachen abzugewinnen. Immer scheint er nur einen Moment Zeit gehabt zu haben für diese Aufnahmen, schon wieder auf dem Weg zu seinem Arbeitstisch gewesen zu sein ...

Selbst in späteren Aufnahmen, als endlich auch offiziell getrauter Ehemann seiner langjährigen, hingebungsvollen Lebensgefährtin Sophie, steht er in Frack (an dem selbstverständlich die Kette mit den Miniaturen der ihm verliehenen Orden nicht fehlen darf) und mit den vorgeschriebenen Handschuhen neben der wunderschönen Frau und ringt sich kein Lächeln ab.

Hat er als Kapellmeister am Wiener Eislaufverein, als Vorgeiger seiner Kapelle allen äußerlichen Charme aufgebraucht? Hat er als ganz junger Mensch, dem seine Familie noch Leichtsinn vorgeworfen hat, alle Heiterkeit so ausgelebt, daß er als solider Mann die Lippen nicht mehr zu einem Lächeln verziehen konnte?

Man weiß es nicht.

Man weiß auch – für Freunde des Indiskreten – viel zu wenig über Lehárs privates Leben. Er hatte ein ganzes Leben lang Sophie Meth, dann spät Sophie Lehár, zur Gefährtin und sorgte nicht nur in den Tagen des Erfolgs, sondern auch in der schweren Zeit nach 1938 mit Hingabe für sie. Aus Tagebuchnotizen einerseits und äußerst diskreten Hinweisen seiner Biographin andererseits kann man entnehmen, daß er als sehr erfolgreicher Theatermensch den Anfechtungen des »Betriebs« ausgesetzt und manchmal auch verfallen war. Mit anderen Worten: Junge Künstlerinnen versuchten seine Protektion zu erlangen, und junge Verehrerinnen wünschten sich mehr als nur ein Autogramm von Meister Lehár. Es ist anzunehmen, daß er auf seinen zahlreichen Reisen zu Premieren und Jubiläen die eine oder andere Affäre hatte, daß sich die eine oder andere Sopranistin mit ihm eingelassen hat.

Wie immer in solchen äußerst uninteressanten Fällen merken die Biographien an, seine kluge Frau habe Lehár »an der langen Leine« gelassen, habe wohl über die kleineren Liebschaften großzügig hinweggesehen, sich ihres Mannes auf Dauer sicher gefühlt und damit auch recht behalten.

Ist es wirklich von Bedeutung? Muß man wirklich wissen, ob Lehár ein »verfluchter Kerl« war und die Gefühle seiner Helden alle auch gelebt hat?

Er war, das ist unbestritten und immer wieder notiert, von all den heiteren und geselligen Operetten-Verfassern der verläßlichste, der fleißigste, schließlich auch derjenige, der am genauesten auf eine ordnungsgemäß geführte Korrespondenz und Buchhaltung sah. Seine Leidenschaften sind in den Partituren unzähliger Werke festgehalten. Das sollte der Nachwelt genügen, auch wenn diese nachgerade nur noch an Enthüllungen interessiert ist. Lehár selbst war an Sensationen in seinem Leben nur gelegen, wenn sich diese in einem Operettentheater vor ausverkauftem Haus abspielten und möglichst viele Wiederholungen eines neuen Liedes und möglichst viele Hervorrufe seiner Interpreten brachten. Und da er solche Sensationen immer und immer wieder erlebte, sind die Geschichten und Geschichterln von seinen privaten Eroberungen an den Fingern einer Hand abzuzählen und alles andere als wesentlich.

Wenn der beinahe buchhalterische Biograph von Sophie Lehár schreibt: »Wie klug, wie einfühlsam muß diese Frau gewesen sein, die den geliebten Mann ein Leben lang hielt, ohne ihn zu binden«, dann ist das selbstverständlich eine Andeutung, daß es keine Skandale im Hause Lehár gab. Und wenn Maria von Peteani als einzige Episode von einer englischen »Lady« zu berichten weiß, die Lehár zu einem Souper einladen wollte, dann als seine Gastgeberin bei einem ihm zu Ehren gegebenen Empfang wiedersah und also »bedauernd« nicht zum Souper verführen konnte, dann ist damit schon angedeutet, daß sich der weltberühmte Musiker vielleicht das eine oder andere flüchtige Abenteuer geleistet hat, zu einer großen Leidenschaft neben seiner Ehe aber weder Kraft noch Zeit hatte.

Und damit genug.

Lehárs Leidenschaftlichkeit, die sich auch in den Operetten à la »Zigeunerliebe« austobte, war selbstverständlich von Handwerk und präziser Planung gezügelt. Häufig erklärte er seinen Interviewern, daß es mit dem »Einfall« oder der »Eingebung« so eine Sache wäre. Oft wären ihm entweder bei der Lektüre eines Textbuches oder auch nur bei dem Gedanken an eine dramatische Situation die schönsten Melodien eingefallen. Aber: Diese dann zu Papier und in Form zu bringen, das war auch beim Operettenkomponisten Lehár mehr als ein bloßes Niederschreiben. Da mußte aus der Urform eine endgültige, eine bleibende Form gemacht werden, und das war allemal echtes Handwerk.

Und auch der Einfall auf Bestellung, von dem nicht nur bei Walzerkomponisten die Rede ist, läßt sich bei Lehár nachweisen: Immer wieder mußte er knapp vor einer Uraufführung einer Interpretin zuliebe noch ein Lied einfügen – und hatte mit diesen scheinbar in letzter Minute aus dem Ärmel geschüttelten Stücken oft auch den größten Erfolg. Aber: Man weiß auch, daß er bei seiner späteren Zusammenarbeit mit dem Tenor Richard Tauber unzählige Varianten ein und desselben Liedes vorlegte und erst spät gemeinsam mit dem Sänger entschied, welche als die endgültige zu hören sei.

Und man weiß auch, daß er – darin seinen Kollegen Giuseppe Verdi und Richard Strauss nicht unähnlich – manchmal während der Arbeit an einer Szene zu einer musikalischen Form kam, für die erst nachträglich der Text unterlegt werden mußte. Das heißt, auch Lehár war immer wieder als Musiker bestimmend, wenn es um ein Finale eines zweiten Operettenaktes ging. Da war die Komposition wichtiger als der Text, da mußten sich die versierten Librettisten dem Diktat des Franz Lehár beugen.

Daß ihnen dabei oft auch »Operettenblödsinn« einfiel und sie anschließend von den rezensierenden Kollegen heftigen Tadel einzustecken hatten, versteht sich. Nur: Die Tantiemen, die den Herren Autoren allemal wichtiger waren als das Lob eines Literaten, waren bei erfolgreichen Lehár-Operetten gesichert. Nach Uraufführungen in Wien ging nicht nur der »Luxemburger«, sondern auch »Zigeunerliebe« und »Das Fürstenkind« sofort an deutsche Bühnen und brachten Einladungen an den dirigierenden Komponisten und Tantiemen für die jeweilige Schicksalsgemeinschaft aus dem Wiener Kaffeehaus oder von der Ischler Esplanade ...

Diese hielt sich an eiserne Regeln, indem sie das ständige Bäumchen-Wechseln-Spiel nie ernst nahm, jede mögliche Variation von Textautoren und Komponisten gestattete und trotzdem immer wieder beisammensaß – und sei es nur, um Außenseiter möglichst auszuschalten. Denn immer wieder versuchten unzählige Schriftsteller oder Dilettanten, mit neuen Themen und neuen Büchern die wenigen wirklich erfolgreichen Komponisten zu überzeugen, und nie kamen sie zum Zug. Erstens, weil die

146

Herren Musiker keine Zeit fanden, die eingereichten Manuskripte bis zum Ende zu lesen und zweitens, weil ihnen im Gespräch am Kaffeehaustisch die neuesten Themen von Bekannten offeriert wurden und sie sich lieber auf eine Zusammenarbeit mit den Herren vom Tisch nebenan als auf ein Risiko mit einem Unbekannten einließen.

Lehárs Operette des Jahres 1911 hieß »Eva« und war und ist eine Art Mißverständnis. Der Komponist selbst sprach immer wieder davon, er sei an aktuellen Themen und an Handlungen, die in »der Gegenwart« spielen, interessiert. Gleichzeitig aber meinte er es keineswegs so ernst, daß man die Geschichte von der kleinen Eva, Mitarbeiterin in einer Glasfabrik, als soziales Operettendrama ansehen darf. Eva ist das »Patenkind« der Belegschaft und träumt im Walzertakt vom Glück

WÄR' ES AUCH NICHTS ALS EIN TRAUM VOM GLÜCK

Die Arbeiter sind keineswegs damit einverstanden, daß sich Octave Flaubert, der Besitzer der Fabrik, an sie heranmacht: Eva ist unerfahren genug, um an echte Liebe zu glauben, und würde auch dem Drängen des reichen Mannes nachgeben, käme da nicht im Finale des zweiten Aktes die Arbeiterschaft zum »Fest«, um das kleine Mädchen zu retten. Das Finale der Operette sieht die Rettung allerdings unerwartet anders. Denn Eva ist zwar vor Octave Flaubert geflohen, jedoch nicht in ihr Milieu zurückgekehrt. Der reiche Mann aber hat begriffen, was Liebe ist und heiratet (wieder einmal ist die Ehe der sichere Ausweg aus jeglichem Dilemma) seine einstige Angestellte.

Ein scheinbar völlig neues Milieu für eine Operette. Aber: Ihre Autoren heißen wieder Alfred Maria Willner und Robert Bodanzky, die Uraufführung findet am 27. Oktober 1911 im Theater an der Wien statt, und auch die Interpreten haben nicht gewechselt. Mizzi Günther ist jetzt nicht mehr Hanna Glawari, sondern das kleine Mädchen Eva, Louis Treumann zeigt sich nicht mehr als Danilo Danilowitsch, sondern ist zu einem einfachen Fabrikbesitzer heruntergekommen. Und das Buffo-Paar, das seine Funktion auch im Arbeiterstand nicht verloren hat, ist wieder mit den Publikumslieblingen Louise Kartousch und Ernst Tautenhayn besetzt. Alle diese Namen besitzen für echte Wiener Operettenliebhaber noch heute besonderen Klang, die ältesten unter den lebenden Enthusiasten haben wenigstens noch die Kartousch gehört und wissen ganz genau, welchen Charme Ernst Tautenhayn ausgestrahlt hat. Ihre Eltern haben davon immer wieder erzählt.

Wenn Lehár mit »Eva«, an deren Musik er immer hängt und deren Aufführungen ihn stets aufs neue besonders beschäftigen, auch ganz bestimmt nicht sagen wollte, daß ab sofort die Liebe zwischen Arbeiterinnen und Arbeitgebern das große Thema sei, so traf er doch mit seiner Themenwahl unleugbar ins Schwarze. Die ersten Proben zu »Eva« fielen in einen Monat, in dem in Ottakring (einem typischen Wiener Arbeiterbezirk) und vor dem Rathaus auf der Ringstraße Demonstrationen gegen die Teuerungswelle bei Grundnahrungsmitteln stattfanden. Wahlen einerseits und die Hochzeit des Erzherzogs Karl Franz Joseph mit Prinzessin Zita von Bourbon-Parma (dem letzten Kaiserpaar von Österreich) waren hervorstechende Ereignisse; daß jedoch die Bevölkerung auf die Straße ging und sich deutlich artikulierte, war neu und wenigstens für eine Lehár-Operette ein Anlaß, das heitere Operettenleben als Abbild der »Wirklichkeit« zu sehen.

Es bestand keine Beziehung zwischen diesen Demonstrationen, die sich der Kaiser gar nicht vorstellen konnte – und die man ihm nach Möglichkeit verschwieg, weil man den alten Herren längst in eine nicht mehr vorhandene Welt eingesponnen hatte, in der er scheinbar regierte, vorgeblich seinen Völkern ein gütiger Kaiser war, sich von seinem ungeliebten Thronfolger nichts sagen ließ und nur noch darauf Wert legte, pünktlich früh aufzustehen und täglich sehr viele Stunden lang Dokumente zu studieren und zu unterzeichnen.

Keine Beziehung auch zwischen diesen Demonstrationen und der später oft Arbeiter-Operette genannten »Eva«. Lehár erntete für sie gemeinsam mit seinen Hauptdarstellern und zur allergrößten Zufriedenheit seiner Direktoren einen ziemlich einhelligen Erfolg. »Der Komponist bestätigt sich diesmal seinen großen künstlerischen Ehrgeiz und zeigt, wie reif seine Kunst, wie vollendet sein technisches und formales Können ist. In keiner der früheren Operetten findet man eine so vornehme Durchführung der Szenen, Nummern und Finali. Nie hat sein Orchester so reich, so blendend und faszinierend geklungen wie diesmal. Raffiniert und delikat führt und mengt er die Stimmen, ohne den allzu reichen Zusatz von musikalischem Sirup, der in mancher seiner früheren Operetten irritierte«, schrieb das angesehenste Blatt Wiens, die »Neue Freie Presse« in ihrem Bericht und schloß endlich Frieden mit dem Musiker, der es dem Weltblatt bisher nicht hatte recht machen können. Weiter hieß es: »Oft ganz im Stile der nachwagnerianischen und puccinischen Musikdramen gehaltene Szenen folgen unvermittelt Konzessionen an das große Publikum. Aber auch in diesem leichteren Teile bleibt Lehár ein geschmackvoller Musiker, der ein Chanson, einen Tanz graziös zu bauen und zu steigern versteht. Die meisten dieser leichten Einfälle sind ja, in der Nähe betrachtet, nicht allzu groß und zeichnen sich mehr durch rhythmische als melodische Erfindung aus, aber sie wirken unfehlbar.«

Die »Neue Freie Presse« hatte eine eigene Tradition zu verteidigen, sie war das Blatt eines Daniel Spitzer, eines Eduard Hanslick gewesen, also auch das Blatt, in dem mit feinen und mit schweren Waffen der Kampf gegen den Neutöner Richard Wagner ausgefochten worden war. Ein Johann Strauß hatte es schwer, von Hanslick Lob zu erfahren, und mußte erst als Walzerkönig durch die Welt ziehen, ehe der Kritiker seine Vorliebe für die Biedermeier-Walzer des Vaters aufgeben und einige freundliche Worte für die Konzertwalzer des Sohnes schreiben konnte. Auch nach Spitzer und Hanslick verzichtete die Zeitung keineswegs auf ihre Vormachtstellung. Julius Korngold (Vater des Komponisten Erich Wolfgang) machte sich einen Namen als Vorkämpfer gegen alle denkbaren modernen Schulen, und Richard Heuberger (der »Opernball«-Komponist selbst) schrieb manchmal giftig, wenn man es von ihm verlangte. Für die »Neue Freie Presse« war ein Bericht wie der zitierte angesichts einer Lehár-Operette schon eine Sensation.

Auch diese Operette – man spielt sie längst nicht mehr – eroberte rasch alle wichtigen Bühnen, sie wurde nicht nur in Europa nachgespielt, sondern vom zufriedenen Rechte-Inhaber der »Witwe« für die Vereinigten Staaten als zweites Werk erworben. Ein Wunder, daß der Komponist nicht zu den Aufführungen reise – er war nach seinen eigenen Erinnerungen damals »nicht nur in London, Paris, Petersburg, Stockholm, Kopenhagen und Konstantinopel, sondern auch in fast allen größeren Städten Deutschlands, der Schweiz, Italiens und der Donaumonarchie« unterwegs. Und: »Neben neuen Arbeiten feilte ich gern und ausdauernd an den schon fertigen Werken.«

Das heißt, der Praktiker Lehár nahm alle möglichen Anregungen auch noch während seiner triumphalen Gastspiele auf und trug sie in seine Partituren ein. Er hatte nicht nur einst in Pola »am Orchester« komponiert, sondern er war ein ganzes Dirigentenleben lang bereit, weiterhin vom Orchester zu lernen und seine Intentionen so zu notieren, daß sie von jedem Orchester gespielt werden konnten.

Denn dies ist seit Jahrhunderten ein Problem, mit dem sich Musiker herumschlagen: Um ihre Vorstellungen von immer neuer Musik festzuhalten, stehen ihnen äußerst wenige präzise Zeichen zur Verfügung. Fünf Notenzeilen und eine nur unzureichend differenzierte Form von Notenköpfen, die aussagen sollen, welches Instrument in welcher Tonhöhe wie lange erklingen soll. Tatsächlich hat sich ein Großteil der uns als abendländische Musik bekannten Kunst nur über dieses Notensystem erhalten und wird gegenwärtig von Experten, die mehr über frühere Aufführungspraxis und Spieltechniken zur Zeit der Entstehung wissen, als äußerst unzulänglich bezeichnet.

Nikolaus Harnoncourt, ein unantastbar gebildeter Musiker und Dirigent, klagt nachdrücklich über »die paar Bummerln«, aus denen er Musik von Monteverdi bis Bruckner erklingen lassen soll, und weist nach, daß ein Gutteil aller Musik zwischen den Noten steht, sich nur auffinden läßt, wenn man sich in die Gedankengänge der Komponisten zurückschleicht und außerdem imstande ist, alle die selbstverständlichen Konventionen zu entdecken, die jeweils zur Zeit der Entstehung eines Werkes zwischen den Komponisten und ihren Interpreten quasi unterzeichnet waren.

Was die Kunstform Operette anbelangt, war man weder zur Zeit des Johann Strauß' noch später verliebt ins Detail. Man komponierte im Wissen, daß man an keinem Theater ein Orchester in der jeweils geforderten Größe vorfinden werde, und war mit allen möglichen Verstärkungen oder »Hilfen« einverstanden, wenn nur das Stück selbst gegeben wurde. Man vertraute tatsächlich der Melodie, dem Charme und außerdem dem Können und der Ausstrahlung der Interpreten.

Anders wäre es auch nicht zu erklären, daß es Operettenkomponisten gab, die sich mit dem Problem, wie man ein Orchester zum Klingen bringt, überhaupt nicht abgaben. Selbst begnadete Operettendirigenten musizierten ihr Leben lang ausschließlich aus dem Klavierauszug – sie hatten nur andeutungsweise notiert, wann im Verlaufe des Geschehens ein Instrument hervorgehoben werden sollte.

Diese Praxis umfaßte sogar sehr erfolgreiche Komponisten und die bedeutendsten Dirigenten auch unseres Jahrhunderts: Ein Anton Paulik, der schon 1906 im Theater an der Wien ans Pult kam, um die »Lustige Witwe« zu leiten, fand sich in Partituren nur zurecht, wenn er im Alter selbst Operetten für die Wiener Volksoper »einrichtete«. Wenn er dirigierte, hatte er nur einen Klavierauszug vor sich. Herbert von Karajan, der an seinem Lebensabend mit großem Elan ein Neujahrskonzert der Wiener Philharmoniker leitete und zahlreiche Einspielungen der Ouvertüre zum »Zigeunerbaron« hinterließ, erzählte den Musikern begeistert davon, daß er als junger Kapellmeister in Ulm Operetten ausschließlich aus dem Klavierauszug erlernte und dirigierte.

Es scheint, erst nach der Jahrhundertwende und mit den »studierten« Komponisten wie Franz Lehár und Leo Fall kam die Operette auf, von der ihre Schöpfer behaupten konnten, sie seien »mit peinlicher Gewissenhaftigkeit durchgeführt«. Und so ist auch völlig zu verstehen, daß diese Durchführung von den Komponisten nach immer neuen Erfahrungen auch immer neue Notierungen erfuhr.

Reizvoll selbstverständlich auch, was in der zitierten Kritik der »Neuen Freien Presse« angeklungen ist: Lehár und Fall waren nicht nur in der Lage, sondern aufrichtig interessiert, die Partituren der neu auf den Markt kommenden Opern zu studieren und Effekte kennenzulernen, die ein Richard Strauss, ein Giacomo Puccini verwendet hatten. Besucher bei Lehár wunderten sich immer wieder über die Noten, die auf seinem Klavier lagen. Besucher, die genau hinhörten, mußten sich weniger wundern, wenn sie in seinen reifen Kompositionen (und im Grunde sind tatsächlich alle seine Operetten von der »Witwe« an reif zu nennen) nicht nur typische Lehár-Wendungen, sondern auch immer wieder instrumentale Reize à la Puccini vernahmen. Wenn man es ihm auch zum Vorwurf machte, nicht von den »Puccinismen« lassen zu können – sein Publikum fand diese apart, und die Nachwelt rühmt ihn seiner Orchesterbehandlung wegen. Giacomo Puccini selbst war, wovon noch berichtet werden kann, von seinem Freund und Kollegen Franz Lehár begeistert, versuchte sich selbst an einer Operette und hörte mit Freuden seine Klänge in der Musik eines anderen »Königs«.

Lehár war ein König.

Und er komponierte, was man auch erwähnen darf, die Operette »Eva« in einem Jahr, in dem Hugo von Hofmannsthal in seiner Korrespondenz verzweifelt klagte, daß sein Mitarbeiter Richard Strauss das reizende Buch über den »Rosenkavalier« so ganz und gar nicht in dem Stil komponiert hatte, den er sich vorgestellt hatte. Es sollte ein leichtes, heiteres Singspiel, eine Art Operette werden und keineswegs die riesige, mit Sirup übergossene Komödie mit Musik, als die sie 1911 auf die Welt kam. Hofmannsthal, der seine Bedenken nicht nur Freunden, sondern auch dem Komponisten selbst mitteilte, ließ sich freilich vom Welterfolg des »Rosenkavalier« überzeugen. Aber in seinem Herzen behielt er Platz für seine eigene Meinung, er hätte das ideale Textbuch für eine Operette geschrieben. Nicht auszudenken, wenn man noch einen Brief fände, in dem er auch den Komponisten nennt, den er sich als den idealen Partner vorstellt.

Ob er sich mit Franz Lehár eingelassen hätte? Lehár hätte es verdient, einmal in seinem Leben mit einem Dichter arbeiten zu können. Er war auf seine Art tatsächlich ein König.

Lehár hatte allein für die Direktion, die ihn fest unter Vertrag hatte, mehrere Welterfolge geschrieben. Er konnte in Wien und in Berlin immer wieder mit mehreren seiner Operetten gleichzeitig auf den Spielplänen stehen. In Wien unter anderem, weil Wilhelm Karczag zum Theater an der Wien auch noch das Raimund-Theater – weiter weg vom Zentrum gelegen – als zweite Bühne pachtete, um Serienerfolge nützen und trotzdem Novitäten ansetzen zu können. Und in Berlin, weil immer mehrere Bühnen versuchten, die damals einzig dominierende »Wiener« Operette zu spielen.

Franz Lehár, Anfang der Vierziger, stand auf der Höhe seiner Schaffenskraft, leistete sich Experimente und mehrte sein Vermögen. Dabei hatte er nicht die geringste Schwierigkeit, mit seinen ebenfalls erfolgreichen Konkurrenten auszukommen: Eine der bekanntesten Karikaturen dieser Tage zeigte sie als heitere Blaskapelle friedlich vereint, eine andere machte sie zu Gipfelstürmern und teilte dabei Zensuren aus. Für alle günstig, doch für Lehár schmeichelhaft.

1914, noch bevor sich dieses Jahr als Schicksalsjahr erwies, zeichnete die Illustrierte »Der Floh« dieses Bild: Edmund Eysler rastete in der Nähe von »Erfolg«, Leo Fall war auf dem Weg über das Johann-Strauß-Theater ein wenig höher geklettert, Oscar Straus klammerte sich in der Nähe von »Talent« beinahe an den Gipfel. Auf diesem aber saß direkt über der Bezeichnung »Genie« freundlich winkend Franz Lehár, der sichtbar längst ganz oben war und ebenso sichtbar keinen Platz für seine anstürmenden Kollegen ließ. Die Karikatur, in so gut wie allen Büchern über den Komponisten aufgenommen und auch mehrfach im Eigenverlag Lehárs erschienen, war offenbar der beste Ausdruck der Situation, in der er sich 1914 befand. Er hatte mit dem »Rastelbinder« fulminant begonnen, hatte mit der »Witwe« die Welt erobert, er war mit keiner seiner folgenden Operetten wirklich auf die Nase gefallen. Im Gegenteil, man nahm ihm jedes neue Libretto – das man alsbald verdammte – als eine Erfolgsoperette ab.

Er war Hausherr in Wien und Villenbesitzer in Bad Ischl. Er bereiste die Welt und ließ sich feiern. Allmählich aber legte er die Geige weg, mit der er sich bis dahin noch hatte photographieren und gelegentlich hören lassen. Er wurde zum Meister, der entweder am Klavier oder noch besser »am Orchester« spielte, wie er es schon in seinen Jugendtagen getan hatte.

11

Die Monarchie zerfällt

Das Schicksalsjahr 1914 traf nicht nur Operettenkomponisten und ihren Anhang unvorbereitet. Sieht man von einigen klugen Köpfen und politisch denkenden Menschen ab, so dachte niemand im großen Reich der Habsburger, daß jetzt der Weltkrieg auszubrechen hatte.

Die Probleme, die zu ihm führten, gab es seit mehr als einem Jahrzehnt. Die Bündnisse in Europa, die ausschließlich darauf abzielten, entweder das größenwahnsinnig gewordene Deutsche Reich zu bändigen oder den vielen Völkern zu helfen, die sich aus dem nach ihnen benannten Völkerkerker befreien wollten, waren schon lange geschlossen. Seit 1881 existierte ein Neutralitätsabkommen zwischen dem Deutschen Reich, Österreich-Ungarn und Rußland, das »wohlwollende Neutralität« beim Angriff eines anderen Staates garantierte. Seit 1882 bestand ein Abkommen mit Italien, das dem Deutschen Reich militärische Unterstützung im Falle eines französischen Angriffs (und vice versa) garantierte. 1892 allerdings wurde ein französisch-russisches Militärbündnis unterzeichnet, das sich ausdrücklich gegen Deutschland richtete. 1904 wurde die »Entente cordiale« zwischen Großbritannien und Frankreich gegründet, 1907 gab es eine Einigung zwischen Großbritannien und Rußland – immer gegen mögliche feindliche Aktionen Deutschlands geschlossen. 1908 wurde der Dreibund verlängert, und 1912 wurde der »Balkanbund« als Verbindung Serbiens, Bulgariens, Griechenlands und Montenegros geschlossen: Österreich-Ungarns weitere Ausdehnung auf dem Balkan sollte nicht mehr hingenommen werden.

Nationale Aufstände, die darauf abzielten, endlich »los von Wien« zu kommen, wurden aus allen Kronländern gemeldet. Die sozialen Spannungen konnte man in der Kaiserstadt selbst erleben. Die Herren Journalisten der international angesehenen

Presse in Österreich-Ungarn, deren Kollegen fleißig Operettentexte schrieben, wußten von diesen Bündnissen, von den Auf-
ständen in der Monarchie und informierten ihre Leser. Die aber
pilgerten nach der Lektüre ins Theater an der Wien und delek-
tierten sich an der neuesten Operette von Lehár – denn niemand (beinahe niemand) dachte, es könne sich unter dem Monarchen, der seit 1848 das Reich verband und von Gottes Gnaden
beherrschte, in Europa etwas verändern. Es hatte einen Balkankrieg (1913) gegeben und unmittelbar darauf einen noch einmal bekräftigten Dreibund: Italien versicherte dem Deutschen
Reich und Österreich-Ungarn, daß dieser Bund »im Kriegsfall
wie ein einziger Staat handeln müsse«. Trotzdem, niemand war
bereit, Italien zu trauen.

Und jeder wußte, niemand aber begriff, was sich in allerhöchsten Kreisen abspielte. Der Kaiser ernannte Erzherzog Franz
Ferdinand, den ungeliebten Thronfolger, zum Generalinspekteur
der gesamten Streitkräfte und gab ihm erstmals eine Art von
effektiver Funktion. Zwischen Schönbrunn (dem Sitz des Kaisers) und dem Belvedere (dem Schloß, in dem Franz Ferdinand
seine eigene Politik betreiben wollte) war deshalb noch lange
nicht Frieden ausgerufen: 1900 hatte der Erzherzog, der auf
einer »nicht standesgemäßen« Heirat bestand, ein für allemal erfahren, wie starr der Kaiser sein konnte. Er mußte drei Tage vor
seiner Hochzeit vor dem Kaiser, den Erzherzögen, Geheimen
Räten und Ministern eine Erklärung abgeben, daß er für die aus
seiner Verbindung mit der geliebten Gräfin Chotek hervorge-
henden Kinder auf die Thronfolge verzichte. Wer hatte da seinen Willen durchgesetzt? Der alte Kaiser, der seinen Nachfolger
zwang, seine Ehe »morganatisch« zu führen? Oder der Erzherzog, der sich nicht um die strengen Regeln des Hauses Habsburg
kümmerte und die Frau heiratete, die er entgegen allen Vorschriften liebte?

Das beschäftigte nicht nur Österreich-Ungarn, das war mit der
Anfang vom Ende. Denn daß Franz Ferdinand auch in allen politischen Fragen anderer Ansicht war als sein Onkel, ließ nicht
nur Kenner erschauern: Was würde geschehen, wenn Franz Ferdinand den Thron bestieg? Würde die Monarchie auseinander-

156

brechen, weil der neue Monarch nicht bereit war, den »Ausgleich« als das Allheilmittel anzuerkennen? Würde der Hof, von Schönbrunn aus allmächtig, dem neuen Herrscher die Gefolgschaft verweigern und so das Reich an den Rand des Untergangs führen?

Fragen, die gestellt wurden und bis zu den Schüssen von Sarajevo keine Antwort fanden. Aber: Das sogenannte breite Publikum war längst der Ansicht, Franz Joseph werde ewig regieren, die Welt werde sich nicht mehr ändern und die im Parlament Krawalle anzettelnden Volksvertreter würden letzten Endes immer wieder erfahren, daß sie in Wahrheit auch nichts anderes waren als »Untertanen«.

Das sogenannte breite Publikum fand mehr Interesse an den Affären der Opern- oder Operettendiven und wollte in keinem seiner Vergnügungen gestört werden. Es wußte von Arbeitslosigkeit, von Elend, es ließ sich erschauernd erzählen, wie das Proletariat in den Außenbezirken lebte. Und dann legte es die Zeitung weg und ging zum nächsten Vergnügen ...

Für das auch Franz Lehár weiterhin sorgte: Er hatte nach »Eva« eines der bewußten Singspiele für die »Hölle« komponiert, sich also wieder einmal in der Kunst der kleinen, komprimierten Form versucht. Für das Jahr 1913 hatte er noch einmal die Herren Julius Brammer und Alfred Grünwald als Librettisten bemüht, um aus der einst nicht so erfolgreichen Operette »Der Göttergatte« Musik zu retten und als neues Stück »Die ideale Gattin« entstehen zu lassen. Dann aber stürzte er sich in ein Experiment, das ihn vor allem musikalisch reizte.

»Endlich allein« wurde ganz nach seinen Intentionen geschrieben. Eine Operette in drei Akten, deren zweiter auf alles übliche Personal verzichtete und ausschließlich die beiden Hauptpersonen auf die Bühne ließ.

Die Operette an sich hat das gewohnte Muster. Ein junger Baron schwärmt für eine junge, reiche, exzentrische Amerikanerin, die allerdings bereits mit einem Grafen verlobt ist. In dem Schweizer Hotel, in dem sich die Liebe breit macht, bereitet man sich auf eine Bergbesteigung vor. Diese ist der zweite Akt: Der junge Baron hat sich als Bergführer verkleidet und zeigt der jungen Dame, die selbstverständlich Dolly heißen muß, die Schönheit, den Zauber und die Gefahren der Bergwelt. Er ist urwüchsig, wie man es von einem Gebirgler erwartet, er will – als Zugabe zu seinem Honorar – einen Kuß von der geliebten jungen Frau. Die bemerkt, daß da kein echter Ureinwohner der Berge sich um sie bemüht, und anerkennt die Mühen, die Baron Frank Hansen auf sich genommen hat, um mit ihr allein zu sein. Weil es schon dunkelt und das Finale naht, schläft sie auf Bergeshöhen ein, so gut wie ungeküßt und unberührt. Der Liebhaber in spe bewacht, erschöpft von einer langen, langen Szene vor dem Publikum, ihren Schlaf ...

Im dritten Akt ist man wieder »daheim«, also im Hotel, und findet in der von Operettenbesuchern gewünschten Form zu Liebe und wahrscheinlich Ehe – es gibt genügend Grafen, Gräfinnen, deren Kinder. Alles in allem bleiben die zwei, die einen Akt lang endlich allein waren, füreinander zurück.

Niemand weiß heute noch von »Endlich allein«, niemand liest heute noch die Rezensionen, die wieder einmal den Librettisten Unsinniges vorwerfen und dem Komponisten bestätigen, seine Musik verleihe dem Werk »Wert und Bedeutung«. Was er sich als besonderes Problem zu lösen vorgenommen hatte, das war nahe an der Komposition einer Oper: Im zweiten Akt sollte ausschließlich gesungen werden, und nach den Kritiken ging das auch aufregend gut. »... in musikalischem Dialog und großen dramatischen Auseinandersetzungen, zu denen das wunderbar klingende Orchester einen ausdrucksvollen Kommentar gibt. Fast jede Melodie ist motivisch ausgeführt, jeder Einfall wird zum Thema erhoben, namentlich der langsame B-Dur-Walzer *Schön ist die Welt*, das Leitmotiv der Operette. Im zweiten Finale wird dem Zuhörer ganz wagnerianisch zumute ...«

Maria von Peteani liefert die notwendige Entstehungsgeschichte: Lehár sei in Ischl ohne Arbeit gewesen, habe dem Herrn Dr. Willner eines Abends erklärt, wenn er nicht »bis morgen« etwas Brauchbares herbeischaffe, werde er einen Ausflug nach Unterach zu Victor Léon unternehmen. Worauf Willner in dieser einen Nacht so lange ratlos zum Himmel aufsah, bis er endlich nicht mehr den Himmel, sondern den Siriuskogel als

Ort der Handlung für einen außerordentlichen Operettenakt erkannte, und am andern Tag mit »Endlich allein« in der Villa erschien. Und Lehár dermaßen inspirierte, daß dieser nicht nur die ländliche Idylle komponierte, sondern vor allem den zweifellos in jede Operette passenden Hauptschlager. »Schön ist die Welt«, ein Walzer, der Jahre darauf den Titel zu wieder einer Operette von Franz Lehár abgab ...

SCHÖN IST DIE WELT--WENN EIN SCHIM-MER VON GLÜCK SIE ER HELLT--

Eine Entstehungsgeschichte, so plausibel wie all die anderen, die einigermaßen gut erfunden wurden und die allesamt ihren Ausgangspunkt in der Tatsache hatten, daß sich die Herren Operettenschreiber zwar im Salzkammergut befanden, aber trotzdem nicht von Einfällen überliefen. Trotzdem waren sie nicht bereit, einmal zu prüfen, ob ihnen nicht ein »Dilettant« einen neuen Stoff geliefert hatte. Sie blieben auch im Sommer gern unter sich und stießen lieber Stoßgebete aus, als sich aus ihrer kleinen Welt zu entfernen.

Aus ihrer kleinen Welt, in der auch geheiratet wurde: Hubert Marischka, der damals bereits die Tenorpartien in Lehár-Operetten übernehmen durfte, war zuerst mit Lizzy Léon, der Tochter des Librettisten, verheiratet. Als diese früh starb, heiratete er in zweiter Ehe die Tochter seines Direktors Wilhelm Karczag und wurde so Sozius in dem gutgehenden Unternehmen.

»Endlich allein« war die letzte Vorkriegsoperette Lehárs. Im Sommer 1914 scheint er an keinem neuen Buch gearbeitet zu haben, und er setzte sich auch angesichts der großen Zeiten nicht an den Schreibtisch, um nach der Ermordung des Thronfolgers mit in den Krieg zu ziehen, wie es so viele Schriftsteller und Komponisten taten: Unmittelbar nach Kriegsausbruch war ein Begeisterungsausbruch zu vermerken, der damals nur Karl Kraus als degoutant auffiel.

Stefan Zweig beschrieb die Aufbruchsstimmung, die ihn

selbst nicht befiel, in seinem Rückblick »Die Welt von Gestern« ruhig und immer noch erstaunt.

»Um der Wahrheit die Ehre zu geben, muß ich bekennen, daß in diesem ersten Aufbruch der Massen etwas Großartiges, Hinreißendes und sogar Verführerisches lag, dem man sich schwer entziehen konnte. Und trotz allem Haß und Abscheu gegen den Krieg möchte ich die Erinnerung an diese ersten Tage in meinem Leben nicht missen. Wie nie fühlten die Tausende und Hunderttausende Menschen, was sie besser im Frieden hätten fühlen sollen: daß sie zusammengehörten. Eine Stadt von zwei Millionen, ein Land von fast fünfzig Millionen empfanden in dieser Stunde, daß sie Weltgeschichte, daß sie einen nie wiederkehrenden Augenblick miterlebten und daß jeder aufgerufen war, sein winziges Ich in diese glühende Masse zu schleudern, um sich dort von aller Eigensucht zu läutern ... Fremde sprachen sich an auf der Straße, Menschen, die sich jahrelang ausgewichen, schüttelten einander die Hände, überall sah man belebte Gesichter ... Der kleine Postbeamte, der sonst Montag bis Samstag ununterbrochen sortierte, der Schreiber, der Schuster hatte plötzlich eine andere, eine romantische Möglichkeit in seinem Leben: er konnte Held werden, und jeden, der eine Uniform trug, feierten schon die Frauen, grüßten ehrfürchtig die Zurückbleibenden im voraus mit diesem romantischen Namen ... selbst die Trauer der Mütter, die Angst der Frauen schämte sich in diesen Stunden des ersten Überschwangs, ihr doch allzu natürliches Gefühl zu bekunden.«

Freilich, nicht nur die kleinen Postbeamten gingen mit Hurra-Stimmung in den Krieg, den sie gründlich mißverstanden. Und wieder ist der beste Zeuge Stefan Zweig.

»Wenig europäisch geschult, ganz im deutschen Gesichtskreis lebend, meinten die meisten unserer Dichter ihr Teil am besten zu tun, indem sie die Begeisterung der Massen stärkten und die angebliche Schönheit des Krieges mit dichterischem Appell oder wissenschaftlichen Ideologien unterbauten. Fast alle deutschen Dichter, Hauptmann und Dehmel voran, glaubten sich verpflichtet, wie in urgermanischen Zeiten als Barden die vorrückenden Kämpfer mit Liedern und Runen zur Sterbebegeisterung anzufeuern. Schockweise regneten Gedichte, die Krieg auf Sieg, Not auf Tod reimten. Feierlich verschworen sich die Schriftsteller, nie mehr mit einem Franzosen, nie mehr mit einem Engländer Kulturgemeinschaft haben zu wollen, ja mehr noch: sie leugneten über Nacht, daß es je eine englische, eine französische Kultur gegeben habe ... Das Erschütterndste an diesem Wahnsinn aber war, daß die meisten dieser Menschen ehrlich waren.«

Die meisten Operettenkomponisten waren entweder ehrlich oder zumindest geneigt, ihr Teil zur allgemeinen Begeisterung beitragen zu müssen. Oder, noch besser, an der allgemeinen Begeisterung auch ihren Anteil an Tantiemen haben zu können. »Gold gab ich für Eisen« war der Schlager der Saison. Emmerich Kálmáns Operette war übrigens keine Neuschöpfung, wahrscheinlich nicht einmal eine »Idee« des Komponisten. Der erst einmal falsch kalkulierende Wilhelm Karczag überredete den Musiker, einfach ein altes Stück »Der Urlauber« neu zu vertonen, und bald wurde der Titel nach dem Wahlspruch gezimmert, mit dem in Kriegszeiten dem Volk in der ersten Begeisterung gleich einmal der Schmuck abgefordert wurde.

Freilich, das Publikum scheint sich rasch wieder anderen als patriotischen Themen zugewandt zu haben. Ein Blick auf die Liste der Uraufführungen nach Kálmán läßt nur diesen Schluß zu: »Seebadrummel«, »Das Mädchen im Mond«, »Rund um die Liebe« (Oscar Straus), »Wiener Leut«, »Die moderne Eva«, »Das Scheckbuch des Teufels« und so fort hießen die Stücke, mit denen man in Wien in den ersten Kriegsmonaten Erfolg haben konnte. Denn weder die uns völlig unbekannten noch die heute noch aufgeführten Komponisten hatten weiter Lust darauf, sich als Kriegshetzer umjubeln zu lassen.

Im Gegenteil, man fand die abenteuerlichsten Erinnerungen an das alte Wien und völlig eindeutige Titel wie »Mädel küsse mich« (eine Revue-Operette von Robert Stolz) zur Ablenkung.

Lehár war erst einmal stumm, dann – wie so viele Komponisten in Kriegszeiten – als Dirigent zur Truppenbetreuung unterwegs. Freilich kaum je in Frontnähe, aber immerhin unterwegs, wie er es ja immer gern war, und zweifellos beinahe ohne Honorar, einzig zur höheren Ehre seiner Melodien, die er auch in Belgien und Frankreich, also in besetztem Feindesland, zu Gehör brachte. In Gefahr kam er dabei nicht. Einzig um seinen Bruder mußte er bangen. Denn Anton Lehár, der Soldat in der Familie, war jetzt in seinem Metier.

Er war tapfer und vom Glück nicht verfolgt. Im September 1914 erlitt er einen Schuß ins linke Handgelenk, dann wurde er mit einer schweren Verwundung »in hoffnungslosem Zustand zum Verbandsplatz« transportiert. Als dauernd kriegsuntauglich erklärt, fand er sich mit dieser Einschätzung nicht ab und wurde 1916 wieder an die Front geschickt. Der Krieg sollte ihm noch den Maria-Theresien-Orden und die damit verbundene Freiherrenwürde eintragen – Oberst Lehár war nicht nur ein offenbar tapferer Soldat, sondern blieb Zeit seines Lebens das, was man einen Mann von Prinzipien bezeichnet. Er muß einer der Ungarn gewesen sein, die völlig anders waren als die ungarischen Operettenhelden. Nämlich ein wahrer Held. Sein Bruder Franz war stolz auf ihn. Auch Jahre nach dem Krieg, als sich der heldenhafte und zugleich »königstreue« Oberst Lehár dem aus der Schweiz nach Ungarn zurückkehrenden Kaiser Karl zur Verfügung stellte und mit ihm gegen Budapest ziehen wollte. Und ein drittes Mal knapp vor dem nächsten Krieg, als sich der stolze Ungar Anton von Lehár wegen einiger respektloser Bemerkungen über nazideutsche Institutionen unbeliebt machte und Gefahr lief, seiner aufrechten Haltung wegen immer und immer wieder seine Existenz zu verlieren. Der ruhige, umgängliche, seinem musikalischen Wesen nach ausdrücklich höfliche Franz Lehár verleugnete den jüngeren Bruder, der aufbrausend und im notwendigen Moment alles andere als höflich war, in keiner kritischen Situation.

Er komponierte – völlig konnte auch er seiner Zeit nicht entgehen – einen Lieder-Zyklus »Aus eiserner Zeit«, entsann sich seiner musikalischen Herkunft und schrieb einigen in das Feld ziehenden Regimentern neue Märsche und schließlich eine Tondichtung – ein längst bekanntes Genre, das freilich in der Regel nicht Operettenkomponisten anzog. »Fieber«.

Eines seiner Lieder, inzwischen längst vergessen, hat immerhin einen Text, der sich durch die Generationen erhalten hat. »Drüben am Wiesenrand hocken zwei Dohlen; fall' ich am Donaustrand? Sterb' ich in Polen.« Das sagt genug aus über die Begeisterung, mit der Franz Lehár den vaterländischen Krieg erlebte. Oder?

Lehár komponierte, als seine Antwort auf das Leid des Krieges und die bald auch im Hinterland spürbaren Auswirkungen, eine kleine Operette und als Reaktion auf einige Verstimmungen zwischen ihm und Karczag ein Stück, das nicht dem Theater an der Wien, sondern dem intimen Theater in der Josefstadt zugedacht war. »Der Sterngucker«, eher ein musikalisches Lustspiel als eine Operette, klein wie das Haus, das damals allerdings noch ein echtes Vorstadttheater und nicht der von Max Reinhardt später als ein Wiener Juwel eingerichtete Schauplatz eines ganz besonderen Stils war.

Josef Jarno gab Unterhaltungstheater und verlor offenbar Publikum. Er machte mit Lehár scheinbar einen besonderen Fang: Er engagierte für ihn (und dank ihm) die Publikumslieblinge Louise Kartousch und Louis Treumann und stellte ein eigenes kleines Orchester nach den Wünschen des Komponisten zusammen.

Trotzdem blieben Jarno und die Josefstadt nur kurz im Besitz des neuesten Lehár-Stückes. Im Januar war bei ihm Premiere, im September hatte das Theater an der Wien nicht nur den Komponisten, sondern auch den »Sterngucker« heimgeholt.

Eine eigene Fassung, ein entsprechend großzügigeres Ensemble und alle die Interpreten, die man seit Jahr und Tag an der Wien und mit Lehár-Melodien kannte, brachten dem Haus das Publikum, das in Wien seine Eigenheiten hat: Es will Komödien in der Josefstadt und Operetten im Carl-Theater, im Johann-Strauß-Theater, vor allem im Theater aber an der Wien sehen. Es goutiert es nicht, plötzlich in der Josefstadt mit Musik konfrontiert zu werden.

Und das Publikum ändert sich kaum, wie jeder Wiener weiß. Denn auch heute ist es nur selten und unter besonderen Umständen möglich, das Publikum zu Seitensprüngen zu verleiten: Das Burgtheater, das sich verjüngen will und eine Revue anbietet, bleibt auf seinen Karten sitzen. Das Etablissement Ronacher, das aus verschiedensten Gründen Musical spielen will, ist nicht voll zu bekommen. Man geht als Wienerin oder Wiener zu Schauspielern oder wegen Sängerinnen in ein Theater. Aber es muß das richtige sein.

Wenn Lehár also ein Singspiel komponiert, in dem Chor und Chorfinali fehlen, dann hat er zwar Platz in der Josefstadt. Wenn er aber sein Publikum (und nicht nur seine Kritiker) finden will, dann muß er persönliche Auseinandersetzungen mit einem Theaterdirektor vergessen und zurückkehren in das Haus, in dem man seine Stücke erwartet. Lehár begreift das und kehrt heim. Man hat ihm bestätigt, daß er auch ohne den großen Pomp auskommt, daß er imstande ist, den weiten Schwung wegzulassen, der sich nur mit einem großen Orchester erzeugen läßt. Aber das Publikum ist nicht gekommen. Und – er hat es sein Leben lang immer wiederholt – er komponierte ausschließlich fürs Publikum.

Die Operettenerfolge der Kriegsjahre stammten nicht von Franz Lehár. Emmerich Kálmán war 1915 mit der »Csárdásfürstin« plötzlich der Held des Tages. Heinrich Berté schrieb (wie schon erzählt) aus Schubert-Musik eine der erfolgreichsten Operetten überhaupt – 1916 kam »Das Dreimäderlhaus« heraus und eroberte sich alle Bühnen. Spät in diesem Jahr hatte Leo Fall mit der »Rose von Stambul« einen eindeutigen Erfolg. Auf ein von lauter Flops strotzendes 1917 kam im März 1918 wieder Franz Lehár an die Reihe. »Wo die Lerche singt« hieß seine neue Operette.

Daß Lehár vor dem Ersten Weltkrieg zu den Wiener Komponisten zählte, die man im Ausland gern begrüßte und als Interpreten ihrer eigenen Werke feierte, machte ihm auch im Krieg daheim keine Sorgen – der Erste Weltkrieg war insgesamt ein grausames Ereignis, aber immer noch eines, das sich unter beinahe zivilisierten Menschen abspielte: Auf komplizierte Art konnten Schriftsteller weiterhin (und sei es auch nur über die Schweiz oder indem sie einander in Briefen offiziell Diskussionen lieferten, die dann den jeweils anderen Standpunkt doch auch dem Publikum im gegnerischen Lager erklärten) Kontakte miteinander halten, war die Musik der jeweiligen Kriegsgegner weder verpönt noch verboten. Daß sich die Verwertungsgesellschaften plötzlich nicht mehr kennen wollten und zum Beispiel die Herren Operettenkomponisten keine Tantiemen mehr aus Aufführungen im feindlichen Ausland erhielten, mag enttäuscht haben – Lehár selbst erklärte einmal ausdrücklich, es sei ihm auch in Kriegszeiten vor allem darum gegangen, sein Publikum in aller Welt nicht zu verlieren. Daß er es nachher auch wieder samt den ihm zustehenden Tantiemen finden werde, war wesentlicher.

Er hatte nämlich Publikum: Zuletzt war er 1912 in London und dirigierte nach der »Witwe« und dem »Luxemburger« auch »Zigeunerliebe« persönlich. Das »Neue Wiener Tagblatt« ließ sich von seinem Korrespondenten berichten, Daly's Theatre sei bei der Generalprobe voll Wiener Publikum gewesen, bei der Premiere aber habe es dann allerbeste Londoner Gesellschaft gegeben und einen »entschiedenen Erfolg«. Lehár, der Weltbürger, hatte die Welt kennengelernt, bevor sie sich ihm für schlimme vier Jahre verschloß.

Er hatte zu dieser Zeit auch schon das sogenannte öffentliche Urteil über sich kennengelernt: Den »Wagner der Operette« nannte man Franz Lehár, als er mit »Endlich allein« ausschließlich musikalische Ideen zu verwirklichen suchte, etwas zu oft. Er hörte diese Bezeichnung nicht ungern, aber er wollte die Bezeichnung nicht mißverstanden wissen. Nicht als eine Abwertung. Nicht, als wolle er sich endlich als Opernkomponist mit Richard Wagner messen. Schließlich war er, allen den Ereignissen rund um sich zum Trotz, immer mit einem ganz besonderen Anspruch angetreten: Er wollte von Operette zu Operette nach neuen musikalischen Ausdrucksmöglichkeiten suchen und sich nicht von seinen Librettisten am Gängelband führen lassen.

Daß ihm das nicht immer gelang, daß er mit genau den Schreibern auskommen mußte, die zu seiner Zeit den Markt beherrschten, ist eine andere Sache. Sich selbst auch noch Autoren zu erziehen, wäre für den Vielschreiber Lehár einfach eine zu große Anstrengung und Zeitverschwendung gewesen.

Im Detail sah es eher so aus, wie man es von Anekdoten her aus der Zeit des seligen Johann Strauß kennt: Der Komponist sang seinem Textdichter eine bereits fixierte Stelle vor, erklärte die Hebungen und Senkungen der gewünschten Zeilen und wartete dann, modischerweise auch schon am Telephon, daß man ihm einen passenden Text zur Verfügung stellte. (Der große Unterschied freilich, der Lehár von Johann Strauß trennte: Der Walzerkönig merkte sich nicht einmal die Texte, die man seinen besten Melodien unterlegte. Lehár dagegen wußte immer ganz genau, was er komponierte.)

In größeren Abläufen war er es, der sich zum Beispiel den berühmt gewordenen – allerdings lange nicht mehr aufgeführt – zweiten Akt von »Endlich allein« musikalisch genau konzipierte, bevor er mit seinen Autoren sowohl den Text dieses riesigen Duetts wie auch die triviale Handlung in den Akten eins und drei eröffnete. Wie wichtig ihm dieser zweite Akt war, läßt sich unschwer daran erkennen, daß Lehár ihn 1930 in eine andere Rahmenhandlung stellte, die so gewonnene neue Operette nach dem Hauptlied »Schön ist die Welt« nannte und noch einmal versuchte, sein Publikum von seiner musikalischen Idee zu überzeugen.

Die Wiener Kritiker reagierten, wie immer im Falle Lehár, zuerst mit heftiger Schelte der Librettisten, dann mit der »Unterstellung«, der Komponist sei wieder auf dem Weg, eine Oper schreiben zu wollen. In knappster Form liest sich das so: »Kein origineller, aber ein wirksamer Stoff, zu dem Lehár eine ausdrucksvolle, überaus melodiöse Musik geschrieben hat. Sie verrät trotz häufiger Wagnerscher Färbung in jedem Takt, in jeder harmonischen Wendung, in der Führung der melodischen Linie, vor allem in der klangvollen Instrumentation die Eigenart Lehárs.« Dann aber, ausgerechnet in diesem Fall: »Ihre Schwäche aber liegt in dem Mangel an Charakterisierungsvermögen. So wird zum Beispiel das Melodram, eine für dramatische Zwecke zweifellos nützliche musikalische Form, hier wahllos zu den nichtigsten Dialogstellen verwendet.«

Das »Neue Wiener Tagblatt« rezensierte ausführlich – und anders: »Was wir an Lehár besonders schätzen, ist der schöne Ernst seiner Absichten, die außerordentlich sorgfältige künstlerische Arbeit, sein lobenswerter Ehrgeiz, die ausgetretenen Geleise zu verlassen und sich einen Weg zu bahnen, auf dem der Aufstieg vielleicht steiler, aber um so aussichtsvoller ist. Nicht als ob Lehár so unvernünftig wäre, auf die altgewohnten Formen des Walzers, der Gavotte oder des Marsches zu verzichten; das beileibe nicht! Bietet sich eine textliche Unterlage dar, die zu rhythmisch abwechslungsreicher Bewegung, zum Tanzschritt anregt, stellt Lehár seinen Mann wie ehedem, bloß dort, wo die Handlungsteile eine scharfe Charakteristik erfordern, tritt Lehár als Illustrationsmusiker auf, der das hierzulande nicht seltene Jonglieren mit allgemeinen Phrasen durch eine polyphone Gestaltung und den Farbenreichtum des Orchesters verdrängt.«

Und ein völlig anderes »Organ« der öffentlichen Meinung, die »Reichspost«, hat ihre unmißverständliche Zustimmung zu den neuen Ideen des Komponisten am 1. Februar 1914 deutlich zum Ausdruck gebracht: »Das neueste Opus des vielgefeierten Komponisten erzielte, wie wir gleich zu Anfang feststellen müssen, einen ganz außerordentlichen, glänzenden Erfolg, wie er wenigen seiner Werke beschieden war und der um so höher einzuschätzen ist, als das Buch der Operette Lehár eine Aufgabe stellte, der nur ein so vielerfahrener Künstler gewachsen war. Oder welcher andere Komponist hätte es unternommen, ein Operettenlibretto zu komponieren, welches, das Wagnersche Vorbild noch überbietend, einen ganzen langen Akt mit einem Duett der beiden Hauptpersonen, ohne andere Mitwirkende, ohne Chor, bestreitet? ... Kein Zweifel, Lehár hat sich mit seinem neuesten Werk selbst übertroffen – es ist, in rein musikalischer Beziehung, das Beste, das er seit langem geschaffen, was formelle Vollendung wie Verinnerlichung der Musik anlangt, die Reihe seiner jüngeren Werke weit überragend.«

War es seine Idee, über die Operette »hinauszuwachsen« und eine Oper zu schreiben? Nach »Endlich allein« gab es kaum einen Beobachter des Operetten-Lebens, der nicht so kalkulierte, der nicht die vorher schon geäußerte Ansicht, der Komponist sei deutlich auf dem Wege zur Oper, wiederholte.

Nur Lehár verneinte das immer und immer wieder heftig. Er

wollte ein Neuerer der Operette sein und beweisen, daß sein Genre bedeutender und anspruchsvoller sein kann, als man es gemeinhin textet und komponiert.

Die quasi musikwissenschaftlichen Kommentare zum Mittelakt von »Endlich allein« verweisen allerdings nicht auf formale Besonderheiten, sondern wieder auf Lehárs Instrumentationskunst. Ein »Hirtenmotiv« des Fagotts, über Englisch Horn und Flöte zur Klarinette gleitend, gibt die Stimmung. Sechzehntelketten der Hörner ziehen das Liebespaar auf den Gipfel eines Felsenplateaus, also zum Ort der Handlung. Eine Soloviolone ist der Untergrund für das Märchen des Liebhabers. Ein mit allem Notwendigen ausgestattetes Arsenal an Streichern und einer Skala von der Piccolo-Flöte bis zu den Posaunen illustriert die hereinbrechenden Naturgewalten. »Schön ist die Welt«, das grandios erfundene Hauptmotiv einer Empfindung, kommt aus den tiefen Streichern und Hörnern und findet sich endlich, wie meist bei Lehár, wieder in der Solovioline – der ausgebildete Geiger Lehár hat nicht nur lange Zeit bei passenden Gelegenheiten versucht, seine schönsten Themen weiterhin selbst auf der Violine darzubieten, er hat sie offenbar unbewußt immer dem Instrument zugeordnet, das in der Welt seiner Kindheit und Jugend stets im Mittelpunkt stand: Dem Instrument des Vorgeigers, ohne den eine Kapelle nicht vollständig gewesen wäre.

Lange war die Zeit vorbei, nirgendwo gab es noch Unterhaltungskapellen mit einem Stehgeiger. Aber Franz Lehár war, wenn er selbst längst ruhig und besonnen und mit knappen Gesten ein volles Orchester dirigierte, im Herzen immer noch der fesche Vorgeiger, von dessen Auftritt der Erfolg eines Stücks abhing.

Weiter im berühmten Akt? Hörner verhallen, wenn die Welt als schön bezeichnet worden ist, »wie im zweiten Akt Tristan«. Aber keine Brangäne wacht über die Liebenden, sondern der Held selbst wacht, von einer Bratsche unterstützt, über seine Geliebte. Eine Harfenkadenz deutet im Orchester den scheuen Handkuß an, den der Tenor wagt, und tremolierende Geigen bitten darum, daß der Vorhang falle. Über einem Wagnis, das sich der Musiker ausgedacht hat, der mit seinem ersten großen Erfolg sehr direkt auf das Publikum losgegangen ist.

Was da erfunden wurde, begriff sogar der Theaterdirektor Wilhelm Karczag: »Beim letzten Werk von Franz Lehár *Endlich allein* haben wir viel darüber debattiert, ob wir es nicht ›Ein Liebesroman mit Musik‹ benennen sollen. Hat es einen künstlerischen Wert? Enthält es leichte und populäre Melodien? Versucht es, wo es notwendig ist, dramatisch zu illustrieren? Ja oder nein?« Die Debatte brachte genau das Resultat, das der Komponist wollte. Man nannte auch den für Lehár unkonventionellen Versuch »Operette«. Denn ihm war jede neue Operette unkonventionell, sollte es auch sein.

Wenn man ihm bis dahin erklärte, er habe die »Salonoperette« erfunden und weltweit verbreitet, dann war ihm das ein Schlagwort, mit dem er wenig anzufangen wußte. Er war bereit, mit seiner Musik weit über den als Ort der Handlung festgelegten Salon hinauszugehen. Aber er war auch imstande, sich wieder auf ein anderes, ein intimeres Genre zu konzentrieren.

Und Lehár wußte ziemlich genau, welchen Stellenwert er in Wien einnahm – die erwähnte Diskussion zwischen Richard Strauss (der Lehár immer ablehnte) und Hugo von Hofmannsthal (der differenzierte) muß ihm bekannt gewesen sein. Zwei Zitate?

Richard Strauss zu Clemens Krauss: »Die Gefahr, die unserem Kulturniveau von seiten des Film, Lehárs und seiner Spießgesellen droht, und der es zum großen Teil schon erlegen ist, ist mit vornehmer Nichtbeachtung nicht mehr abzutun.«

Hofmannsthal an Richard Strauss: »Mit einem fast barbarischen, aber aufmerksamen und doch künstlerischen Sinn horche ich in alle Musik, die mir ein Orchester, ein Klavier oder Grammophon vormacht: Ob es Beethoven ist oder Lehár ... Nicht, daß ich meinte, Sie könnten schreiben wie Lehár. Darüber haben Sie einmal vor Jahren in einem Berliner Restaurant Ihrer Gattin eine ganz erschöpfende Antwort gegeben: ›So wie der schreiben kann ich nicht, denn in ein paar Takten von mir liegt eben mehr Musik als in einer ganzen Lehárschen Operette.‹ Aber dies wohl verstanden, wohl begriffen (und es liegt darin dies, daß es eben zwei ganz unvergleichbare verschiedene Ebenen des musikalischen Kunstschaffens sind), so bleibt ein Etwas, das ich vielleicht mit folgenden ungeschickten Worten umschreiben kann: Wenn sich, als ein neuer Stilversuch, nicht absteigender Kräfte, sondern gesteigerter Kunsteinsicht, zu einem weniger von Musik gelangen ließe, wenn die Führung, die Melodie etwas mehr in die Stimme gelegt werden und das Orchester, mindestens auf große Strecken, begleitend und nicht sich in der Symphonie auslebend, sich der Stimme subordinieren würde (nicht in bezug auf Klangstärke, sondern in anderer Verteilung des ›Führenden‹) – so wäre, für ein Werk dieser Art, der Operette der Zauberring entwunden, mit dem sie die Seelen der Zuhörenden so voll bezwingt!«

Wenn man Hofmannsthal einmal übersetzt, dann war er erstens wie jeder Beobachter davon überzeugt, daß die Operette die Seele der Zuhörer bezwingt. Und zweitens war er der Ansicht, sein geschätzter Komponist möge doch einmal einen seiner Texte mit weniger musikalischen Kommentaren im Orchester überdecken. Seine Klagen, einmal direkt, dann wieder höflich bemäntelt vorgetragen, sind insofern interessant, als Franz Lehár die großen Opern seines Kollegen Richard Strauss studierte – und mit einem für seine Operetten-Verhältnisse auch großen Orchester eine bei weitem größere Wortdeutlichkeit zuwege brachte. Hofmannsthal wollte ganz sicher einmal eines seiner Textbücher bis ins Detail vom Publikum verstanden haben. Darum die stete Erwähnung eines Komponisten, dem Strauss alles andere als Anerkennung zuteil werden ließ.

Wobei Lehár dieses Schicksal mit Opernkomponisten teilen mußte: Giacomo Puccini, seit 1913 mit dem Operettenmusiker bekannt und befreundet, war bei Strauss gleichfalls *Persona non grata*. Ob Puccini das wußte? Ob er deshalb mit dem Schicksalsgenossen korrespondierte, ihn (nach dem Krieg) in Wien besuchte und sich für Einladungen herzlich bedankte? Ob ihm deshalb auch die neueste Operette Franz Lehárs gefiel? Als er den Klavierauszug zugeschickt bekam, antwortete Puccini in seinem Brief: »Teurer und berühmter Maestro! Ich besitze ihre neue köstliche Operette *Wo die Lerche singt* und kann nur sagen:

Bravo Maestro! Erquickend frisch, genial, voll von jugendlichem Feuer! Oh, welche Erinnerung an die Tage in Wien im Jahre 1913!«

Sie waren gleichgestimmte Menschen, sie hörten mit sehr ähnlichen Ohren, sie liebten ihre Figuren auf der Bühne und das Publikum. Und daß Puccini das Genre Operette so liebte, daß er sich sogar zu einer (dann freilich wenig erfolgreichen) eigenen Operette verführen ließ, weiß man. Es scheint, der große Italiener, den man noch heute als Kritiker ungestraft des Kitsches bezichtigen darf, ohne dessen Werke jedoch kein Opernhaus der Welt auskommt, mochte seinen Kollegen aus Wien sehr.

»Wo die Lerche singt«, im März 1918 am Theater an der Wien erstmals in deutscher Sprache inszeniert, war ausnahmsweise zuerst in Budapest uraufgeführt worden – der Ungar Lehár aber zählte die Wiener Aufführung als das eigentliche Ereignis und hing sein Leben lang sehr an der hübschen kleinen Geschichte von dem Bauernmädel Margitka, das einerseits die Freude seines alten liebenswerten Großvaters ist, andererseits sich in den Budapester Maler Sándor verknallt. Daß es einen Bräutigam daheim läßt, verspricht einen guten Ausgang – im dritten Akt kehrt Margitka heim in das Dorf, wo das Leben einfach, der Himmel blau und die Lerche zu hören ist.

Lehár muß diese Idylle sehr geliebt haben. Als im Zweiten Weltkrieg der Komponist und seine Operetten nur geduldet wurden, durfte er für den »Reichsrundfunk« in Wien mit allen damals wichtigen Schauspielern und Sängern aufnehmen, was er unter eigener Leitung ein für allemal festgehalten haben wollte. »Wo die Lerche singt« ist so erhalten und zwar in einer echten Rundfunk-Fassung, mit Zwischentexten und den damals noch nicht als solche bezeichneten Highlights. Vor allem aber in einem sehr gemächlichen, altmodischen Tempo. Der Operetten-Dirigent Franz Lehár scheint von dem, was man heutzutage als »Feuer« oder »Paprika« verkauft, nur wenig gehalten zu haben.

Auch darin ähnelte er seinem großen Vorfahr Johann Strauß, der nicht erst im Alter gegen die überzogenen Tempi wetterte, mit denen viele Kapellmeister Effekt erzielen wollten. Es scheint, daß alle bedeutenden Musiker imstande sind, Leidenschaft und Schnelligkeit gut zu trennen, und auf der Bühne einen Takt nehmen, der weder die Sänger noch die Tänzer außer Atem bringt und der ohne Verlust auch zum weiteren Gebrauch für das Klavierspiel daheim oder für ein Salonorchester übernommen werden kann.

Die bedeutenden Musiker (auch Giuseppe Verdi wäre da noch zu nennen) und Dirigenten haben tatsächlich alle eines gemein: Sie sind für unsere heutigen Begriffe gemächliche, der eigenen Musik ruhig zuhörende Interpreten.

Oh, dächten doch die Pultvirtuosen der zweiten Rangklasse ähnlich und nähmen sie sich ein Beispiel daran!

»Wo die Lerche singt« kam in Wien auf die Bühne, als nicht nur das begeisterte Operetten-Publikum eine liebliche Abwechslung, eine heitere Ablenkung bitter nötig hatte: In Wien lebte man vom Schwarzhandel, den schon verlorenen Krieg hatte auch der junge Kaiser Karl nicht beenden können, der Untergang der Monarchie war absehbar. Im Januar gab es einen Generalstreik, am 1. Februar meuterten die Matrosen der österreichisch-ungarischen Flotte in Cattaro. Am 3. März ging der Krieg im Osten mit dem Friedensschluß von Brest-Litowsk zu Ende. Niemand aber, der an diesem Tag die Fahnen hinaushing und fröhlich sein wollte, machte sich noch Hoffnungen, es werde rasch zu einem allgemeinen und erstrebenswerten Frieden kommen. Zu lange hatte der Krieg schon gedauert, zu hellhörig war man geworden. Zu genau ahnte man jetzt – und nicht nur bei Hofe, sondern überall in der Monarchie – das absehbare Ende: Daß es nach diesem Krieg kein Österreich-Ungarn mehr geben werde, wußte man.

Im Jahr zuvor hatte der junge Kaiser durch seinen Schwager, Sixtus Prinz von Bourbon-Parma, ein Friedensangebot unterbreitet: Österreich-Ungarn sei bereit, Serbien zu räumen und ihm einen Zugang zur Adria zu gewähren. Eine Offensive gegen Italien wurde ausgeschlossen. Deutschland sollte Elsaß-Lothringen an Frankreich zurückgeben, Belgien räumen und Kriegsentschädigungen zahlen. Der Empfänger des Briefes, der französische Ministerpräsident Robert Poincaré, bot daraufhin Österreich einen Sonderfrieden an, den Karl nicht annehmen konnte. Im Gegenteil, der Kaiser mußte in aller Öffentlichkeit leugnen, je einen Brief geschrieben zu haben – eine Affäre, die ihn für immer belastete und wenigstens den Historikern nachwies, wie hilf- und machtlos der Nachfolger Franz Josephs war.

Das Jahr 1918 ist Geschichte.

Im Juni erklären die USA, alle slawischen Völker von deutscher und österreichischer Herrschaft befreien zu wollen. Im Oktober will Kaiser Karl durch ein »Völkermanifest« den Zerfall des Habsburgerreiches in letzter Minute verhindern und einen Bundesstaat ausrufen. Dann geht es Schlag auf Schlag: in Wien konstituiert sich die »Provisorische Nationalversammlung für Deutschösterreich«. Kaiser Karl löst das Bündnis mit dem Deutschen Reich, die letzte kaiserliche Regierung wird gebildet. Ungarn erklärt seine Unabhängigkeit, in Prag wird die »Tschechoslowakische Republik« ausgerufen, der Zusammenbruch der Armee ist unaufhaltsam. In der Nacht auf den 31. Oktober wird die erste deutschösterreichische Regierung unter Vorsitz von Staatskanzler Karl Renner einberufen. Zwölf Tage darauf verkündet die Nationalversammlung die Gründung der Republik Deutschösterreich.

Das Reich zerfällt.

12

Ein neuer Anfang

Der Komponist Franz Lehár ist ab sofort Ausländer, seiner Geburt nach ist er nach Böhmen zuständig, geführt wird er, wie sein in den letzten Kriegstagen noch geadelter Bruder, als Ungar.

Aber einer, der längst in der ganzen Welt daheim ist und deshalb auch weiterhin in Wien und Bad Ischl leben kann. Also auch in einem unversehens sehr klein gewordenen, völlig verarmten Land, an dessen Lebensfähigkeit mehr als gezweifelt wird.

Es ist freilich ein besonderes armes Land, das sich erst einmal Deutschösterreich nennt und damit schon zum Ausdruck bringt, was alle Parteien gleichermaßen in ihrem Programm festhalten. Daß das kleine deutschsprachige Land, dem alle die »Kronvölker« abhanden gekommen sind, sich weder eine Hauptstadt von den Dimensionen der einstigen Kaiserstadt noch eine eigenständige Existenz vorstellen kann. Daß ein »Anschluß« an das Deutsche Reich eine Notwendigkeit und naturgegeben ist.

Man darf das nicht vergessen. Es war 1918 und in den darauffolgenden Jahren nicht der Wille der Österreicher, allein zu bleiben. Sie waren vielmehr darauf aus, sich im deutschen Sprachraum als ein vielleicht kulturell eigenständiges, im übrigen aber von den vielen Millionen auch deutsch sprechender Menschen abhängiges Volk zu etablieren. Daß man es ihnen verwehrte, war ihr spätes Glück, das sie aber wirklich nicht wünschten und nicht begreifen konnten.

Das sie aber offenbar undeutlich doch vorhersahen. Denn: Der sofort so genannte »Wasserkopf« Wien wurde auch in den schlimmsten Zeiten, in Hunger und Not, in Revolution und Umbruch als die einzig denkbare Hauptstadt bewahrt. Und alle kulturellen Institutionen dieses Wasserkopfes wurden unter den härtesten Bedingungen, die man sich vorstellen kann, als notwendig und schützenswert bezeichnet.

Die großen Häuser, die dem Kaiser selbst gehörten, wurden zu Burgtheater und Staatsoper, und man leistete sich 1920 eine Doppeldirektion Schalk-Strauss. Aus den letzten gewagten Diskussionen im Freundeskreis um Hugo von Hofmannsthal nahm man die monarchische Anregung von Salzburger Festspielen über den Weltuntergang und gründete 1921 keineswegs nur aus touristischen, sondern aus legitimen künstlerischen Gründen ein Fest, das Max Reinhardt leitete und Richard Strauss dominierte und Hugo von Hofmannsthal nicht nur mit seinem »Jedermann«, sondern auch mit einer eigens für dieses neue Fest gefundenen »Dramaturgie« ausstattete.

In Wien blieben alle die teuren und solitären und in schlimmen Zeiten faszinierend unnützen Institutionen wie die Gesellschaft der Musikfreunde, die Wiener Konzerthausgesellschaft, die Wiener Philharmoniker bestehen und wurden alle per allgemeinem Beschluß vom Staat übernommen. Als hätte der keine lebenswichtigeren Sorgen. Als wäre er sich der Zustimmung seiner verarmten Bürger sicher, daß sich ein Land von kaum sieben Millionen Einwohnern eine Weltstadt mit allen erdenklichen kulturellen Einrichtungen leistet.

Das war ein Wunder und ist bis heute ein Wunder geblieben.

Die damals noch nicht so genannten Privattheater, in der Mehrzahl Operettenbühnen, existierten auch weiter und blieben in privater Hand. Fanden ihr Publikum und spielten weiter, als gäbe es die große, weite Monarchie, aus der das Publikum begeistert in die Hauptstadt strömt, um endlich einmal im Mittelpunkt allen Geschehens zu sein.

Auch das ist ein Wunder. Bis heute ein Wunder, wenn man patriotisch oder nur kalkulatorisch aufzählt, welche Institutionen Wien weiterhin Weltgeltung verschaffen.

Ein weltkluger Ungar, Ordinarius für österreichische Geschichte an der Universität Graz, hat nicht nur über die »Ideologie der Operette und der Wiener Moderne« eine sehr aufschlußreiche Arbeit geschrieben, sondern vor allem darauf hingewiesen: Österreich, von dem man heute spricht, ist im Grunde die Summe sehr vieler Begriffe, die man vor Generationen unter Österreich verstand. Versteht man ihn richtig, dann hat sich mit dem Auseinanderfall der Monarchie vor allem eine sonderbare Situation ergeben: Die rund um Wien und vor allem in Wien lebenden Österreicher – allesamt Produkte einer Mischung aus den vielen Völkern, die vorher Österreich bedeuteten – übernahmen die Ingredienzien, aus denen die Monarchie bestanden hatte, und machten daraus wenigstens den neuen Begriff, den sie Wien nannten.

Wien als die Stadt des ursprünglich aus Mailand importierten Wiener Schnitzels, der ausdrücklich aus Böhmen stammenden Serviettenknödel, des noch viel früher von den Türken übernommenen Wiener Kipferl, aber selbstverständlich als die erste und einzige Adresse für die Wiener Operette, in der immer schon die musikalischen Kennzeichen aller nur erdenklichen Nationen vertreten waren. Also nicht nur des nahezu original wienerischen Walzers, sondern auch der böhmischen Polka, des ungarischen Csárdás, der polnischen Mazurka – alles für die Operette lebenswichtige musikalische Formen, die sich auch nach 1918 als unentbehrlich erwiesen.

Und die wenigstens die Meister der »silbernen Operette« ja aus ihrer monarchischen Vergangenheit kannten, als Militärkapellmeister mit der Muttermilch eingesogen hatten, als in vielen Ländern stationierte Musiker längst als sichere Bestandteile »ihrer« musikalischen Sprache verwendeten, wie unsereins seine Muttersprache.

Wobei ein gelehrter Einwand richtig ist: Alle die Ingredienzien, die für eine ordentliche Wiener Operette verwendet wurden, waren nicht die »echte« Folklore. Das bewiesen zum Beispiel Bela Bartok und Zsoltan Kodaly, als sie ihre Forschungen aufnahmen und ungarische Volksmusik festhielten. Sie kommt in keiner Operette vor. Man findet sie in der Kunstmusik.

Die Operettenkomponisten aber hätten diesen gelehrten Einwand nicht weiter ernst genommen. Ihnen ging es um Signale – und diese hießen für ihr Publikum Csárdás, Polka, Walzer ...

Das mag als eine der einfachsten und kompliziertesten Erklärungen dafür gelten, warum sich zum Beispiel Franz Lehár als Operettenkomponist in seiner längst für ihn charakteristischen Grundhaltung nicht ändern mußte, als es plötzlich keine

Monarchie mehr gab – was er komponierte, war weiterhin für Aufführungen im Theater an der Wien gedacht und sollte möglichst rasch an allen deutschen Bühnen nachgespielt werden. Und eignete sich wie vorher entweder überhaupt nicht für den Export in den angelsächsischen Raum oder war derart supranational, daß es ohne besondere Schwierigkeiten auch unter fremdem, englischem Namen wiederum Erfolg haben konnte.

Lehárs einschneidend andere Operettenform, von der noch zu erzählen sein wird, hatte mit den Tagen des Hungers, des sozialen Elends, der tristen Situation in der verarmten Metropole nichts zu tun. »Wo die Lerche singt« war noch angesichts der Hoffnungen auf einen ehrenvollen Frieden geschrieben worden. Aber die Operette lief einfach weiter, als dieser nicht zustande kam und Margitkas plötzlich nicht mehr en Masse nach Wien kamen. Alle Wiener begriffen die Geschichte von einem Bauernmädel, das der Faszination eines Künstlers erliegt. Alle Wiener hatten den Großvater ins Herz geschlossen, der an die Liebe und Ehrenhaftigkeit seiner Enkelin glaubte. Alle Wiener waren gerührt, wenn sich im dritten Akt der Hallodri aus der Großstadt in nichts auflöste und plötzlich der treue Bräutigam im Dorf und vor allem der Großvater, eine wunderbar erfundene und komponierte Figur (ein ernster Komiker, um es einfach zu sagen), zufrieden mit der heimgekehrten, geläuterten Margitka vereinten.

Wie so oft waren Publikumsgeschmack und Zeitungskritik sehr voneinander verschieden: Außer den üblichen Späßen über die Texte las man diesmal auch Einwände gegen den Komponisten. »Lehár ist zur Vertonung dieses Buches wohl durch das ungarisch-bäurische primitive Milieu verlockt worden. Namentlich im ersten Akt spürt man diese Absicht, die Primitivität bäuerlicher Menschen und Gefühle musikalisch auszudrücken. Aber was dann aus dem Orchester erklingt, ist eine sehr kunstvoll instrumentierte, eine raffinierte und soignierte Primitivität. Die Puszta-Elegie dominiert, fast alles ist ins gleiche, etwas einfärbige Kolorit getaucht; die schmachtende konzertante Geige, die schluchzende Flöte und andere bekannte Elemente des Lehárschen Orchesters melden sich immer wieder zu Wort.«

Das Publikum hörte das nicht so, bis zum Sommer 1919 gab

es in Wien dreihundertachtzig Vorstellungen, an deutschen Bühnen kam die »Lerche« in nur zwei Jahren auf tausendfünfhundert Abende. Eine Erklärung für den Erfolg beim Publikum ist rasch gegeben: Es suchte – wie so oft – auf der Operettenbühne nicht unbedingt Antworten auf die traurige Wirklichkeit, sondern ein paar Stunden der schönen Illusion. Ländlichen Frieden, Idylle. »Da tut sich das Glück im Winkel auf, das der gejagte Großstadtmensch innig herbeisehnt«, schrieb »Die elegante Welt« zur Premiere in Berlin.

Die Nachkriegszeit ging an niemandem spurlos vorüber. Franz Lehár mochte noch so angesehen, noch so erfolgreich sein, er lebte in einer verarmten Stadt und konnte sich auch als Hausherr und Künstler kaum noch über Wasser halten: Es wurde kalt in Wien, und Strom gab es auch nicht. In den Theatern spielte man vor Publikum im Mantel, in der Theobaldgasse versuchte Lehár auf eine abenteuerliche Art, seine persönlichen Probleme zu lösen: Er ließ ein fingiertes Interview veröffentlichen, in dem er darauf hinwies, er sei »noch nicht« bereit, Wien zu verlassen, aber er brauche erstens die Möglichkeit, auch in der Nacht zu arbeiten und zweitens ein Theater – das einzige, das bewußte – für seine Operetten: »Die blaue Mazur« wollte er endlich uraufgeführt sehen, von einer chinesischen Operette, die fertig sei, und einer spanischen, von der bereits der Klavierauszug existiere, erzählte er. Und auf das fingierte gab er auch ein echtes Interview, in dem er seine Notlage deutlich machte.

»Ich hatte mich um diese amtliche Zuständigkeit (nach Deutschböhmen) mein ganzes Leben wenig gekümmert; man war Österreicher, fühlte sich dort zu Hause, wo man arbeitete, und ich speziell hielt mich seit zwanzig Jahren mitsamt meiner recht zufälligen Zuständigkeit nach Böhmen für einen ziemlich guten Wiener. Daraus, daß sich die Welt rings um uns geändert hat und ich vom Vater her noch ein altes Papier besaß, das aus mir über Nacht einen halben Ausländer machte, konnte man mir nicht gut einen Vorwurf machen. Um so weniger, als ich nie verhehlte, wieviel ich Wien verdanke und wie sehr ich mich hier zu Hause fühlte; dies letztere selbst unter Verhältnissen, die es einem nicht gerade leichtmachten, ein Wiener sein und bleiben zu wollen.«

Auf eine weitere Frage gab Lehár nicht weniger eigensinnig und zugleich offenherzig Antwort. Man hatte von einem Angebot aus Amerika gehört. Er ließ dazu vernehmen: »Ich hörte nur, daß an eine amerikanische Tournee von Oscar Straus, Leo Fall und Kálmán gedacht war. Auch ich selbst hatte einen Antrag, meine Werke drüben zu dirigieren, und sollte zu diesem Zweck zunächst nach New York reisen, was ich nach der jahrelangen Hast hier jedenfalls nicht als unerwünschte Abwechslung ansehen konnte. Zu einer bindenden Abmachung hatte ich mich aber nicht verstehen können. Ich dachte nie daran, meinen Wiener Wohnsitz aufzugeben; aber da der Kriegszustand nun mehr oder weniger der Vergangenheit angehörte und das Ausland für die von den Wiener Komponisten in den letzten Jahren geschaffenen Werke Interesse zeigte, war es nur natürlich, daß auch wir einige Sehnsucht hatten, uns nach so langer Zeit wieder ein bißchen in der Welt umzusehen.«

Zur projektierten Reise ist es nicht gekommen, das gemeinsame Auftreten der Wiener Operettenhelden in Amerika hätte wohl nicht nur Aufsehen erregt, sondern vielleicht die Zukunft des amerikanischen Unterhaltungstheaters nachhaltig verändern können – man denke nur, welche Entwicklung das damals noch nicht erfundene Musical genommen hätte, wäre in den Vereinigten Staaten dank einer geballten Ladung Leo Fall, Oscar Straus, Emmerich Kálmán und Franz Lehár eine Art Operettenkultur entstanden. Nicht auszudenken, was geschehen wäre, hätten sich die Großmeister damals und nicht spät in ihrem Leben in New York wohl gefühlt und ihre neuen Operetten für das amerikanische Publikum geschrieben.

Daß viele von ihnen nicht einmal zwei Jahrzehnte später gezwungen wurden, in der Emigration zu überleben und daß es vielen von ihnen dabei nicht glänzend ging, ist eine andere, nämlich die wahre Geschichte. Als die Nazis mit nackter Gewalt das erzwungen hatten, was die Amerikaner vorher mit goldhaltigen Dollars nicht erreicht hatten, war die Unterhaltungsmusik in den Staaten eine Stufe weiter. Und die Emigranten waren, ihrer klingenden Namen zum Trotz, vor allem Emigranten. Nicht Publikumslieblinge.

Von dieser Zukunft ahnte in den Jahren nach dem Ersten Weltkrieg keiner der Operettenkomponisten etwas. Wien war nicht mehr der Nabel der Welt, aber Budapest war immer noch in wenigen Stunden erreichbar und Prag ebenso, und Berlin holte allmählich auf und behauptete, es werde eine richtige Metropole, eine Weltstadt, die außer Bühnen und Publikum sogar Kaffeehäuser anzubieten habe.

Lehár fuhr ebensowenig nach Amerika wie seine berühmten Konkurrenten, er arbeitete in Wien an seinen Operetten und hatte so nebenbei nicht Sorgen, aber Aufregungen seines kleinen Bruders wegen zu überstehen: Oberst Freiherr von Lehár wurde ein begeisterter Ungar und zugleich der Feldherr, der an der Spitze einer sehr kleinen Streitmacht unter dem Oberbefehl Kaiser Karls gegen Budapest zog. Der letzte Kaiser der Donaumonarchie unternahm, bevor die Weltgeschichte ihn nach Funchal auf Madeira verbannte, zwei besonders ungeschickte Versuche, wenigstens als König von Ungarn wieder auf die Weltbühne zurückzukehren.

Er verkannte sowohl die politische Situation in Europa wie auch die sogenannte menschliche Natur, glaubte in Ungarns »Reichsverweser« Horthy einen getreuen Gefolgsmann zu haben, landete (nach nicht nur geheimen, sondern auch dilettantischen Vorbereitungen in der Schweiz) überraschend auf ungarischem Hoheitsgebiet und wollte mit königstreuen Truppen unter der Führung des tapferen Obersten Lehár nach Budapest. Es war sein zweiter Restaurationsversuch, und er scheiterte kläglich. Lange vor Budapest wurden ihm Truppen entgegengeschickt, die nicht bereit waren, in sein Lager überzulaufen. Karl gab auf und wurde auf einem Kanonenboot außer Landes gebracht. Die immer noch sogenannten Siegermächte wiesen ihm sein letztes Quartier zu, das er nie mehr verlassen sollte.

Oberst Lehár mußte das Land verlassen. Er hatte noch einmal dem Herrscher gedient, dem er als Soldat den Treueeid geleistet hatte. Aber nach allgemeiner Übereinkunft gab es weder den Herrscher noch den Eid, und so wurde aus dem tapferen Bruder des Operettenkomponisten Franz Lehár ein Flüchtling. Wie sein Kaiser und König, allerdings im Endeffekt sehr viel glücklicher.

180

denn er mußte nicht in die Verbannung, sondern konnte sich eine neue private Existenz aufbauen, zu der ihm Bruder Franz verhalf.

Das war auch ein Erbe der großartigen Mutter Christine Lehár: Sie hatte nicht nur gepredigt, sondern ihren Kindern auch vorgelebt, was sie von ihnen verlangte. Und ihre Kinder, sehr unterschiedlich und in völlig verschiedenen Lebenskreisen daheim, blieben alle dankbare, echte Lehárs. Kein Wort drang davon je an die Öffentlichkeit, immer aber waren sie füreinander da und halfen. Auch der berühmteste von ihnen, der sich ja als ein in aller Welt geliebter Olympier der heiteren Muse auch anders hätte verhalten können, es aber nicht tat.

Lehár, ein damals immer noch nicht verheirateter Familienmensch, der allerdings faktisch schon seit Jahren in einem Familienverband lebte, ist auf allen Photographien immer der scheinbar ruhigste, der in sich ruhende Komponist. Ob er auf einer Bank in Ischl an der Promenade sitzt, ob er mit Fall und Eysler an einem Abendessen teilnimmt und für den Photographen posiert: Immer ist er sichtbar nicht nervös, sichtbar souverän. Man versteht, warum er in Krisensituationen nicht verzweifelt, sondern sein Schicksal selbst in die Hand nimmt. Man versteht, warum er einen kühlen Kopf behält, wenn es auf dem Theater vor einer Premiere laut wird. Er ist immer gut vorbereitet auf jede mögliche Katastrophe, er weiß genau, daß er sie aus eigener Kraft meistern wird. Und wenn er in einem Interview einmal sinngemäß sagt, er könne gar keinen echten Mißerfolg haben, dazu arbeite er viel zu gewissenhaft, dann klingt das zwar ein wenig überheblich, ist aber in Wahrheit nichts anderes als sein Credo. Wenn du immer dein Bestes gibst, dann kann dir nichts passieren ...

Daß der in aller Welt gespielte Komponist Franz Lehár Geldsorgen gehabt hätte, soll man nicht annehmen. Auch wenn die Aufführungszahlen in Wien nicht unbedingt die Einnahmen der Wiener Operettenbühnen widerspiegeln, auch wenn die Direktoren unter einem regelrechten Steuerjoch litten – es floß genügend Geld, das auch aus dem Ausland kam und Lehár weiterhin als einen reichen Mann hätte leben lassen. Wäre um Geld wirklich alles zu haben gewesen.

13

Im Roten Wien

Doch Wien war rasch zu einer außergewöhnlichen Stadt geworden, nämlich dem damals schon so genannten Roten Wien. Die Sozialdemokratie stellte, sehr im Gegensatz zur Regierung des Landes, eine robuste Mehrheit in der Stadtregierung, und ein überaus sozial denkender Stadtrat, dem heute noch gedankt wird, erfand ein Steuersystem, das später nach ihm benannt wurde.

Der jedermann einsichtige Grundsatz lautete: Jede Art von Luxus wird doppelt und dreifach besteuert, aus den so gewonnenen Mitteln werden Spitäler, Kindergärten und der soziale Wohnbau finanziert. Hugo Breitner, so hieß der von den verwöhnteren Wienern gefürchtete Mann, rechnete dem Wähler eindringlich vor, welches Nachtlokal, welches Kabarett, welches Operettentheater mit seiner Steuerleistung einen Kindergarten oder Spitalsbetten finanziere. Das machte großen Eindruck und gefiel nur den Betreibern von Nachtlokalen, Kabaretts und Operettenhäusern überhaupt nicht. Und selbstverständlich auch nicht Großbürgern, denen man Steuern für zu große Wohnungen, für Personal, für Automobile abzog und die gleichzeitig die beste Kundschaft für jede Art von Amüsierbetrieb waren.

Wenn das Rote Wien enorme Fortschritte machte und in den zwanziger Jahren die sehr berühmten »Gemeindebauten« aufführte, größer als Kasernen und mit Einrichtungen, wie man sie bisher in den Vorstädten nicht gekannt hatte, so war das sensationell und ein Fortschritt, der nicht bezweifelt wurde. Wenn das auf Kosten zum Beispiel der Operette geschah, so war das niemandem laute Klagen wert.

Finanzstadtrat Breitner dekretierte stolz sein Programm: »Die Steuern der Nachtlokale und Bars sind so groß, daß wir damit die Kosten der Schülerausspeisung decken können. Die Christlich-Sozialen wollen für die Bars völlige Steuerfreiheit; wir aber glauben, daß es wichtiger und moralischer ist, die Schieber, Prasser und Schlemmer ordentlich zahlen zu lassen, um mit diesen Steuern unterernährte Schulkinder auszuspeisen. Die Betriebskosten der Kinderspitäler decken die Steuern aus den Fußballspielen, die Betriebskosten der Schulzahnkliniken liefern die vier größten Wiener Konditoreien Demel, Gerstner, Sluka und Lehmann. Die Schulärzte zahlt die Nahrungs- und Genußmittelabgabe des Sacher ...«

Und auch Lehár hütete sich, anno dazumal gegen derlei Reden in aller Öffentlichkeit zu protestieren. Ein einziges Mal ging er unter dem Titel »Operettendämmerung« 1920 in einem Interview an die Öffentlichkeit und schilderte die Situation aus seiner Sicht: »Ein rührendes Beispiel von Liebe zur Wiener Operette gab das Finanzreferat unserer Stadtverwaltung. Damit die Operette um Gottes willen in Wien kein allzu angenehmes Dasein habe, genossen die Operettentheater-Direktoren den Vorzug, doppelt so viel Vergnügungssteuer zu zahlen als alle übrigen Theater. Es sollte damit klar und deutlich bewiesen werden, daß die Wiener Operette kein Kunstgenre ist, sondern Kitsch. Ich war wiederholt in Sitzungen und mußte mich vom damaligen Finanzreferenten des Landes Niederösterreich belehren lassen, daß in Wien viel zuviel Operette gepflegt und es daher wünschenswert wäre, wenn einige Operettentheater ihre Pforten gänzlich schließen würden!«

Lehárs Sarkasmus entsprang, das darf man als gesichert annehmen, nicht der Angst um die Tantiemen, sondern galt dem Angriff auf sein Lebenswerk, auf seine Operette, die er durchaus als Kunstgenre pflegte und von der er – jetzt immerhin ein in aller Welt geschätzter Fünfziger – stets behauptet hatte, sie sei ebenso ernst zu nehmen wie die Oper oder die symphonische Musik.

Ganz im Gegensatz etwa zu seinem großen Ahn Johann Strauß war Lehár weder darauf aus, als Opernkomponist erfolgreich zu sein noch daran interessiert, den Kollegen aus dem Konzertsaal zu huldigen. Wenn er in Opern ging, wollte er mit deren Komponisten auf gleichem Niveau diskutieren. Wenn er Arnold Schönberg zu einem neuen Werk gratulierte, war da nicht eine Spur von Ehrfurcht in seinem Brief – anders als Strauß, der zu Anton Bruckner und Johannes Brahms immer als ein kleiner Wiener Vorstadtgeiger aufsah und es nicht fassen konnte, daß man mit ihm sprach, beherrschte Lehár das Metier der Komposition und hatte sich, weil er es so wollte, auf die Operette konzentriert. Nicht auf Schönbergs »Gurrelieder«, sondern auf »Wo die Lerche singt«, und er dachte nicht im Traum daran, den Kollegen anzuhimmeln; was der komponierte, war interessant und eindrucksvoll, aber Lehárs Operetten hatten auch ihr Niveau ...

Die »Gurrelieder« sind nicht von ungefähr erwähnt worden. Lehár war im Publikum, als diese erstmals (unter der Leitung des Komponisten) 1913 uraufgeführt wurden. Anschließend schrieb er seinem Bruder seine Eindrücke über Schönberg: »Es steckt viel Kraft, Können und Talent in der Komposition. Allerdings, die unmittelbare Wirkung auf das Herz – wie Wagner es verstand, zu wirken und uns zu packen, um uns nicht mehr loszulassen – ist ihm versagt. Vielleicht auch nur darum, weil die Form viel spröder ist: immer je eine Singstimme oder der Chor in Verbindung mit dem Riesenorchester. Jedenfalls war es ein ungemein interessanter Abend.«

Und nebstbei der Abend, an dem Arnold Schönberg ein für allemal zum bedingungslosen Verehrer der Wiener Philharmoniker wurde. Bis auf den heutigen Tag ist es den Musikwissenschaftlern, vor allem aber den Kritikern, nicht selbstverständlich, welche Gemeinschaft von Musikern, welchen Klang der große Musiker im Ohr hatte, als er seine »Gurrelieder« schrieb und welche berühmten »Wiener Geigen« er selbstverständlich immer wieder für seine Werke hätte einsetzen wollen. Spröde oder nicht, Schönberg sollte idealerweise von den Philharmonikern im Musikvereinssaal zu Wien gespielt werden. Dann ginge sein Wunsch in Erfüllung.

Lehár, der sich einen ähnlichen Wunsch erfüllen konnte, hatte ein fundiertes und gerechtes Urteil über den Kollegen, dem er sich auf seine Art ebenbürtig fühlen wollte.

Man muß nicht seiner Ansicht sein, bis heute nicht. Man darf Bedenken anmelden, daß »Die blaue Mazur« einen ähnlichen

Stellenwert hat wie »Die tote Stadt«. Aber man kann auch durchaus der Ansicht sein, daß viele der Operetten von Franz Lehár doch genau den Stellenwert hatten, den die Opernproduktionen seiner Zeit besaßen – in Wien waren die meisten um Maria Jeritza komponiert und sind in der Regel vergessener als Lehár-Operetten. Oder weiß heute noch ein Musikfreund vom »Eisernen Heiland« oder vom »Wunder der Heliane«? Und doch waren das das Gros der Opernpremieren.

»Die blaue Mazur«, im Mai 1920 erstmals aufgeführt, war wiederum ein Publikumserfolg und keiner bei der Presse. Die Novität war die Entdeckung des polnischen Kolorits für Lehár, dessen Werk freilich nicht in Polen, sondern in der Nähe von Wien im Schloß eines polnischen Grafen spielt. Lehár schien glücklich, einmal eine andere Nation zum Klingen zu bringen. Der einzige originelle Gedanke des Buches ist der, daß die Operette an einem Hochzeitsabend spielt, nach der Trauung also, die normalerweise mit dem Fallen des Vorhangs nach dem dritten Akt erst stattfindet. Die Verwicklungen zwischen den Liebenden, die bereits verheiratet sind, finden also ausnahmsweise kurz nach der Vermählung statt, sind aber nicht minder nebensächlich und münden nicht minder regelgemäß in eine Versöhnung, nach der die Hochzeit doch wie üblich »nachgeholt« werden kann.

Einmal mehr darf man sich über die Zusammenhänge zwischen banalen Texten und gar nicht banalen Musikstücken Gedanken machen. Oder diese Gedanken ein für allemal weglassen – immer und zu allen Zeiten haben sich Komponisten auch von sehr dürftigen Texten inspirieren lassen.

Andererseits hat Lehár sich beharrlich geweigert, für Revuen Musik zu schreiben und sich in Chansons zu versuchen, die bis heute einen gewissen literarischen Reiz haben. Es scheint bei ihm ein Abwehrmechanismus gegen sehr viele erfolgreiche Genres existiert zu haben, der ihn von Autoren fernhielt, die mit Wortwitz und aktuellen Anspielungen um Grade interessantere Texte schrieben als die allmählich in ein gesetztes Alter kommenden Wiener Journalisten, in deren Kreis Operettenkomponisten sich fortgesetzt drehten.

Das Beispiel gehört in eine andere Epoche Lehárs, ist aber zu köstlich, um nicht erwähnt zu werden: Es zeigt, wie Komponist und Librettist sich über Texte verständigten. Einen Tag vor der Premiere zu »Paganini« komponierte Lehár noch ein ihm notwendig erscheinendes Duett. Er telephonierte mit seinem Textdichter, skandierte gemeinsam mit ihm Hebungen und Senkungen der neuen Melodie und spielte via Telephon am Klavier, wobei Bela Jenbach einen ersten Versuch unternahm, sich die Melodie zu eigen zu machen. Der dabei improvisierte Urtext ist erhalten geblieben. »Juden essen gerne fett, Tralalala, möchte jetzt ins Bett ...« Am anderen Tag war die Fassung gefunden, die dann tatsächlich gesungen wurde und die um die Welt ging: »Niemand liebt dich so wie ich, bin auf der Welt nur für dich ...«

Bela Jenbach war für Lehár ein neuer Librettist, sein Werk aber hob sich in nichts von den Texten seiner Vorgänger ab. Die weiter oben erwähnten, in pectore bereits vollendeten Werke, die Lehár endlich auf die Bühne bringen wollte, waren »Frasquita« (die spanische Operette) und »Die gelbe Jacke« (die chinesische). Die Uraufführungstermine sind bekannt: »Frasquita« kam am 12. Mai 1922 heraus, »Die gelbe Jacke« am 9. Februar 1923. Bei beiden Werken waren mit Lehár wieder gute alte Bekannte an der Arbeit gewesen, das Duo Willner und Reichert für die spanische Operette, Victor Léon als der Entdecker eines wirklich fremden, überraschenden Erdteils, für die chinesische ...

Außerdem war Lehár längst dabei, seine vor Jahren nicht wirklich erfolgreichen Operetten neu texten zu lassen und an seinen erfolgreichen Werken selbst musikalische Bearbeitungen vorzunehmen. Als Verwerter wollte er Musik, an der ihm lag, nicht einer albernen oder als albern empfundenen Geschichte wegen verlieren. Als Musiker fand er immer wieder Kleinigkeiten zu verbessern, wollte er doch seinen Ruf als Perfektionist und als Klangzauberer beweisen. Daraus erklärt sich auch seine ununterbrochene Arbeit an Partituren, sein sprichwörtlicher Fleiß, aber auch sein Stolz darauf, daß man ihm keine falschen Quinten und keine unnötigen Verdoppelungen – das Publikum hätte so etwas nicht gemerkt, Kollegen von der seriösen Zunft aber hätten über laienhafte Arbeit gesprochen – nachsagen konnte. Franz Lehár war ein ausgebildeter Musiker, und das macht einen Großteil seiner Kunst, vor allem seiner Überlegenheit gegenüber den vielen heiter vor sich hin musizierenden Konkurrenten aus.

Immer und immer wieder: Franz Lehár wollte einmal in die Welt gesetzte Kinder nicht verlieren. »Gegenwärtig bin ich mit der Vollendung von sechs neuen Szenen beschäftigt, die in der Neubearbeitung der Operette *Der Göttergatte*, die den Titel *Die ideale Gattin* führt, Aufnahme finden werden. Die Librettisten Brammer und Grünwald haben ein vollständig neues Buch zu dieser Operette geschrieben, die im modernen Nizza spielt.« So Lehár zum Beispiel in einem kurzen Interview 1913, als er den Reportern berichtete, er sei aus Berlin heimgekehrt, wo er »Das Fürstenkind« dirigiert hatte. Und wo er nebenbei auch noch mitzuteilen hatte, er habe einen neuen Marsch »Vater Radetzky ruft« komponiert, der demnächst »bei einem patriotischen Anlaß« zum ersten Mal gespielt werde. Derlei Interviews waren für ihn wie für jeden Musiker eine Notwendigkeit, Reklame, Propaganda – man nutzte in Wien seit Generationen die Verbindungen zu Zeitungen immer virtuos.

Strauß Vater hatte sich nicht nur Hymnen schreiben lassen, sondern auch versucht, den als Konkurrenten antretenden Sohn anzuschwärzen. Strauß Sohn hielt es ebenso und war auch auf der Höhe seines Ruhms für Journalisten beinahe jederzeit zu sprechen, setzte sie zuerst klug ein, um den Wienern den nahtlosen Übergang von einem zum anderen Walzerkönig schmackhaft zu machen, war aber selbstverständlich auch bereit, Reportagen über sein elegant eingerichtetes Palais zu ermöglichen, wenn diese auf eine demnächst zur Aufführung gelangende Operette hinwiesen.

Was immer da geschrieben wurde, zu Zeiten Strauß', aber auch Jahrzehnte später über Franz Lehár, liest sich wie der Inhalt einer der unzähligen Tratschspalten aus der gegenwärtigen Zeitungswelt. Es kam auch ganz genau so zustande, wie diese Neuigkeiten heute in die Spalten rutschen: Die Persönlichkeit, die erwähnt werden wollte, verriet dem Pressemenschen eine unwichtige Neuigkeit »exklusiv«. Und schon konnte sie ihren Namen in der Zeitung lesen und hoffen, das werde sich günstig auf den Besuch der Operetten auswirken.

Der war nämlich nach 1920, wenn auch die Aufführungen in Serie gespielt wurden, längst nicht mehr so exzellent. Der Publikumsandrang wurde nicht nur von den aufgrund hoher Steuern relativ hohen Eintrittspreisen bestimmt, sondern von den allgemeinen Sorgen der Wiener um das tägliche Leben. Die Stadt, wenngleich allmählich in ihre neue Rolle als Wasserkopf oder Rotes Wien hineinwachsend, war einfach zu groß, zu entkräftet. Und zu verloren: Rundum wollten die einstigen Satellitenstädte Budapest und Prag ihr Publikum selbst halten und nicht mehr an die frühere Metropole verlieren. Rundum war Europa noch vom Krieg gezeichnet, und man hatte wenig Mittel, um sich Reisen in die glitzernde Operettenstadt Wien zu leisten – als man Lehárs 50. Geburtstag feierte, begrüßte Karczag von der Bühne des Theaters an der Wien deutlich die »Vertreter der Entente«, Theaterdirektoren aus dem für über vier Jahre feindlichen Ausland, die endlich wieder einmal den Weg nach Wien gefunden hatten.

Daß sich das sogenannte kulturelle Leben überhaupt aufrecht erhalten konnte, verdankte Wien nicht den plötzlich aus Steuermitteln ernährten Kindern und ihren Eltern, denen erstmals in der Geschichte der Stadt Wohnungen »mit fließendem Wasser« zugewiesen wurden, sondern naturgemäß der neuen Oberschicht, die sich nur teilweise aus der alten Stammkundschaft rekrutierte: Die guten, soliden Bürger hatten patriotisch Kriegsanleihen gezeichnet, waren 1918 vor dem Ruin gestanden und hatten sich nicht alle erholt. Die zahlenmäßig riesige Beamtenschaft mußte von ihren so gut wie wertlos gewordenen Bezügen leben und hatte außerdem mit Kündigung zu rechnen, weil viele vordem notwendige Behörden im kleinen Deutsch-Österreich nicht mehr gebraucht wurden. Die neue Oberschicht bestand vor allem aus Kriegsgewinnlern, Neureichen, Spekulanten, die zwar in Wien dazu zu bewegen waren, ihren Reichtum »standesgemäß« auszugeben, die aber allein natürlich nicht imstande waren, die Theater zu füllen.

Daß »Die blaue Mazur« es trotzdem auf mehrere hundert Aufführungen brachte, war Theaterpolitik. Man gab Freikarten aus, man spielte vor halbvollem Haus, man wollte das Publikum anlocken, indem man ihm suggerierte, ganz Wien wolle die neue Lehár-Operette sehen. Also sollte allmählich wirklich ganz Wien ins Theater an der Wien. Dachte, plante man wenigstens.

Und spielte, unter leisem Druck des Komponisten, was er an Novitäten schrieb. Also in der »Hölle« 1922 das Biedermeier-Singspiel »Frühling«, aus dem in einer überdimensionierten Um- und Neubearbeitung sechs Jahre später die Operette »Das Frühlingsmädel« wurde, das im »Neuen Theater am Zoo« in Berlin herauskam. »Frasquita« wurde aufgeführt, die mehrfach angekündigte spanische Operette, in der sich erstmals der Tenor gegen alle anderen Mitwirkenden durchsetzt: »Schatz, ich bitt' dich, komm heut' nacht!« hat wenig Spanisches an sich, war aber der Hauptschlager dieses Stücks und brachte erstmals in einer Reihe, die Lehár bald fortsetzte, nicht mehr der Diva, sondern dem Helden den größten Erfolg des Abends.

Und 1923 konnte man im Theater an der Wien nicht anders und erfüllte den Wunsch von Victor Léon und Franz Lehár und schickte auch »Die gelbe Jacke« ins Rennen. Ein Werk, das erstaunlich wenig Erfolg hatte und, man ahnt es, viel später als »Das Land des Lächelns« zu einem der größten Triumphe der Autoren wurde: Léon hatte als Librettist zweifellos nicht sehr viel größere Bedeutung als seine zahllosen Konkurrenten. Als einer, der neue Themen und neue Erdteile für die Bühne erschloß, ist er in die Geschichte eingegangen. »Die gelbe Jacke« war es nicht, aber die dann so bezeichnete romantische Operette »Das Land des Lächelns« von Ludwig Herzer und Fritz Beda-Löhner »nach Victor Léon« wurde 1929 zum Welterfolg.

Zum Welterfolg des Komponisten und seines unzweifelhaft bedeutendsten Interpreten – Richard Tauber war zu dieser Zeit der Sänger, für den Lehár seine Werke so schrieb wie einst Johann Strauß nur nach Rücksprache mit Alexander Girardi ...

»Die gelbe Jacke« brachte es im Theater an der Wien auf nicht einmal hundert Vorstellungen. Und wenn man auch Lehárs chinesische Anklänge apart nannte, man konnte mit der Geschichte der Wienerin, die einem ausländischen Diplomaten in dessen Heimat folgte, wenig anfangen. Allerdings: Es gab ein heiteres, ein versöhnliches Finale. Im zweiten Akt war der Handlungsknoten noch beinahe so geknüpft wie in dem späteren Erfolg. Die bildhübsche Wienerin langweilte sich in China und konnte nicht einsehen, daß es ihrem Mann selbstverständlich zugemutet wurde, standesgemäß Nebenfrauen zu haben. Im dritten Akt aber kam man banalerweise wieder heim nach Wien und zwar gemeinsam: Sou-Chong Chwang wurde zum Gesandten in Wien ernannt und konnte in bestem Einvernehmen mit seiner Lisa ein Operettenfinale erleben. Ob diese leicht verständliche Wendung zum Positiven das Publikum enttäuschte? Ob es 1923 schon nach der neuen, von Lehár erfundenen resignativen Lösung hungerte? Nach dem entsagenden Helden, der gemeinsam mit seiner kleinen Schwester die Europäer entläßt und beim Fallen des Vorhangs in seiner fremden, exotischen Welt bleibt?

Kein Mensch kann es im nachhinein erklären, doch da Lehár die meisten der seither nie mehr vergessenen Melodien des »Land des Lächelns« bereits in der Erstfassung präsentierte, ließe sich der Mißerfolg durchaus so interpretieren: Man war es müde, die immer und immer wieder gleiche Abfolge von drei Akten zu erleben, in denen es nach einer Schablone zugeht. Akt eins präsentiert die Personen der Handlung, deren Beziehungen zueinander jedermann schon bei ihrem Auftritt klar ist. Akt zwei bringt die große Katastrophe, die nicht nur Sopran und Tenor, sondern auch Soubrette und Tenorbuffo scheinbar ein für allemal auseinandertreiben. Akt drei läßt erst einmal nach der Pause einen Komiker (oder als mögliche Variante eine komische Alte) erscheinen, die das Publikum noch einmal in Stimmung bringen. Dann aber muß sehr rasch und auf irgendeine längst vorhersehbare (selten originelle) Art das Finale herbeigeführt werden, in dem sich mindestens zwei, manchmal auch sehr viel mehr glückliche Paare in die Arme fallen und Chor und Ballett zum gängigsten Schlager der Operette tanzen.

»Die gelbe Jacke« bot 1923 diese übliche, gewohnte Lösung. Das aparte Chinesisch, das der Eindringling sang, gefiel. Daß er allerdings zuletzt quasi ein Wiener wurde, war nicht nach dem Gusto des Publikums. Scheinbar ...

Hubert Marischka, Schwiegersohn des Besitzers und einziger Tenorheld des Theaters an der Wien, hatte nicht mehr den Erfolg, der ihm in allen seinen Rollen wie von selbst zufiel. Der im Privatleben längst unter dem Namen Marischka-Karczag in den Betrieb aufgenommene tonangebende Mann im Haus war unzufrieden. Mit sich? Selbstverständlich mit der Partie, in der er nicht mehr den üblichen Triumph feierte.

Als kurz darauf sein Schwiegervater starb und Marischka als Direktor und Bühnenheld zugleich das Haus in der Wienzeile (man nennt die breite Einfallsstraße, die aus dem Westen direkt bis hin zur Staatsoper führt, so, weil sie genau dem Bett des kleinen Flusses Wien folgt, der freilich in diesem Bereich in einen Tunnel verbannt ist, über dem der immer noch berühmte »Naschmarkt«, ein bis heute florierender Grünmarkt, stand) übernahm, war es mit dem jahrzehntelangen guten Einvernehmen zwischen Franz Lehár und dem Haus vorbei. Als hätte sich der Komponist nicht nur einem traditionsreichen Haus, sondern auch einem von Mal zu Mal irrenden, dann aber enthusiastischen Prinzipal alten Schlags verbunden gefühlt und sonst niemandem, wurden die Verbindungen abgebrochen und die immer vorhandenen Angebote anderer Wiener Häuser angenommen.

14

Freundschaft mit Richard Tauber

Freilich gab es außer der persönlich angespannten Beziehung zwischen Marischka und Lehár auch eine Anzahl guter Gründe, weshalb sich der Komponist benachteiligt fühlen und den neuen Direktor um weitere Premieren bringen konnte. Der bedeutende Tenor Richard Tauber, damals auf den großen Opernbühnen der Welt in Mozartpartien engagiert, hatte 1920/1921 in Lehárs »Zigeunerliebe« gesungen und unerhörten Erfolg gehabt. Zuerst in Berlin, dann sogar am Stadttheater in Salzburg, das sich die Sensation leistete. Der Komponist hatte Tauber gehört, sofort kennengelernt und nach Bad Ischl gebeten. Lehár spürte, welche Sensation die Begeisterung eines Künstlers vom Schlage Taubers für die Operette bedeutete, und wollte den Tenor mit allen Mitteln für seine Werke gewinnen. Er sprach in Wien von nichts anderem als diesem Wunder Tauber, und Marischka, damals schon Chef im Haus, engagierte Tauber, wann immer der sich Zeit von der Opernbühne nahm. Allerdings für den »Letzten Walzer« von Oscar Straus, für »Bacchusnacht«, eine Operette von Granichstaedten, schließlich für eine »Nacht in Venedig«, die Erich Wolfgang Korngold neu eingerichtet hatte – der Wiener Komponist arbeitete nicht nur für Max Reinhardt an Bearbeitungen. Wichtig war: Richard Tauber sang im Theater an der Wien Operette, aber nicht Lehár. Mag sein, daß sich Hubert Marischka seine Lieblingsrollen nicht nehmen lassen wollte. Mag sein, daß er der Ansicht war, den großen und teuren Tenor sollte man für weniger attraktive Werke einsetzen, denn die Operetten Lehárs seien auch in anderer Besetzung gut verkauft. Immerhin scheint dies ein sehr legitimer Grund für eine dauerhafte Verstimmung zwischen dem Komponisten und dem Direktor gewesen zu sein. Ein Grund, an ein anderes Haus in Wien zu wechseln.

Marischka führte übrigens das Theater an der Wien, das im

Besitz seiner Familie blieb, in den Ruin und war zuletzt (nach dem Zweiten Weltkrieg) bereit, es als eine Garage finanziell besser zu nutzen. Einzig die Tatsache, daß einige Jahre lang die Wiener Staatsoper das Haus als Ausweichquartier genutzt hatte und ein umtriebiger Sektionschef im Unterrichtsministerium Ehrgeiz entwickelte, verdankt Wien das Weiterbestehen des Hauses. Es wurde von der Stadt angekauft und grundlegend renoviert und ist jetzt ein herrlicher Zankapfel für Wiener: Da man es unter dem Jahr als Musical-Bühne führt, zu den Festwochen allerdings Opernvorstellungen gibt, ist die Sehnsucht der Musikfreunde nach einer Nutzung als Opernhaus groß und wird nur nicht erfüllt, weil Oper (wie alle Welt weiß und spürt) die teuerste Kunstgattung ist und sich sogar das musiknärrische Wien drei ständig bespielte Opernhäuser kaum leisten kann.

Franz Lehár wechselte mit seiner nächsten Uraufführung in das Wiener Bürgertheater, einer der Operettenbühnen, die sich auf unerklärliche Weise in der Stadt über alle schlechten Zeiten, sogar über den Zweiten Weltkrieg retteten und die – ohne durch »Kriegseinwirkung« zerstört worden zu sein – erst in der zweiten Republik niedergerissen wurden: Die verhältnismäßig kurze Zeit, in der auch der Wiener sein kleines, billiges Vergnügen nicht mehr bei der Operette, sondern im Kino suchte, brachte in der Stadt mindestens vier nicht florierende, aber tapfer vor sich hindümpelnde Bühnen um. An ihrer Stelle entstanden Zweckbauten, nicht einmal andere Vergnügungstempel. Die mittlere und junge Generation der Wiener weiß nicht einmal mehr, welche Gebäude da nach 1945 standen und bespielt wurden. Sie weiß allerdings auch nicht mehr, wie viele »kleine Kinos« und wie viele »Großkinos« es anschließend gab. Das Fernsehen hat völlig neue Lebensgewohnheiten entstehen lassen, die pure Unterhaltung sucht man in Wien nur noch in zwei großen subventionierten Musical-Theatern und ungezählten florierenden kleinen Bühnen. Daß zwei von ihnen neuerdings Erfolg mit modisch adaptierten Operetten haben, ist eine andere Sache und läßt merken, daß sich selbst die jüngere Generation noch von Musik animieren läßt.

Das Bürgertheater, nahe am Stadtpark, jedoch an der dem

Ring entgegengesetzten Seite, erinnerte als Bauwerk an die stilistisch seltsamen Bauten, die um die Jahrhundertwende auch aufgeführt worden waren: Man nahm Anregungen der Moderne zur Kenntnis, gebrauchte ungefähr das Material, das der berühmte Otto Wagner für seine von Jahr zu Jahr berühmter werdenden Jugendstil-Bauten verwendete, suchte sich einige Anregungen auch bei dem nicht nur berühmten, sondern auch berüchtigten Adolf Loos – und errichtete in kürzester Zeit ein Haus, in dem die Operette alle Möglichkeiten hatte, die damals gefordert wurden. Also einen komfortablen Zuschauerraum, einen nicht zu klein geratenen Orchesterraum, eine »ordentliche« Bühne, auf der einige Illusionen erzeugt werden konnten.

»Clo-Clo«, später »Clo Clo« genannt, war die erste Operette, die Lehár für März 1924 an dieses Haus vergab. Es sollte eine Art musikalischer Schwank werden, leichte, heitere Kost: Neben Louise Kartousch trat eine der berühmtesten und originellsten Komikerinnen Wiens auf, Gisela Werbezirk, die der Legende nach schon mit ihrer Vis comica Lachstürme erregte und einen Typ darstellte, den man in Wien als Rarität stets besonders schätzte. Die Werbezirk war mit ihren Couplets und ihren Improvisationen die Freude aller intellektuell angehauchten Theaterbesucher und ist in die Geschichte eingegangen, weil sie als Emigrantin die neue Heimat USA mit trockenem Humor so charakterisierte, daß ihre allerbesten Sätze in Friedrich Torbergs »Die Tante Jolesch« festgehalten sind und man sich wenigstens vorstellen kann, welch typisch wienerisch-jüdisch spitze Art sie auch auf der Bühne gezeigt haben muß. Bei Lehár erschien sie als Melousine, die Frau des Helden Severin Cornichon, und war umwerfend komisch.

Lehár hatte wieder Erfolg. Die weiterhin führende »Neue Freie Presse« belehrte ihr Publikum. »Musikalisch bemerkenswert ist diese schon dadurch, daß Franz Lehár hier den energischen Versuch macht, sich dem leichten Genre zuzuwenden. Ganz leichte Musik zu schreiben ist bekanntlich keine leichte Sache, und ein gewissenhafter, ehrgeiziger Künstler wie Lehár macht sie sich nur noch schwerer. Zu dem übermütig kecken Schwank hat er eine feinsinnige Lustspielmusik geschrieben, die allerdings nicht ganz frei ist von jener Sentimentalität, die Lehár auch in den heitersten Momenten nicht verläßt. So musiziert er, unbekümmert um das Schwanktempo der burlesken Vorgänge, stellenweise wie für sich in einer charmanten, geistvollen Art, an der sich jedes musikalisch anspruchsvolle Ohr erfreut. Am schmeichelndsten klingt die Musik aber dann, wenn sie echter, süßer Lehár ist wie in dem entzückenden Walzer des ersten Aktes.« Und selbstverständlich erhält die Werbezirk ihre eigenen Elogen: »Das komische Ereignis des Premierenabends war Gisela Werbezirk, die mit ihrer fast rührend komischen Provinzmutter, ihrem zum Schreien komischen Hütchen, ihren trockensten Tönen und ihren drastischen Gebärden aus der Josefstadt auf die Landstraße übersiedelt ist und außerdem durch ihren Coupletvortrag verblüfft.« Um die Hymne zu verstehen, muß man wissen, daß »Josefstadt« damals als Synonym für das Theater in der Josefstadt galt und dieses damals noch keine Reinhardt-Bühne war, sondern eine Vorstadtbühne, auf der die minderen Nachfahren Johann Nestroys derbe unterhielten.

Auch »Clo-Clo«, wie der Schwank bei der erfolgreichen Uraufführung hieß, wurde insgesamt drei Mal umgearbeitet. Einmal für das Wiener Johann-Strauß-Theater, zuletzt 1930 für Paris: Lehár legte bei wichtigen Aufführungen im Ausland immer Wert darauf, zu den Vorbereitungen zugezogen zu werden, und er komponierte in der Regel in den allerletzten Probentagen für die lokalen Größen eigene Couplets, was ihm Freude machte und dem Stück zusätzlichen Erfolg brachte, denn »auf den Leib geschneiderte« Piecen waren allemal bei Interpreten und derer Gefolgschaft äußerst beliebt. Lehár war bei all seiner Gründlichkeit als Routinier und dank seiner guten »Schule« imstande, auch noch im allerletzten Moment für eine neue Melodie zu sorgen und diese auch zeitgerecht zu instrumentieren. Er hatte ja ein für allemal seinen Stil gefunden und konnte, wie man ihm attestierte, auch bei den heitersten Schwänken nicht aus seiner Haut. Das heißt, er konnte nicht plötzlich in einen geradlinigen, plumpen Orchesterstil verfallen, sondern mußte mit überraschenden harmonischen Wendungen und einer delikaten Mischung der Instrumente dafür sorgen, daß immer alles nach Lehár klang.

Trotzdem wurde »Clo Clo« auf Dauer wieder eines jener Werke, aus dessen mäßigem Erfolg sich für den Komponisten eine Glückssträhne entwickelte, ein Auslöser für eine Serie von großen Operetten, die »geblieben« sind.

Der Wechsel aus dem Theater an der Wien war auch ein erster Schritt weg von Wien, denn auch das wurde für Lehár wichtig: Er mußte sich ein zweites Imperium erobern, mußte beweisen, daß er nicht nur eine wienerische Größe war, deren Werke dann und wann auch anderswo Triumphe feierten, deren Ursprung aber immer ausschließlich Wien zu sein hatte.

Lehár, über dessen privates Leben und sein Wesen entweder nicht oder nur in sehr oberflächlicher Weise geschrieben worden ist, hat sein Leben lang die Kindheit und Jugend nicht aus den Knochen bekommen. Wenn man erfährt, daß er noch vor seinem fünfzigsten Geburtstag längst die Mieter aus seinem riesigen Zinshaus in der Theobaldgasse entfernt hatte und es ganze Zimmerfluchten gab, in denen er Lorbeerkränze, Widmungen, Erinnerungen an Uraufführungen, auch Kritiken sammelte, dann widerspricht dies sehr dem Bild eines in sich gekehrten, ruhigen, bescheidenen Menschen. Dann läßt dies erkennen, daß er zutiefst den Erfolg, die äußere Anerkennung, die Attribute eines weltweit geschätzten reichen Mannes liebte: In Wien und in seiner Villa in Ischl gab es keinen Raum, in dem nicht einerseits Luxus nach der Mode der Zeit, andererseits Kitsch in jeglicher Form vorhanden war.

Eine der täglichen Führungen durch die Lehár-Villa in Ischl genügt, um diese Behauptung zu untermauern. Man sieht, da nach des Meisters Willen nach seinem Tode nichts verändert wurde, in jedem Salon, in jedem Zimmer neben den Gegenständen des täglichen Gebrauchs Devotionalien, wie sie ein Musiker von Geschmack nicht in seine Nähe gelassen hätte. Aber: Es waren Gaben seines begeisterten Publikums, weshalb er nicht einen Moment daran dachte, sie nicht auf seine Tischchen und Regale zu stellen oder an seine Wände zu hängen.

Der Mann, der sich aus eigener Kraft zu einem »Meister« gemacht hatte, liebte jedes Zeugnis dafür, daß er ein solcher war und vor allem, daß man ihn als einen solchen anerkannte. Aus diesem Grund nahm er alle Einladungen zu Gastspielen wahr, er korrespondierte mit Eifer mit Verehrern in aller Welt, er war gern in Gesellschaft anzutreffen. Und er hortete in mit den Jahren immer steigenden Ausmaßen alle Zeugnisse, deren er habhaft werden konnte.

Was das wirklich Private anlangt, darf man nicht vergessen, daß der Musiker ein seltsames Leben zu führen hatte. Er war seit Jahren »fest vergeben« und mit einer so treuen wie hübschen Frau so eng beisammen, wie es die Konvention erlaubte. Er hatte jahrelang keine Möglichkeit, sie zu heiraten, und mußte nach außen hin als Junggeselle leben. Immer in der Hoffnung, eines Tages eine längst bestehende Verbindung durch Heirat so legalisieren zu können, wie es jeder seiner Operettenhelden im Finale tat. Daß er in all den Jahren nicht immer in Begleitung reiste und überall auf glühende Verehrerinnen und willig sich zur Förderung anbietende junge Künstlerinnen stieß, verrät sogar seine getreue Maria von Peteani, und man kann es in seinen Tagebüchern oder Reisenotizen nachlesen. Daß er in all den Jahren aber Sophie, die schließlich doch Sophie Lehár heißen durfte, als den Mittelpunkt seines Lebens sah und die vielen mit Prunk und Plüsch gezierten Zimmer in der Wiener Theobaldgasse und in der Villa in Ischl vor allem ihr Heim sein sollten, steht außer Zweifel.

Man sagt Sophie Lehár nach, daß sie ihren Mann »an der langen Leine« gelassen hätte. Ein heute auch schon altmodischer Ausdruck dafür, daß sie ihm den einen oder anderen Seitensprung nachgesehen hätte.

Ein an sich höchst kundiger, jedoch auch sehr vertratschter Kenner der Operette und Biograph Lehárs setzte seinen Ehrgeiz auch in das Projekt, alle Affären des Komponisten mitzuschreiben, von einer Dame der englischen Gesellschaft und von mehreren glühenden Verehrerinnen in Ischl zu berichten und vor allem darauf hinzuweisen, daß Franz und Sophie Lehár, wäre es ihnen wichtig gewesen, viel früher auch ein offizielles Ehepaar hätten werden können. Er deutete den Komponisten als einen im Grunde für sich allein lebenden Mann, der sich nur ungern schließlich zur Heirat bewegen ließ, wahrscheinlich lieber sein Leben lang auf eine Beziehung samt getrennten Wohnungen bestanden hätte. Abgesehen davon, daß es wohl zahlreiche Männer gibt, die auch in gut funktionierenden Ehen darauf bestehen möchten, ein Zimmer für sich allein zu haben und nicht alle ihre Probleme mit der geliebten Frau zu teilen: Ist das von Bedeutung? Wirft das ein bezeichnendes Licht auf den Theatermusiker Lehár und die Frau, die bis zu ihrem Tod an seiner Seite blieb?

Mir scheint es völlig bedeutungslos und nicht einmal in einer der heute so geschätzten »enthüllenden« Biographien erwähnenswert. Die Jahre, in denen Lehár sich endlich von Wien emanzipierte und in denen er seine zweite große Serie von Erfolgen komponierte, dirigierte, auch genoß – sie fallen in eine an sich aufregende Zeit, in der es in Wien und mehr noch in Berlin in seinen Kreisen hoch herging, in denen man als bedeutender Künstler verrucht zu sein hatte, in denen das sogenannte lockere Theatervölkchen lockerer war als je zuvor – und vor allem lockerer als in der Gegenwart, die sich bei allem fad gewordenen öffentlich zur Schau getragenen Sex unendlich spießbürgerlich erweist.

Wie viele Seitensprünge also hat Franz Lehár unternommen? Es wird in diesem Buch davon kein einziger erwähnt. Unter anderem, weil kein einziger die Inspiration zu einer Operette oder einem Walzer ergab.

Die engen Beziehungen, die schließlich eine Reihe von Kompositionen heraufbeschwor, waren welche zwischen dem Meister und einem Tenor, der für ihn zum wahren Fixpunkt wurde.

An dieser Stelle aber muß »Paganini« erwähnt werden, die erste der Lehár-Operetten, die eine große Persönlichkeit als Hauptfigur präsentierte. Und die erste, die dank dem Mozart-Tenor Richard Tauber zu einem langanhaltenden Erfolg wurde.

Lehár selbst hat beschrieben, wie er zum Textbuch dieser Operette gekommen ist, und die ganze Welt hält sich an diese Version. Es ist deshalb nicht möglich, eine neue, originellere zu finden.

»Da kommt eines Tages ein Freund zu mir, bringt ein Libretto ohne Verfassernamen und drückt es mir in die gar nicht darauf erpichte Hand: ›Gefällt's Ihnen, dann behalten Sie's; wenn nicht, hol' ich es mir bei Gelegenheit wieder ab!‹ Ausnahmsweise bin ich an dem Abend mal zu Hause und habe Zeit. Unwillkürlich schlage ich das Heft auf und blättre drin herum. Schon die erste Szene mit dem faszinierenden Geigenspiel aus der Ferne macht mich stutzig. Ich lese weiter, und Musik, Musik strömt mir aus jeder Gestalt, aus jeder Situation entgegen. Ich war so gepackt, daß ich mich sofort zum Schreibtisch setzte und die ganze Nacht hindurch, ohne Unterbrechung, förmlich in einem Trancezustand, den ersten Akt und noch ein Stück vom zweiten in den musikalischen Umrissen skizzierte. Völlig erschöpft stand ich gegen Morgen vom Schreibtisch auf – und doch mit einem glücklichen Gefühl. Damals schrieb ich in mein Skizzenbuch: Geburtstagsgeschenk vom lieben Gott – denn es war gerade der 30. April – mein Geburtstag.«

Völlig verständlich ist bis heute nicht, wie der identifizierte Freund mit Namen Viktor Wögerer dem Komponisten ein Textbuch überreichen konnte, das der junge Musiker Paul Knepler für sich selbst geschrieben hatte und für das es bereits Teile der Komposition gab. Ob Knepler seine eigenen Grenzen erkannte und Viktor Wögerer vorschob? Ob der gemeinsame Bekannte den Stoff für einen idealen Lehár-Stoff hielt und sich in die Geschichte von »Paganini« auf das allerfruchtbarste einmengte?

Tatsache bleibt, daß der Autor und Komponist seine wirkliche Chance begriff. Gemeinsam mit Franz Lehár eine Operette zu schreiben, am Erfolg und den Tantiemen Anteil haben, das war absolut mehr als die Aussicht, sich mit einem guten Stoff allein auf die Bühne zu wagen und schließlich vielleicht nichts zu erreichen ...

Genaugenommen ist es wiederum kein gutes Buch, immerhin gefielen selbst Lehár die angebotenen Texte nicht; er ließ sie auf das allerheftigste bearbeiten und zwar von jenem Bela Jenbach, mit dem er bald darauf noch eine Operette schrieb. Was ihm gefiel, war einfach eine Situation. Der Teufelsgeiger, der mit seiner Kunst die Frauen durcheinander wirbelt und um dessen

»Gunst« nicht nur die Schwester des großen Napoleon, sondern auch die berühmte Opernsängerin Antonia Bianchi werben. Die Tatsache, daß Paganini im Laufe der Operette selbstverständlich beide Frauen erobert und sich von keiner Frau erobern läßt: Er ist der Künstler, die Kunst in Person. Er gehört nicht der Fürstin, nicht der Sängerin. Er findet aus allen heiklen Situationen einen legitimen Ausweg: Er geigt sich in eine neue, bessere, in seine Welt.

Das ist die Situation. Daß Lehár sie mit einem für die Operette einfach notwendigen Buffopaar anreichert, daß er sowohl die hohe Politik wie das malerische Volk in Form von Chören auf die Bühne bringt, versteht sich. Auch mit einem angeblich bekenntnishaften Werk läßt einer, dem die Operette seine eigene, einzige Sprache ist, nicht den Effekt aus.

Als Lehár diese neue Operette komponierte, schwamm er – wahrscheinlich unbewußt, sicher aber sehr konsequent – gegen den Strom der Zeit. Die melodienseligen Werke, in denen ein Franz Schubert vergeblich liebte, waren schon geschrieben und weltweit gespielt. Aufsehen erregten Revuen mit dem Einsatz möglichst vieler und möglichst nackter Frauen einerseits und harte, an Boxkämpfe erinnernde Travestien à la »Dreigroschenoper« andererseits. Das Tempo der Zeit und auch das Tempo auf den Bühnen der Unterhaltungstheater war rascher geworden, die Farben waren greller. Lehár nahm dies nicht zur Kenntnis, sondern schrieb ein geradezu lyrisches Werk.

Das in Wien, wo die Uraufführung 1925 stattfand, auch nur die halbe mögliche Zustimmung fand und in Berlin, wo wenige Monate später die erste Aufführung mit Richard Tauber in der Titelpartie stattfinden sollte, erst ein Prozeß entschied, daß die Operette überhaupt auf die Bühne kam.

Sehr zur Unehre des Herrn Direktor Saltenburg vom Deutschen Künstlertheater gingen Lehár und Tauber, als ihnen erklärt wurde, man wolle doch lieber auf die projektierte Berliner Premiere verzichten, vor Gericht. Sie präsentierten dem Schiedsgericht der Deutschen Bühnengenossenschaft einen gültigen Vertrag und erreichten, daß »Paganini« ins Programm genommen wurde: Komponist und Interpret waren einerseits von ihrem Vorhaben überzeugt, andererseits bereit, selbst ihren Anteil am Zustandekommen der Vorstellungen in Berlin zu leisten. Richard Tauber, der jeden Abend irgendwo in Europa hätte singen können, verzichtete für »Paganini« auf die Hälfte seiner Gage, Franz Lehár, der als wahrlich reicher Mann besonders knausrig hätte sein können, verzichtete für die zuletzt ausgehandelte Anzahl von Vorstellungen auf seine Tantiemen.

Und? Am 30. Januar 1926 ereignete sich das Theaterwunder. »Paganini« wurde in der exzentrischen Metropole Berlin zu einem Riesenerfolg, Tauber zum wahrscheinlich erfolgreichsten Operettenhelden aller Zeiten. »Gern hab ich die Frau'n geküßt« mußte er nicht zweimal, sondern fünfmal singen. Das Haus tobte, und die Kritik war einmal mehr der Ansicht, es sei völlig unverständlich, wie ein derartig albernes Machwerk so viel Begeisterung auslösen könne – die Zitate aus Berlin lesen sich kerniger als aus Wien, die Meister des deutschen Feuilletons klangen immer etwas harscher als die Herren Journalisten in Wien, die einander nicht weh tun wollten.

Der Chef des Hauses aber, der zum zweiten Mal in kurzer Folge per Schiedsgericht zu einem Erfolg gezwungen worden war (vorher hatte er Carl Zuckmayers »Fröhlichen Weinberg« im letzten Moment nicht aufführen wollen, was man ihm auch nicht durchgehen ließ), reagierte der Fama nach genauso wie Wilhelm Karczag in Wien zwei Jahrzehnte zuvor. Er strahlte am Premierenabend, als hätte er es ja immer schon gewußt. Und er wußte genau, daß er ab sofort Gage und Tantiemen zu bezahlen hatte, um »Paganini« und alle erdenklichen weiteren Lehár-Premieren zu erhalten.

Die Konkurrenten des »Paganini« staunten. Da gab es eine von ihnen selbst erfundene neue Zeit, in der Tempo und Witz einerseits, Nacktheit und Masse andererseits das Publikum anlockten. Und da kam aus der längst entschwundenen Zeit der Monarchie ein Mann, dessen große Zeit unvorstellbar lang zurücklag, und machte mit einem Schmachtfetzen sein Geld und erregte mehr Aufsehen als sie alle zusammen?

Ob es sich nicht um einen Zufall handelte? Eine Art Ausrutscher des Publikums, wie man das in Wien bezeichnen würde?

Sie sollten eines Besseren belehrt werden. Denn Lehár und Tauber holten sich ein Jahr später einen noch größeren Erfolg in Berlin ab. »Der Zarewitsch« wurde in Ischl und bereits unter der Oberaufsicht – oder Mitarbeit oder wie immer man das nennen wollte – des Tenors komponiert und 1927 zum Triumph in genau dem Berliner Haus, das sich gegen »Paganini« gewehrt hatte.

Wieder war Bela Jenbach einer der Autoren, und wieder – so viele Variationen in der Entstehungsgeschichte von erfolgreichen Operetten gibt es nicht, sie ergeben sich immer wieder – mußte der Stoff einem Konkurrenten abgekauft werden. Das Buch war erstmals 1917 Lehár als mögliche Operette angeboten und von ihm abgelehnt worden. Es ging an Pietro Mascagni, der allerdings Jahre von ihm keinen Gebrauch machte und gern zurücktrat, als Jenbach darum bat, weil endlich ein richtiger Operettenkomponist, Eduard Künneke, den Stoff für äußerst erfolgversprechend hielt. Künneke hatte bereits einen Akt vertont, als Bela Jenbach bei ihm auftauchte und um seinen Text bat: Franz Lehár, der ursprünglich der Komponist sein sollte, habe jetzt wieder Interesse am »Zarewitsch« und wolle für und mit Tauber die Operette komponieren.

Der Legende nach war Künneke ein Kavalier und soll gesagt haben: »Empfehlen Sie mich meinem Freund Lehár. Es ist mir eine Freude, ihm zu einem neuen Meisterwerk mitzuverhelfen!« Davon einmal abgesehen, daß auch Operettenkomponisten selten in druckreifen Sätzen sprechen, kann man sich kaum vorstellen, daß ein Musiker, der bereits einen Akt einer neuen Operette komponiert hat, mit Grandezza auf das Stück zugunsten eines Konkurrenten verzichtet.

Lehár aber, der schon die »Witwe« als Vorlage erhielt, weil sein Kollege Heuberger mit der Komposition nicht vorankam, profitierte von Schwierigkeiten des erfolgreichen Künnecke und hatte nicht ganz ein Jahr Zeit, aus dem »Zarewitsch« die zweite maßgeschneiderte Tauber-Operette zu machen.

Maßgeschneidert? Tauber-Operette?

Genau das war der »Zarewitsch«. Das nach einem Schauspiel der polnischen Dichterin Gabryele Zapolska entstandene Buch stellt ausdrücklich einen Tenor in den Mittelpunkt des Geschehens. Man kennt die Handlung. Der schüchterne, junge Zarewitsch soll auf seine Aufgabe als künftiger Zar und also auch auf seine bereits ausgewählte Gemahlin vorbereitet werden. Man legt ihm förmlich ein Mädchen ins Bett, das man ihm als Knaben verkleidet in seine Gemächer schickt. Er und das Mädchen, eine Tänzerin, sind sofort voneinander fasziniert, zögern aber – beide aus verschiedenen Gründen – lange, sich zu verlieben. Der Zarewitsch ist sich seiner Stellung bewußt, die Tänzerin will alles andere als ein Spielzeug sein. Sie verabreden, den allerhöchsten Kupplern ein Liebespaar vorzutäuschen, jedoch nur gute Freunde zu bleiben ...

Ist es nicht völlig selbstverständlich und wenigstens in der Welt der Operette unumgänglich, daß diese schönen Grundsätze nicht halten, daß sich Liebe einschleicht, daß der Zarewitsch genau in dem Augenblick, in dem er von seiner ihm als Knaben zugesandten Geliebten lassen soll, gegen sein Schicksal aufbegehrt und mit der ihrer Hosenrolle längst entwachsenen Sonja nach Neapel flieht?

Ebenso selbstverständlich ist, wenigstens für den reif gewordenen Komponisten Franz Lehár, daß diese Operette ohne glücklichen Ausgang bleiben muß, daß also das Liebespaar in seiner Ruhe gestört, der Zarewitsch aus Gründen der Staatsraison (und weil er zum Zaren ausgerufen wird) seine Sonja verlassen muß. Er wird nie wirklich glücklich sein, sie wird nie wieder glücklich sein. Über Verzicht und ewigem Liebeskummer senkt sich der Vorhang, der bisher immer nur glückliche, für immer verbundene Liebespaare eingehüllt hat ...

Endlich ein anderes Finale. Endlich einmal übrigens auch bittere Rezensionen nicht nur für die Librettisten, sondern auch für Lehár, dessen Fertigkeit allmählich auch der Kritik unheimlich wurde: Da war immer wieder ein neues, sofort gemeistertes Kolorit, da wurde eine melodiöse Nummer nach der anderen gezaubert, da konnte es doch nicht mit rechten Dingen zugehen. Sollte man immer nur bestätigen, Lehár schriebe meisterlich?

Was die Zusammenarbeit oder Mitarbeit des Tenors angeht, gibt es die allerorten verbriefte Geschichte, daß dieser sich mit allen für ihn komponierten Stücken mehr als einverstanden erklärte, vom alsbald über die Welt gesponnenen »Wolga«-Lied so ganz nebenbei begeistert war, trotzdem aber für sich noch eine »Nummer« erbat, die nicht und nicht gefunden wurde. Lehár, der wußte, daß der »Zarewitsch« einzig für Tauber komponiert wurde, legte ihm schließlich eine Auswahl von Liedern vor und ließ sich von Tauber schriftlich in seinem Skizzenbuch bestätigen, welches der große Tenor als das seine bezeichnete. Es hatte den bis heute nicht weiter sensationellen Text »Willst du? Willst du? Komm und mach mich glücklich! Willst du? Willst du? Frag nicht, ob es schicklich!« und Lehár selbst soll noch auf den letzten Proben in Berlin nicht zufrieden gewesen sein. Tauber aber hatte nicht nur seinen Willen und sein Lied, sondern am ersten Abend auch die Genugtuung, »Willst du?« gleich viermal singen zu müssen.

Spätestens mit dieser Nummer war ein für allemal gefunden, was für Franz Lehár bis zu seiner letzten Operette eine Notwendigkeit wurde. Das große Lied, das ausschließlich der Stimme Richard Taubers gewidmet war. Das Lied, das allerspätestens sofort nach der Uraufführung via Schallplatte in alle Welt ging und Reklame für die bald darauf folgenden Inszenierungen an anderen Bühnen machte. Das Lied selbstverständlich auch, mit dem sich die Tantiemen ins Unermeßliche steigern ließen, denn sie kamen ohne Umweg über die jeweiligen Bühnen direkt in die Taschen Lehárs.

In der Geschichte der Operette gab es weder vorher noch nachher eine derartige enge Verbindung von Komponist und Interpret, von Melodie und Stimme. Ohne jede Einschränkung war da ein Musiker imstande, genau die Phrase zu finden, die ohne jede Einschränkung ein einziger Tenor wirklich ideal zu singen imstande war. Und Komponist und Tenor behielten immer recht. Denn neben »Willst du?« nach dem Willen Taubers ging »Es steht ein Soldat am Wolgastrand« ebenso tantiemenreich um die Welt.

Ein Beispiel für den Irrtum, den sich Kritiker leisten dürfen?

»Lehárs alte Neigung zu opernhafter Aufmachung, in den letzten Jahren immer verhängnisvoller durchbrechend, führt ihn zu

Textbüchern, die Ernsthaftigkeit affektieren. *Der Zarewitsch* ist ein Musterbeispiel dieser Art. Was sich hier die Textverfasser an menschlich unmöglichen und peinlichen Situationen leisten, das übersteigt alles bisher Erlebte. In ihrem eifervollen Bemühen, nur keine Lustigkeit aufkommen zu lassen, bringen sie es fertig, daß diese Operette von tragischen Vorfällen nur so strotzt.« Daß man von einem »historischen Wechselbalg« schrieb, erstaunt niemanden. Daß sich das Publikum ein für allemal in Tauber und seine Lehár-Lieder verliebte, muß man niemandem erklären.

Schwieriger ist es, heute noch jemandem zu erklären, wie Lehár nach dem Erfolg des »Zarewitsch« und angesichts der Tatsache, daß er sofort eine neue Operette für seinen Freund zu schreiben hatte, auf die Idee kam, Johann Wolfgang von Goethe zum Tenorhelden zu machen. Und damit auch noch einen Erfolg einfuhr ...

Es ist nicht zu erklären.

Nur zu berichten, daß wahrscheinlich jeder Stoff, den sich die Herren Lehár und Tauber wählten, das Publikum zur Raserei gebracht hätte.

Man muß sich vorstellen: Ein Mozart-Tenor, dessen zweite Leidenschaft offenbar die Gier nach Applaus und Honoraren war, kam als Paganini, als Zarewitsch und schließlich auch als Goethe persönlich auf die Bühne – und was immer er sang, wurde in wenigstens drei Versionen da capo verlangt. Ein Altmeister der Operette, dessen Melodien und Harmonien man seit bald einer Generation im Ohr hatte, fand einen Ohrwurm nach dem anderen für diesen Tenor und ließ ihn italienisch, russisch oder à la Sesenheim singen und trotzdem immer unverwechselbar à la Lehár. Sämtliche Theaterdirektoren Europas waren vor den Uraufführungen skeptisch und wandten ein, die Sujets seien gefährlich altmodisch und unwahrscheinlich, und mußten sich am Abend der Uraufführung angesichts des tobenden Publikums entschuldigen ...

Wir schreiben, das darf nicht vergessen werden, das Jahr 1927, die schlimmste Zeit ist vorbei, der sprichwörtliche kleine Mann weiß wieder, mit welchen beschränkten finanziellen Mitteln er auszukommen hat. In Deutschland und in Österreich

sind Arbeitslosigkeit und Unruhen an der Tagesordnung, das
Feld wird – man weiß es noch nicht, später aber wird man es einmal sehr genau wissen – für einen starken Mann vorbereitet,
den sich die Massen herbeisehnen. Noch aber ist es nicht soweit, noch funktioniert der Staat, noch gibt es Hoffnung auf bessere Zeiten. Und Operetten gingen gut ...

15

Berlin

Lehár war nicht »endgültig« nach Berlin übersiedelt – ein Wiener Hausherr übersiedelt nicht, sondern verreist für einige Zeit, manchmal auch für ein paar Jahre, behält aber seinen Besitz, sein eigenes Haus immer unter Kontrolle. Aber er war in Berlin eingemietet, und wenn er Urlaub machen wollte, fuhr er nicht unbedingt heim nach Ischl, wo er ja allen Traditionen gemäß zu komponieren hatte, sondern leistete sich Ruhe in Monte Carlo, wo er als treuer Stammgast im Casino geschätzt wurde.

Seine Adressen hießen für längere Zeit nicht Theobaldgasse 16 und Traunkai, sondern Hotel unter den Linden und Hotel de Paris. Und nach dem Zeugnis seiner Biographin, die damals bereits zur Familie gehörte, war der Weltmann immer in Begleitung seiner – jetzt angetrauten – Frau Sophie unterwegs, ruhig und zufrieden und immer darauf aus, unterzutauchen und nicht von aller Welt als der Meister der Operette erkannt und gefeiert zu werden. Daß man ihm eines Abends in Marseille keine Karte für die »Lustige Witwe« verkaufen wollte und seine Erklärung, er sei immerhin der Komponist, nur mit der berühmten Bemerkung »Das kann jeder sagen« quittierte, muß nicht wahr sein, ist aber durchaus möglich. Lehár stand mit den meisten seiner Operetten in unzähligen Fassungen und Versionen auf den Spielplänen aller europäischen Bühnen, und ein Mann an der Abendkasse in Marseille muß ihn wirklich nicht gekannt haben.

Anders und heute völlig unerklärlich ist Lehárs Erfolg im Stummfilm: Die meisten seiner Operetten wurden verfilmt, bevor der Tonfilm erfunden war. Man engagierte die bedeutendsten Schauspieler der Zeit und brachte die »Witwe« ebenso wie den »Luxemburger« und »Zigeunerliebe« auf die Leinwand, bevor man technisch imstande war, die handelnden Personen auch singen zu lassen. Harry Liedtke, als Draufgänger abgestempelt, gab den Hadschi Stavros in »Der Fürst der Berge«, und

die eine oder andere Operette wurde einfach nach ihrer Kennmelodie umbenannt: »Gern hab' ich die Frauen geküßt« hieß
»Paganini« auf der Stummfilmleinwand, und »Der Zarewitsch«
kam faktisch unmittelbar nach seinem Erfolg auf der Bühne
auch schon in die Ateliers.

Zweimal ließ sich Lehár überreden, selbst mitzuwirken, er
stellte sich selbst dar und machte das nach Aussagen aller anwe-
senden Profis souverän. Daß er Jahrzehnte später, an seinem Lebensabend, noch einmal für einen Film zur Verfügung stand
und an einem Klavier sitzend sein Leben Revue passieren lassen
sollte, wußte er damals noch nicht: Die rasante Entwicklung des
Mediums Film war nicht einmal von Fachleuten abzusehen. Und
was die damals für Lehár längst lebenswichtige Verbreitung seiner Melodien auf Schallplatten anlangt, so läßt sich nachweisen,
seit wie vielen Generationen die Musiker bereits dachten, es
gäbe keine technische Weiterentwicklung mehr, es sei das Maxi-
mum an »natürlichem Ton« bereits erreicht. Daß alte Schellack-
platten nur ein Minimum von dem festhielten, was wir heute als
Tondokument verstehen, wußten weder Techniker noch Musiker. Auch diejenigen nicht, die mit ihrem feinen Gehör ja merken mußten, was in der Wiedergabe auch auf den teuersten
Geräten ihrer Zeit verlorenging.

Die Rundfunkaufnahmen unter Franz Lehár, die heute auf
CD wieder im Handel sind, werden nicht den simpelsten Anforderungen gerecht, die man heute an eine Tonaufnahme stellt.
Aber: Sie sind wenigstens im Tempo und in dem Zusammenwir-
ken von Solisten und Orchester aufschlußreich und lassen
spüren, was der Komponist selbst wollte und was neben und
nach ihm nur wenige Dirigenten und Musiker aus seinen Kompositionen machten.

Immerhin, in Wien ist eine faktisch ungebrochene Tradition
vorhanden. Bis heute lebt Eduard Macku, inzwischen weit über
neunzig, der Lehár nicht nur kannte, sondern als Kapellmeister
auf das liebevollste betreute. Und eine Generation von Söhnen
wirkt an Wiener Häusern: Die Schüler des Operettendirigenten
Anton Paulik, der 1905 im Theater an der Wien begann und
nach dem Zweiten Weltkrieg souverän über die Aufführungen

16 Bad Ischl, Kaiservilla

17 Franz Joseph I. in seinem Arbeitszimmer in der Kaiservilla

18 Die Lehár-Villa in Bad Ischl

19 Lehár-Villa, Biedermeiersalon

20 Lehár-Villa, Schlafzimmer mit Sterbebett des Komponisten

21 Franz Lehár und seine Frau Sophie im Eßzimmer der Villa

22 Franz und Sophie Lehár in Bad Ischl, 1925

23 Lehár, Richard Tauber und Bela Jenbach, 1924

24 Oscar Straus, Franz Lehár und Leo Fall in Bad Ischl (um 1915)

25 Giacomo Puccini
(1858 - 1924)

26 Richard Strauss
(1864 - 1949)

27 Franz Lehár (am
Klavier) mit Harry
Liedtke während der
Dreharbeiten zu dem
Stummfilm »Der Fürst
der Berge«, 1927

28 Richard Tauber als
Sou-Chong im »Land des
Lächelns«-Film, 1931

29 Franz Lehár am Dirigentenpult (um 1930)

an der Wiener Volksoper herrschte, sind jetzt Repertoiredirigenten an diesem Institut und bei diversen Operettenfestivals und haben, wenn sie auch nie darüber sprechen, genau die Tempi im Blut, die ihnen im Namen Franz Lehárs einmal eingegeben wurden.

Die Routine freilich, die man zu Lehárs Zeiten als Unterhaltungsmusiker hatte, findet man heute nirgendwo auf der Welt: Selbstverständlich durfte man in den großen Kinos damit rechnen, daß das Begleitorchester ausgezeichnete Lehár-Musik sozusagen synchron unterlegen konnte, und selbstverständlich hatte jeder der damals routiniertesten Alleinunterhalter, jeder Pianist in den kleineren Kinos die Lehár-Melodien im Kopf, die er zu diesen Filmen zu spielen hatte. Trotzdem kann man den Erfolg, der quasi eine zweite Welle von weltweiter Popularität brachte, heute nicht mehr nachvollziehen. Die Filme lockten das Publikum stumm, weil das Publikum sich die Musik von Franz Lehár erhoffte.

Freilich, man kann sich heute vieles nicht mehr vorstellen. Nicht die Hysterie angesichts großer Premieren, nicht die Sehnsucht des Publikums nach Ablenkung. Nicht die Kinobesuche, die als das höchste der Gefühle galten. Nicht die Revuen, bei denen man sich in Berlin – und bald auch in Wien – an einem aufregenden Durcheinander von Kabarett-Szenen, Solo-Auftritten bedeutender Opernsänger und immer wieder großen Ballett-Einlagen möglichst vieler junger Damen unterhielt: Erik Charell aus Berlin war einer der Erfinder dieser Revuen, Ralph Benatzky einer der eifrigsten Komponisten, und gemeinsam waren sie auch am Zustandekommen einer der erfolgreichsten musikalischen Komödien dieses Jahrhunderts beteiligt. »Im weißen Rößl am Wolfgangsee« wurde als ein Mittelding aus Operette, Revue und Singspiel ununterbrochen mit neuen erfolgreichen Kompositionen angereichert, von Charell allein inszeniert, aber von einem Team an Komponisten (das sich anschließend heftig um die Aufteilung der Tantiemen stritt und diese Streitigkeiten auch noch den Erben hinterließ) betreut.

Für den über fünfzigjährigen Franz Lehár waren weder die Revue noch der Film (auch nicht der Tonfilm) Versuchungen. Er sah sich weiterhin als ein ernsthafter und seiner Ernsthaftigkeit wegen auch erfolgreicher Operettenkomponist und entwickelte sich (so seine eigene Interpretation) nur insofern weiter, als er das alte Handlungsschema mit dem Happy-End nicht mehr anerkannte und seinem Publikum ein neues Schema aufzwang. Die Operette mit dem leisen, tragischen Ausgang, der Liebende nicht zusammenführt, sondern für immer Abschied nehmen läßt. Lehár hatte damit Erfolg und sah darin eine »Entwicklung«, die er nicht nur eingeleitet, sondern auch konsequent zu ihren Höhepunkten geführt hatte.

Für ihn war es – im Gegensatz zu seiner Umgebung, seinen Kollegen und zu einem Großteil der Beobachter des Operetten-Geschehens – selbstverständlich, sich nach dem »Zarewitsch« einer anderen Liebesgeschichte mit unglücklichem Ausgang anzunehmen: Friederike von Sesenheim, die eine historisch überlieferte Affäre mit dem jungen Johann Wolfgang von Goethe hatte, wurde die Titelheldin, der wahre Held freilich war Richard Tauber, der sich als erster in Berlin als Goethe persönlich dem Publikum stellen durfte.

»Singspiel in drei Akten« ist die Bezeichnung, die schließlich im Laufe des Jahres 1928 für »Friederike« gewählt wurde. Ludwig Herzer und Fritz Beda-Löhner waren die Librettisten. Die treibende Kraft hinter dem Unternehmen, das in jeder Hinsicht gewagt erschien, waren die Brüder Alfred und Fritz Rotter, Geschäftsleute, die das Berliner Metropol-Theater übernahmen und mit der neuen Tauber-Lehár-Operette eröffnen wollten. Um entsprechendes Aufsehen bemüht, renovierten sie das Haus und eröffneten einen Reklamekrieg, wie man ihn selbst in Berlin noch nicht erlebt hatte. Und ernteten beinahe Sturm, denn die Idee, den deutschen Genius als Tenor auf einer Operettenbühne säuseln zu hören, belebte auch die bereits höchst aktiven Nationalsozialisten. Vor der Premiere gab es Plakate, die zu einer Demonstration »aller kulturbewußten Deutschen« gegen den Frevel aufforderten. Zudem gab es genügend Zweifler in den Reihen der Operettenliebhaber, die sich nicht vorstellen konnten, daß Lehár wieder einen Erfolg erzwingen könnte. Mit einem singenden Goethe!

Lehár aber erzwang den Erfolg und zwar nicht mit der zauberhaften Käthe Dorsch als Friederike, sondern mit einem einzigen Tauber-Lied, das um die Welt ging. Goethe hin oder her, Tauber sang »O Mädchen, mein Mädchen, wie lieb' ich dich; wie leuchtet dein Auge, wie liebst du mich!« und dieses Lied machte ein gesellschaftliches Ereignis, das Berlin auf den Kopf stellen sollte, zu einem musikalischen Ereignis, das die Welt heimsuchte ...

Der Erfolg war, sagt auch die erste ernsthafte Biographie des Komponisten, entsprechend sorgfältig vorbereitet worden. Die Librettisten hatten sich durch alle vorhandene Literatur gearbeitet, bevor sie ihren Text schrieben. Dann freilich vergaßen sie alle historische Wahrheit und schrieben ihren Text zu einem Singspiel, in dem Goethe in den ersten beiden Akten ein heiterer junger Mensch und keineswegs der bedeutende Geheimrath ist. Aus Friedrich Lenz, dem genialischen Dichter, machten sie einfach die heitere Figur, die sie für den auf der Bühne unumgänglich notwendigen Komiker brauchten, und holten sich die von Lehár geforderte Rührung des Publikums durch den berühmten zweiten Abschied Goethes von seiner einstigen großen Liebe. Ohne Angst vor Literaturkritikern und selbstverständlich ohne die geringste Beachtung der Tageskritik, deren Verrisse sie im voraus kannten.

Noch vor der Uraufführung wußten sie: Franz Lehár hatte die Gelegenheit, sich wiederum in ein neues musikalisches Milieu einzuleben, rokoko-deutsch, elsässisch-deutsch zu komponieren. Er durfte es wagen, Goethe-Texte (selbstverständlich das Heidenröslein) zu vertonen. Sein Hauptschlager für Goethe übertönte ein für allemal das sehr gewagte Lied der Friederike »Warum hast Du mich wachgeküßt?«, das man in einer schwüleren Umgebung lieber gehört hätte.

WA-RUM HAST DU MICH WACH-GE-KÜSST? HAB' NICHT GE-WUSST WAS LIE-BE IST

Noch vor der Uraufführung wußten wenigstens alle, die anschließend auch die Einnahmen untereinander zu teilen hatten, daß »Friederike« ein Welterfolg werden würde. Und entgegen

211

allen den ebenso im voraus erwarteten (und heftig und oft auch grandios formulierten) Kritiken ist »Friederike« für kurze Zeit der Schlager sämtlicher deutscher Bühnen gewesen. Jede Stadt hatte ihre eigenen Stars, jede behauptete, das ideale Paar gefunden zu haben. »O Mädchen, mein Mädchen« aber war und blieb das Lied, das Richard Tauber gehörte und das bis heute beweist, wie sich ein Komponist in seinen Interpreten einfühlen konnte: Auch wer Tauber nie erlebt hat, kann sich nach diesem einen Lied vorstellen, wie er gesungen hat.

Wer heute das Textbuch von »Friederike« durchsieht, begreift es nicht. Da ist zum Beispiel Nr. 7, Goethes Lied, das erst seine eigene Seelenstimmung schildert und dann allmählich aus dieser ein allbekanntes Gedicht werden läßt.

Ausnahmsweise vollständig zitiert?

»Da schwebt sie hin ... leicht wie ein Reh,
Das über keimende Saaten flieht ...
Ach, wie beseligend ist ihre Näh'!
In mir stürmt wonnesames Weh.
Lieb', die mich durchglüht!
Heimlich klingt in meiner Seele
Eine süße Melodei ...
Sind es die Glocken der Liebe?
Oder des Frühlings Schalmei?
Ich lausche tief in mich hinein.
Wie es klingt! Wie es singt!
Was soll es werden?
Was soll es sein ...
Das mich berauscht ...
Das mich bezwingt?
Wie Röslein prangen
Ihre Wangen,
Wie Röslein rot –
Sah ein Knab ein Röslein stehn ...«

Erst darauf folgt das Finale des ersten Aktes, und jeder heutige Leser kann sich, ohne deshalb Ehrfurcht vor dem deutschen Dichterfürsten ins Treffen führen zu müssen, weder die Szene noch das Lied Goethes als herrlich vorstellen. Und doch läßt er sich immer noch von dem berühmten »Mädchen« verzaubern, das in der Partitur die Nummer dreizehn ist.

Franz Lehár war reich und weltberühmt, er hatte längst keinen feschen Schnurrbart mehr, sein Haar war grau und kurz geschnitten, und wenn er für photographische Aufnahmen zu posieren hatte, blickte er immer noch skeptisch oder im besten Fall »reserviert«. Er war ein Musiker und wollte weder mit Politik noch mit Zeitgeschehen belästigt werden, er wollte Operetten schreiben und wußte, daß er das konnte. Daß ihm in Berlin ein Unternehmerpaar und in Wien noch immer Hubert Marischka ihre Bühnen zu Füßen legten – und beide Bühnen in Wahrheit nicht mehr auf festem Fundament, sondern schon ziemlich wackelig dastanden, war nicht sein Problem. Als es dann wenigstens teilweise seines wurde, hatte er auch dafür eine solide, auf ihn selbst zugeschnittene unternehmerische Lösung.

Eine andere »Lösung« für die nächste Lehár-Operette lag in der Luft. »Die gelbe Jacke« des Routiniers Victor Léon wurde aus der Versenkung geholt, und der bei der Premiere schüttere Erfolg kam jetzt auf. Nicht nur, weil Richard Tauber mit im Spiel war und er ein idealer Sou-Chong war. Sondern vor allem wohl, weil man die Handlung änderte. Die Autoren Ludwig Herzer und Fritz Beda-Löhner erfanden mehr als das traurige Finale, in dem der chinesische Thronfolger Verzicht leistet und gemeinsam mit seiner Schwester die schöne Europäerin und ihren Leutnant ziehen läßt. Man änderte den ganzen letzten Akt, ließ die schöne Lisa mit einem großen wienerischen Lied ihre Sehnsucht nach der Heimat singen und in große Gefahr kommen, bevor Sou-Chong großherzig wie Selim Bassa den Befehl erteilte, seine Geliebte freizugeben. Denn im »Land des Lächelns« gibt ja nicht er allein Lisa frei, sondern China läßt die Wienerin wieder in die Heimat und beweist gleichzeitig seine Macht über den Helden, der nicht nach seinem eigenen Willen leben und lieben darf.

Lehár schrieb um, wie man es von ihm gewohnt war. Der Komponist kämpfte für viele seiner Melodien aus der »Gelben Jacke«, wie man es bei ihm nicht gewohnt war. Vor allem aber ließ sich Lehár – so wird wenigstens erzählt – von seinem

Librettisten Beda-Löhner auf eine eigene Melodie aufmerksam machen, die in der Ur-Operette nur nebenbei als Illustration im Finale erklang und aus der er machte, was er für eine Tauber-Operette notwendigerweise neu zu komponieren hatte: »Dein ist mein ganzes Herz«, das Lied, das er im August 1929 von Ischl aus Richard Tauber widmete. »Mein lieber Richard! Hier hast Du Dein Tauber-Lied!!« steht als Widmung noch über Nummer 11, und selbstverständlich hatte Lehár recht. »Dein ist mein ganzes Herz« wurde – zu all den anderen bis heute zugkräftigen Melodien – das Lied, mit dem ein lyrischer Tenor sein Publikum schon bei der ersten Wiederholung für einen Abend gewinnt.

Trotzdem gibt es genügend überzeugende Berichte von unerhörten Probenkrächen vor der Berliner Uraufführung, von Zerwürfnissen sogar zwischen dem Komponisten und Tauber, von im letzten Moment vorgenommenen textlichen und musikalischen Veränderungen. Ausnahmsweise waren sich die Beteiligten am »Land des Lächelns« überhaupt nicht siegessicher, sondern waren aufgeregt und hatten Angst.

Und wieder ist es unverständlich: Wer heute »Das Land des Lächelns« sieht oder sich eine der Aufnahmen anhört, die seit Taubers Zeiten alle großen Künstler gemacht haben, würde annehmen, die Autoren und Mitwirkenden hätten ahnen müssen, welches Himmelsgeschenk sie einander da machten. Und wenn hier steht, alle großen Künstler hätten »Das Land des Lächelns« in ihr Repertoire genommen, dann sei am Rande nur an den großen Nicolai Gedda gedacht, der mit Elisabeth Schwarzkopf als Lisa eine grandiose Aufnahme immer noch auf dem Markt hat. Oder an den geliebten Giuseppe di Stefano, der mit der Operette in Wien, in Berlin und auf einer Tournee durch Amerika noch einmal Jubel holte, bevor er seiner Stimme wegen aufgeben mußte. Oder an die unter dem Markenzeichen »Die drei Tenöre« durch die Welt tingelnden Herren José Carreras, Placido Domingo und Luciano Pavarotti, die Fußball-Stadien mit Opern-Arien, aber auch mit wirklich Populärem, also mit dem »Land des Lächelns« von Franz Lehár füllen.

214

Daß sich der Ur-Österreicher und Ur-Wiener Franz Lehár nach seinen traditionellen Uraufführungen und Serien-Erfolgen, die so gut wie alle vom Theater an der Wien aus in die Welt gegangen waren, als reifer Mann nach Berlin wagte und außer einer für ihn beinahe neuen Stadt auch einen neuen Operettenkonzern und – das ist das wichtigste – noch einmal einen neuen Operettenstil fand, ist erstaunlich. Aber zu erklären.

Mitten in der wirtschaftlich schwierigen Zeit nach dem Ersten Weltkrieg, nach dem Zerfall aller Hoffnungen, die man in der früheren Hauptstadt der Monarchie, aber doch auch in der Hauptstadt Berlin gehegt hatte, machte sich im ausgehungerten Wien eine soziale Stadtverwaltung daran, gegen den politischen Gegner, der ein kleines Deutsch-Österreich regierte, eine Bastion zu errichten, die in ganz Europa bestaunt wurde. Das Rote Wien.

Eine Stadt, in der es längst nicht nur die vorbildlichsten Gemeindebauten und Kinderkrippen, sondern auch eine breite Arbeiterbildungsbewegung gab, in der ein Anton von Webern Arbeiter-Symphoniekonzerte leitete und viele idealistisch gesinnte Intellektuelle meinten, es gäbe eine große Chance für Wien. Man müsse nur das, was bisher dem Bürgertum vorbehalten gewesen sei, der »Masse« nahebringen.

Bildung, ein besonderes Gut, sollte Allgemeingut werden, und zwar genau die Bildung, die den Arbeitern bisher nicht zugänglich war. Man wollte ihnen klassische Literatur, klassisches Schauspiel, klassische symphonische Musik bieten – ein wahrscheinlich sehr österreichisches Phänomen, das sich bis in die Gegenwart erhalten hat und keine eigene »Arbeiterkultur« kennt, sondern vor allem den Zugang der Menge zu dem, was man auf einem Podest als »Kultur an sich« anbetet.

Ganz anders in Berlin. Während es politisch brodelte und von deutscher Einheit weit und breit nichts zu spüren war, wurde die Großstadt zur Metropole. Was immer im Trend lag, wurde in Berlin eine Nuance größer, fixer, auch energischer betrieben.

Kaufhäuser? Es mußte das größte Kaufhaus Europas her. Schieber? Es gab die reichsten und zugleich gefährlichsten auf dem Kontinent. Amüsement? Es mußte das Ausgefallenste und Extravaganteste geboten werden, das sich denken läßt. Theater?

Es ließ sich nirgendwo im deutschen Sprachraum eine Bühne finden, an der die Schauspieler nicht davon träumten, in Berlin wenigstens eine kleine Rolle spielen zu dürfen.

Zeitzeuge Fritz Kortner, ein Wiener durch und durch, bemerkte dazu in seinen Erinnerungen: »Ich fing an, die Häßlichkeit Berlins schön zu finden. Sie war heutiger, lebensnaher als die museal schönen Straßen berühmt schöner Städte. Und die Affen – und alle die eingesperrten Tiere im Berliner Zoo – glichen denen in Schönbrunn in Wien aufs Haar. Und Potsdam schüchterte mich ein wie jeder Historie-umwehte Platz. Das alte Berlin kannte ich bald so genau wie die alten Gassen Wiens, an denen ich wie ein Kind an der Mutterbrust hing und nun, ein schon lang Entwöhnter, längst nicht mehr von ihr Gestillter, hänge. Belegte Stullen, Bratheringe, Buletten, Würste und das Gratisbrot bei Achinger verdrängten die Erinnerungen an Extra-, Pariser- und Dürrewurst und Schinken vom Weißhappel am Petersplatz.«

Kortner war vom Zauberer Max Reinhardt gerufen worden.

Reinhardts wegen gab es – Kritiker sind immer das Echo auf Kunst – eine Garde von grandiosen Kritikern.

Verlage waren in Berlin, um alle deutschsprachigen Autoren, darunter auch die aus Wien, zu publizieren.

Revue-Paläste boten den Berlinern und ihren Gästen schillernde, teure Ausstattungs-Abenteuer an, wie man sie ausgezogener nicht in Paris und präziser nicht in New York erleben konnte. Was sich ein Erik Charell für Berlin erdachte, das hatte anschließend in London und New York Erfolg.

Sogar Kaffeehäuser gab es, wahrscheinlich der zahlreich aus dem exotischen Wien angereisten Literaten wegen. Karl Kraus konnte man, wenn er nicht seine Kaffeehaustour in Wien absolvierte, in Berlin als scharfen Gegner des deutschen Feuilletons erleben. Und als begeisternden Vortragenden. Auch Joseph Roth, den aufregendsten Schriftsteller des alten Österreich, nahm man in Berlin als einen deutschen Schriftsteller auf.

Und was die damals schillernde Szene der Travestien und der an der Grenze zum Verbotenen angesiedelten Nachtlokale angeht, war Berlin erst recht die Stadt, die niemanden enttäuschte.

Da fehlte, schreibt man gern aus österreichischer Sicht, die Prägung von Generationen herrschender Habsburger, in deren Tradition man auch im grau gewordenen Wien weiter nach dem Vorbild der Spanischen Hofreitschule trippelte und bei Demel in einer geschäftigen Geheimsprache die Tagescreme anbot.

Zum Ausgleich war der Fortschritt, das Tempo, der neue Reichtum in Berlin und funkelte gefährlich.

Wundert es, daß Franz Lehár wie beinahe alle seine Konkurrenten die Fühler nach der »anderen« Stadt ausstreckte?

In Wien war Hubert Marischka sein Regisseur, Hauptdarsteller, sein Direktor und Verleger – und in vielen dieser Funktionen war er dem weltklugen Komponisten nicht erfahren, nicht umsichtig genug. Den Irrtümern des Schwiegervaters Karczag hatte sich Lehár als ein junger Mensch, als ein stets jüngerer Mensch, immer untergeordnet. Irrtümer eines Schwiegersohnes mochte er nicht.

Versteht man die Verlockung, die ihm Berlin und ein scheinbar nur dort mögliches neues Imperium wie das der Brüder Rotter bot? Für »Friederike« wurde Lehár nicht nur jeder Besetzungswunsch erfüllt, man orientierte sich an seinen Wünschen, was die Ausstattung betraf, man versprach ihm nicht nur, sondern bot ihm auch das prominenteste Premierenpublikum, das aufzutreiben war.

Daß Richard Tauber erkrankte und Käthe Dorsch nicht in Serie spielen konnte, ließ den Erfolg der Goethe-Operette in Berlin bescheiden erscheinen – da aber war das Stück bereits in Wien und auf ungezählten anderen Bühnen angenommen. Die Rotters setzten nach Lehár sofort wieder Lehár auf das Programm des Metropol-Theaters: »Die lustige Witwe« in einer Inszenierung von Erik Charell: Ein einziges Mal sprang Lehár über seinen Schatten, ließ das Stück heftig bearbeiten und komponierte ein Quodlibet aus Schlagern der vergangenen Spielzeiten.

Trotzdem, die wirklichen Erfolge Lehárs jener Berliner Tage waren die für Richard Tauber geschriebenen Operetten: Sie haben alle sehr verwandte Eigenschaften. Sie waren für einen eher passiven Helden geschrieben, der nicht als Schwerenöter, nicht als faszinierender Mann, sondern als leise leidender Fürst oder geheimnisvoller Gesandter im Mittelpunkt des Interesses – sowohl des Publikums wie auch der jeweiligen Sopranistin – zu stehen hatte. Richard Tauber war Operntenor, und das allein bedeutete schon, daß er vor allem mit seiner Stimme bezauberte. Außerdem war er weder schön im landläufigen Sinn noch sportlich nach unserem Verständnis. Man hatte also Situationen zu erfinden, in denen er trotzdem der Held sein konnte, an dessen Brust eine Diva zu sinken hatte.

Eine andere, nicht vom Tenor, sondern vom Komponisten geforderte Eigenschaft war das nicht länger glückliche, strahlende, operettenhafte Finale der Operetten. Lehár hat darüber nie geschrieben oder Interviews gegeben, doch er muß mit zunehmendem Alter der Ansicht gewesen sein, daß es alles andere als lebensnah ist, wenn sich der Vorhang immer über wenigstens zwei glücklichen Paaren senkt.

16

Im Land des Lächelns

Der Komponist, im Privatleben selbst auf eine nie völlig deklarierte Weise ein Freund der Einsamkeit, bekannte sich zu dieser neuen Art von Operette: Sie sollte ergreifen, sollte alle notwendigen »Ingredienzien« haben, aber nicht in Wohlgefallen enden. Ob Lehár sich dabei etwas gedacht hat, oder ob er nur an den Erfolg anknüpfen wollte, den er mit »Paganini« und »Friederike« hatte?

Einmal darf man auch in einer auf Fakten basierenden Biographie spekulieren. Da war einer der populärsten Musiker seiner Zeit, der seit Jahrzehnten eine feste Bindung zu einer Frau unterhielt – erst nur eine Bindung, dann eine Ehe. Trotzdem legte er großen Wert auf möglichst getrennte Wohnungen, hatte in Wien und in Ischl seinen ureigensten Bereich, in dem er ganz allein sein wollte. In Ischl wohnte er sogar allein in seiner Villa und hatte seine Frau im Nebengebäude untergebracht. Lehár ging immer wieder auch allein auf Reisen und kam zufrieden heim. In aller Öffentlichkeit ließ er sich vor allem von jungen, hübschen Mädchen anschwärmen und verzichtete doch auch in aller Regel darauf, aus Schwärmereien Nutzen zu ziehen. Als einer der höflichsten und angenehmsten Gesprächspartner bekannt, war er zugleich der Musiker, den man am seltensten auf der Promenade oder in Gesellschaft antraf. Also trug er offenbar die meiste Zeit seines Lebens eine Art Maske, die so fest saß, daß er sie nicht einmal im privaten Kreis abnahm.

Ist es nicht denkbar, daß ein solcher Musiker, dem genügend Operettenstoffe nach den üblichen Regeln zugetragen worden waren, der mit ihnen auch genügend Erfolg gehabt hatte, mit innerlicher Erregung nach den neuen, den anderen Stoffen griff, die ihn nicht mehr dazu zwangen, sich hinter albernen Handlungen zu verbergen? Ist es nicht möglich, daß der ungelenke, schüchterne, durch ein Monokel lächelnde Richard Tauber dem Komponisten als ein Alter ego, als ein auf die Bühne transponierter Franz Lehár erschien? Umschwärmt und immer wieder auch verliebt, zuletzt aber der Heldin und ihrer Liebe resignierend abschwörend? Geheimnisvoll zurückkehrend in ein Schneckenhaus, das dem Publikum verschlossen blieb?

Einmal immerhin hat sich Lehár über seine resignativen Operetten geäußert. »Die Verfassung des Publikums in unserer Zeit ermöglicht auch der Operette, sich von der Lüge des Happy-Ends abzuwenden. Die dichterische Unterlage darf einen angeschlagenen Konflikt in seiner Wahrhaftigkeit ausklingen lassen ...«, ließ er schon 1929 die Leser des »Neuen Wiener Journal« wissen, und wenn man bis auf den heutigen Tag gern behauptet, auf der Bühne seien sowohl die positiven wie die negativen Finali Lug und Trug, so ist doch in der Regel die Wahrhaftigkeit eher, daß sich liebende Paare nicht bekommen oder es keine ewige Freude bereitet, ein liebendes Paar geworden zu sein.

1929 war das Jahr von »Das Land des Lächelns«, der idealen Tauber-Operette, die im Werkverzeichnis auch als »große roman-

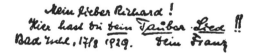

Nr. 11. Dein ist mein ganzes Herz
Lied
(Sou-Chong)

tische Operette« bezeichnet wird und eine Fülle von – zwar längst komponierten, bis dahin aber nicht gebührend gewürdigten – Melodien enthält. Wobei natürlich immer vom großen Tauber-Lied die Rede ist, das bereits in der »Gelben Jacke« enthalten war, aber erst im »Land des Lächelns« Mittelpunkt eines ganzen Aktes wurde.

Ganze Abhandlungen wurden über dieses Lied geschrieben, es wurde als Typus bis in jeden Takt hinein analysiert und seziert. In einem Buch »Franz Lehár oder das schlechte Gewissen der leichten Musik« kann man nachlesen, was man so genau nicht wissen muß: Die auffallend kurze Orchestereinleitung, die schon die Melodie des Liedes vorwegnimmt. Die Melodie, die in der Regel mit einer relativ langen Note beginnt, aus der sich die kurzen folgenden entwickeln – mit wiederum einer langen Note als Ausklang. Die klare Viertaktigkeit der Phrase, die sich wiederholt. Und so weiter.

Wichtiger und wesentlicher ist, daß das sogenannte Tauber-Lied immer gesungen wird, wenn sich außer dem Tenor niemand auf der Bühne befindet und daß es Wiederholungen haben muß: Tauber selbst hat sich mit Billigung des Komponisten in den zu erwartenden und auch gesungenen Wiederholungen Variationen in die Noten geschrieben, ist erst bei diesen Wiederholungen manchmal in guter Verfassung bis zum hohen C vorgedrungen. Was allerdings meist dadurch verhindert wurde, daß ihm Lehár seine großen Melodien in A-Dur schrieb, um den notwendigen Spitzenton in den auch brillanten, aber für einen Tenor erträglichen Lagen zu halten.

Aber das alles ist Theorie und ruft niemandem »Das Land des Lächelns« in Erinnerung, die letzte große Operette dieses Jahrhunderts, in Berlin uraufgeführt und erfolgreich wie die erste große Operette des Jahrhunderts. Der sehr junge Lehár und seine »Lustige Witwe« hatten noch alle Schwierigkeiten der Theaterdirektoren zu überwinden, der beinahe sechzigjährige Lehár war mit den Brüdern Rotter bei den Vorbereitungen zum »Land des Lächelns« wieder nicht zufrieden; er provozierte Krach auf der Bühne und provozierte weiter Premiere für Premiere dergleichen, weil das zum Theater gehört und er ein harter Arbeiter, aber auch ein begnadeter Improvisator war. So sehr er sich gegen Umstellungen in und Änderungen an seinen Operetten wehrte, so gerne war er während der Proben bereit, selbst noch zu ändern und das in letzter Minute, was immer auch neue musikalische Übergänge, also auch neue Noten für das Orchester in allerletzter Minute bedeutete.

Freilich waren seine Wünsche und sein Ärger am Premierenabend stets vergessen. Zum »Land des Lächelns« stand sofort nachher geschrieben: »Lehár, der glücklichste unter den Operetten-Komponisten der Gegenwart, eilt von Erfolg zu Erfolg. Ob heiter, ob sentimental, ob dezent oder geschmacklos, stets findet er den Weg zum Herzen seiner Hörer. Große Sänger, die gleich ihm Günstlinge des Publikums sind, setzen sich mit ganzer Kraft für seine Werke ein, helfen, seine Gestalten populär zu machen. *Das Land des Lächelns* ist ja kein ganz neues Werk Lehárs, sondern die Neubearbeitung seiner Operette *Die gelbe Jacke*, die 1923 in Wien uraufgeführt wurde. Lehár hat vieles verändert, manches hinzukomponiert und vor allem die Instrumentation wesentlich retouchiert. Mit den Wiener Klängen mischt sich exotisches Kolorit, mit den Weisen des Wiener Walzers verbinden sich zarte Melodien chinesischer Liebeslieder, stampfende Rhythmen orientalischer Tanzmusik; über allem liegt der Glanz einer in bunten Farben schillernden Instrumentation, die in blühenden und sinnlichen Klängen schwelgt.«

Die Handlung einmal in Erinnerung gerufen? In Wien feiert man die Generalstochter Lisa als Siegerin in einem Reitturnier. Die Freundinnen und Verehrer sind ihr allerdings alle nicht so wichtig wie der geheimnisvolle Gast, der sich auch anmelden läßt und »voll Sehnsucht und Schmerz« in ihr Zimmer tritt – er ist bei seinem Auftritt allein, denn nur so kann er seinen ersten Schlager singen. Sou-Chong ist ein hoher chinesischer Würdenträger, ein Diplomat im alten Wien. Lisa findet ihn »so charmant« und läßt sich erklären, wie man in seiner Heimat eine Liebeserklärung machte, käme es dazu. In einem einzigen Akt also wird nur noch finalisiert, was offenbar schon Wochen oder Monate sich angekündigt hatte: Lisa wird Sou-Chong, der in seine Heimat zurückbeordert wird, folgen. Gegen den Willen eines erklärten Verehrers, aber mit dem gütigen Einverständnis ihres Papas.

In China trifft sie allerdings auf eine andere Welt, die Familie des Geliebten ist von Lisa nicht begeistert, mit Ausnahme der kleinen Schwester Sou-Chongs, die später auch als »kleines China-Girl« besungen wird, allerdings tatsächlich als die Soubrette im Stück ein solches darzustellen hat. Die kleine süße Chinesin, die gerne westliche Rhythmen hört und es faszinierend findet, daß wenigstens der Bruder eine schöne Langnase als Frau heimgebracht hat. Der zweite Akt ist solange voll Seligkeit, solange Hochzeit gefeiert wird, und Lisa endlich ist, was sie sein möchte. Dann aber bricht rasch auch das notwendige Unheil aus. Sou-Chong avanciert noch einmal, die heimische Verwandtschaft verlangt von ihm, er solle sich daher auch die standesgemäßen Frauen ins Haus holen und die weiße Mätresse möglichst vernachlässigen. Er holt die Frauen, vernachlässigt Lisa aber nicht. Denn immerhin gehört sein ganzes Herz ja ihr.

Lisa findet ihre Position unerträglich und will wieder die Heimat sehen, sie fühlt sich nicht nur fremd, sondern einsam. Muß da nicht ihr eifrigster Verehrer aus Wien eintreffen, sich im diplomatischen Dienst befinden, mit der kleinen Mi flirten und zugleich mit Lisa die Flucht planen? Muß da nicht plötzlich eine Stimmung ausbrechen, die an Mozarts »Entführung aus dem Serail« erinnert? Lisa wäre verloren, würde Sou-Chong sie nicht freigeben. Sie darf mit einem Leutnant, den sie sicher nicht heiraten wird, heim nach Europa. Zurück bleiben die beiden geheimnisvollen Verliebten. Der Bruder tröstet das »liebe Schwesterlein«, es sei besser so. Sein Lebensrezept aus dem ersten Akt gilt im dritten erst recht. Lächeln trotz Schmerz und tausend Qualen – doch wie's da drinnen aussieht, geht niemanden etwas an.

223

Lehár hat in diese letzte große Operette nicht nur einen Bund von Melodien gepackt, die man heutzutage Ohrwürmer nennen würde. Er hat auch unerhört klug differenziert. Die heitere, oberflächliche schöne Lisa, eine Operetten-Arabella, die sich vor Verehrern nicht retten kann und in die Arme eines Exoten flüchtet. Der liebe, treuherzige Verehrer aus Wien, der sich nirgendwo mehr holt als einen kleinen Flirt. Die herzige Chinesin, die in ihrer geschützten Welt auch Europäer interessant finden darf. Und ganz allein in dieser Welt der Tenor, voll verhaltenen Gefühlen, voll Leidenschaft, auch voll Grausamkeit. Und zuletzt edelmütig wie Selim Bassa. Und unglücklich wie Selim Bassa ...

Lehár hat zuerst ein längst versunkenes Wien gezeichnet, dann ein für unsere Verhältnisse grausames China. Und er hat selbstverständlich der Diva Gerechtigkeit widerfahren lassen und ihr, nachdem der Tenor alle seine grandiosen Lieder gesungen hat, ein Heimwehlied komponiert. Wenn sie noch einmal »die Heimat« sehen will, dann taucht wieder Wien auf und zwar das Wien der Jahrhundertwende. Genialisch in Musik gesetzt und wenigstens so verzaubert wie das Wien, das ihm der einstige Rivale Oscar Straus im »Walzertraum« vor der Nase weg komponiert hat. Immerhin, vor Jahrzehnten in Wien hatte er Lehár mit der wienerischen Operette eine regelrechte Jagd geboten. Es ging um Aufführungszahlen und immer mehr Aufführungszahlen, und der »Walzertraum« war und blieb die einzige musikalische Erfindung aus dieser Zeit, die sich gegen die »Witwe« durchsetzte und oft Kopf an Kopf mit ihr lag.

Lehár, von dem man nie ein böses Wort über seine Kollegen hörte, wollte keine »wienerischen« Operetten schreiben, sein Stil war anders, internationaler. Doch wenn er es einmal darauf anlegte, dann konnte er auch seine Meisterschaft in diesem Genre beweisen. Deshalb legte er in die Sehnsucht der Lisa nach Wien eine Portion »Schmalz«, daß jedermann aufhorchte und zugab, das sei eine herrliche Erfindung, eine Wiederentdeckung. »Ich möchte wieder einmal die Heimat seh'n ...« So bedankte er sich bei Vera Schwarz, daß diese mit Richard Tauber auf die Bühne kam.

Der Erfolg dieser Zweitfassung einer zuerst mäßig erfolgreichen »Gelben Jacke« stand am Premierenabend fest und wurde bis auf den heutigen Tag immer wieder bewiesen. Mehr noch als der »Luxemburger« ist »Das Land des Lächelns« ein Werk, das die größten Bühnen auf dem Spielplan haben, dessen Hauptpartie die bedeutendsten Tenöre immer wieder gerne singen. Giuseppe di Stefano wurde, als sich – viel zu früh – seine Stimme für die großen Opernpartien als zu gefährdet erwies, ein begeisterter Interpret des Sou-Chong, er sang ihn auf einer großen Amerikatournee, er nahm ihn für die Schallplatte auf, er gastierte wochenlang in Berlin, damals noch Ostberlin. Und wenn er in Laune war und »Dein ist mein ganzes Herz« auch wirklich sang, dann tobte das Publikum. Alle seine Nachfolger im Opernfach eroberten sich mit diesem Lied das Publikum in aller Welt und sangen es, als die seltsame Großveranstaltung namens »Die drei Tenöre« erfunden wurde, auch zu dritt ...

Lehár aber wurde sechzig und war enttäuscht, weil man in Wien seinen Geburtstag nicht gebührend feiern wollte. Das Theater an der Wien hatte nichts vorbereitet, der Komponist war bitter enttäuscht und ließ wissen, er wolle lieber gar keine Feierlichkeit, es werde sich im Herbst bei der Wiener Erstaufführung des »Land des Lächelns« schon eine Gelegenheit ergeben, ihn auch zu ehren. Das Theater an der Wien ging auf diesen Vorschlag ein und schien, wie alle die noch existierenden Wiener Operettentheater, plötzlich verstimmt. Lehár war ein gefeierter Berliner geworden, abtrünnig.

Wäre er bis dahin eine Wiener Größe gewesen, man hätte den Berliner Triumph gefeiert und ihn auch in Wien anerkannt. Lehár aber war nach Ansicht Hubert Marischkas ausschließlich von Wien aus populär geworden und jetzt, mit seiner engen Bindung an das Metropol-Theater, böse mit der Stadt, der er »alles« verdankte. Sollten die Philharmoniker unter seiner Leitung ein Festkonzert geben, er würde ja doch gleich wieder abreisen und seine neuen Freunde in Berlin und anderen deutschen (und französischen) Bühnen wichtiger nehmen ...

Eine Episode, diesmal nicht als Legende zu bezeichnen, gehört zum 60. Geburtstag des Operettenkomponisten, der die Präzision eines Buchhalters besaß. Franz Lehár erhielt, auch eine Wiener Enttäuschung konnte daran nichts ändern, zu seinem Geburtstag Gratulationen. Er setzte sich, wie er es gewohnt war, in Berlin in seiner Suite an den Schreibtisch und bedankte sich handschriftlich bei jedem Gratulanten mit einem jeweils persönlichen Brief. Wochen schrieb er Dankesbriefe und bemühte sich, auf den Ton seines Korrespondenzpartners einzugehen.

Jahre später fanden sich in einem Koffer diese Briefe, zu Paketen verschnürt, nie abgeschickt. Ein dummer Irrtum, der Lehár freilich nachdenklich stimmte. Nicht, weil er der sinnlos gewordenen Arbeit nachtrauerte, sondern aus dem einfachen Grund, weil viele der damals angeschriebenen Menschen bereits gestorben waren, weil aus dem Nichtbeantworten der Gratulationen nicht eine einzige Verstimmung geworden war, weil Lehár erschrocken feststellen mußte, daß er mehrere Wochen seines Lebens mit großem Fleiß hart gearbeitet und niemand daraus Nutzen gezogen hatte. »Betrachtungen über die Vergänglichkeit des Irdischen« stellte er an, wie immer wieder zitiert wird. Lange nach 1930 war das nicht nur, aber auch deshalb durchaus angebracht. Lehár hatte damals »Giuditta« auf dem Schreibtisch und war am Ende seiner schöpferischen Tätigkeit.

Am Schreibtisch: Lehár war sein Leben lang dafür bekannt, daß er mit unerhörter Gründlichkeit auf die persönliche Erledigung der Post Wert legte. Nicht nur Dankesbriefe an Verehrer, auch höflichste Absagen an alle, die ihre Libretti einsandten und unerhört viele – wahrscheinlich notwendige – Korrespondenz im Zusammenhang mit Vorbereitungen seiner Operetten und Bitten um von ihm besonders geschätzte Interpreten, Regisseure ...

Neben allen anderen Eigenschaften, die man an Lehár kennenlernte, seiner altösterreichischen Höflichkeit, seiner Freude an »Fans«, seiner seltsamen privaten Art, mit seiner Frau zwar zu leben, jedoch nicht gemeinsam zu leben – neben all diesen Eigenschaften war es immer wieder die an einen Buchhalter erinnernde Sorgfalt, die es Lehár allerdings auch erst ermöglichte, sein Leben und seine kompositorische Arbeit streng nach Plan zu führen.

Man muß nicht nachrechnen, wie viele Millionen Noten er

mit Bleistift zu Papier gebracht hat. Man darf aber behaupten, er habe sehr viele seiner Kollegen an Fleiß übertroffen und sich sehr vielen seiner großen Vorgänger würdig erwiesen: Immerhin griff er nicht einmal in seinen Anfängerzeiten auf die Mitarbeit oder Hilfe von Kopisten zurück, wie das in der Zeit von Johann Strauß Sohn üblich war. Lehár verwendete nie die Unterstützung bei der Ausführung einer Partitur, die man noch in der Urschrift der »Fledermaus« nachweisen kann. Immerhin hielt er in seinem Archiv penibel Ordnung und war in der Lage, auf einmal notierte oder sogar schon aufgeführte Kompositionen zurückzugreifen, wenn das notwendig war.

Wenn ihm ein Mitarbeiter nahelegte, doch eine kleine Melodie so richtig in den Mittelpunkt zu stellen, wie das im Falle von »Dein ist mein ganzes Herz« gottlob geschah, war Lehár auch im reifen Alter imstande, einen Ratschlag anzunehmen und dann, nach entsprechend sorgfältiger Prüfung mit seinem wichtigsten Interpreten, das Tauber-Lied neu zu komponieren. Es ist dies vielleicht nicht so wichtig, aber es ist immerhin bedenkenswert. Solange in aller Welt vor allem dieses eine Tenor-Lied gesungen wird, solange sollte man auch die Vorgeschichte wissen und an ihr erkennen, daß ein halber Zufall oft an der Wiege eines Welterfolges stehen kann.

Im September, als der Geburtstag lange vorüber war, zog Wien mit seinen Feiern zu Lehárs 60. Geburtstag nach: Das Metropol-Theater hatte gezeigt, was sich aus einem solchen Fest machen läßt und hatte einen kleinen Lehár-Zyklus aufgeboten, »Paganini«, »Der Zarewitsch«, »Friederike« und »Das Land des Lächelns« standen auf dem Programm, der Komponist dirigierte unermüdlich seine Werke selbst und war immer bereit, sich würdigen zu lassen – Lorbeerkränze, die man ihm überreichte, wurden nicht achtlos weggestellt, sondern kamen in eine der österreichischen Heimstätten des Maestros und wurden inventarisiert. Zeugnisse seines Ruhms und der Zuneigung seines Publikums hatte Lehár nicht nur gern, er sammelte sie leidenschaftlich und er trennte sich nie von ihnen. Genauer: Er hätte sich nie von ihnen getrennt, wäre da nicht ein Weltkrieg und dessen Ende und eine Plünderung geschehen.

Monate nach dem Berliner Geburtstagsfest gab es immerhin in Wien Feiern. Ein Konzert mit den Wiener Philharmonikern, bei dem Franz Lehár deutlicher als je zuvor in seinem Auftreten und seiner Art zu dirigieren an den anderen berühmten Musiker der Zeit, an Richard Strauss erinnerte. Die Wiener Gesellschaft besuchte das Konzert vollzählig und konnte genießen, was Lehár in seinen kühnsten Träumen gewünscht hatte: Seine Melodien, seine Kompositionen, gespielt vom Stolz der Wiener, von den Philharmonikern, deren Klang Generationen von großen Komponisten inspiriert hatte. Das Meisterorchester war für Brahms und Bruckner ein idealer Klangkörper gewesen, hatte unter Gustav Mahler dessen Kompositionen (zum Leidwesen des Meisters) viel zu selten gespielt, hatte sich selten als ein Uraufführungsorchester erwiesen, aber immer wieder von der Regel Ausnahmen gemacht und zeitgenössische Komponisten überrascht. Und allen den Klang vorgespielt, der sie zu ihren Werken inspirierte.

Lehár hatte nicht nur in seinen Anfangsjahren mit guten, versierten, aber sehr viel weniger exzellenten Musikern zu tun gehabt. Die im Theater an der Wien engagierten Orchestermitglieder waren in denselben Klassen ausgebildet, aus denen auch die Philharmoniker hervorgingen. Aber es waren immer die etwas weniger begabten und vor allem die vom Schicksal weniger begünstigten Musiker – sie saßen immer in zu kleiner Besetzung Abend für Abend im Orchestergraben und wurden so gut wie nie als exzellent bezeichnet. Sie waren Handwerker und selten Künstler.

Trotzdem vertraute man ihnen immer wieder die großen Erfolge der Operette an und schrieb als Komponist immer schwierigere, immer heiklere Parts in ihre Noten. In der Hoffnung darauf, daß diese einst auf den Pulten der Wiener Philharmoniker landen werden?

Wohl kaum. Doch Franz Lehár hatte es erreicht und zwar mit seinen Werken. Nicht mit symphonischen Dichtungen oder einer in zu viel Übermut geschriebenen Oper, sondern mit Operetten-Melodien, die er zu so großem Erfolg getragen hatte, daß auch die ehrwürdigsten Interpreten ihm ihre Dienste nicht versagen konnten. Warum auch? Auf der Bühne sang der gefeierte Mozart-Tenor Richard Tauber für ihn, im Film war Maria Jeritza, die Primadonna ihrer Zeit, gerne seine Sängerin. Und jetzt spielten also die Philharmoniker unter seiner Leitung. Operetten-Melodien!

Im Theater an der Wien, dem Lehár trotz einer gewissen Entfremdung nie die Treue abgeschworen hatte, kam in der Besetzung der Berliner Uraufführung »Das Land des Lächelns« heraus. Vera Schwarz und Richard Tauber eroberten in ihren Partien die Wiener Kritiker und das Wiener Publikum. Ein Serienerfolg wäre selbstverständlich möglich gewesen. Doch das »System« ließ ihn 1930 nicht mehr zu. Die Lehár-Interpreten der ersten Güteklasse hatten Termine und Kontrakte in aller Welt. Man konnte sie nicht mehr engagieren wie die Soprane und Tenöre um 1905, denen mehr als hundert Aufführungen eines Stückes zuzumuten waren.

Denn: Das erwähnte System der gastierenden Stars ist beileibe nicht erst mit dem Aufkommen des Flugzeugs erfunden worden. Die ganz Großen ihres Faches waren schon seit dem Beginn des Jahrhunderts nicht mehr wirklich treue Ensemblemitglieder. Sie ließen sich für Gastspiele an der Metropolitan Opera in New York beurlauben und kamen Monate nicht an die Wiener Hofoper zurück. Konsequenterweise sang deshalb auch ein Richard Tauber immer genau dort, wo er es am lohnendsten und interessantesten fand – und sagte oft genug in Interviews, die Operette sei für ihn eine wunderbare Ergänzung seines Repertoires und Balsam für seine Stimme – wenn sie von Lehár und für ihn komponiert war. Dann aber hatte er wieder Mozart auf dem Programm und überließ die großen Tauber-Partien neidlos Kollegen vom Fach.

Wieder einmal ein Photo? Im Dezember 1930 brachten Alfred und Fritz Rotter noch eine halbe Uraufführung in Berlin heraus. »Lehár-Uraufführung« stand auf den Plakaten, aber das war nicht vollkommen korrekt. Denn »Schön ist die Welt« war eine Umarbeitung der schon einmal erfolgreichen Operette »Endlich allein«, vor allem der berühmte zweite Akt – ein Duett und sonst beinahe gar nichts – blieb musikalisch so gut wie unangetastet. Die neuen

Textdichter hießen Ludwig Herzer und Fritz Beda-Löhner, sie waren jetzt auf alle Intentionen Lehárs eingeschworen und schrieben ihm die Handlung um. Der Tenor war jetzt nicht mehr Baron, sondern ein regelrechter Kronprinz. Die reiche Amerikanerin war, als sei das exotischer für Berlin im Jahr 1930, eine Prinzessin. Die Schlüsselszene aber, die in der Einsamkeit, in der Natur spielt und zwei Menschen einander vorsichtig finden läßt, die blieb so, wie sie der Komponist konzipiert hatte.

Weshalb die Kritik sofort wieder in die falsche Richtung wies: »Ich wage zu behaupten, daß, wenn Lehár sich entschlossen hätte, den ersten und letzten Akt so zu halten wie den zweiten, eine charmante, heitere Oper entstanden wäre. Der zweite Akt nämlich, wie zur Zeit von *Endlich allein*, ist fast durchkomponiert. Lehár wäre der Mann, eine ideale Opera buffa zu schreiben. Dieser zweite Akt verpflichtet. Hoffentlich erfüllt Lehár diese Verpflichtung bald.« Rudolph Lothar, der so aus Berlin nach Wien berichtete, ließ sich nicht beirren, begriff immer noch nicht, daß es für Lehár diese typisch wienerische Sehnsucht nicht gab. Er war ein Komponist, der Operetten schrieb. Nicht einer, der sich endlich an eine Oper »wagen« wollte.

Und das vorher erwähnte Photo? Hinter einem zu eng ausgelegten Sofa stehen die Textautoren Fritz Beda-Löhner und Ludwig Herzer, beide schon ziemlich kahl, beide irgendwie sehr jüdisch, lachend wie zwei Kabarettisten. Vor ihnen etwas zu unbequem Richard Tauber, den man in seinem bürgerlichen Outfit mit Hose mit hohem Bund und kurzer Krawatte gewiß nicht für einen Tenor und Herzensbrecher halten würde. Neben ihm, klein und »pikant« die neue Diva Gitta Alpar, die noch am ehesten so aussieht, wie man sich eine Operettendiva im Arbeitskleid vorstellen würde. Und neben ihr, mit weißem Haar und kurzem, weißem Schnurrbart, in hoch geschlossenem Anzug, ein kleiner, gedrungener Herr, der ernst und besorgt Tauber in die Augen blickt: Der lebensfreudige Komponist höchst erotischer Melodien, in dessen Antlitz man nicht einmal den Musiker, geschweige denn einen Operettenmusiker findet, sondern nur einen wahrscheinlich sehr erfolgreichen Herren, der sich von niemandem vorschreiben läßt, was er tun soll.

Warum auch? Hätte er im Vollbesitz seiner Kräfte beschlossen, eine Oper zu schreiben, er wäre mit ihr ohne Schwierigkeiten in den Kreis derjenigen eingedrungen, die anno dazumal Kompositionen für die Jeritza schrieben und an der Staatsoper gespielt wurden. Lehár überschätzte weder sich noch das Genre. Er war für die Oper einfach nicht disponiert.

Am Rande sei bemerkt: Vor allem bei »Schön ist die Welt« kolportierte man einen großen Probenkrach, denn die Produzenten und Theaterdirektoren im Metropol-Theater wollten mitreden. Lehár selbst beschrieb im nachhinein die Situation aber nicht sehr ernst.

»So was ist nicht tragisch zu nehmen. Bei Proben, die den ganzen Tag und noch am Tage der Premiere bis sechs Uhr morgens dauern, werden an die Nerven aller Künstler die schwersten Anforderungen gestellt. Man wird gereizt und empfindlich wie ein Blinddarm, und man wägt nicht mehr die Worte ab wie sonst. Ich bin mit meinem Werk, wie man weiß, künstlerisch so verwachsen, daß ich jede Änderung als einen unerlaubten Eingriff in mein Heiligstes betrachte. Als ich plötzlich eine Änderung im zweiten Akt bemerkte, fragte ich, wer das getan habe. Als ich erfuhr, die Direktoren Rotter wären die Urheber, sagte ich in meiner Erregung: Das sind ja musikalische ... Bei ruhiger Überlegung hätte ich diese Äußerung sicher nicht gemacht, zumal jeder, der mich kennt, weiß, wie wenig aggressiv meine ganze Art ist. Wie es beim Theater ist, wurde diese Äußerung den Rotters überbracht, die nun gegen mich aggressiv wurden ...«

Zweifelt jemand daran, daß derartige Auseinandersetzungen harmlos waren und vor und nach diesem einen Vorfall immer stattgefunden haben? Der gereizte Ton auf Proben war zwar nie Sache Franz Lehárs, doch er war auch bei Lehár-Operetten nichts Neues. Schließlich ging es immer um ein neues Werk, das seine Publikumswirkung erst beweisen mußte. Und immer um einen Komponisten, der sehr genau wußte, was er wollte. Außerdem ging es immer auch um sehr viel Geld, das investiert wurde – die Direktoren, die sich Franz Lehár leisteten, waren private Unternehmer und hafteten mit ihrem Kopf für den Erfolg. Sehr im Gegensatz zu heutigen Stadt- und Staatsbühnen waren die Operettentheater in Wien, in Berlin, aber auch in allen mittleren und kleinen Städten einzig auf ihre Einnahmen angewiesen und konnten sich nicht auf dem Polster ausruhen, das heute manchmal etwas dünner wird, regelmäßig aber von der öffentlichen Hand wieder unter den Kopf eines Direktors geschoben wird.

Die Rotters lebten in einer finanziell schwierigen Zeit. Um 1930 ging es weder in Berlin noch in Wien dem Publikum blendend, gab es nur selten Mäzene, die sich ein Ensemble um Max Reinhardt leisteten. Allerorten wurden Theater zugesperrt, gingen Theaterdirektoren pleite ...

Aus dieser Zeit zitiert Otto Schneidereit, der eine ganze Lehár-Biographie aus klug gewählten Zeitungsausschnitten und Erinnerungen zusammengestellt hat (und dessen Fleiß vom Autor dieser Biographie nahezu schamlos genutzt wird), die einzige große Auseinandersetzung des Komponisten mit der Musikkritik. Sie ist reizvoll, soll aber trotzdem nicht noch einmal abgedruckt werden. Denn Lehár sagt genau das, was sich wohl jeder schöpferische Mensch mehr als einmal zum Thema gedacht hat und deshalb gar nichts Neues.

Oder doch?

»Aber es hat einen tiefen Grund, daß wir es nicht mehr billigen, den Kunstrichter als Lehrer auftreten zu sehen, der gute und schlechte Zeugnisse ausstellt. Überhaupt soll der Kritiker, wie ich ihn mir denke, weder Vorschriften aufstellen noch sich aufs Diktieren ästhetischer Prinzipien verlegen. Nicht vorschreiben, sondern ergründen – dies ist das Amt des Kritikers. Natürlich sieht jeder Kritiker vermöge seiner Erziehung, seiner Bildung, seiner Gehirn- und Gemütskonstruktion das Kunstwerk mit anderen Augen. Den einen fesselt der Stoff, den zweiten der Stil oder Aufbau und Durchführung oder die Ausdruckskraft oder das Persönliche. Aber immer ist es ihre Person, ihre Eigenart, die zurückgestrahlt wird.«

»Wie man es macht, macht man es falsch«, ist der Tenor der Ausführungen des Komponisten, der mit seinem Erfolg immer zufrieden sein konnte und auch in den Kritiken immer gut wegkam.

Daß Lehár ausgerechnet in diesen schlechten Zeiten sich auch mit dem Problem der Musikkritik herumschlug, ist selbstverständlich. Denn die »Kritik« ist im Falle der Musik wenigstens um 1930 immer auch eine Art Reklame für oder eine heftige Propaganda gegen ein Werk und seine Aufführung gewesen und daher für die Existenz von Operettenbühnen doppelt wichtig. Lehár wiederum war ein Komponist, der zwar aus aller Welt Tantiemen bezog, dessen Hauptlieferant jedoch immer die deutschsprachigen Bühnen blieben, die der Wirtschaftskrise wegen entweder zusperrten oder sparen mußten.

Lehár war da nicht allein. Auch sogenannte ernste Musiker sorgten sich um den Markt, und auch höchst seriöse Schriftsteller beobachteten genau, ob ihre Verlage auch imstande waren, das Publikum zu animieren in einem von Haß und Straßenschlachten geprägten Deutschland und einem auch nicht friedlichen Österreich, das vom Zwist der beiden Parteien geprägt wurde und gleichzeitig schon ängstlich die Krawalle in Berlin beobachtete. Noch war Hitler nicht an der Macht. Aber schon gab es genügend Anzeichen, daß sich weder in Deutschland noch anderswo die Kräfte durchsetzen würden, die etwa einen Liberalismus geprägt hatten. Man saß, auch als Operettenpublikum, quasi auf einem Ast, der bereits angesägt wurde.

17

Wieder in Wien

Lehár war feinhörig und aufmerksam und offenbar von den Brüdern Rotter doch heftiger attackiert, als er es laut sagen wollte. Denn nach »Schön ist die Welt« gab es im Jahr darauf keine Lehár-Premiere in Berlin, sein geliebter Richard Tauber aber war per Vertrag an das Metropol-Theater gebunden und sang in einer Korngold-Bearbeitung von Johann Strauß. Lehár kehrte heim zum Theater an der Wien, heim zu Hubert Marischka. Dort dirigierte er die Wiener Erstaufführung der halben Uraufführung »Schön ist die Welt« zu einer Zeit, in der die Welt weder schön noch heil war und es in Wien bereits mehrere gesperrte Operettenbühnen gab.

Der Finanzmann Lehár investierte in Grund und Boden. Er erwarb von einem Amerikaner das längst so genannte Schikaneder-Schlößl in der Hackhofergasse in Nußdorf. Der Theaterdirektor und Librettist der »Zauberflöte« hatte es sich bauen lassen, als Nußdorf noch sehr weit weg von Wien war, in einem Garten, unweit der Donau, nahe den Weinbergen. Friedlich und repräsentativ, mit vielen Räumen, mit Fresken (die natürlich die Personen der »Zauberflöte« zeigten) und allem, was sich ein zu Geld gekommener Wiener wünschen konnte: Einem ruhigen Innenhof, einer beinahe prunkvollen Freitreppe in den dicht bewachsenen Garten. In einer Lage, die auch 1931 noch einige Ruhe versprach – zwar war die Stadt bereits sehr an das Schlößl herangerückt, doch blieben die Häuser in der Umgebung immer noch geduckt und klein und sahen ländlich aus.

Außerdem war Nußdorf eine andere Wiener Gegend als Döbling oder Hietzing. Kein Villenviertel, in dem sich Reichtum niederließ, sondern eine weiterhin natürliche, ruhige Siedlung am Rand der Stadt. »Man« fuhr damals selbstverständlich längst nach Grinzing. Nach Nußdorf, wo der Wein auch wächst und also auch Heurige, die Wiener Buschenschenken, existieren, gingen nur ruhige, bedachte Wiener.

Lehár erwarb Grund, Boden und ein stattliches Domizil und legte damit seine Tantiemen an. Er war, spürte man damals, ein zutiefst konservativer Mensch und der Überzeugung, es gäbe keine bessere Geldanlage als »Besitz«. Zudem war man allgemein der Ansicht, er werde aus dem stillen Ort eine Art Museum machen wollen – und selbstverständlich war Lehár in der Theobaldgasse nahe der Mariahilferstraße und in seiner Villa in Ischl räumlich gesehen längst am Ende. Bilder und Erinnerungsgegenstände füllten seine Stadtwohnung und seinen Zweitwohnsitz. Die vielen Räume in der Hackhofergasse konnten rasch aus dem möbliert werden, was Lehár erworben, aber quasi noch nicht ausgepackt hatte.

Zwischen seinen zahlreichen Reisen zu Premieren arbeitete Lehár jetzt gerne in Nußdorf, war stolz auf seinen Garten, ließ sich als Schloßbesitzer photographieren und stand – später – auch für einen Film zur Verfügung, in dem es nur zwei Motive gibt. Lehár als Erzähler und Pianist. Und ihn als vornehmen Herrn, der seine Terrasse zeigt, sein Gartentor, sein Blumenspalier ...

Zwischen den zahlreichen Reisen erlebte Lehár allerdings auch, was man heute Weltgeschichte nennt. 1933 wurde Adolf Hitler deutscher Reichskanzler und veränderte damit die Welt. In Berlin brannte der Reichstag. In Österreich blickte man gebannt wie ein Kaninchen auf die Geschehnisse und wußte nicht, wie man sich gegen das kommende Unheil schützen sollte.

Gleichzeitig aber fand man Energie genug, sich um das Publikum zu kümmern und wollte es aus der Vorstadt in das Allerheiligste locken. Clemens Krauss war Staatsoperndirektor und nahm immer mehr Operetten in sein Repertoire auf: Das Haus am Ring war zwar weiterhin als Staatsbühne abgesichert und, nach damaligen Verhältnissen, gut dotiert. Gleichzeitig aber war es eine taktisch kluge Maßnahme, sich außer um die Erneuerung von uralten Inszenierungen auch um ein neues Publikum zu kümmern.

Krauss tat beides. Er bat zum Beispiel flehentlich, man möge ihm die finanziellen Mittel geben, um eine seit Gustav Mahlers Zeiten gespielte Produktion der »Carmen« wenigstens einigermaßen szenisch neu adaptieren zu können – er erklärte höflich, es werde sich das Geld, das man da in ein neues Bühnenbild investiere, durch neu entfachtes Publikumsinteresse auch wieder hereinspielen lassen. Und er nahm Johann Strauß, Richard Heuberger und Franz von Suppé in den Spielplan auf und dem Theater an der Wien Publikum weg. Krauss bot sich zudem an, die neueste Lehár-Operette mit den ersten Kräften seines Hauses zur Uraufführung zu bringen.

»Giulietta«, wie die Operette damals noch hieß, war für Maria Jeritza und Richard Tauber komponiert. Max Reinhardt war als Regisseur angeworben worden, die Uraufführung für das Große Schauspielhaus in Berlin gedacht. Auch dieses gehörte zum Konzern der Brüder Rotter und wäre allenfalls auch noch unter Herrn Hitler zu bespielen gewesen: Aber das Imperium Rotter krachte zusammen, und die Produzenten mußten fliehen. Interpreten wie Richard Tauber standen, ohne eigenes Zutun, für Berlin nicht mehr zur Verfügung. Und selbstverständlich auch kein Max Reinhardt.

Daß Lehár davon profitierte und seine letzte Operette, die schließlich doch »Giuditta« heißen sollte, an der Staatsoper unterbrachte, machte ihn zu einer Art Vorkriegsgewinnler. Plötzlich wußte er, der sich ja auch um die Welt hätte sorgen können, daß er an einem Werk arbeitete, das von den Philharmonikern aus der Taufe gehoben werden sollte. Daß das Team Hubert Marischka/Franz Lehár in der Staatsoper eine Uraufführung einstudieren sollte. Daß er ganz ohne Aufgabe seiner Prinzipien ein Werk schrieb, das nicht als verkleidete Oper, sondern als Operette von Franz Lehár am ersten Opernhaus der Welt gespielt werden würde.

Lehár war, nebstbei, so sehr Österreicher und auch Wiener, daß ihm die Staatsoper immer als erstes Haus der Welt, als heimliches Traumziel erschien, und jedermann weiß, daß sich wenigstens alle Wiener und beinahe alle Österreicher dieser Ansicht auch heute noch anschließen. Daß für eine ganz bestimmte Spezies von Mensch das Haus von Sicardsburg und van der Nüll der einzige wahre Tempel der einzigen wahren Kunst ist. Diese Spezies von Musikliebhabern wenigstens träumt heute noch so wie Lehár und versteht ohne viel Worte, was in dem Komponisten vor der Uraufführung vorging.

Dennoch bemühte er sich deutlich, zurückhaltend zu bleiben und nicht ununterbrochen laut zu jubeln. Er bestand auf dem Engagement seines Direktors aus dem Theater an der Wien – allen Mißstimmungen zum Trotz hielt er Hubert Marischka als einem Profi die Treue und wollte seine Erfahrung im Arrangieren von Operettenszenen nicht missen. Alle Ehrfurcht der Welt hinderte ihn nicht daran, sich die musikalische Einstudierung selbst vorzubehalten. Wer sonst hätte die richtigen Tempi, die notwendigen Verzögerungen gewußt?

Über die Zeit der Komposition gibt es die lyrischen Nacherzählungen seiner letzten Biographin, die behauptete, er habe gesagt: »Der Stoff bemächtigte sich meiner!«, und er habe fortan in einem Trancezustand komponiert. »Glühender, gepackter denn je ...« Und da gibt es den Bericht des Komponisten selbst, der einfach gestand: »... habe mir bei der *Giuditta* eine besonders sorgfältige Instrumentierung, wie sie das reiche und so wundervolle Orchester der Staatsoper auch verlangt, ebenso angelegen sein lassen wie die wirkungsvolle Behandlung der Singstimmen und Gewähltheit der Thematik. Frau Novotna bekam als Giuditta ihren Walzer: *Meine Lippen, die küssen so heiß.* Richard Tauber seine Arie: *Du bist meine Sonne,* und beider B-Dur-Duett: *Schönste der Frauen!* Geht gleichsam als Leitmotiv durch die ganze Partitur ... So viel glaube ich sagen zu dürfen, daß *Giuditta* mein reifstes Werk ist, an dem ich mit einer Liebe gearbeitet habe wie vielleicht noch nie.«

Freun - de das Le - ben ist le - bens wert!

Lehár erwähnt allerdings nicht, was er an echten Schlagermelodien im positiven Sinn über diese letzte Operette noch ausstreute, so etwa das Tenorlied »Freunde, das Leben ist lebenswert!« Auch »In einem Meer aus Liebe möchte ich so ganz versinken!« und viele andere Melodien, die man längst nicht mehr der Operette zuordnet, haben ihren Weg rasch, aber ziemlich endgültig gemacht: Sie wird so gut wie nie, wenn aber, dann nur einem weiblichen Star zuliebe aufgeführt. Und sie hat keinen Erfolg mehr, denn das Sujet ist dermaßen zeitgebunden, daß es nicht mehr auf eine Bühne zu bringen ist.

Im Jahr 1934 war das sehr wohl möglich. In der Wiener Staatsoper setzte man für den ersten Abend die sogenannten Caruso-Preise an und war trotzdem überbucht. Franz Lehárs Einzug in die Staatsoper wurde zu einem gesellschaftlichen – und doch auch musikalischen – Ereignis. Denn wenn man auch keine Operette und erst recht keine Oper hörte, war man doch von den einzelnen Nummern nicht nur begeistert, sondern geradezu fanatisiert. Sie schlugen alle ein und mußten sämtlich wiederholt werden und brachten den Interpreten und dem Komponisten genau den Erfolg, den man sich nur in kühnsten Träumen erdenken kann.

Das Jahr 1934 begann mit »Giuditta« und dann kam nichts mehr, was man als gesellschaftliches Ereignis bezeichnen oder freudig niederschreiben könnte. Die Chroniken verzeichnen im Januar neuen nationalsozialistischen Terror in Österreich. Eine Demonstration von 100000 niederösterreichischen Bauern in Wien. Die sogenannten Februar-Unruhen: Die Regierung geht mit Militär gegen die Arbeiter auf der Straße vor, der Generalstreik der Sozialdemokraten endet in einem kurzen, heftigen Bürgerkrieg, bei dem es über eintausend Tote zu beklagen gibt. Die meisten Führer der Sozialdemokraten flüchten in die Tschechoslowakei, neun von ihnen, die man in Wien verhaftet, werden zum Tode verurteilt und hingerichtet. Am 30. April findet die letzte Nationalratssitzung der Ersten Republik statt, von da an wird per Notverordnung regiert. Im Juli wird Bundeskanzler Engelbert Dollfuß von Nationalsozialisten ermordet. Kurt von Schuschnigg übernimmt das Amt des Bundeskanzlers. Er wird es glücklos, aber in Ehren so lange innehaben, bis man es ihm mit dem Einmarsch der Truppen aus dem Deutschen Reich aus den Händen nimmt und ihn in Haft setzt.

Die Staatsoper aber spielt »Giuditta« und ist auch sonst ein glückliches Institut, das noch nicht an »Anschluß« denkt, im Gegenteil, von der Regierung als höchst repräsentativ und notwendig für das Land gefördert wird. Für die Salzburger Festspiele gilt zwar die berüchtigte Tausend-Mark-Sperre, die dem Tourismus Schaden bringen soll – die internationale Welt aber engagiert sich nicht nur auf der Bühne, sondern auch im Zuschauerraum immer deutlicher für Max Reinhardt und Bruno Walter, dann auch für Arturo Toscanini. Bis weit ins Land, bis hin nach Bad Ischl, spürt man, daß die Welt auf einem Vulkan tanzt.

Lehár spürt es auch. Er komponiert keine neuen Operetten, sondern dirigiert in aller Welt seine etablierten Werke. Er läßt sich in Paris auszeichnen und wird Kommandeur der Ehrenlegion. Er muß sich um seinen Bruder sorgen, der immer noch ein aufrechter Mann ist und sich wiederum mit einem Regime nicht verträgt: Er ist, zweifellos auf Betreiben seines komponierenden Bruders Franz, einer der Direktoren der Verwertungsgesellschaft, die sich nolens volens aus den Verwertungsgesellschaften in Deutschland und Österreich zusammengeschlossen hat. Bei einem Abendessen verurteilt er den Einmarsch der Deutschen in Belgien, woraufhin aus einer ehrenhaften Bemerkung Anton von Lehárs wieder eine Staatsaffäre wird und die deutschen Vertreter der AKM, also der österreichischen Verwertungsgesellschaft, alle Beziehungen zu wenigstens einem Lehár abbrachen.

Lehár komponierte nicht mehr, sondern wurde Verleger seiner eigenen Werke: Hubert Marischka, nicht nur Chef des Theaters an der Wien, sondern auch Eigentümer des Verlages, in dem Lehár-Operetten herauskamen, machte Bankrott. Um dabei wenigstens die eigene Haut zu retten, übernahm Lehár, was noch an Notenmaterial geblieben war, übersiedelte es in die Theobaldgasse 16 und erhielt die Konzession »zum Betriebe eines Musikalienhandels«. Der Glocken-Verlag war auf dem Markt und ab dem 25. Februar 1935 ein neuer Lebensinhalt für den Musiker Lehár.

Berichte, wie er seine Zeit am Telephon und mit der strengen Aufsicht über rasch zu verteilende Post verbringt, gibt es en masse. Die erwähnte Pedanterie und Gewissenhaftigkeit muß ihm geholfen haben. Seine Autorität als einziger und erfolgreicher Komponist des Verlags kann ihm nicht geschadet haben, und seine Tätigkeit als Dirigent eigener Werke stand den Zielen des Glocken-Verlages nicht im Weg.

Johann Strauß war für sehr kurze Zeit auch Inhaber einer solchen Konzession gewesen, hatte sich aber nach dem Abbruch seiner Beziehungen zu seinem Verleger rasch wieder in die Obhut richtiger Geschäftsleute begeben. Franz Lehár war, begriff man 1935, selbst ein Geschäftsmann. Er hatte nicht nur komponieren gelernt, sondern konnte auch verhandeln, konnte Rechte anbieten und verkaufen und war imstande, sich in jeder Hinsicht um sich selbst zu kümmern. Mag sein, daß ihn diese neue Aufgabe, in die er sich vergrub, nicht nur faszinierte, sondern auch davon abhielt, sich in Wien, in Österreich umzusehen. Der Musiker und Verleger Lehár war nicht mit den Sorgen und Zukunftsängsten seiner Landsleute, sondern mit der Unterhaltungsindustrie in aller Welt verbunden.

18

Drohendes Unheil

Nicht einmal fünf Jahre hatte Franz Lehár Zeit, sich darauf ein-
zustellen, daß er ein weltberühmter Komponist, zugleich aber
ein mitsamt seinem Werk gefährdeter Mann war. Der in Wien
nicht nur als Hausherr, sondern auch als Schloßbesitzer lebende
und in der Welt weiterhin als Schöpfer populärer Melodien her-
umgereichte alte Herr hatte seine so gut wie vollendeten gesam-
melten Werke immer mit jüdischen Librettisten erarbeitet, hatte
in der Mehrzahl jüdische Komponisten als Freunde und war mit
einer Jüdin verheiratet. Das war für einen Operettenkomponisten gar nicht anders möglich, war völlig natürlich. Und war, von
einem Tag auf den anderen, ein Grund, vereinsamt und gefährdet zu sein.

Aber: 1933, als Hitler an die Macht kam, war Lehár ein Ungar
in Österreich und begriff, scheint es, die Zeichen der Zeit so
wenig wie viele seiner höchst gebildeten und politisch denkenden Zeitgenossen.

Lehár wollte in Österreich bleiben und sein Publikum in
Deutschland nicht verlieren, wie viele seiner bedeutendsten –
und politisch denkenden – Kollegen. Wobei man den Begriff
Kollegen einmal sehr weit fassen kann und auch die Autoren,
also die deutschsprachigen Schriftsteller bis hin zum geachteten
Nobelpreisträger Thomas Mann und zum geliebten Opernfreund
Franz Werfel ausnahmsweise in einen Topf werfen kann.

Man muß nicht nachträglich Lehárs Persönlichkeit als völlig
unpolitisch und daher auch unerfahren schildern. Man muß es
weder sich noch ihm so leichtmachen: Er war bewußt ein Kind
der Monarchie gewesen, er hatte sehr bewußt nach dem Zusammenbruch des Habsburgerreiches seinen Wohnsitz in Wien be-
lassen und war nicht als tantiementrächtiger Unterhaltungsmusiker ins Ausland gezogen. Er hatte als nächster Verwandter eines
tapferen ungarischen Obersten die Versuche seines früheren

Kaisers erlebt, wenigstens im nahen Budapest noch einmal als König Karl an die Macht zu kommen. Er hatte seinen Bruder Anton unterstützt, als dieser sich als sehr politisch agierender Mensch auf der Flucht vor Horthy befand. Und er erlebte mit, wie dieser Bruder sich in Gesprächen mit Deutschen nach 1933 wiederum unbeliebt machte und seither als ein doppelt gefährdeter Mensch galt.

Lehár hatte hautnah miterlebt, was es vor allem für diejenigen, die seine nächsten Mitarbeiter oder Vertragspartner waren, bedeutete, daß Adolf Hitler in Deutschland die Macht übernahm. Er wußte vom Schicksal der Brüder Rotter, die nicht einfach Geschäftsleute gewesen waren, sondern auch Juden, weshalb es auch den Tod bedeutete, daß einer von ihnen (sie waren in die Schweiz geflüchtet) doch in die Fänge der Nazis geriet.

Und er konnte nicht leugnen, daß seine besten Interpreten, vor allem sein geliebter Richard Tauber, in Deutschland nicht mehr auftreten, ja nicht einmal leben konnten und einige außergewöhnliche Künstler unter ihnen in Deutschland nicht mehr auftreten wollten.

Das heißt, auch Franz Lehár wußte seit 1933, daß da ein Unrechtsregime an der Macht war, das sich auch an seinen Werken vergriff: Man spielte, weil das vom Publikum verlangt wurde, seine Operetten. Aber man hatte die Namen der jüdischen Librettisten von den Programmzetteln gestrichen. Und man war insgesamt mit Lehár genausowenig einverstanden wie mit seinem unerbittlichen Gegner Richard Strauss.

Der Unterschied zwischen den beiden populären Musikern, die einander sehr gut kannten und völlig unterschiedlich voneinander dachten?

Strauss saß als Olympier in Deutschland, war erst einmal in offizielle Positionen gebeten worden, die er auch annahm, verlor sie aber rasch wieder, als man sein totales Desinteresse an dem Regime erkannte. Strauss blieb trotzdem in Deutschland und war der festen Überzeugung, er und vor allem sein Werk werde auch den Nationalsozialismus überleben – eine im nachhinein richtige Einschätzung, die Strauss allerdings nach dem Krieg wenig Genugtuung brachte, denn erst einmal kamen auch zu ihm aus dem Ausland einstige Verehrer in US-Uniform und befragten ihn eindringlich. Er mußte sich, was er weder verstand noch zur Kenntnis nehmen wollte, für sein Arrangement mit Hitler, für sein Daheimbleiben rechtfertigen und viel Geduld aufbringen, bis sich die Musikwelt beruhigte und ihn wieder als den Komponisten des »Rosenkavalier« und der großen symphonischen Dichtungen anerkannte.

Franz Lehár saß zur gleichen Zeit als Komponist und Verleger seiner eigenen Werke im scheinbar noch ungefährdeten Österreich, konnte sich berichten lassen, daß selbst die Nazi-Bonzen seine Schallplatten hörten und der Führer selbst – als erinnerte er sich gerne der Zeit, da er sie erstmals gehört hatte – »Die lustige Witwe« als seine Lieblingsoperette bezeichnete. Lehár ebenso wie Strauss bezogen aus den Aufführungen auf den unzähligen Bühnen Deutschlands Tantiemen – mochte auch reichlich Geld aus anderen Ländern kommen, die Stadttheater im deutschen Sprachraum waren doch für beide Komponisten die Garantie, daß ihr Publikum sie hören wollte.

Lehár dirigierte die Uraufführung seiner »Giuditta« in der besten aller möglichen Besetzungen an der Wiener Staatsoper, und er erlebte 1938 als zweites seiner Werke auch »Das Land des Lächelns« in einer nicht minder brillanten Besetzung – beide Male sangen erste Sängerinnen des Hauses (Jarmila Novotna und Maria Reining), beide Male sorgte Richard Tauber mit den für ihn komponierten Liedern für den unbestreitbaren Erfolg.

Aber: Schon im Falle der »Giuditta« gab es außer der großen Aufmerksamkeit, dem übergroßen Jubel nicht nur die üblichen Fragen nach der Berechtigung eines solchen Werkes, im Haus am Ring aufgeführt zu werden, sondern lebhaft vorgetragene Anmerkungen, Franz Lehár werde an Stelle von politisch mißliebig gewordenen zeitgenössischen Komponisten wie etwa Ernst Krenek ins Repertoire aufgenommen.

Dem Komponisten, der nicht irgendwo, sondern in Wien, in seiner eigenen Stadt lebte, können alle diese Kontroversen nicht verborgen geblieben sein. Er wußte, daß Krenek nicht nur ein moderner Komponist, sondern vor allem ein von den österreichischen Nationalsozialisten als entartet bezeichneter Komponist war. Und selbstverständlich wußte er auch, daß er seinen Lieblingstenor so exklusiv für sich beanspruchen konnte, weil dieser in Deutschland nicht nur Auftrittsverbot hatte, sondern an Leib und Leben bedroht war.

Er hatte nicht nur die Illusionen, die man in Österreich nach 1933 haben durfte, indem man in Salzburg ausdrücklich Bruno Walter und Arturo Toscanini ans Pult bat und Max Reinhardt weiterhin als den Helden der Festspiele feierte. Er blieb auch, als es ernst wurde und am 11. März 1938 Kurt von Schuschnigg sein »Gott schütze Österreich« über den Rundfunk sprach und damit kundtat, daß alle Illusionen ausgelöscht waren.

Man hatte Lehár nicht nur gewarnt, sondern ihm eindringlich geraten, er möge das Land, den Dunstkreis Nazideutschlands, rechtzeitig verlassen. Freunde in Wien, auch sein bereits in Italien auftretender Lebensfreund Tauber rieten ihm, wenigstens bis London zu reisen. Er hatte ruhig abgelehnt.

Er war, sagte er selbst, an die Siebzig. Er war dem Paß nach nicht einmal Österreicher, sondern Ungar. Er hatte Hab und Gut in Wien und Bad Ischl und wollte auch von dem nicht lassen. Er verwaltete von Wien aus sein Reich, das sich immer noch über die ganze Welt erstreckte und Tantiemen lieferte.

Er war in der Öffentlichkeit als Schöpfer großer Operetten, nie als politisch denkende oder gar agierende Person bekannt.

Er wollte genau das bleiben und in Ruhe sein Leben zu Ende bringen. Nicht in einer für ihn ungewissen Ferne, sondern in einer ihm wohl bekannten Umgebung, von der er – wie so viele – annahm, sie werde sich nicht wirklich verändern.

Er irrte wie so viele und mußte das unmittelbar nach dem Einmarsch der Deutschen Truppen zur Kenntnis nehmen. Man tat ihm nichts zuleide, man vertrieb nur alle seine Freunde und Bekannten und versetzte ihn, da er ja kein Popanz sein wollte, in eine Art Ruhezustand. Sieht man davon ab, daß man seine Operetten nicht von den Spielplänen nahm, so war er doch eine »unerwünschte Person«, um deretwegen man sich an allerhöchster Stelle erkundigte. Franz Lehár, was sollte mit dem eigentlich geschehen?

Er wollte offenbar nicht begreifen, als er wieder die Nöte sah, in die sein eigener Bruder geriet: Dieser hatte sich in Nazideutschland längst unbeliebt gemacht und konnte 1938 trotzdem nicht nach Ungarn, wohin er »zuständig« gewesen wäre. Lehár wollte für ihn bei Horthy intervenieren, sein Bruder jedoch lehnte ab. Anton Lehár schrieb in einem langen, klugen Brief an den Bruder zuletzt doch den Satz, den damals viele Menschen auf den Lippen führten: »Glaube mir, es ist am besten, die weitere Entwicklung der Dinge abzuwarten.«

Auch 1938, als es an der Aggression Hitlers keine Zweifel mehr geben konnte, wollten viele, die nicht unmittelbar an Leib und Leben bedroht waren, noch die weitere Entwicklung abwarten. Auch diejenigen, die wissen mußten, was geschehen war: Am Tag nach dem Einmarsch der deutschen Truppen waren die ersten »Transporte« zusammengestellt worden, die keineswegs jüdische Journalisten oder Bankiers, sondern ehrenwerte einflußreiche Wiener, die aus ihrer aufrichtigen Gegnerschaft gegen das Naziregime nie ein Hehl gemacht hatten, ins Konzentrationslager deportierten. Darunter viele Wiener, die auch Franz Lehár kannte und schätzte.

Unbegreiflich für Nachgeborene, daß er abwartete. Oder begreiflich, weil man ja ihn selbst beinahe »in Ruhe« ließ? Man ließ ihn nicht in Ruhe. Mehr noch, man verlangte selbstverständlich auch von ihm Bekenntnisse zum Großdeutschen Reich, zum Führer, zu der neuen Zeit, die angebrochen war. Lehár wehrte sich, so gut es ging. Er ließ erkennen, daß man von ihm keinerlei großartige Huldigungen erwarten dürfe – und sandte zugleich auf Anraten des Staatssekretärs Walter Funk aus Wien ein Geschenk an Adolf Hitler.

Eine in Leder gebundene Mappe, mit dem Hakenkreuz geschmückt. Sie enthielt eine der kleinen Erinnerungsbroschüren, wie sie die Juden Wilhelm Karczag und Karl Wallner bereits stolz zur 50. Vorstellung der »Lustigen Witwe« im Theater an der Wien hatten drucken lassen. Zudem enthielt sie eine kleine silberne Plakette, die eine Widmung an Adolf Hitler und die Unterschrift des Komponisten eingraviert hatte. Um aber dem Kunstfreund Hitler ein wirkliches Geschenk zu machen, hatte

Franz Lehár ihm den Walzer »Lippen schweigen« eigenhändig kopiert und mitgeschickt.

Lehár hat diese Jahre später völlig unverständliche Huldigung nie geleugnet. Er hat sie nur als wirklich alter Mann nicht wichtig genommen. Der Führer hatte Geburtstag. Man riet ihm, ein Geschenk zu schicken. Der Führer sammelte Kunst und liebte Musik. Er ließ sich Originale seines Idols Richard Wagner schenken. Also bekam er als Draufgabe auch ein Original seines liebsten Operettenkomponisten Franz Lehár. Zur Erinnerung an eine Zeit, in der er als junger, unbekannter, unglücklicher Mann angeblich auf der Galerie gesessen und die »total verjudete« Darbietung der »Lustigen Witwe« im Theater an der Wien glücklich miterlebt hatte.

Etwas Besonderes?

Nicht für Lehár, der wie unzählige Komponisten und Schriftsteller weiterleben und in Ruhe gelassen werden wollte und der als kleinen Preis dafür die veränderten Verhältnisse in seinem Land nicht tadelte.

Es ist nicht schwer, ihn nicht zu verstehen. Er war ein Herr. Er war, was man heute einen Altösterreicher nennen würde. Er war ein Kosmopolit. Wie konnte er Nazis ausstehen, ertragen, manchmal sogar hofieren?

Zeugen, die diese Zeit überstanden und weder behaupteten, in der nachher erfundenen »inneren Emigration« gewesen zu sein noch als tatsächliche Widerständler bekannt wurden, haben oft zu erklären versucht, daß wir als Nachgeborene die Zeit nicht verstehen. Zeugen, die wahrlich unverdächtig sind wie der Philologe Viktor Klemperer, der Deutschland niemals verließ und in einem vor wenigen Jahren veröffentlichten Tagebuch festhielt, wie er als Jude und Verfolgter doch lange Zeit nicht wahrhaben wollte, was rund um ihn geschah – sie alle sagen uns, daß es leicht ist, Heldentum oder auch nur totale Abkehr zu verlangen.

Sänger wollten trotzdem singen. Regisseure wollten inszenieren. Dirigenten wollten vor allem dirigieren – und alle haben für ihre Wünsche hart gebüßt, sind nie wieder völlig freigesprochen worden. Viele von ihnen sind schon gestorben und nahmen die Ansicht mit sich, man habe ihnen nach 1945 unrecht getan.

Man hätte sie nie anklagen oder beleidigen sollen. Sie waren ja nur Sänger, Regisseure, Musiker.

Und gingen ihrem Beruf nach, so gut es ging.

Auch Lehár wollte auf seinen Beruf als Dirigent und Propagandist seiner eigenen Werke nicht verzichten. Im Sommer 1938 musizierte er in Stockholm, was für ihn die normalste Sache der Welt war, in den Augen der bereits geflohenen jedoch nachträglich wie ein Gastspiel eines Exponenten der Nazis im neutralen Ausland aussah – beide Standpunkte hatten und haben etwas für sich. Man muß nur versuchen, sich jeweils in die Situation der Beobachter zu versetzen. Da waren Vertriebene, unter ihnen auch die Kollegen und Librettisten Lehárs. Ihnen war die Existenzgrundlage geraubt worden, und viele wußten, daß sie knapp dem Tod entkommen waren. Und da war der Operettenkomponist Franz Lehár, der auf Einladung die Stockholmer Philharmoniker dirigierte und eigene Werke vortrug, wie er es seit Jahrzehnten in ganz Europa getan hatte.

Daß man in Schweden an ihn herangetreten und ihn zur Emigration aufgefordert hätte, ist ebensowenig überliefert wie daß er während seines Gastspiels auch nur einen Moment daran gedacht hätte, nicht in sein Schikaneder-Schlößl in der Hackhofergasse in Nußdorf zurückzukehren.

Er musizierte, wo man ihn einlud, also zu Silvester 1938 auch am Berliner Deutschen Opernhaus, wo man seine »Lustige Witwe« zeigte. Er hatte die erfolgreichsten Uraufführungen in Berlin erlebt, war immer wie ein König gefeiert worden, seine Musik war ideal für einen Silvesterabend. Franz Lehár muß das so und nicht anders gesehen haben, sonst wäre er nicht gereist, hätte nicht in der Reichshauptstadt musiziert.

Oder?

Im Zusammenhang mit ihm drängt sich albern eine Assoziation zu seinem berühmten Helden Sou-Chong auf. »Immer nur lächeln ... doch wie's da drin aussieht, geht niemand was an.«

Ob die Photographien, die es aus dieser Zeit von Lehár gibt, ein anderes Lächeln zeigen als die aus den Jahren zuvor? Niemand wagt, das zu behaupten. Der feine Herr, der Gentleman Franz Lehár, der Weltmann hatte für sein Publikum seit Jahrzehnten immer sein berühmtes freundliches, ruhiges Lächeln aufgesetzt. Nicht erst 1933 und auch nicht erst 1938.

Ob er zu Silvester in Berlin nervöser oder so souverän wie immer musizierte? Niemand erörterte das damals. Der Routinier unter den dirigierenden Komponisten hatte für sein Ensemble und sein Orchester immer eine ruhige, exakte Zeichengebung gehabt und war – wiederum seinem Widersacher Strauss sehr ähnlich – berühmt dafür, daß er die Geigen sentimental schwärmen ließ, aber nicht selbst sentimental wurde. Auch bei der »Witwe« am Berliner Deutschen Opernhaus interessierte ihn nur das richtige Tempo und die Tatsache, daß er allen seinen Sängern rechtzeitig die Einsätze gab.

Ende des Jahres 1938 hatte Franz Lehár auch in Wien bewiesen, daß er »ein Kind der Zeit« war. Es war ihm in Verzweiflung über eine nicht und nicht zu beendende Gerichtssache und angesichts neuer Erpressungen ein Brief an einen Nazifunktionär passiert, der unentschuldbar scheint. Lehár wollte die jahrelangen Versuche, ihn zum Plagiator zu stempeln, ein für allemal verhindern und schrieb, als sei das seine letzte Weisheit, an Kulturrat Hinkel in Berlin um Hilfe gegen Gegner, deren »Rädelsführer« alles Juden seien.

Unentschuldbar? Nach dem Krieg sah Lehár selbst die Angelegenheit anders. »Ich wußte mir keinen anderen Rat, als mich an Kulturrat Hinkel in Berlin zu wenden und ihn zu bitten, mich von ihnen zu befreien. Ich gebe zu, daß diese Äußerung *unvorsichtig* war. Ich habe ja nicht das Judentum gemeint, sondern nur von zwei Erpressern gesprochen.«

Das erklärende Wort im nachhinein ist verräterisch. Denn »unvorsichtig« war es im Spätherbst 1938 nicht, einen Gegner in Berlin als Juden anzuschwärzen und sich mit diesem Hinweis bei den entsprechenden Stellen so einen Vorteil zu erhoffen. Unvorsichtig war das nur angesichts der späteren Entwicklungen, angesichts der Tatsache, daß Berlin nach 1945 nicht mehr die Zentrale eines Großdeutschen Reiches war und auch ein Franz Lehár nicht erklären konnte, er habe zwei erpresserische Juden, nicht aber das Judentum als sein Feindbild bezeichnet.

Auch über diese Unvorsichtigkeit ist mehr als ein halbes Jahrhundert hinweggegangen, sowohl die Fakten wie die mehr als vagen Erklärungen des Musikers sollen zur Kenntnis genommen und in einer Biographie nicht vergessen werden. Einfach als ein Faktum und ohne dieses zu verharmlosen.

Sie sollen nicht einmal mit dem latenten Antisemitismus der Österreicher erklärt werden – den gab es immer, der war aber ganz gewiß kein integrierender Bestandteil des erfolgreichen Operettenkomponisten Franz Lehár. Der schlich sich in sein Leben erst ein, als er umgeben war von Menschen, in denen der vorher nur latente Antisemitismus von Staats wegen gefördert und an den Tag gebracht wurde.

Rund um ihn war er nicht nur sichtbar, sondern zeigte gräßliche Auswirkungen. Auch Lehár konnte 1938 keine Tageszeitung aufschlagen, in der nicht von den »rein arischen« Firmen geschrieben und von Selbstmorden vorwiegend von jüdischen Mitbürgern verschämt im Inseratenteil gelesen wurde. Es zeigte sich, um diese wenig hübsche Momentaufnahme eines Musikers nicht zu zerdehnen und zu zerreden, daß die veröffentlichte Meinung, die geschürte öffentliche Abneigung gegen Juden, auch den verzweifelten Komponisten voll erfaßt hatte und dieser einen jahrelangen üblen Streitfall – in dem er völlig unschuldig war und auf seinem Recht bestehen konnte – mit einem sehr üblen Argument zu beenden versuchte. Und daß er sich Jahre später mit einer üblen Wortwahl rechtfertigte. Unvorsichtig, wie er in Fragen der Politik wohl war, und wie er nach dem großen Sterben, bei dem auch viele seiner einstigen Mitarbeiter dran glauben mußten, geblieben ist.

Er war immer noch eine bedeutende und auch im Nazireich geachtete künstlerische Persönlichkeit. Zu seinem 70. Geburtstag feierte ihn nicht nur Wien und Ischl, außer dem Ehrenring der Stadt Wien erhielt er auch Gratulationen aller Statthalter Hitlers, und der Führer selbst sandte ihm die Goethemedaille.

Trotzdem war er offenbar alles andere als eine Persönlichkeit, die man dem inneren Kreis zurechnen konnte. Sein Prestige innerhalb der Partei, der er nicht angehörte, wird nicht sehr hoch gewesen sein. Er aber war persönlich unvorsichtig. Wie später ebenfalls.

Auch das nämlich war nach 1945 dem Komponisten, der sich von der »Welt« weiterhin geliebt wissen durfte, zum Vorwurf gemacht worden: Fritz Beda-Löhner, sein mit ihm erfolgreicher Librettist, hatte es nicht bis zur Emigration geschafft. Er wurde verhaftet und in ein Konzentrationslager eingeliefert. Franz Lehár wurde verständigt und er wußte offenbar genau, was ein Konzentrationslager war, denn er intervenierte für seinen Freund in besseren Tagen nicht irgendwo, sondern an höchster Stelle. Wenigstens ein Zeugnis gibt es, daß sich Lehár an Adolf Hitler selbst wandte, um Beda-Löhner zu retten. Glaubt man Peter Herz, selbst ein Operettenlibrettist und Autor, dann versprach Hitler dem Komponisten, er werde sich die Akte des Verhafteten kommen lassen und dann auch Lehár eine Antwort geben.

Die Antwort aus der Reichskanzlei kam nie, am 4. Dezember 1942 ging Dr. Fritz Beda-Löhner nach viereinhalb Jahren Haft in Dachau, Buchenwald und Auschwitz in die Gaskammer. Er soll bis zuletzt auf Franz Lehár, dessen Ansehen in Nazideutschland und dessen Freundschaft gehofft haben.

Daß in Nazideutschland auch die Freundschaft zu einem Komponisten vom Range und der Popularität eines Franz Lehár nicht vor dem Tod im Konzentrationslager schützte, weiß man im nachhinein. Daß Lehár Jahre später wörtlich erklärte: »Ich wurde *quasi* beschuldigt, am Tode Bedas verantwortlich zu sein«, weist in genau dieselbe Richtung wie die »unvorsichtige« Behauptung, die der Musiker nicht über das Judentum, sondern nur gegenüber zwei erpresserischen Juden geäußert hatte.

Wahrscheinlich hat er sich für seinen Librettisten eingesetzt. Vielleicht war er entsetzt, für seinen Freund nichts tun zu können. Was er jedenfalls zustande brachte: Er lebte auch nach dessen Tod – von dem er selbstverständlich in angemessener Frist erfuhr – weiter und zwar im Großdeutschen Reich und in nicht nur vergleichsweise angenehmen Verhältnissen. Er lebte und musizierte und konnte Aufnahmen seiner Operetten in Wien dirigieren. Wie es da drinn' aussah, das kann man weder wissen noch begreifen.

250

Genaugenommen: Zu dem Zeitpunkt, da Dr. Fritz Beda-Löhner in die Gaskammer mußte, entstanden im Wiener Funkhaus die authentischen Gesamtaufnahmen von »Schön ist die Welt«, der erfolgreicheren Zweitfassung von »Endlich allein« mit Adele Kern und dem damals schon bedeutendsten Mozart-Tenor seiner Zeit, Anton Dermota (als vollwertigen Ersatz für den im Einzugsbereich des Komponisten mit Auftrittsverbot belegten Richard Tauber). Und selbstverständlich entstand auch noch eine letzte Gesamtaufnahme von »Giuditta« mit Jarmila Ksirova, Karl Friedrich (einem Tenor, der bald nach dem Krieg im Theater an der Wien als Partner der noch einmal heimgekehrten Maria Jeritza sang) und Georg Oeggl, dem Bariton, der ausgerechnet um 1940 zu den hervorragendsten Vertretern seines Faches zählte. Zwei Operetten also, deren Librettist nicht nur nicht genannt werden durfte, sondern um diese Zeit umgebracht wurde. Zwei Operetten, deren historische Aufnahmen unter der Leitung des Komponisten seit kurzem unter dem Titel »Radio Dokumente« auf CD wieder auf dem Markt sind.

Wer immer sie hört, will nichts anderes als die Tempi, die Interpretation des Komponisten erleben. Was er quasi als zeitgeschichtliche Zuwaage erhält, wird ihm schlicht vorenthalten. Denn: In der Welt der Operette hat die Politik immer noch nichts verloren, einen Zusammenhang zwischen dem Tod im Konzentrationslager und der mitreißenden Botschaft »Schön ist die Welt« stellt man einfach nicht her. Aber er ist einmal gegeben gewesen und er soll nicht wirklich vergessen werden.

Muß man diesen Zusammenhang Franz Lehár zum Vorwurf machen?

Hat es Sinn, ihm anzukreiden, daß er seine Tage zwischen dem von ihm selbst geleiteten Glocken-Verlag in der Theobaldgasse, den wenigen Stunden in seinem Wiener Wohnsitz – der zugleich bereits ein monumentales Museum aller Lehár gewidmeten Kränze und Huldigungen war – und der Abgeschiedenheit der Villa an der Traun verbrachte, als sei die Welt rund um ihn nicht nur schön, sondern auch immer noch heil?

Muß man nicht auch erwähnen, daß Franz Lehár in diesen Tagen – oder Jahren – auch Todesangst um seine geliebte Frau

Sophie auszustehen hatte? In Ischl waren zwei Gestapo-Leute erschienen, um sie »mitzunehmen«, und das hätte damals – auch das wußte Lehár selbstverständlich – das Ende für sie bedeutet.

»Eines Tages klopften bei mir zwei Männer an, die sich als Gestapo-Leute entpuppten. Sie zeigten auf ihre Abzeichen und sagten: ›Wir sollen Ihre Frau abholen!‹ Meine Frau, die zugegen war, fiel natürlich in Ohnmacht. Ich fragte: ›Warum denn?‹ Darauf kamen energisch wieder die Worte: ›Wir sollen Ihre Frau abholen!‹ Ich war in einer verzweifelten Lage. Da fiel mir ein, daß ich den damaligen Gauleiter Bürkel anrufen könnte. Ich erhielt die Verbindung mit dem Parlament, und in erregten Worten schilderte ich die Situation. Er sagte: ›Einer der Männer soll zum Telephon kommen!‹ Der Mann sprach längere Zeit mit ihm, dann wendete er sich zu mir und sagte: ›Wir sollen gehen!‹ Wenn ich nicht zufällig zu Hause gewesen wäre, hätte ich meine Frau nicht mehr gesehen.«

Der Biograph, der diese Schilderung veröffentlichte, hat ein recht schillerndes Bild des Lebens von Franz Lehár entworfen, und viele der von ihm niedergeschriebenen Details halten einer Untersuchung auf ihre Richtigkeit nicht stand. Bernard Grun war ein versierter, kluger, aber nicht sehr genauer Chronist der Operette, dem man viele kleine Fehler nachgewiesen hat.

Aber: Grun selbst war Jude und in der Bewertung der letzten Lebensjahre von Franz Lehár »auf der richtigen Seite« Partei. Es darf angenommen werden, daß er überzeugt war, die Wahrheit zu schreiben, und es ist erwiesen, daß sich die beiden alten Leute, die Lehárs, nach diesem Zwischenfall in Ischl nicht mehr trennten. Daß er immer dafür sorgte, in ihrer Nähe zu sein, falls wieder Gestapo-Leute kommen sollten.

In den Tagen rund um seinen 70. Geburtstag, der »im Reich« gefeiert wurde, so gut das in Kriegszeiten ging, setzte man »Das Land des Lächelns« auf den Spielplan der Staatsoper, das Kurtheater in Bad Ischl wurde in Lehár-Theater umbenannt. Lehár dirigierte die Wiener Philharmoniker. Und doch hatte er zwischendurch Todesangst um seine Frau Sophie, die beinahe abgeholt worden wäre.

Als gäbe es keine anderen Sorgen, diskutierte man allerdings auch wieder einmal über den Stellenwert seiner Musik und ob es sich nicht doch nur um seichte Unterhaltungsmusik in etwas zu anspruchsvoller Aufmachung handle. Lehár machte sich auch deswegen Sorgen, denn er mußte wieder für seine Auffassung von Musik und ihren Wert an sich auf die Barrikaden. Als anerkannter, alter Mann, dessen Freunde nicht bei ihm waren, dessen Frau von der Deportation in ein Konzentrationslager bedroht war. Lehár ging wieder auf die Barrikaden. Das blieb er sich bis an sein Lebensende schuldig, das war sein Credo. Das sagte er in Interviews, das schrieb er immer wieder, so zum Beispiel in einem Brief, den sein Biograph Schneidereit zitiert und der zitierenswert ist. Er stammt aus dem Jahr 1941 und hat das Thema E oder U, also ernste oder unterhaltende Musik, wie man sie vor allem bei den Verwertungsgesellschaften, die Tantiemen einfordern und verwalten, zu trennen gelernt hatte.

»Wenn die Autorengesellschaften, geschäftlich befaßt, Unterschiede machen je nach den Lokalen, Konzertsälen, Theatern und Unternehmungen, in denen Tonkunst zelebriert wird, so kann man das – aus Zweckmäßigkeitsgründen, die aber mit der Kunst an sich nichts zu tun haben – vielleicht gelten lassen, obzwar in dieser Hinsicht das letzte Wort noch lange nicht gesprochen ist, und die zwischen Unterhaltungs- und ernster Musik gezogenen Grenzen willkürlich sind und recht anfechtbar. Aber in der Tonkunst selbst besteht diese Kluft, die unnatürlicherweise und nicht ohne Nachhilfe interessierter Kreise immer wieder vertieft wird, absolut nicht. In der Musik ist von den drei großen Bs bis zu Strauß und Lanner alle hohe Kunst, was auf der köstlichen Gabe Gottes beruht, dem Einfall und seiner künstlerischen Verwertung. Wenn seinerzeit die Wiener Tonkünstlervereinigung die Aufnahme von Strauß und Lanner verweigerte, weil es keine Tonkünstler seien, so sind schon dadurch alle jene des Irrtums überführt, die noch immer einen Trennungsstrich zwischen Unterhaltungs- und ernster Musik ziehen. Diese möchten am liebsten jedem Komponisten eine Marke um den Hals hängen, nach der er zeitlebens zu komponieren hat und nur in bestimmten Lokalen, von bestimmten Orchestern und Theatern und nur zu bestimmten Zeiten des Rundfunks aufgeführt werden darf! Die Tonkunst – die freieste aller Künste, die im Meere der Phantasie segelt, ohne ans Landen denken zu müssen, die Sphären zugänglich macht, die allen anderen Künsten unerreichbar sind – streng reglementiert, in pedantisch voneinander geschiedene Sparten geteilt? Lachen und Weinen, Frohsinn, Heiterkeit, Ärger, Streit und Versöhnung, Liebe als Episode oder Schicksal, Sichfinden und Abschiednehmen, Erkämpfen und Verzichten, nicht zuletzt Heimat und Vaterland – das alles bewegt uns Tag für Tag und heißt: Das Leben! Das alles sind Empfindungen, die durch Musik auch dann noch ausgedrückt werden können, wenn Worte bereits versagen. Die Musik ist Tonkunst an sich, die keine weitere Unterteilung oder Abstufung verlangt, sobald sie imstande ist, in der Seele des Menschen eine Saite zum Schwingen zu bringen, ihn – sei es auch nur für kurze Momente – über den Alltag zu erheben.«

Diesem Manifest, so müßte man die Äußerungen Lehárs wohl bezeichnen, sind nicht nur Groll gegen eine Verwertungsgesellschaft oder einzelne Kritiker, die ihn und seinesgleichen als Unterhaltungsmusiker bezeichneten, zu entnehmen, sondern vor allem der eine seither immer wieder geschriebene und ausgesprochene Gedanke, die Musik sei Tonkunst an sich. Bis zu Leonard Bernstein, dem Musiker, der nicht nur »West Side Story«, sondern auch Symphonien komponierte, haben sich Musiker immer wieder für diese notwendige Charakterisierung eingesetzt. Musik ist eine Kunst an sich. Unvergleichbar und ganz gewiß nicht Illustration von irgend etwas. Weder von Gefühlen noch von Stimmungen und ganz bestimmt auch nicht von Alpenglühen oder Meeresrauschen.

Der einfache Musikfreund mag dieses Statement nicht immer, er will erhoben, er will erinnert, er will auf irgendeine fatale Weise benachrichtigt sein: In Wahrheit aber ist er es immer nur dann, wenn die Musik, die er hört, als Kunst an sich stimmt. Lehár hat das gewußt.

Einer, der wirklich nicht als einfacher Musikfreund zu bezeichnen war, weilte zu dieser Zeit in den USA und gab Thomas Mann die notwendigen fachlichen Hinweise, um den Musikerroman »Doktor Faustus« entstehen zu lassen. Theodor W.

Adorno schrieb, nach Europa heimgekehrt, gegen die Ansichten des Musikfreundes, aber noch deutlicher gegen die eines Franz Lehár an. Er schrieb gegen die »leichte Musik« an sich. In seinen Ausführungen meinte er – in einer »Einleitung in die Musiksoziologie« – als genaue Antwort auf Lehárs Ansichten, es sei nicht möglich, diese angeblich leichte Musik mit Musik gleichzustellen. Das sei zu Zeiten Haydns und Mozarts noch statthaft gewesen. Nicht aber mehr in einer Zeit, in der der Sündenfall Operette von Johann Strauß begangen worden war. Nach den Erfolgen der Strauß-Operetten, so Adorno, auch oder vor allem nach der »Fledermaus« habe es keine reine heitere Musik mehr, sondern nur eine Art von kommerziell verwertbarer Musik gegeben, der keinerlei Niveau mehr zugebilligt werden konnte.

Wie vor ihm Karl Kraus vergaß auch Theodor W. Adorno in seiner Argumentation gegen die Operette auf Walzer, die Johann Strauß lange nach der »Fledermaus« komponiert hatte, wollte er von dem vorher als Wiener Musiker angesehenen Künstler nichts mehr wissen – der hatte sich mit Librettisten und Theaterverlegern und Theaterdirektoren zusammengetan und war nicht mehr ernst zu nehmen.

Natürlich war auch in Adornos Aufsätzen Franz Lehár immer wieder das Paradebeispiel des Verfalls der kommerziellen Musik. Und selbstverständlich verdammte Adorno nicht nur den erfolgreichsten Komponisten, sondern die gesamte »hörbare« Musik des zwanzigsten Jahrhunderts – er schrieb sehr direkt vom Budapester Schmalz und von der Püppchen-Mentalität und ließ, um irgend etwas Positives einzubringen, unter der Rubrik »etwas locker Anmutiges« nur »manche Melodien von Leo Fall oder ein paar authentische Einfälle von Oscar Straus« gelten.

Ein strenger Mann, der Schule gemacht hat und als ein überstrenger Meister nicht nur die silberne Operette wegwischte, sondern viel Musik, die dem Publikum und uns trotzdem weiter als ernstzunehmend und manchmal auch ganz ausgezeichnet erscheint.

Lehár wußte von Adorno nichts. Er war ihm vor dem Sündenfall ziemlich sicher nicht begegnet, und er kam in der Zeit des Nationalsozialismus mit derart unerbittlichen Thesen nicht

in Berührung. Eher mit viel zu viel dummen theoretischen Anmerkungen über gesunde Musik und »blonde« Musik, die ihm
genauso fremd sein mußten. Denn: Was immer Lehár an absurden bis vollkommen dummen Texten auch vertont hat, als Musiker war er unantastbar und hatte die einfachsten und zugleich
einzig richtigen Thesen. Musik mag im Menschen Gefühle, Sen-
timent auslösen. In Wahrheit ist sie eine eigene Sprache, die
nichts anderes aussagt als Musik.

Und wenn man ihm nachweist, daß er in schlimmsten Zeiten
die Angewohnheiten seiner Umgebung angenommen hatte und
mit den Wölfen heulte, dann muß man gleichzeitig um seines
Rufs als Musiker willen nachweisen, daß er in diesen schlimmsten Zeiten auch an dem festhielt, was den Musikern seines
Schlages bis heute als wichtig gilt. Ein alter Herr, trotz aller
Sicherheiten für sein Leben und seine Existenz vereinsamt
und in seiner Villa nicht mit neuen Kompositionen, sondern
mit der Sichtung seines Lebenswerkes befaßt, machte sich Gedanken auf einem ihm angemessenen, hohen künstlerischen
Niveau.

Vereinsamt in seiner Villa und mit der Sichtung seines Lebenswerkes befaßt? Lehár war immer noch der ewige Umarbeiter
seiner eigenen Werke. Ausgerechnet er, der stets darauf hinwies,
daß er die ordentlichsten Partituren schrieb, fand an diesen
immer etwas zu verbessern. An einigen von ihnen brachte er sozusagen aus Zeitvertreib immer noch Korrekturen an, weil sie
ihm notwendig erschienen.

An »Zigeunerliebe« arbeitete er ernsthaft, weil man ihm in
Budapest 1942 den Auftrag erteilt hatte, dem Opernhaus ein
neues Werk zu widmen, das eine völlig neue Handlung – und
damit selbstverständlich auch erheblich veränderte Musik –
haben sollte: Aus »Zigeunerliebe« wurde »Garabonciás Diák«,
eine Operette in ungarischer Sprache, am 20. Februar 1943
am auch damals noch so genannten Königlichen Opernhaus in
Budapest zum ersten Mal gegeben. Ungarische Sänger, darunter
ein nach dem Krieg in Wien an der Staatsoper als verläßlicher
Baß hoch geschätzter Andreas Koréh, standen auf der Bühne,
und nach der letzten Lehár-Premiere gab es also noch eine

allerletzte Lehár-Aufführung mit Premierenstatus. Der Komponist war Monate in Budapest, arbeitete mit den neuen Librettisten, komponierte während der Proben, erlebte noch einmal den ganzen Wirbel, von dem er sein Leben lang nicht genug bekommen hatte.

Und er dirigierte, was ursprünglich gar nicht vorgesehen war, auch diesen ersten Abend: Bis heute weiß man nicht, ob nicht die Ungarn die Krankheit des Dirigenten Wilhelm Rubanyi wenige Tage vor dem Premierenabend nur fingiert haben, um Franz Lehár faktisch an das Dirigentenpult zu zwingen. Er hatte im Vertrag nur seine Anwesenheit bei den Proben und seine Autorisation der endgültigen Partitur vorgesehen. Aber er ging als altes Theaterpferd offenbar willig und glücklich wieder in den Orchestergraben und dirigierte die ersten beiden Aufführungen. Dann allerdings brach er zusammen.

Er war damals bereits unheilbar krank, nur wußte das damals weder er noch seine nächste Umgebung. Die spürte es nur: »Wer Lehár in dieser Zeit sah, mußte erschreckt feststellen, daß er nicht mehr elastisch hinschritt, wie er es früher getan hatte, sondern daß sich seine Füße in kleinen Rucken vorwärts schoben. Da er aber Konzerte dirigierte und für jeden ein verbindliches Wort und Lächeln hatte, konnte es wohl nichts auf sich haben. In Wahrheit steckte schon etwas in ihm, bereit, beim ersten Anlaß hervorzubrechen.« Maria von Peteani notierte das drei Jahre später, und es scheint nicht schwer, sich dieses verbindliche Lächeln, aber auch die Gebrechlichkeit des alten Herrn vorzustellen. Er wollte niemanden merken lassen, wie er sich fühlte.

Via Wien wurde Lehár nach Ischl gebracht und mußte das Haus hüten. Seine Biographen verzeichnen: Eine Gallen- und Nierengeschichte. Grippe. Lungenentzündung. Eine Drüsenerkrankung. Vor allem aber Sehstörungen, die ihn plagten.

19

Die letzten Jahre

Die Jahre 1943 und 1944 war Franz Lehár vor der Geschichte gewissermaßen entschuldigt. Er war schwer krank, und seine Umgebung mußte sich um ihn so sorgen, wie er sich weiterhin um seine Frau Sophie zu sorgen hatte.

Auch das ist bereits nicht mehr allgemein bekannt: Auch »in der Heimat« wußte man in diesen Jahren, daß der Weltkrieg verloren war und begann auf das Ende zu hoffen. Man hörte »Feindsender«, konnte aber auch aus den offiziellen Meldungen mittels einer Landkarte Europas unschwer erkennen, daß es um Hitlerdeutschland nicht gut stehe und daß es eine Frage der Zeit war, wann das Ende kommen sollte.

Ischl, verschlafen und alles andere als der Kurort des Kaisers oder der Wiener Gesellschaft, machte keine Ausnahme. Die großen Hotels waren zu Spitälern umgestaltet, Kurgäste wären nicht mehr aufzutreiben gewesen. Hunger und Not ging – gemildert durch die Nähe zu den »Selbstversorgern«, den Bauern im Salzkammergut – auch in Ischl um. In der kleinen Stadt wußte man zudem sehr genau, daß es dem Ende entgegenging und daß Altaussee von hohen Parteifunktionären als »Alpenfestung« bezeichnet und entsprechend ausgebaut worden war. Daß sich also in unmittelbarer Nähe Nazigrößen für einen Endkampf oder auch nur das Überleben verbarrikadieren wollten und Reserven anlegten, um eine Zeit überdauern zu können.

In Ischl wußte man auch, aus welcher Richtung man »die Amerikaner« zu erwarten hatte und daß sie in Ischl selbst die Traun überqueren würden: Auf der Brücke, die unmittelbar an der Lehár-Villa liegt.

Die Brücke sollte, auf Anordnung der Deutschen Wehrmacht, beim Herannahen des Feindes gesprengt werden. Daß man in Ischl aber längst nicht mehr an eine Sprengung dachte und in den Amerikanern auch keine Feinde sah, wurde noch vor dem

258

Ende hinter vorgehaltener Hand auch ausgesprochen. »Beruhigen's Ihna, gnä' Frau. Die Bruck'n wird niemals nicht in d' Luft fliag'n – da pass' i scho' auf! I' hab' a' Scher' im G'schäft – den Moment wia's gefährlich wird, schneid' i' einfach 's Zündkabel durch«, soll ein biederer Ischler der Sophie versichert haben. Und selbstverständlich war man allerorten auf derlei Aktionen vorbereitet. Wo es nur möglich war, entfernte man im letzten Moment die Sprengladungen und half damit wenigstens zwei Kriegsparteien. Den vordringenden Amerikanern und den überlebenden Österreichern, die zwar zu spät Partei ergriffen, im letzten Moment jedoch die Zerstörung auf ein Minimum reduzieren wollten.

Das gelang, wie man weiß, nicht überall. Durchhalteparolen ließen große Teile des Landes noch in den letzten Kriegstagen in Flammen aufgehen, vor allem Wien verlor, als der Kampf längst aussichtslos war, noch zwei seiner Wahrzeichen, die Staatsoper und den Stephansdom.

Unmittelbar nach der Einnahme Wiens durch die Rote Armee wurde allerdings von der Zivilbevölkerung »geplündert«. Man suchte nach verborgenen Lebensmittellagern, die es tatsächlich überall in der Stadt gab. Man zerstörte aber so nebenbei und aus nicht nachvollziehbaren Gründen, was einem fremd oder teuer erschien. Das Lehár-Domizil in der Hackhofergasse wurde so zum Opfer einer schrecklich unsinnigen Aktion.

Eine eher unverständliche, eine jedenfalls sinnlose Sache. Zerstört, aus den Fenstern geworfen, vielleicht auch geraubt wurden die Erinnerungsstücke, die der Komponist ein Leben lang mit einer besonderen Freude gesammelt hatte. Sonst nichts. Die schweren Möbel blieben stehen, das Schlössel verlor nur seinen wahren Inhalt, die Vergangenheit eines Operettenhelden.

Als Lehár davon erfuhr, soll er getrauert, aber zugleich gemeint haben, es sei kein wirklich schwerer Verlust, der ihn da getroffen habe. »Andere haben ihre Kinder verloren ...« Wenn er es so gesagt hat, dann war das eine der besseren, der gar nicht vorsichtigen Bemerkungen, die er nach dem Krieg von sich gab. Maria von Peteani, deren Niederschrift seiner Biographie er noch teilweise miterlebte, hat auch das festgehalten. Mit Billigung des Komponisten?

Aber im sozusagen ländlichen Raum ging es in Sachen Kriegsende moderater zu. Die Traunbrücke wurde nicht gesprengt, die Lehár-Villa war nicht in Gefahr, die ersten einrückenden amerikanischen Soldaten konnten von dem Hausherren Photos, Autogramme und Gratisvorführungen der auch ihnen bekannten Melodien erleben.

Es ist schon eine Generation herangewachsen, die kaum begreift, daß die Zivilbevölkerung zuerst von den Soldaten der US-Streitkräfte wie von den Angehörigen der Roten Armee nicht als den »Befreiern«, sondern von den Amis oder den Russen sprach. Daß die Erleichterung über das Ende des Krieges zugleich Angst vor der Zukunft auslöste. Daß uneingestandenes schlechtes Gewissen in ganz Österreich rasch ein einheitliches Rezept suchte und fand, nach dem man fortan leben wollte: Österreich war 1938 von Hitler überrannt worden und folglich das erste Kriegsopfer. Nazis hatte es in Deutschland, nicht in Wien oder in Bad Ischl gegeben.

Die Szenen der Befreiung kann man sich immer noch vorstellen: Die einrückenden Amerikaner gingen vorsichtig von Haus zu Haus und suchten nach Feinden. Am Traunkai wurde ihnen von einem weißhaarigen alten Herrn die Tür geöffnet, der sie in den Salon bat und ihnen aus der »Lustigen Witwe« vorspielte ...

Lehár vertraute – wie Richard Strauss, und beide hatten recht – auf seine weltweite Popularität und daß selbst die einfachsten Besatzungssoldaten diese respektieren würden. Er vergaß sofort, daß er in den letzten Jahren auch eine Art öffentliche Respektsperson gewesen war. Er war es, so sah er es, so sah es Ischl, so sah es auch die amerikanische Besatzungsmacht, der Komponist zahlloser in aller Welt gespielter und gesungener Operetten. Hätte man ihn vielleicht »entnazifizieren« sollen? Und wer hätte das tun sollen?

Richard Strauss, der immerhin zu Beginn des Spuks Präsident der Reichsmusikkammer gewesen war und nicht aus freien Stücken, sondern auf Druck von oben sein Amt niedergelegt hatte, hatte Fragen zu beantworten und sich zu rechtfertigen und tat das denkbar ungeschickt, aber mit der ihm zustehenden Autorität eines Olympiers, eines der bedeutendsten lebenden Komponisten des Jahrhunderts.

Hans Pfitzner, um wenigstens einen anderen Komponisten dieser Zeit zu erwähnen, verteidigte sich überhaupt nicht, sondern war der Überzeugung, man habe als einer, der es sich im fernen Amerika habe gutgehen lassen, nicht mit ihm, dem Schöpfer des »Palestrina«, zu rechten.

Lehár, der weder Parteimitglied gewesen war noch offizielle Funktionen gehabt hatte, wurde nicht belästigt, und er antwortete erst später, als man sich doch auch nach seinen Kontakten zu Herrn Hitler erkundigte, unvorsichtig und müde. Er war krank und ruhebedürftig und hatte – wenn man in einen Menschen hineinsehen und ihm etwas unterstellen darf, dann im Falle Lehárs wohl das – alles Interesse an der Welt verloren.

Nichts läßt sich allerdings so detailgetreu vorstellen wie die Szene, die amerikanische Soldaten später beschrieben. Das von ihnen eingenommene Ischl, die Villa, in die sie eintreten. Der gebeugte, freundliche alte Herr, der nur lächelt und sie in den Salon bittet und sich mit seinen Lieblingsmelodien vorstellt. Ich habe nicht Lehár, aber einige seiner Freunde und Kollegen und Schüler gekannt und immer deren konziliantes, höfliches Benehmen bewundert. Immer hart an der Grenze zu der Höflichkeit, die man von einem Oberkellner im teuersten Restaurant einer Stadt erwartet. Aber immer ein wenig oberhalb dieser Grenze, denn selbstverständlich erwartete jeder dieser Herren, von genau diesem Oberkellner bedient zu werden.

Die Nachkriegszeit war, auch daran erinnert sich nur noch eine allmählich alt werdende Generation, in mehr als einer Hinsicht für die Zivilbevölkerung schlimmer als ein Großteil der Kriegsjahre. Unmittelbar nach der Befreiung machte man die Keller mit den allerletzten Vorräten auf, plünderte die Lager, die insgeheim Nazibonzen angelegt hatten. Dann kam die große Verzweiflung, der Hunger, die Kälte. In der Bevölkerung erhob sich ein großes Staunen, das sich nicht weiter artikulierte: Der Krieg war aus, und es ging niemandem besser, sondern im Grunde jedem einfachen Menschen erst einmal schlechter.

Man wurde nicht mehr verhaftet. Man konnte Radio hören. Man konnte seine Meinung wieder sagen. Das aber war zunächst einmal alles. Wenn man nicht »Beziehungen« hatte oder die ersten Care-Pakete aus dem fernen Amerika bekam, dann hatte man wenig zu essen und keine Möglichkeit, die zerborstenen Fenster wieder einschneiden zu können. Und nirgendwo Heizmittel. Und das alles im lang ersehnten Frieden ...

Franz und Sophie Lehár fuhren in die Schweiz. Sie waren alt und krank und wollten sich pflegen lassen. Es wurde ihnen übelgenommen, man sagte ihnen nach, sie ließen ihre Landsleute im Stich. Es war der pure Neid derjenigen, die keine Möglichkeit sahen, auch in die Schweiz zu fahren. Der Neid regierte allerorten, und in dem kleinen, befreiten Österreich, das nichts mehr mit Großdeutschland zu tun haben wollte, besonders schlimm. Gut, Lehár hatte sich noch im Sommer 1945 zur Verfügung gestellt und in Salzburg dirigiert.

Aber auch das muß quasi in der Saison und nicht bei den ersten Nachkriegs-Festspielen gewesen sein: In den meisten Lehár-Biographien findet man den Hinweis, er habe an den Festspielen 1945 mitgewirkt. In den nachweislich vollständigen Programmen dieser Festspiele kommt sein Name vor. Allerdings nur einmal und nur als der des Komponisten der Arie »Liebe, Du Himmel auf Erden«. Am Eröffnungsabend dieser Festspiele am 12. August im Stadtsaal des Festspielhauses – heute Karl-Böhm-Saal – sprachen der Landeshauptmann, der kommandierende General der US-Streitkräfte und der wieder in sein Amt eingesetzte Festspiel-Präsident Baron Heinrich Puthon. Das Mozarteum-Orchester unter Felix Prohaska spielte eine Mozart-Serenade, den Csárdás aus der »Fledermaus«, den »Donauwalzer«. Und zwischen den beiden Strauß-Kompositionen erinnerte man an einen auch international höchst erfolgreichen Operettenkomponisten und nahm Franz Lehár ins Programm. Das stimmt. Das ist Geschichte. Ein Festspielkonzert unter seiner Leitung, das ist Legende.

Sie schadet nicht. Sie wird nur korrigiert, weil es eine Art

Sinn dieses Buches ist, möglichst viele nette Legenden als solche zu entlarven. Franz Lehár hat dermaßen viel geleistet, daß er nicht noch für Großtaten gelobt werden muß, die er nicht vollbracht hat. Im Sommer 1945 war er, das scheint die einzige Wahrheit zu sein, krank und hilfsbedürftig.

Wundert es, daß der greise Meister und seine Frau nach Zürich übersiedelten, wo es Ärzte, Medikamente und außerdem keine Not gab? Wundert es wen, daß man sich in Österreich sofort der Volkskrankheit Neid hingab und davon sprach, der allseits geliebte Meister lasse seine Heimat im Stich?

Verwundert die seltsame Konsequenz, mit der die öffentliche Meinung einen in der Öffentlichkeit stehenden Menschen verfolgt und, was immer er tut oder tun muß, anders beurteilt, als er es selbst erwartet? In den Jahren 1933 bis 1938 war es selbstverständlich, daß Lehár treu zu seinen Autoren, seinen Direktoren, zu allen den Mitarbeitern stand, mit denen er seine Erfolge (auch im Finanziellen) teilte. 1938 fand niemand zustimmende Worte dafür, daß er aus einem seltsamen Heimatgefühl im Land blieb und sich redlich mühte, seine Musik nicht zu Propagandazwecken, sondern weiterhin zur »Freude« der Menschen aufführen zu lassen. 1945 erschien es jedermann selbstverständlich, daß er als alter kranker Mann wiederum in Ischl blieb und bereit war, seine Werke auch wieder an den Häusern aufführen zu lassen, die es noch gab. 1946 nahm man ihm plötzlich alles übel.

Vor allem wohl, daß er die wohlerworbenen Mittel dazu einsetzte, sich und seine Frau in eine seinem Zustand angemessene Umgebung bringen zu lassen. Als man seine »Flucht« in ein Land, das den Wohlstand an sich repräsentierte, übelnahm, war man plötzlich auch patriotisch im nachhinein und fragte, sobald die wenigen Dokumente auftauchten, ob er nicht vielleicht die ganze Zeit vorher mit den Nazis Umgang gepflogen hatte. Man fragte es in dem Land, dessen überwiegende Anzahl von Bürgern sich mit den Nazis zumindest arrangiert hatte und erst nach 1945 den österreichischen Patriotismus erfand.

Lehár erfuhr und begriff von alledem sehr wenig. Er sah alte Freunde wieder, die aus der Emigration kamen und ihn besuchten. Er sah neue Freunde, die in der Regel alle Schweizer Ärzte waren. Und er war damit beschäftigt, wenigstens teilweise wieder gesund zu werden. Ein Arbeitsprozeß, den er – in vielen Jahrzehnten ungeübt darin, krank zu sein – auch erst erlernen mußte.

Man vergesse nicht, der einstige Militärkapellmeister und Vorgeiger, der nachmalige Operettenkomponist und von Erfolg verwöhnte Dirigent hatte mit seinen Kräften nie hausgehalten, hatte nicht nur das Leben, sondern auch die Arbeit genossen. Lehár war nie ernstlich krank gewesen, bis ihn die letzten Kriegsjahre und das Alter hinfällig machten.

Im Hotel Baur au lac in Zürich bezog er ein Appartement, das man ihm ganz zu seiner persönlichen Bequemlichkeit einrichtete. Er hatte ein eigenes Klavierzimmer, man schirmte den Korridor gegen die benachbarten Zimmer ab, um ihm den Eindruck zu geben, er lebe zurückgezogen und privat, jedoch mit all den Annehmlichkeiten, die ein Schweizer Luxushotel zu bieten hat. »Gottlob, es geht uns beiden besser. Ich habe drei Ärzte, meine Frau vier, das genügt. Aber wir hoffen, bald gesund heimkehren zu können«, schrieb Lehár im Mai 1946, als man sich in Österreich erst aufzuregen begann, daß er »die Heimat« im Stich gelassen und ins Ausland gegangen sei.

Er provozierte, ohne zu wollen. Man zog endlich mit viel zu vielen Verdächtigungen über seine engen Beziehungen zum Nationalsozialismus gegen ihn zu Feld. Man reagierte mit Sympathiekundgebungen, die ihn »die kostbarste Visitenkarte unseres Landes« nannten und ihm gute Erholung wünschten. Er war, ohne sein Zutun und zumeist auch ohne genaue Kenntnis der Ereignisse, weiterhin eine Person des öffentlichen Interesses, und wenigstens seine Gastgeber wußten das.

Freunde aus vergangenen Zeiten kamen zu Besuch. Librettisten, die heimkehrten, machten in Zürich Station, fragten an, ob er nicht an eine gemeinsame Arbeit denken wollte. Lehár winkte ab und resignierte.

Es kam aber auch Richard Tauber. Lehár winkte nicht ab, sondern provozierte seinen kongenialen Interpreten, gemeinsam mit ihm noch einmal Aufnahmen zu machen.

Lehár hatte noch einmal Grund, sich wirklich aufzuregen und

ein Donnerwetter loszulassen, das Riesenausmaße annahm: Tauber hatte in New York an der Erstaufführung von »Das Land des Lächelns« mitgewirkt und konnte aus erster Hand berichten, was geschehen war und weshalb die Operette nach wenigen Vorstellungen abgesetzt wurde. Lehárs Reaktion genügt.

»Echte Bühnenmusik entsteht aus der Handlung! Ist zu ganz bestimmten Worten für eine ganz bestimmte Atmosphäre geschrieben. Wenn man ihr diese Atmosphäre entzieht, gehört sie nicht mehr zu der Szene, für die sie erdacht war. Daß meine Operette *Das Land des Lächelns*, die in der ganzen Welt Tausende von Aufführungen erreichte, in New York abfiel, überraschte mich nur so lange, als ich nicht wußte, wie übel man ihr mitgespielt hatte. Der Wiener Hintergrund hatte einem pariserischen zu weichen, aus der österreichischen Generalstochter wurde ein französischer Opernstar, und *Dein ist mein ganzes Herz* wurde angesichts des Eiffelturms gesungen! Niemand würde es wagen, aus den Ägyptern der *Aida*-Handlung Franzosen, aus der Heldin eine Tochter von Ludwig XIV. zu machen und die Nilszene in ein Boudoir zu verlegen. Die Welt würde mit vollem Recht gegen eine derartige Blasphemie protestieren.«

Ganz abgesehen davon, wie sehr sich die Welt seit 1946 verändert hat und in welchen Gegenden und Boudoirs man heute auch die Nilszene aus der »Aida« bereits spielen lassen kann, ohne Entrüstung hervorzurufen – für den weit über siebzigjährigen Franz Lehár war der Mißerfolg seiner Operette durch eine Bearbeitung, bei der er nicht herangezogen worden war, eine ausgemachte Sache und wird wohl unter anderem auch auf sie zurückzuführen gewesen sein. Die zweite Möglichkeit, daß nämlich die Musik für das zu neuen Musical-Ufern aufbrechende Amerika einfach zu altmodisch war, durfte weder in Zürich noch in Ischl gedacht werden. Hatte nicht die ganze Welt und auch Amerika in Serie Lehár-Musik geliebt und sie in ungezählten Variationen auch als Film-Musik zur Kenntnis genommen? War irgendwo auf der Welt die Zeit weiter gegangen und wollte ohne Lehár auskommen?

Als Tauber mit Lehár in Zürich vor die Mikrophone trat und noch einmal zeigte, welche Lieder eigens für ihn komponiert worden waren, hatte Radio Beromünster ein besonderes Dokument auf Band: Tauber sang nach den Tagen in der Schweiz nur noch einmal, bevor er starb. Der Tenor wurde von der Wiener Staatsoper, deren Ehrenmitglied er war, gebeten, bei ihrem Gastspiel im Opernhaus von Covent Garden mitzuwirken. Tauber sagte mit großem Stolz zu und sang in einer zur Legende gewordenen »Don Giovanni«-Aufführung noch einmal den Don Ottavio. Wochen später starb er. Die Stimme Franz Lehárs und Wolfgang Amadeus Mozarts. Seine Freunde hatten ihn »Schnappula« genannt, die Welt der Oper und der Operette hat ihn bis heute nicht vergessen.

Lehár, um vieles älter, aber nach einigen Monaten in der Schweiz auch wieder um vieles gesünder, hatte nicht nur den Verlust des Freundes zu betrauern. Er mußte auch als Geschäftsmann wieder in die Fron und hatte sich um seinen eigenen Verlag zu kümmern.

Seine Idee war, den Glocken-Verlag aus Wien in die Schweiz zu übersiedeln. Er wollte wieder selbst die Aufsicht über die Geschäfte übernehmen und gleichzeitig – naturgemäß – die eingehenden Tantiemen aus aller Welt in einer gesunden Währung anlegen.

Die AKM, die österreichische Gesellschaft der Autoren, Komponisten und Musikverleger, lief Sturm gegen diese Absicht. Ihr sollten die Einnahmen entgehen, die aus den Aufführungen der Operetten von Franz Lehár sowohl zu Lebzeiten des Komponisten wie auch in der entsprechenden Schutzfrist nach seinem Tod kommen mußten. Sie sollte eine der sichersten Quellen verlieren, die ihr und allen österreichischen Musikern sprudelte.

Man prozessierte. Man wollte Lehár nicht zugestehen, daß er als Komponist selbst zu bestimmen hatte, über welche Standesvertretung er seine Tantiemen kassieren wollte. Und man war überhaupt nicht damit einverstanden, daß ein gesunder Musikverlag ins Ausland verkauft werden sollte.

Der Prozeß ging verloren. Lehár aber ordnete seine Angelegenheiten doch patriotisch. Er übergab die Leitung des Glocken-Verlages Dr. Otto Blau, einem Neffen des Wiener Verlegers Josef Weinberger. Hauptsitz des Verlages blieb Wien, blieb das Haus

Theobaldgasse 16. Eine Zweigstelle jedoch wurde in London eröffnet, von wo aus die Rechte für den angloamerikanischen Raum effektiver zu vergeben waren. In London hatte auch die Universal Edition eine Niederlassung und konnte ihre Komponisten – unter ihnen die Meister der Wiener Schule – international betreuen, ohne ihre Wiener Herkunft verleugnen zu müssen. Spät in seinem Leben war Lehár wieder in die Nähe eines Komponisten geraten, den er – von der Öffentlichkeit unbemerkt – in der Zwischenkriegszeit gefördert hatte: Damals war er als finanzstärkstes Mitglied der AKM derjenige, der ausdrücklich gefordert hatte, ein Stipendium sei an den bedürftigen, unpopulären, hochbegabten Anton von Webern auszuzahlen.

Man spricht über diese Episode im Leben Lehárs bis heute nicht. Die Verehrer der Operettenmelodien begreifen nicht, warum ihr Idol so etwas getan hat. Die Kämpfer für die Avantgarde haben kein Interesse daran, Anton von Webern in irgendeinen Zusammenhang mit der Operette zu bringen. Die reine Wahrheit aber war, daß sich in den ersten Jahrzehnten des zwanzigsten Jahrhunderts Musiker aller Arten besser verstanden als ihre Anhänger.

Rasch wurde es um Franz Lehár einsam. Seine Frau starb Tage, nachdem man den 77. Geburtstag des Komponisten gefeiert hatte. Bald darauf kam seine Schwester Emmy, verwitwete Papházay, aus Budapest nach Zürich, um ihren Bruder zu pflegen. Aber sein Ende schien bereits vorgezeichnet.

Maria von Peteani, damals als offizielle Biographin ausgewählt, sandte Fragebögen und erhielt Antworten. Im Februar 1948 veranstaltete man in Zürich zu seinen Ehren ein Konzert. Einmal noch lockte man ihn mit »jungen Mädchen in der Landestracht« aus seinem Appartement und feierte ihn. Im April erwog er eine Übersiedlung in seine Villa nach Ischl. Im Mai mußte er sich einer Generaluntersuchung unterziehen und erwies sich als »sehr geschwächt«. Man verschwieg ihm die Wahrheit. Die Diagnose Krebs sagte man 1948 Patienten noch nicht. Die Ärzte behielten für sich, daß er unheilbar krank war.

Im Gegenteil. Man gestattete Lehár die Übersiedlung nach Ischl.

Ende Juli wurde er mit der Bahn bis Salzburg, von dort mit dem Auto nach Bad Ischl gebracht. Die Stadt empfing ihn mit Begeisterung und wollte ihn feiern. Lehár winkte müde ab. Er wußte ganz genau, daß er nur heimgekommen war, um zu sterben.

Er tat es mit Würde, sehr bedacht darauf, den Besuchern ein Bild seiner selbst zu zeigen.

Und er zeigte sich sehr an der Abfassung seiner Biographie interessiert. Es ist ergreifend, was in dieser über seine letzten Tage nachzulesen ist.

»Die ersten Tage nach der Ankunft in Ischl ließen sich gut an. Der Meister war bei gehobener Laune, wie man es zu sein pflegt, wenn man eine Kraftprobe glücklich bestanden hat. Er ging durch die Villa, sogar in den zweiten Stock stieg er hinauf, um dort in seinem alten Arbeitszimmer ein Weilchen schweigend und um sich blickend zu verweilen. Da war sein Klavier, sein Harmonium und der alte Schreibtisch mit der Bleistiftspitzmaschine ... Lehár sprach kein Wort. Als seine Schwester ihn einlud, in den nebenan gelegenen Biedermeiersalon zu kommen, um sich dort inmitten der lieben alten Sachen ein wenig auszuruhen, schüttelte er nur den Kopf, wandte sich ab und ging langsam wieder die Stiegen hinunter.«

In wenigen Tagen absolvierte er ein kräfteraubendes Programm. Trachtenvereine, Musikkapellen, die örtlichen Honoratioren machten ihre Aufwartung. Der Sender der amerikanischen Besatzungsmacht kam und erbat ein Interview.

Dann war er nur noch für die Schriftstellerin zu sprechen, wollte nur noch seine Schwester als Beistand um sich haben.

»Die Besuche von auswärts pflegten sich telegraphisch anzumelden. Sie alle kamen fröhlich, mit Blumen beladen, und sie gingen gesenkten Hauptes. Diese Menschen, denen der Meister vertraut war, spürten den Schatten, der sich über ihn neigte. Wir aber, gerade wir, die nahe um ihn weilten, wollten keinen Pessimismus aufkommen lassen. Wir stemmten uns dagegen ... Um diesen greisen Mann war eine Hoheitsatmosphäre, der sich niemand entziehen konnte ... Seine Berichtigungen waren kurz und dezidiert. Was ich hiebei vermißte – anfangs hätte ich's nicht zu sagen vermocht, dann wurde es mir in jähem Erschrecken bewußt: Lehár lächelte nicht mehr. Er, der immer gelächelt hatte, der immer für einen kleinen Spaß zu haben gewesen war, wurde von Tag zu Tag ernster. Auch wehrte er sich dagegen, das Bett zu verlassen. Weder das Zureden des Arztes noch das Schwester Emmys vermochte ihn dazu zu bewegen. Die Speisen, die man ihm servierte, kamen unberührt in die Küche zurück ...«

Lehár führte, scheint es, trotzdem allein den Haushalt. Er bestimmte, was den Gästen serviert wurde. Er sah weiterhin streng darauf, daß die gesamte eingehende Korrespondenz auch beantwortet wurde – zwar konnte er nicht mehr selbst handschriftlich antworten, aber er diktierte und wollte alle Briefe auch noch am selben Tag wenigstens auf der Schreibmaschine beantwortet wissen. Seine Angewohnheit, zwischen fünfundzwanzig bis vierzig Briefe pro Tag zu erhalten und alle zur Kenntnis zu nehmen, mußte ihm unendliche Mühe bereiten – er ließ sich sämtliche seiner Antworten vorlesen, unterschrieb selbst und weigerte sich, auch nur eine Höflichkeitsadresse liegenzulassen. Auf eine Frage, wozu es denn einen Papierkorb gäbe, kam seine entrüstete Antwort: »So etwas tut man nicht!«

Man darf es der Biographin glauben, der sehr alte, müde, auf den Tod kranke Mann war aus einer anderen Zeit, einer anderen Welt. Und er war von einer besonderen Mutter erzogen worden, die einfache Regeln aufgestellt hatte. Eine war zweifellos für viele Nachlässigkeiten: »So etwas tut man nicht!« Franz Lehár hielt sich an sie bis an sein Lebensende.

Im September wußte er, daß dieses bevorstand. Man hatte Ärzte aus Wien nach Ischl gebeten, doch dieses Konsilium nahm ihm jede Hoffnung. Am 23. Oktober machte er sein Testament. Am Tag darauf starb Franz Lehár um drei Uhr am Nachmittag.

20

Die Welt nimmt Abschied

Als Franz Lehár starb, war das ein sehr öffentliches Ereignis. Obgleich es weder Fernsehen noch die intensive Berichterstattung im Rundfunk gab, war man darüber informiert, daß in Ischl ein Komponist seine wirklich letzten Tage verbrachte. Reporter wurden entsandt, und man berichtete sowohl von den letzten ins Haus gelassenen Besuchern wie von den Vorbereitungen, die – durchaus pietätvoll, aber vorausblickend – für das Ende getroffen wurden.

Außerdem bereitete man sich, sofern man dazu berufen war, auch auf den »Nachruf« vor, eine in Wien gepflegte Kunstform, in der noch einmal das sehr persönliche Urteil über eine andere Kunstform und deren Vertreter ebenso verpackt wurde wie auch die öffentliche Meinung, die sehr oft nicht mit derjenigen der Herren Musikrezensenten übereinstimmte.

Auf eine seltsame Art, die nicht jedermann bewußt war, ging nicht ganz ein halbes Jahrhundert nach dem Tod von Johann Strauß wiederum ein König in die Geschichte ein: Mit Strauß endete das Jahrhundert des Walzers und der Walzeroperette. Mit Lehár, da war man auch einigermaßen gewiß, ging das Zeitalter der silbernen Operette seinem Ende entgegen. Noch lebten einige seiner Kollegen, doch war von ihnen kein neues Werk mehr zu erwarten, hatte sich die Welt doch insofern geändert, als sie nach einem Weltkrieg sich nicht vorstellen konnte, das musikalische Unterhaltungstheater würde dort fortgesetzt, wo es etwa mit dem »Land des Lächelns« geendet hatte – »Giuditta« war, nicht einmal Lehár selbst machte sich da etwas vor, nicht mehr als eine erfolgreiche Operette eingestuft worden, sondern nur als ein erstaunliches Alterswerk, dessen wichtigste Melodien weiterleben sollten.

Nimmt man sich das einzige Lexikon der Operette vor, das fortlaufend die Uraufführungen fixiert hat, ist es unschwer zu

beweisen: Um 1930 waren Robert Stolz, Leo Fall, Emmerich Kálmán neben Lehár noch mit Operetten vertreten, die wir alle vergessen haben. 1935 komponierte noch Oscar Straus ein »Walzer-
paradies«, 1938 kam noch »Gruß und Kuß aus der Wachau« von
Jaro Benes auf die Welt. Wenige Jahre später war diese Welt ka-
putt, und nach dem Krieg kamen die Überlebenden heim und
berichteten, in Amerika spiele man jetzt »My Fair Lady«, komponiert von einem Sohn des berühmten Operetten-Tenors Löwe
aus Wien. Das war das Ende. Nicht der unterhaltenden Musik,
sondern der silbernen Operetten-Ära, des erfolgreichen halben
Jahrhunderts, in dem die Welt – wie immer man das schätzen
mag – zu Melodien aus der längst untergegangenen Monarchie
getanzt hatte.

Die Welt also, sofern sie nicht die wirklich wichtigen Probleme des Weiterlebens, der Bewältigung der unmittelbaren Vergangenheit, den Neubeginn vor Augen hatte, nahm zur Kenntnis, daß eine Epoche zu Ende gehen wollte.

Herman Ullrich, nach guter österreichischer Tradition ein
hoher Richter und zugleich ein ernsthafter Musikberichterstat-
ter, schrieb ausführlich über Lehár. Er meinte, der Komponist
habe am Beginn seines Lebens Glück gehabt, sei in die rechte
Atmosphäre hineingeboren worden und wäre ein rechtes Glücks-
kind gewesen. Mit den folgenden Worten charakterisierte er ihn:
»Lehár ist ein starker, origineller Melodiker und zugleich ein
Meister der Instrumentation, die er durch die Technik eines
Puccini und Richard Strauss wesentlich bereichert hat ... Seine
Bedeutung und Eigenart aber liegen noch tiefer als in solchen
mehr technisch-konstruktiven Details. Lehár hat der Operette,
die im Verfall begriffen war, und ohne ihn, wie Decsey sagte,
›am Kino gestorben wäre‹, noch einmal neues Lebensblut zuge-
führt und sie in des Wortes wahrster Bedeutung gerettet. Die
Wiener Operette hatte unter den Epigonen Strauß' angefangen,
zu verflachen und zu versanden; sie wurde sentimental-vorstäd-
tisch und verlor den Zusammenhang mit der großen internationalen Welt, der die Operette nun einmal zugehört ... Ja, Lehár
hat die Operette in Wahrheit gerettet aus einer Krise, die freilich
nicht die letzte war. Sein Genie hat einer absterbenden Kunst-

gattung das Leben um Jahrzehnte verlängert.« Der diese Zeilen schrieb, war einer der geachteten und strengen Kritiker Wiens, einer, der sich bis an sein Lebensende der Schönberg-Schule nicht nähern wollte, der aber in seiner Zeitung immer auf Sauberkeit achtete: Die Befürworter der sogenannten Avantgarde hatten bei ihm immer ihren Platz und durften ihre Meinung äußern. Er selbst war ungefähr bei Richard Strauss stehengeblieben und schrieb, anders als dieser es getan hätte, über Franz Lehár mit Hochachtung.

In der »Wiener Zeitung« war als der erste Kritiker in Sachen Musik der Komponist und Lehrer Joseph Marx, auch ein Traditionalist, am Werk. »In einer schöneren und besseren Zeit war Franz Lehár der begabteste Musikmeister des rassigen Volkstanzes und der Operette, deren bunter Melodienstrauß in allen Farben des alten melodienseligen Österreich prangte. Seine Muse liebte die artigen Weisen der verschiedenen Kronländer, sang sie auch in ihrer eigenen Art nach, mit einem leisen slawischen Unterton, der ein wenig wehmutsvoll war. Schon Johann Strauß kennt diese süße Sehnsuchtslinie, unter Tränen lächelnd in der Stunde heitersten Glücks. Bei Lehár wurde sie deutlicher durch den Heimatklang seiner Erfindung, die am eigensten war, wenn sie besinnlich von Stimmungen träumte ... Mit ihm verlieren wir den begabtesten Künder einer glücklichen Welt, die ›das alte Österreich‹ hieß, wo die Melodie aus übervollem Herzen strömte und deshalb den Weg zum Herzen von Millionen Menschen fand, die auch deshalb unser Land lieben, die Heimat unserer unvergeßlichen Meister heiter beglückender Wiener Musik: Lanner, Johann Strauß und Franz Lehár.« Auch Marx war auf seine Art ein strenger Mann und hätte sich nicht dazu herabgelassen, einen Komponisten der zweiten Garnitur zu loben. Der Musiker Lehár aber gehörte zu seinem Ressort, zu den Großen.

Heinrich von Kralik, um diese Zeit der angesehenste Musikschriftsteller in Wien, wiederum der »Nestor« des Traditionsblattes, das einmal »Neue Freie Presse« geheißen hatte und nach dem Zweiten Weltkrieg einfach als »Die Presse« wieder auf den Markt kam, schrieb: »Seit beinahe einem halben Jahrhundert ist der Name Franz Lehár eine Weltmacht, das Firmenschild einer schier unerschöpflichen Melodienproduktion. Lehár schuf mit der Phantasie und der Fruchtbarkeit des geborenen Melodikers. Was er hinterläßt, sind Melodien: Süße, schmeichelnde, lachende und tanzende Melodien, übermütige und tränenbeschwerte, hell oder dunkel gefärbte. Viele davon besitzen den zündenden Funken, auf den es ankommt. Viele davon besitzen vor allem die rechte musikalische Widerstandsfestigkeit, die sie davor bewahrt, im Trubel des musizierenden Alltags vorzeitig verschluckt und vergessen zu werden. Das Spielfeld, auf welchem sich Lehárs Kunst so reichhaltig betätigte, liegt jenseits des Geheges der ›hohen Musik‹. Er gehört zu den Großmeistern der Operette, der die zünftige Ästhetik mit Mißtrauen und Stirnrunzeln, bestenfalls mit herablassender Toleranz zu begegnen pflegt, und der in der Musikgeschichte gerade nur in der Rubrik des Kleingedruckten ein bescheidenes Plätzchen eingeräumt wird. Kein Zweifel, die Berechtigung künstlerischer Rang- und Klassenunterschiede steht außer Frage. Aber gerade wir in Wien wissen, daß es Ausnahmen gibt, Fälle, die die gewohnte Ordnung auf den Kopf stellen ... Ebenso verschwinden einigermaßen Sinn und Bedeutung jener Rangklassen in der Kunst angesichts der schöpferischen Manifestationen Franz Lehárs, angesichts – sage man es getrost – seines Genies. Denn das Phänomen musikalisch-schöpferischer Potenz bleibt Phänomen, gleichviel auf welchem Gebiet es sich offenbart ... Heute, an der Bahre des 78jährigen Komponisten Franz Lehár, wird man diese Erinnerung vielleicht für eine pietätlose Überschätzung der Zeiterscheinung dieses liebenswürdigen Neuschöpfers der Wiener Operette halten – aber die späteren Jahrzehnte werden uns recht geben: Franz Lehár als Begriff des musikalischen Ausdrucks einer bestimmten europäischen Kulturepoche wird viele andere Ausdrucksformen unserer Zeit überdauern, von denen wir heute annehmen, daß sie ›ewiger‹ wären als zum Beispiel ›Dein ist mein ganzes Herz‹.«

Nur eine Stimme aus dem Ausland: Iligio Possenti schrieb im »Corriere de la Sera« über den Leichenzug Lehárs. »Hinter dieser Bahre folgt unsichtbar, aber doch anwesend der Zug seiner Heroinen mit Geschmeide und Federn, seiner Heroen in Frack und Claque. Das ehrfürchtige Schweigen wird nicht durch die Champagnerkorken gestört werden, die in den Schlußszenen seiner zweiten Akte knallten. Ein langer Zug von Persönlichkeiten wandelt mit dem Weg des Walzers, während von der ganzen Welt zu ihm der Gedanke der Anerkennung schwebt.« So blieb Franz Lehár bis zuletzt die Nation treu, die immer der Melodie gelebt hatte: Puccini hatte ihn Maestro genannt. Die italienischen Kritiker trauerten nachhaltig um vergangene Zeiten.

Freilich: Auch die Nachfahren eines Karl Kraus lebten und vergaßen Franz Lehár nicht. Hans Weigel, einer der wichtigsten Kritiker, die Wien nach dem Zweiten Weltkrieg hatte, fiel zu dem Operettenkomponisten ein Satz ein, der ihn einerseits tief getroffen hätte, andererseits vielleicht auch amüsiert. »Nie hat neue Musik dem Ohr der Zeitgenossen geschmeichelt, drum ist die Musik von Richard Strauss (die wiederholt erwähnten Ausnahmen abgerechnet) in Wirklichkeit nicht das, was wir Musik nennen sollten. Sie ist Lehár näher als selbst dem banalsten Stück von Verdi. Sie klingt zu gut.« Der bissige Mann, der am Ende seines Lebens seine sehr persönlichen Ansichten zur Musik in einer Art Lehrbuch zusammenfaßte und die erstaunlichsten Urteile abgab, war derjenige, der quasi unter dem Gesichtspunkt der Ewigkeit zwei Komponisten vereinte, die sich das noch Jahrzehnte vorher streng verbeten hätten. Ihm haben Strauss und Lehár einfach zu gut geklungen – und wenn man einmal ernsthaft nachdenkt, dann ist dieses Urteil Hans Weigels wiederum ein Kompliment, besagt es doch genau das, was auch die anderen, die kompetenten Nachrufe erklärten. Lehár-Musik klang immer gut. Sollte immer gut klingen ...

Nicht nur Ischl, die ganze Welt hatte zuletzt auf diesen Moment des Todes, des Abschieds gewartet. Und zwar sowohl die sogenannte Öffentlichkeit wie auch die Familienangehörigen des Komponisten.

Die Zeitungen hatten vom bevorstehenden Ende geschrieben und ihre Korrespondenten entsandt, um Berichte aus Bad Ischl selbst bieten zu können.

Die lokalen Musik- und Trachtenvereine hatten sich auf das bevorstehende Begräbnis vorbereitet.

274

Vor allem aber hatten sich, von der Öffentlichkeit unbemerkt, die Juristen noch einmal in Ischl eingefunden und gemeinsam mit dem Sterbenden ein modifiziertes Testament ausgearbeitet, das sofort nach seinem Tod veröffentlicht werden sollte. Verlagsexperten aus London, aus der Schweiz und aus Wien (überall existierte der Verlag, dessen wesentlichster Autor Lehár selbst war) waren beisammen gesessen und hatten nach den Vorgaben von Franz Lehár die Beute noch einmal und endgültig verteilt.

Die Nachrufe auf den Musiker waren großartig oder auch nur groß aufgemacht, und die Berichte über seinen Tod und die von der Trauerfamilie aufgegebenen Todesanzeigen sind heute noch lesenswert.

In der ehrwürdigen Amtlichen Wiener Zeitung, in der Generationen vorher Johann Strauß Sohn eine ausführliche Anzeige aufgegeben hatte, um einerseits die wahren Hintergründe der Zerrüttung der Familie, andererseits seine wahre Sohnesliebe und vor allem die weitere Existenz der Kapelle Strauß unter seiner Leitung bekanntzugeben – als sein Vater gestorben und Gerüchte von einem Ende der Vorherrschaft der Dynastie Strauß geisterten – in diesem wesentlichen, weil offiziellen Blatt schaltete man eine ganze Seite ein.

»Nach einem arbeitsreichen, nur seiner Kunst geweihten Leben verschied am Sonntag, 24. Oktober 1948, in seinem heißgeliebten Ischl, nach langem schweren Leiden, im 79. Lebensjahre, versehen mit den Tröstungen der heiligen Religion, unser herzensguter Bruder, Onkel und Schwager FRANZ LEHÁR, Großes Ehrenzeichen für Verdienste um die Republik Österreich, Österreichisches Kriegskreuz für zivile Dienste II. Klasse, Kgl. ung. Verdienstkreuz II. Kl., Ehrenkette des Mathias Corvinus für Kunst und Wissenschaft, Ehrenzeichen des Roten Kreuzes II. Kl. mit der Kriegsdekoration, Kommandeur der französischen Ehrenlegion, Kommandeur des Ordens der Krone Italiens, Kommandeur des belgischen Kronenordens, Kommandeur des schwedischen Vasa-Ordens, Offizier de l'instruction publique, Ritter des preußischen Kronenordens, Ritter des spanischen Ordens Isabella der Katholischen, Lippe'sche Rose I. Klasse für Kunst und Wissenschaft etc.etc. Ehrenbürger der

Stadt Sopron-Ödenburg, Ehrenbürger der Stadt Bad Ischl, Ehrenring der Stadt Wien, Ehrenpräsident der Gesellschaft der Autoren, Komponisten und Musikverleger (AKM) in Wien, Ehrenmitglied des Schubert-Bundes, der Gesellschaft zur Hebung und Förderung der Wiener Volkskunst und zahlreicher weiterer Vereine.«

In tiefer Trauer zeichneten als seine engsten Hinterbliebenen General a. d. Anton Baron Lehár, Emmy Baronin Lehár geb. Magerle (Bruder und Schwägerin), Generalswitwe Emilie Papházay geb. Lehár (seine Schwester) und deren weitere Verwandtschaft.

Einer damals noch üblichen »Danksagung« zufolge, zehn Tage später als Inserat abgedruckt, konnte man auch entnehmen, wessen Teilnahme am Begräbnis und an den Trauerfeierlichkeiten den Anverwandten wesentlich und für die Öffentlichkeit auch im nachhinein wichtig – Thomas Mann hätte das buchenswert genannt – erschien.

Man dankte aus ganzem Herzen »für die Anteilnahme der lieben Bevölkerung von Bad Ischl, des Salzkammergutes und aus allen Gegenden Österreichs für so zahlreiche Kranzspenden sowie für die unseren verstorbenen Bruder so überaus ehrenden Kondolenzschreiben aus fern und nah und die Nachrufe in aller Welt.

Dem Vertreter der Bundesregierung Herrn Unterrichtsminister Doktor Hurdes, dem Bürgermeister von Wien Herrn General a.d. Dr. h.c. Körner, Herrn Landeshauptmann Gleißner, Herrn Dr. Ruegg als Vertreter der Stadt Zürich, dem Präsidenten der Gesellschaft der Autoren, Komponisten und Musikverleger Herrn Bernhard Herzmansky, den Vertretern der Wiener Philharmoniker und des Wiener Schubertbundes für die warmen, zu Herzen gehenden Worte bei der weltlichen Verabschiedung vor dem Franz-Lehár-Theater. Für die Teilnahme am Begräbnis danken wir ferner Herrn Oberst McConnel in Vertretung für den amerikanischen und Herrn Lt. Colonel Powell M.B.E. in Vertretung für den britischen Hochkommissar ...«

Wer wie jeder aufmerksame Wiener Todesanzeigen und Danksagungen zu entziffern versteht, der weiß auch: Franz Lehár war nie Ehrenbürger von Wien geworden, diese Ehrung wurde ihm

wahrscheinlich vorenthalten, weil er zu Zeiten Weltruhm er-
langte, als die Operette zwar in der Stadt, nicht aber in der Stadtverwaltung geschätzt wurde. Andererseits aber begriff die Stadt
Wien 1948, daß sie ihrem weltweit populärsten musikalischen
Vertreter eine entsprechende Würdigung schuldig war, weshalb
nicht nur die Wiener Philharmoniker, sondern auch der Bürgermeister Theodor Körner nach Ischl zum Begräbnis gekommen
waren. Körner war damals bereits ein Volksheld, ein über allen
Parteien stehender Mann, dessen Anwesenheit bei einem Festakt eine besondere Bedeutung hatte. Und die Trauerfeier vor
dem Lehár-Theater war ein Festakt, wie er im Buche steht. In
Österreich hat man Trauerfeiern immer mit Pomp und stets
auch mit heiterer Würde begangen und als den Beginn einer
neuen Zeitrechnung angesehen.

Die offiziellen Äußerungen: Der Bundesminister für Unterricht, ein alles andere als musischer Mensch, meinte, Lehár sei
ein Altösterreicher gewesen und deshalb ein Österreicher. Und
beinahe lyrisch: »Was an Dir sterblich ist, übergeben wir heute
der Erde. Was Du aber Unsterbliches geschaffen hast, bleibt weiterhin unter uns.« Auch Wiens Bürgermeister hielt sich an diese
einmal vorgegebene Melodie und sprach von den Städten der
Monarchie, in denen Lehár daheim gewesen sei. Glaubt man
den Berichten, war die Ansprache des Verlegers Bernhard Herzmansky besonders bewegend: Er war ein Urwiener und stolz darauf, das Musikaliengeschäft Doblinger durch alle Fährnisse der
Zeiten gebracht zu haben und mit ihm den ersten Vertrag, den
Lehár für die »Lustige Witwe« unterschrieben hatte. Das Haus
Doblinger existiert noch heute und ist in der Wiener Innenstadt
eine Stätte der Begegnung für Musiker und Musikfreunde. Es
birgt die Tradition, die alle die Comptoirs und Verlagsbuchhand-
lungen hatten, in denen sich zu ihrer Zeit die großen Musiker in
Wien trafen. Es erinnert daran, daß die Musik in der Musikstadt
Wien immer noch einige ehrwürdige Heimstätten hat. Zudem
birgt es ein Antiquariat, in dem man mitunter den Eindruck gewinnen kann, es gäbe noch Menschen, die sich den Klavierauszug einer Lehár-Operette kaufen, um daheim zu singen und zu
spielen. Fünfzig Jahre nachher.

Aber: Es begann damals die Zeit nach Franz Lehár ...

Und sie begann mit einem kleinen Paukenschlag, denn bei der Testamentseröffnung zeigte sich, daß die Anwälte aus London, Zürich und aus Wien gemeinsam mit dem Meister unerwartete Regelungen getroffen hatten. Oberst a.d. Anton von Lehár erhielt als Legat »das Schikaneder-Schlößl in der Hackhofergasse, die Garderobe des Verstorbenen, ein Auto, zahlreiche Wertgegenstände und eine monatliche Rente von 7000 Schilling«, war aber an dem großen Erbe nicht beteiligt. Emmy Papházy, die kleine Schwester also, wurde zur »Gesamterbin« bestimmt, ihr also sollten »künftig nach Abzug der Legate« die Tantiemen allein zukommen. Wobei die Zeitungen rätselten und schätzten und sich selbstverständlich verschätzten: Im November 1948 schrieb das »Neue Österreich«, allein aus Deutschland sei jährlich eine Million Mark zu erwarten, man könne also unschwer davon ausgehen, daß aus der ganzen Welt jährlich mehrere Millionen Mark einlaufen müßten.

Lehár hatte in seinem Testament allerdings nicht nur einige Verwirrung in der Familie gestiftet, sondern auch seine Dienerschaft bedacht und noch einmal dafür gesorgt, daß aus seiner Villa ein Museum auf ewige Zeiten werde – die Stadt Ischl erhielt sowohl die Gebäude wie auch die Manuskripte des Komponisten und zudem eine jährliche Summe aus den Tantiemen, um nicht für die Erhaltung dieser Einrichtung aufkommen zu müssen.

Eine besondere Stiftung wurde via AKM eingerichtet, um »alte, unverschuldet in Not geratene Menschen« zu unterstützen. Lehár aber hatte auch da seine eigenen Gedanken: Das Geld sollte keinesfalls zur Förderung junger musikalischer Talente verwendet werden. »Das wahre Talent ringt sich durch. Ich wünsche nicht, daß mit Hilfe meiner Stiftung ein Kunstdilettantismus großgezogen werde«, las man ausdrücklich in den Bestimmungen des Musikers, der zu Lebzeiten Mittel aus einem Fonds der AKM auch jungen Musikern hatte zukommen lassen. Die Kommentare zu allen seinen Verfügungen waren erst einmal aufgeregt und wußten wenig über die Beweggründe, die angesichts des von den Ärzten angekündigten sicher bevorstehenden Todes

278

in der Villa Lehár abgesprochen wurden. Das »Neue Österreich« wußte nur zu berichten, daß alle Vorkehrungen getroffen worden waren, um dem österreichischen, dem schweizerischen und dem englischen Recht zu entsprechen, also die Zentrale und die Außenstellen des Verlages von Franz Lehár funktionstüchtig zu erhalten. Und daß der letzte Satz des Testamentes ausdrücklich hieß: »Wer mein Testament anficht, gilt als enterbt!«

Die Verwandtschaft hielt sich nicht wörtlich an das Testament, nahm auch die mögliche »Enterbung« nicht ganz ernst, suchte und fand Wege, um wenigstens zivilrechtlich »finanzielle Zugeständnisse« zu erreichen. Dennoch bewarf sie sich in aller Öffentlichkeit mit etwas Schmutz, denn Anton von Lehár beschuldigte seine Schwester, Teile der Wohnungseinrichtung und Kunstgegenstände bereits zu Auktionen gegeben zu haben ...

Mag sein, daß der Bruder, der dem Komponisten sein Leben lang immer sehr nahe stand, enttäuscht war, daß er im letzten Moment in die zweite Reihe verwiesen worden war und die Schwester, die nur die letzten Monate als treue Krankenschwester zur Verfügung stand, den Löwenanteil der Tantiemen erhalten sollte. Derlei Verärgerungen aber gehören wohl dazu, wenn geerbt wird. Das kommt, sagt man in Wien, in den besten Familien vor. Warum sollte ausgerechnet bei Lehárs, bei denen tatsächlich etwas zu erben war, alles ganz ohne Schwierigkeiten abgehen? Der Komponist selbst, der als Geschäftsmann ganz genau gewußt hatte, wie es um sein Vermögen bestellt war, hatte mit seiner Formel von der Enterbung vorausgesehen, daß nicht jedermann mit seinem Letzten Willen einverstanden sein werde.

Aber: Er hatte auch in seinen allerletzten Tagen genauso entschieden, wie man es erwarten durfte. Er hatte für ein prunkvolles Museum seiner selbst gesorgt. Aus Zürich hatte er noch die Partituren holen lassen, die in der Lehár-Villa bleiben sollten, und aus seinen Tantiemen hatte er die Summe bestimmt, die der Stadt die Sorge für den Fortbestand des Museums leichter machen sollte.

Die Dankbarkeit, bis zuletzt liebevoll gepflegt worden zu sein, mag größer gewesen sein als die Bruderliebe – die kleine Schwester bekam daher den vorhersehbar größeren Anteil am Vermögen. Aber der Bruder war ja nicht leer ausgegangen. Eine Villa, ein Auto (damals!) und eine nach damaligen Verhältnissen großzügige Monatsrente – das war sehr viel.

Ein 1950 noch dank zahlreicher Zeugen zu klärender Zwischenfall ergab sich, der Franz Lehár und seine »unvorsichtige« Äußerung wenigstens nach seinem Tod wieder in einem offenbar endgültig richtigen Licht zeigte: Der Schauspieler und Regisseur Paul Guttmann hatte Lehár erpreßt. Der Anwalt des Erpressers hieß Dr. Max Eitelberg. Lehár klagte nicht nur vor Gericht, sondern beschwerte sich auch in Berlin. Die Folgen waren im Dritten Reich: Paul Guttmann erhielt strengen Arrest, Dr. Max Eitelberg wurde (etwas später) nach Polen deportiert und umgebracht. Cornelius Eitelberg, sein Bruder, verklagte die Erben: Lehár habe die Deportation veranlaßt, 250 000 Schilling Schadenersatz seien angebracht. In einem raschen Verfahren, wie man es anno 1950 noch zuwege brachte, klärte man die näheren Umstände. Selbst inhaftierte Gestapo-Mitglieder sagten aus, der Anwalt Eitelberg sei erstens ein Konfident der Gestapo gewesen, hätte zweitens Juden, die er denunzierte, für viel Geld zur Flucht verholfen und sei schließlich, als »Berlin« von seiner doppelten Tätigkeit erfuhr, deportiert worden. Franz Lehár, dessen zweifellos verjährte Bemerkung über jüdische Prozeßgegner man 1950 nicht mehr erwähnte, wurde posthum von allen Schadenersatzzahlungen befreit, die Erben konnten weiter ruhig schlafen.

Auch wenn man schadenfroh recherchierte, ihr Erbe belaufe sich auf eine viel geringere Summe als ursprünglich angenommen: Ein großer Teil der Tantiemen aus den USA war uneinbringlich, ein komplizierter Rechtsstreit mußte erst ausgefochten werden. Das Geld aus Deutschland floß nicht, weil man Tantiemen von Komponisten damals noch »einfrieren« konnte.

Und Österreich spielte, das war immerhin zu erfahren, plötzlich weniger Lehár. In der indiskreterweise veröffentlichten Liste der Komponisten, die für die AKM die meisten Tantiemen einfuhren, stand Lehár an vierter Stelle – die erste Position nahm der Wiener Lieder-Komponist Karl Föderl ein. Die Zeitungen kommentierten: »Für diese überraschende Tatsache gibt es nur eine Erklärung: Lehár ist in Ungnade gefallen. Nicht beim Publikum, sondern bei den Musikern. Sie – die sich schon bei seinem Begräbnis auffällig abseits hielten – scheinen der Meinung zu sein, daß der Operettenkönig bei Lebzeiten genug verdient hat und daß nun auch andere, jüngere Kräfte zum Zuge kommen sollten ...«

Der Schluß, den man daraus zog: »Beim toten Lehár wäre dies, nicht nur im Interesse der Erben, ebenfalls dringend erforderlich (daß Aufführungen kämen). Aus seinen österreichischen Tantiemen wird nämlich die Stiftung für alte, notleidende Komponisten und Musiker bestritten, die zu kurz kommen, wenn Lehár zu kurz kommt. Soweit die Tatsachen, die die Tantiemenabrechnung aufweist. Wie man sieht, gibt es keine Erfolgsversicherung für die Ewigkeit. Der meistgespielte Komponist Österreichs, vielleicht der ganzen Welt, steht schon ein knappes Jahr nach seinem Tod nur mehr an vierter Stelle.«

Die Situation hat sich, wie man weiß, durchaus wieder verbessert und zwar im Sinne des meistgespielten Komponisten. Franz Lehár führt, sieht man von einigen »Ausreißern« der Saison einmal ab, wieder die ersten Plätze an.

In den vergangenen fünfzig Jahren haben sich die Verhältnisse stabilisiert, und Franz Lehár steht, auch wenn es um Tantiemen geht, wieder in der vordersten Reihe. Trotz Musicals und Mozart behauptet er seinen Rang als der Operettenkönig und wird entsprechend honoriert.

In den Verzeichnissen der meistgespielten Operettenkomponisten kann nur Johann Strauß mit der »Fledermaus« Lehárs »Lustige Witwe« überflügeln. In manchen Spielzeiten geben die Jahrbücher allerdings auch an, Lehár sei deutlich öfter neu inszeniert, neu bearbeitet und aufgeführt worden. Wie immer man da zählt – die Lehár-Aufführungen sind weiterhin alle tantiemenpflichtig, auch diejenigen, an denen sich Hauskapellmeister vergreifen.

Die AKM allerdings, die weiterhin für die Auszahlung zuständig ist, hat ihre Indiskretion aus vergangenen Tagen längst vergessen, verweist auf den Datenschutz und gibt auf Anfrage nicht mehr an, was an die Erben Franz Lehárs alljährlich überwiesen

wird. Die eine oder andere Zahl kann aber andeutungsweise erinnern, was zum Beispiel ein Haus wie die Wiener Volksoper in
einem guten Lehár-Jahr zu zahlen hat. »Der Graf von Luxemburg« kostete das Budget 508 161 Schillinge Tantiemen in einer
Saison, »Die lustige Witwe« 370 790 Schillinge. In einer Saison
von einem allerdings großen Haus kam also rund eine Million
Schilling (ca. 142 000,– DM) in den Topf, der noch weitere zwanzig Jahre zu füllen sein wird.

Von den unzähligen Neuinszenierungen, die in aller Welt alljährlich gemeldet werden, und von der permanenten Weiterverwertung der Lehár-Melodien im Rundfunk einmal abgesehen,
dürften die Abrechnungen der florierenden Schallplatten und
CDs nicht nur konstant, sondern vor allem in neuerer Zeit auch
wieder steigend sein. Wobei sich die bereits »historischen« Aufnahmen weiterhin gut verkaufen und trotzdem immer wieder
neue gemacht werden.

Unter »historisch« wäre zum Beispiel eine Serie zu verstehen,
die in den fünfziger Jahren entstanden ist und beinahe immer
die große Elisabeth Schwarzkopf als Diva und immer wieder
Nicolai Gedda oder Eberhard Waechter als ihre Partner auf den
sogenannten Tonträger bannte. Von den neueren Aufnahmen
darf man mit einigem Recht behaupten, daß eine mit den Wiener Philharmonikern unter Elliot Gardiner neu eingespielte »Lustige Witwe« erstens auf riesiges Echo stieß und zweitens eine
Staatsoper-Produktion anregte: Das traditionsreiche Haus am
Ring, das sich seit langem der Operette wieder sehr verschlossen
hat und nur um den Jahreswechsel die obligaten Aufführungen
der »Fledermaus« zu höchsten Preisen ansetzt, will endlich wieder Lehár spielen und wirft seine besten Solisten in die
Schlacht. Das ist auch eine Art Signal, das zeigt, wie man sich
knapp ein Jahr nach Lehárs Tod noch irren konnte.

Und selbst der ORF – der Österreichische Rundfunk – hat
alle Aufnahmen, die unter Lehárs Leitung gemacht worden sind,
neu auf CD gepreßt. Und gibt den Nachgeborenen eine Chance,
sich anzuhören, wie Lehár selbst sich seine »Giuditta« vorgestellt
hat.

Kein Wort also stimmt noch von der pessimistischen Nachricht aus dem Jahre 1950. Der »reichste Mann von Österreich« ist es wieder, und von »Ungnade« kann keine Rede mehr sein.

Die lebenden Komponisten denken nicht daran, etwas gegen Franz Lehár zu sagen. Die sehr lebhaften – und ehrenwerten – Aufarbeiter der Nazivergangenheit sehr vieler Persönlichkeiten haben die wenigen Worte Lehárs vermerkt, aber nicht als gravierend eingeschätzt. Er war ein alter Mann und hatte Angst um seine zugegeben großartige Existenz. Und zuletzt mußte er auch noch Angst haben um seine Frau. In keiner Arbeit über die »Musik im Dritten Reich« gibt Lehár den bösen Mann ab. Hitler hat die »Witwe« gemocht? Niemand macht deshalb dem Komponisten einen Vorwurf.

Wir Österreicher haben ihn wieder und erregen mit seinen Werken nicht nur Aufsehen, sondern füllen – wie zu seinen Lebzeiten – in allen Städten die Theater immer dann, wenn sie sich aus dem einen oder anderen Grund wieder einmal Publikum wünschen, das ihnen bei vielen anderen Werken aus der Zeit Franz Lehárs die Gefolgschaft verweigert.

Daß Lehárs Werk nicht allein auf den deutschsprachigen Raum strahlt, sondern unter all den Titeln, die man einmal gefunden hat, auch im Ausland gesungen und gespielt wird, versteht sich. Daß die Stadt Wien sich besonnen hat und dem Komponisten im Stadtpark, unweit des sehr berühmten Johann-Strauß-Denkmals ein eigenes, freilich recht wuchtiges Mahnmal gesetzt hat, versteht sich ebenfalls. Und daß Bad Ischl alljährlich Operetten-Festspiele veranstaltet und erwartet, daß man dabei den populärsten aller Ischler Komponisten immer wieder gerne sieht, ist ebenso selbstverständlich. Das Lehár-Theater freilich ist, wie so viele andere Bühnen, der Zeit zum Opfer gefallen und nur noch ein Kino. Eine Stadt von der Größe des Kurorts kann sich ein Theater im eigentlichen Sinn nicht mehr leisten. Und vielleicht sind auch schon die Tage des Kinos gezählt? Immerhin gibt es ja das Fernsehen, das zu bestimmten Zeiten wiederum die alten Verfilmungen von Lehár-Operetten zeigt und beweist, daß es auch nicht ohne ihn auskommen kann. Selbst die Fußballstadien in aller Welt, in denen die berühmten »Drei Tenöre« auftreten, werden nicht nur mit »ernster« Musik, sondern immer wieder auch mit »Dein ist mein ganzes Herz« in der teuersten Besetzung, die es gibt, gefüllt. José Carreras, Placido Domingo und Luciano Pavarotti haben diesen »Schlager« beileibe nicht nur in Wien gesungen. Sie waren mit ihm auch in Rom, in London, in Tokio erfolgreich.

Lehár selbst wußte, daß die Operette nach ihm keine großen Werke mehr hervorbringen werde. Gleichzeitig aber wußte er wohl auch, daß die Zeiten der Operette mit seinem Tod nicht vorbei sein würden. Und ein halbes Jahrhundert hat er jetzt bereits recht behalten. Unter den Musikern, die weiter ihr Publikum finden, ist sein Name.

Anhang

Verzeichnis der Hauptwerke

1 *Kakuska*
Oper in drei Akten (vier Bildern) von Felix Falzari
Uraufführung: 27. November 1896
Stadttheater Leipzig

> *Tatjana*
> Oper in drei Akten (vier Bildern) von Felix Falzari und
> Max Kalbeck
> Erstaufführung: 20. November
> Volksoper, Wien

2 *Wiener Frauen*
Operette in drei Akten (mit teilweiser Benützung eines fran-
zösischen Stoffes) von Ottokar Tann-Bergler und Emil Norini
Uraufführung: 21. November 1902
Theater an der Wien

3 *Der Rastelbinder*
Operette in einem Vorspiel und zwei Akten von Victor Léon
Uraufführung: 20. Dezember 1902
Carl-Theater, Wien

4 *Der Göttergatte*
Operette in einem Vorspiel und zwei Akten von Victor Léon
und Leo Stein
Uraufführung: 20. Januar 1904
Carl-Theater, Wien

> *Die ideale Gattin*
> Operette in drei Akten von Julius Brammer und Alfred
> Grünwald
> Erstaufführung: 11. Oktober 1913
> Theater an der Wien

Die Tangokönigin
Operette in drei Akten von Julius Brammer und Alfred Grünwald
Erstaufführung: 9. September 1921
Apollo-Theater, Wien

5 *Die Juxheirat*
Operette in drei Akten von Julius Bauer
Uraufführung: 22. Dezember 1904
Theater an der Wien

6 *Die lustige Witwe*
Operette in drei Akten (teilweise nach einer fremden Grundidee) von Victor Léon und Leo Stein
Uraufführung: 30. Dezember 1905
Theater an der Wien

7 *Der Mann mit den drei Frauen*
Operette in drei Akten von Julius Bauer
Uraufführung: 21. November 1908
Theater an der Wien

8 *Das Fürstenkind*
Operette in einem Vorspiel und zwei Akten (teilweise nach Motiven einer Erzählung von About) von Victor Léon
Uraufführung: 7. Dezember 1909
Johann-Strauß-Theater, Wien

Der Fürst der Berge
Operette in einem Vorspiel und zwei Akten von Victor Léon
Erstaufführung 25. September 1932
Theater am Nollendorfplatz, Berlin

9 *Der Graf von Luxemburg*
Operette in drei Akten von Dr. A. M. Willner und Robert Bodanzky
Uraufführung: 12. November 1909
Theater an der Wien

288

10 *Zigeunerliebe*
Romantische Operette in drei Akten von Dr. A. M. Willner
und Robert Bodanzky
Uraufführung: 8. Januar 1910
Carl-Theater, Wien

> *Garabonciás*
> Oper in drei Akten von Ernö Vincze
> Erstaufführung: 20. Februar 1943
> Königliche Oper, Budapest

11 *Eva (Das Fabrikmädel)*
Operette in drei Akten von Dr. A. M. Willner und Robert
Bodanzky
Uraufführung: 24. November 1911
Theater an der Wien

12 *Endlich allein*
Operette in drei Akten von Dr. A. M. Willner und Robert
Bodanzky
Uraufführung: 10. Februar 1914
Theater an der Wien

> *Schön ist die Welt*
> Operette in drei Akten von Dr. Ludwig Herzer und
> Dr. Fritz Beda-Löhner
> Erstaufführung: 3. Dezember 1930
> Metropol-Theater, Berlin

13 *Der Sterngucker*
Operette in drei Akten von Dr. Fritz Beda-Löhner
Uraufführung: 14. Januar 1916
Theater in der Josefstadt, Wien

> *La Danza delle Libellule (Libellentanz)*
> Operette in drei Akten von Carlo Lombardo und
> Dr. A. M. Willner

Italienische Erstaufführung: 27. September 1922
Teatro lirico, Mailand
Deutsche Erstaufführung: 1. April 1923
Stadttheater, Wien

Gigolette
Operette in drei Akten von Carlo Lombardo und
Giovacchino Forzano
Erstaufführung: 30. Dezember 1926
Teatro lirico, Mailand

14 *Wo die Lerche singt ...*
Operette in drei Akten (nach einem Entwurf von Dr. Franz
Martos) von Dr. A. M. Willner und Heinz Reichert
Uraufführung: (in ungarischer Sprache) 1. Februar 1918
Königstheater, Budapest
Deutsche Erstaufführung: 27. März 1918
Theater an der Wien

15 *Die blaue Mazur*
Operette in zwei Akten und einem Zwischenspiel von Leo
Stein und Bela Jenbach
Uraufführung: 28. Mai 1920
Theater an der Wien

16 *Frühling*
Singspiel in einem Akt (drei Bildern) von Rudolf Eger
Uraufführung: 20. Januar 1922
»Die Hölle«, Wien

Frühlingsmädel
Operette in drei Akten von Rudolf Eger
Erstaufführung: 29. Mai 1928
Theater am Zoo, Berlin

17 *Frasquita*
Operette in drei Akten von Dr. A. M. Willner und Heinz Reichert
Uraufführung: 12. Mai 1922
Theater an der Wien

18 *Die gelbe Jacke*
Operette in drei Akten von Victor Léon
Uraufführung: 9. Februar 1923
Theater an der Wien

> *Das Land des Lächelns*
> Romantische Operette in drei Akten, nach Victor Léon, von Dr. Ludwig Herzer und Dr. Fritz Beda-Löhner
> Erstaufführung: 10. Oktober 1929
> Metropol-Theater, Berlin

19 *Clo-Clo*
Operette in drei Akten von Bela Jenbach
Uraufführung: 8. März 1924
Bürgertheater, Wien

20 *Paganini*
Operette in drei Akten von Paul Knepler und Bela Jenbach
Uraufführung: 30. Oktober 1925
Johann-Strauß-Theater, Wien

21 *Der Zarewitsch*
Operette in drei Akten von Bela Jenbach und Heinz Reichert (frei nach Zapolska-Scharlitt)
Uraufführung: 21. Februar 1927
Deutsches Künstlertheater, Berlin

22 *Friederike*
Singspiel in drei Akten von Dr. Ludwig Herzer und Dr. Fritz Beda-Löhner
Uraufführung: 4. Oktober 1928
Metropol-Theater, Berlin

23 *Giuditta*
Musikalische Komödie in fünf Bildern von Paul Knepler und
Dr. Fritz Beda-Löhner
Uraufführung: 20. Januar 1934
Staatsoper, Wien

Sonstige Kompositionen

Prag (1882–1888)

Idylle
Sonate à l'antique (G-Dur)
Sonate (G-Dur)
Sonate (d-Moll)
Scherzo (E–Dur)
Violinkonzert
Capriccio (As-Dur)

Barmen-Elberfeld (1888–1889)

»In stiller Nacht, hörst du nicht flüstern?«, Lied (Dichter unbekannt)

Wien (1889–1890)

Sérénade romantique für Violine mit Streichquartettbegleitung
Grillparzer-Festhymne
»Liebeszauber«, Walzer, Cranz
»Rex Gambrinus«, Marsch (Merkt), Bosworth & Co.
Persischer Marsch, Krenn

Losoncz (1890–1894)

»Vorüber!«, Lied (Emanuel Geibel), Schmidl, Triest
»Die du mein alles bist«, Lied (Fischer), Hofbauer
»Ruhe«, Lied (Komtesse Crebian), Hofbauer
»Wiener Zugvögel«, Marsch, Ricordi
»Kaiserhusaren«, Marsch, Ricordi
»Möcht's jubelnd in die Welt verkünden«, Walzerlied, Röder
»Korallenlippen«, Mazur, Röder

»Magyar dalok«, Violinkonzert, Röder
»O schwöre nicht«, Lied, (Baronesse Fries), Röder
»Wiener Lebenslust«, Walzer, Röder
»Schneidig voran«, Marsch, Röder
»Erstes Herzklopfen«, Polka fr., Röder
»Lyuk, lyuk«, Marsch, Röder
Sylphiden-Gavotte, Schmidl
»Magyar ábránd«, Violinkonzert, Schmidl
»Magyar noták«, Violinkonzert, Schmidl
»Magyar egyveleg«, Violinkonzert, Schmidl
»Elfentanz«, Tonstück, Schmidl, Triest
Oberst Baron Fries-Marsch
»Szegedi indulo«, Marsch
»Losonczi indulo«, Marsch
»Király hymnus«, Hymne (Jókai)
Oberst Pacor-Marsch
»Aus längst vergangner Zeit«, Lied (Baronesse Fries), Röder
Hochzeits-Marsch

Pola (1894–1896)

»Jugend-Ideale«, Walzer, Röder
»Klänge aus Pola« (La belle Polesane), Walzer, Schmidl
»Palmkätzchen«, Walzer, Schmidl
»Le reveil du soldat«, Tonstück
»Herzensgruß«, Polka fr.
Avencement-Marsch
Saida-Marsch
»Auf hoher See«, Marsch
»Vergißmeinnicht«, Polka fr.
»Der Liebe Allmacht«, Hymne
»Ein Märchen aus Tausend und eine Nacht«, Tonstück, Krenn
»Il Guado«, Symphonische Dichtung (Stechetti)
»Weidmannsliebe«, Liederzyklus (Falzari), Eberle

Triest (1897–1898)

»Sangue Triestin«, Marsch, Schmidl
Creta-Marsch, Schmidl
»Miramare«, Liederzyklus (Falzari)
»Passa e non dura«, Lied (Nelia Fabretto), Schmidl

Budapest (1898–1899)

Triumph-Marsch, Zipser
»Sujétion«, Lied (André Barde), Berté

Wien (1899–1902)

»Der Träne Silbertau«, Lied (Merkt), Burzer, Wien
»Auf nach China«, Marsch, Schmidl
»Am Klavier«, Gavotte (Merkt), Burzer, Wien
»Gold und Silber«, Walzer, Bosworth & Co.
»Jetzt geht's los«, Marsch (Schik von Markenau), Röder
»Ohne Tanz kein Leben«, Walzer, Doblinger
Paulinen-Walzer, Doblinger
Concordia-Walzer, Doblinger
»Mädchenträume«, Walzer, Doblinger
»Stadtpark-Schönheiten«, Walzer, Doblinger
»Angelika«, Walzer, Doblinger
»Liebchen traut«, Lied (Anton Lehár)
»Michael, Großfürst von Rußland«, Marsch
Vorspiel und zwei Zwischenspiele zu »Fräulein Leutnant«
Scanagatta-Marsch, Musikblätter
»Im Boudoir« (Merkt), Bard & Bruder
»Georg Stromer«, Introduktion
Duett aus der unvollendeten Operette »Die Kubanerin«
Münchner Marsch, Chmel, Wien
Nachtlichter-Marsch, Chmel, Wien
»Wiener Humor«, Marsch
»Wiener Mädel«, Marsch, Weinberger

»Die Näherin«, Lied (Lindau), Bosworth & Co.

»Geträumt«, Lied (Egéd), Bard & Bruder

»Liebesglück«, Lied (Lehr), Bard & Bruder

»Die Liebe zog vorüber«, Liederzyklus (Eisenschitz), Doblinger

»Ich will nicht vernünftig sein«, Lied (Graf Adalbert Sternberg)

»Das goldne Ringlein«, Lied (Bruckner)

»Der windige Schneider«, Lied (Rudolf Hans Bartsch), Musikblätter

»Schlummernde Gluten«, Mazur

»Eine Vision«, Ouvertüre, Doblinger

La Plata-Tango, Krenn, Wien

»Fata Morgana«, Gavotte, Schmidl

Weihnachts-Walzer

»Messze a nagy erdö«, Lied (Gábor Andor), Alrobi

»Zigeunerhochzeit«, Ballszene, Karczag

Mariska »Hör ich Cymbalklänge«, Lied und Csardas (Bodanzky), Rondo

»Mondd mamácskám«, Lied (Pasztor Arpad)

»Pierrot und Pierrette«, Walzer, Kistner & Siegel

»Pikanterien« (Asklepios), Walzer, Doblinger

Paradies-Walzer

»Schwärmerei«, Walzer, Karczag

»Friedl«, Walzer

»Das Leben ist ein Traum«, Walzer

»Wilde Rosen«, Walzer, Edition Brüll

»Weißes Kreuz«, Walzer

»Rund um die Liebe«, Walzer, Doblinger

»Wiener Lebensbilder«, Walzer

»Im Zeichen des Frühlings« (Primavera), Walzer, Sperling, Wien

Polonaise royale

Valse américaine

Mazurka

Printemps d'amour, Valse

Danse exotique
Sons d'Ischl
Ländler
Humeurs d'automne, Valse
Plaisanterie, Polonaise
Valse des fleurs
Menuett
Caprice, Valse
Türkischer Marsch, Krenn, Wien

Wien (1914–1918)

Reiterlied (Zuckermann), Krenn, Wien
»Nur einer...«, Lied (Fr. v. van Oestèren)
»Kriegslied der Verbündeten«, Lied (J. Schnitzer), Doblinger
»Ich hab' ein Hügelein im Polenland« (Dankwart Zwerger), Krenn
»Fieber«, Symphonische Dichtung für großes Orchester und eine Solostimme (Erwin Weill), Krenn, Wien
»Gendarmerielied« (Dr. Anton Norst), Krenn, Wien
»Sibirische Wacht« Lied (Eduard Maier-Hahn)
»Karpathenwacht«, Lied (J. Schnitzer-Harsanyi Zsolt), Karczag
Trutzlied (Dr. Fritz Beda-Löhner), Krenn, Wien
Huszár dal (Kalmár Tibor)
»Salve Sancta Barbara«, Lied, Krenn, Wien
»China-Batterie«, Marsch
»Nimm mich mit, o Herbst«, Lied (Fritz Karpfen), Krenn
»Wiener Landsturm«, Marsch
Chodel-Marsch des 13. Landsturm-Regiments
»Lehár-Fiuk«, Marsch (Szabo Gyula)
Piave-Marsch des 106. Regiments (Szabo Gyula)
Borocvic-Marsch, Rozsavölgyi és Tarsa
Kövess-Marsch

Wien (1909–1925)

»An der grauen Donau«, Walzer, Ed. Brüll

Walzer zu der Komödie »Walzer« (Ruttkay), Krenn, Wien

»Aus der guten alten Zeit«, Walzer, Herzmansky

»Amours«, Liederzyklus (Marcel Dunan), Pierrot-Verlag

»Eine kleine Freundin« Lied (Rebner), Drei Masken Verlag

»Um acht beginnt die Nacht«, Lied (Rebner), Drei Masken Verlag

»Wenn eine schöne Frau befiehlt«, Lied (Robitschek), Drei Masken Verlag

»Man sagt uns schönen Frauen nach«, Lied (Vallas), Fischer & Singer

»Gigolette«, Foxtrott, Lied (Dr. Willner), Wiener Bohème-Verlag

»Erste Liebe«, Valse Boston, Lied (Beda-Löhner), Wiener Bohème-Verlag

»Morgen vielleicht«, Lied (D. Willner), Fischer & Siager

»Vögelein in der Ferne«, Konzert-(Koloratur-)Lied (Beda-Löhner), Ed. Brüll

Romanze für Violine, Cranz

Wien–Berlin seit 1925

Das macht der Liebe doch kein Kind (Gigolette), A. Rebner

Do-Re-La (Mia cara, Mia bella Dorela) Walzer-Romanze, (Beda-Löhner)

Eine schöne Stunde, die man nie vergessen kann, Lied (P. Herz)

Es ist zu schön, um wahr zu sein (Si troppo bello essere vero), Lied (P. Herz)

Frauenherz, du bist ein kleiner Schmetterling (P. Herz)

Ging da nicht eben das Glück vorbei? (P. Herz)

Hallo, da ist Dodo, Tabarin-Step (Brammer und Grünwald)

Ich hol' Dir vom Himmel das Blau, Slowfox (Schanzer u. Welisch)

Kiss me, my Darling, Foxtrott (Alex, Vallas)

Komm, die Nacht gehört der Sünde, Foxtrott (P. Herz)

Komm zu mir zum Tee, Paso doble (P. Herz)

Kondja, schenk mir die Nacht, Tango (Rebner und Herz)

Sari, Onestep (K. Robitschek)

Schatz, wir woll'n ins Kino gehn (Brammer und Grünwald)

Schenk mir eine Stunde, die ich nie vergessen kann (P. Herz)

Serenade für Violine (Fritz Kreisler gewidmet), Verlag Bote & Bock

Sternennächte, Walzer

Wo mag mein Johnny wohnen? Hawaian Song (P. Herz)

Vindobona, Schlaraffenlied (Karl Hotschewer)

Schlaraffenlied, (Wien)

Rotary Hymne (Dr. Fritz Beda-Löhner)

Walzer von heut nacht (Frau'n, die heimlich sich nach Küssen sehnen ...) Bohème-Verlag

Sechs Orchester-Kompositionen (Verlag W. Karczag):

1. Zigeunerfest, Ballettszene
2. Spiegellied
3. Märchen aus 1001 Nacht, Scène phantastique
4. Fata Morgana, Gavotte
5. Marche exotique
6. Russische Tänze

Zeittafel

1870   Der Streit um die spanische Thronfolge führt zum Krieg
        zwischen Preußen und Frankreich. Die süddeutschen
        Staaten schließen sich dem Vorgehen des Norddeut-
        schen Bundes an. Österreich und Rußland bleiben neu-
        tral. Der preußische Generalfeldmarschall Moltke siegt
        am 2. September bei Sedan. Kaiser Napoleon III. wird
        gefangengenommen, Frankreich zur Republik erklärt,
        der Krieg um Elsaß-Lothringen fortgeführt. Die katho-
        lische Kirche verkündet das Unfehlbarkeitsdogma des
        Papstes. Richard Wagner feiert mit der Uraufführung
        der »Walküre« in München einen Triumph; in Wien wird
        Johann Ritter von Herbeck zum Direktor der neuen
        Hofoper am Ring ernannt, Franz Dingelstedt übernimmt
        die Direktion des Burgtheaters.
        Am 30. April wird Franz Lehár in Komorn (Ungarn) ge-
        boren.

1871   Endgültige Kapitulation Frankreichs. Der König von
        Preußen wird in Versailles zum deutschen Kaiser aus-
        gerufen. Deutschland ist nun ein Bundesstaat mit kon-
        stitutioneller Monarchie. Otto von Bismarck wird
        Reichskanzler. Die Zeit der sogenannten »Gründerjahre«
        beginnt. Der englische Naturforscher Charles Darwin
        veröffentlicht »Die Abstammung des Menschen und die
        geschlechtliche Zuchtwahl«. In Kairo kommt die zur fest-
        lichen Eröffnung des Suezkanals in Auftrag gegebene
        Oper »Aida« von Giuseppe Verdi mit sensationellem Er-
        folg zur Uraufführung; Johann Strauß erringt mit der
        Operette »Indigo« seinen ersten Bühnenerfolg.

1872   Deutschland verbietet den Jesuitenorden. Grundstein-
        legung des Bayreuther Festspielhauses. Am 21. Januar
        stirbt Franz Grillparzer.

1873   »Dreikaiserabkommen« zwischen Österreich, Deutsch-
        land und Rußland. Weltausstellung in Wien.

1874   In Paris entsteht durch Degas, Cézanne, Pissarro, Sisley, Monet und Renoir die Kunstrichtung des Impressionismus. Mussorgski feiert in St. Petersburg mit »Boris Godunow« einen Triumph; in Wien wird die Uraufführung von Johann Strauß' Operette »Die Fledermaus« nur mit Zurückhaltung aufgenommen.

1875   Gründung der Sozialistischen Arbeiterpartei Deutschlands. Karl Goldmarks Oper »Die Königin von Saba« erfolgreich uraufgeführt; in Paris fällt Georges Bizets »Carmen« durch. Bizet stirbt am 3. Juni. Johann Strauß erobert mit der Operette »Indigo« auch Frankreich.

1876   Eröffnung der ersten Bayreuther Festspiele in Anwesenheit vieler Herrscher und Künstler. Erfindung des Telephons durch Graham Bell.

1877   Nach einer Erhebung der Balkanvölker 1876 gegen die türkische Vorherrschaft erklärt Rußland der Türkei den Krieg. Die expansive russische Außenpolitik macht sich den Panslawismus zunutze und dringt bis Konstantinopel vor. England und Österreich erheben Einspruch; Bismarck vermittelt.

1878   Rußland siegt über die Türkei und erhält unter anderem Bessarabien und einen bestimmenden Einfluß auf den Balkan. Österreich wird die Verwaltung Bosniens und der Herzegowina übertragen. England gewinnt Zypern. Rumänien, Serbien und Montenegro werden selbständig; Bulgarien wird ein der Türkei tributpflichtiges Fürstentum.

In Deutschland erläßt Bismarck nach zwei Attentaten auf den Kaiser das »Sozialistengesetz«, mit dem alle sozialdemokratischen, sozialistischen und kommunistischen Parteien verboten und in den Untergrund gedrängt werden.

1879   Zweibund zwischen Deutschland und Österreich. Werner von Siemens erbaut die erste elektrische Lokomotive und den ersten elektrischen Webstuhl. Uraufführung von Suppés »Boccaccio« und Millöckers »Gräfin Dubarry«.

1880	Expansive Kolonialpolitik der europäischen Staaten. Die »Marseillaise« wird französische Nationalhymne; in Paris stirbt am 5. Juni Jacques Offenbach, der Meister der Pariser Operette.
1881	Die Aufteilung Afrikas durch die europäischen Kolonialmächte führt zu wiederholten Spannungen zwischen England, Frankreich und Italien. Rußland gelingt im Osten der Durchbruch zum Meer. Auf Initiative Bismarcks schließen Deutschland, Österreich-Ungarn und Rußland ein Neutralitätsabkommen. In Rußland wird Zar Alexander II. ermordet; in Wien fordert der Brand des Ringtheaters 400 Tote.
1882	Geheimer Dreibund zwischen Deutschland, Österreich-Ungarn und Italien; England besetzt Ägypten. Der deutsche Arzt und Bakteriologe Robert Koch entdeckt den Erreger der Tuberkulose. Im Theater an der Wien wird Millöckers »Der Bettelstudent« uraufgeführt, in Bayreuth Wagners »Parsifal«.
1883	Richard Wagner stirbt am 13. Februar in Venedig, in London stirbt Karl Marx. In Wien werden der 1872 begonnene Bau des Rathauses und die 1872 begonnenen Bauten des Parlaments und der Universität vollendet. Die Uraufführung von Johann Strauß' Operette »Eine Nacht in Venedig« wird in Berlin zum Theaterskandal, in Wien findet das Werk begeisterte Aufnahme.
1884	Tod des erfolgreichen österreichischen Modemalers Hans Makart. Giacomo Puccini stellt sich der Welt mit »Le Villi« als Opernkomponist vor; Millöcker eilt mit »Gasparone« zum Triumph. Johann Strauß wird Ehrenbürger von Wien.
1885	Deutschland betreibt Kolonialpolitik in Afrika. Der österreichische Nervenarzt und spätere Begründer der Psychoanalyse Siegmund Freud wird Dozent an der Wiener Universität. In London wird die Operette »Der Mikado« von Sir Arthur Sullivan uraufgeführt. Im Theater an der Wien findet die Uraufführung der Operette »Der Zigeunerbaron« von Johann Strauß begeisterte Zustimmung.

1886   Tod Ludwigs II. von Bayern. Preußen forciert antipolnische Politik. Daimler und Benz entwickeln den ersten modernen Kraftwagen.

1887   Spannungen zwischen Österreich-Ungarn und Rußland. Geheimer Rückversicherungsvertrag Deutschlands mit Rußland. Verdis »Otello« in Mailand stürmisch gefeiert.

1888   »Dreikaiserjahr« in Deutschland: Nach dem Tode Wilhelms I. und der neunundneunzigtägigen Regentschaft Friedrichs III. wird schließlich Wilhelm II. deutscher Kaiser.
        Heinrich Hertz entdeckt die Grundlage der Funktechnik.

1889   Tod des österreichischen Kronprinzen Rudolf in Mayerling. Erzherzog Franz Ferdinand wird Thronfolger. Gründung der Sozialdemokratischen Partei in Österreich. Tod Ludwig Anzengrubers; 1. Symphonie von Gustav Mahler.

1890   In Deutschland erzwingt Kaiser Wilhelm II. den Rücktritt Bismarcks. Das Sozialistengesetz wird aufgehoben, der Rückversicherungsvertrag nicht mehr erneuert. Mit Mascagnis »Cavalleria rusticana« erobert der »Verismo« die Opernbühnen; Millöckers Operette »Der arme Jonathan« wird uraufgeführt.

1891   Im Theater an der Wien wird die Uraufführung von Zellers »Der Vogelhändler« zur gefeierten Sensation der klassischen Wiener Volksoperette. In Linz wird der lyrische Tenor Richard Tauber geboren.

1892   Im Wiener Prater findet die Internationale Theater- und Musikausstellung statt.
        Der Dramatiker, Erzähler und Lyriker Gerhart Hauptmann beeinflußt mit dem sozialen Drama »Die Weber« die weitere Entwicklung des deutschsprachigen Theaters nachhaltig. Die Oper »Ritter Pazman« von Johann Strauß erringt nur einen Achtungserfolg.

1893   Der junge Wiener Schriftsteller Arthur Schnitzler legt sein dramatisches Erstlingswerk »Anatol« vor. Auf der Weltausstellung in Chicago konzertiert Carl Michael

Ziehrer mit einem eigenen Orchester; in Italien wird Giuseppe Verdis letzte Oper »Falstaff« stürmisch gefeiert. In St. Petersburg stirbt der russische Komponist Peter I. Tschaikowskij.

1894   In Frankreich spaltet die »Affäre Dreyfus« die Nation. In London erscheint postum der letzte Band von Karl Marx' »Das Kapital«. In Wien wird Carl Zellers Operette »Der Obersteiger« uraufgeführt, Johann Strauß begeht sein 50jähriges Künstlerjubiläum.

1895   Große Arbeiterdemonstrationen in Österreich. Tod von Friedrich Engels. Conrad Röntgen entdeckt die nach ihm benannten Strahlen; Alfred Nobel stiftet den Nobelpreis. Am 21. Mai stirbt Franz von Suppé; von Johann Strauß wird die Operette »Waldmeister« uraufgeführt.

1896   Tod des schwedischen Chemikers Alfred Nobel. In Wien wird das erste Kino eröffnet. Arthur Schnitzler ist mit dem Schauspiel »Liebelei« erfolgreich. Am 11. Oktober stirbt der österreichische Komponist Anton Bruckner.

1897   In Wien wird die erste elektrische Straßenbahn in Betrieb genommen, im Prater das Riesenrad aufgestellt. Am 3. April stirbt in Wien der deutsche Komponist Johannes Brahms. Er wird auf dem Zentralfriedhof neben Franz Schubert beigesetzt. Gustav Mahler übernimmt zunächst als Kapellmeister, dann als Direktor die Leitung der Wiener Hofoper.

1898   Tod Otto von Bismarcks. Ermordung der österreichischen Kaiserin Elisabeth in Genf. Marie und Pierre Curie entdecken die radioaktiven Grundstoffe Polonium und Radium. In Baden bei Wien stirbt Carl Zeller. Mit Richard Heubergers »Der Opernball« kommt das letzte bedeutende Werk der klassischen Wiener Operette zur Uraufführung.

1899   In Wien erscheint die erste Nummer der vom österreichischen Publizisten Karl Kraus herausgegebenen Zeitschrift »Die Fackel«. Arthur Schnitzlers »Reigen« wird zum Theaterskandal. Am 3. Juni stirbt Johann Strauß Sohn. Der Tod des »Walzerkönigs« markiert das

Ende einer Epoche. Der Mißerfolg der postumen Uraufführung der noch von Strauß zusammengestellten Operette »Wiener Blut« veranlaßt Theaterdirektor Jauner zum Selbstmord. Am 31. Dezember stirbt mit Karl Millöcker der letzte große Repräsentant der Wiener Operette. Der junge Militärkapellmeister Franz Lehár geht nach Wien.

1900   Ferdinand Graf Zeppelin unternimmt den ersten Flug mit einem Luftschiff. Max Planck begründet die Quantenphysik. Siegmund Freud publiziert die »Traumdeutung«. Carl Auer von Welsbach erfindet die Osmium-Glühlampe. In Rom findet die Uraufführung von Puccinis »Tosca« statt. In London stirbt der gefeierte Operettenkomponist Sir Arthur Sullivan (»Der Mikado«).

1901   Scheitern der britisch-deutschen Bündnisverhandlungen. Theodore Roosevelt wird Präsident der USA, Eduard VII. König von England. Gründung des Internationalen Gewerkschaftsbundes. Rudolf Steiner begründet die »Anthroposophie«; Thomas Mann veröffentlicht »Die Buddenbrooks«. Am 7. Januar stirbt in Mailand der italienische Komponist Giuseppe Verdi.

1902   Erneuerung des Dreibundes. Rückversicherungsvertrag Italiens mit Frankreich. Lenin publiziert im Exil mit »Was tun?« die Programmschrift des Bolschewismus. Bauernaufstände in Rußland. Tod des französischen Schriftstellers Émile Zola. Franz Lehár feiert mit dem Walzer »Gold und Silber« einen ersten Welterfolg. Uraufführung seiner Operetten »Wiener Frauen« und »Der Rastelbinder«.

1903   Beginn der Hottentotten-Aufstände in Deutsch-Südwestafrika. Judenpogrome in Kiew. Erste Zusammenarbeit zwischen Gustav Mahler und dem Bühnenbildner Alfred Roller. In Wien stirbt der österreichische Komponist Hugo Wolf.

1904   Schaffung der englisch-französischen Entente zur Beseitigung alter Kolonialstreitigkeiten. Russisch-japanischer Krieg endet mit Niederlage Rußlands. In Baden bei

Wien stirbt der gefürchtete österreichische Musikkritiker Eduard Hanslick, in Prag der tschechische Komponist Antonin Dvořák. Franz Lehár bringt die Operetten »Die Juxheirat« und »Der Göttergatte« zur Uraufführung.

1905 Der »Mährische Ausgleich« regelt in Österreich die Minderheitenrechte hinsichtlich Sprache und Nationalität. Arbeiter- und Bauernunruhen in Rußland münden in den sogenannten Blutsonntag vor dem Petersburger Winterpalais, mit dem Dezemberaufstand überschreitet die Revolution ihren Höhepunkt. Albert Einstein entwickelt die »Relativitätstheorie«, Otto Hahn entdeckt das Radiothor. Gründung der Vereinigung deutscher Expressionisten »Die Brücke«. Max Reinhardt übernimmt die Leitung des Deutschen Theaters in Berlin. Mit der Oper »Salome« erringt Richard Strauss einen großen, turbulenten Erfolg. Die Uraufführung der Operette »Die lustige Witwe« wird ein Triumph für Franz Lehár und macht den Komponisten über Nacht berühmt.

1906 Die friedliche Beilegung der Marokkokrise stärkt die Entente und schwächt Deutschland. Reichsfinanzreform im Deutschen Reich. Trennung von Staat und Kirche in Frankreich. Ära des Scheinkonstitutionalismus in Rußland.

1907 Einführung des allgemeinen, gleichen, direkten und geheimen Wahlrechts in Österreich. Am 7. Dezember tritt Gustav Mahler als Direktor der Wiener Hofoper zurück. Selbst ein offizieller Protest von Arnold Schönberg, Siegmund Freud, Arthur Schnitzler und Gustav Klimt kann Mahlers Rücktritt nicht verhindern. Der Dirigent Felix von Weingartner wird Mahlers Nachfolger.

1908 Österreich-Ungarn annektiert Bosnien und Herzegowina. Erst mit deutscher Unterstützung und durch finanzielle Zugeständnisse an die Türkei wird die bosnische Annexionskrise entschärft. Unabhängigkeitserklärung Bulgariens. In Serbien wird die Narodna Odbrana gegründet. Rußland beginnt mit Rüstungen zum Krieg gegen Österreich-Ungarn und Deutschland.

1909   Anarchistischer Aufstand in Barcelona und Madrid. William Taft wird Präsident der USA. Richard Strauss vertont die Tragödie »Elektra« nach einem Libretto des österreichischen Dichters Hugo von Hofmannsthal.
In Wien wird Lehárs »Der Graf von Luxemburg« erfolgreich uraufgeführt.

1910   Georg V. König von Großbritannien. Portugal wird Republik. Weltausstellung in Brüssel. Mit »La fanciulla del West« triumphiert Puccini in New York. Franz Lehárs Operette »Zigeunerliebe« wird uraufgeführt.

1911   Zweite Marokkokrise zwischen Deutschland und Frankreich führt zu neuem Abkommen über den Status von Elsaß-Lothringen. Ermordung des russischen Ministerpräsidenten Stolypin. Hofmannsthal publiziert »Jedermann«, Strauss feiert mit dem »Rosenkavalier« Erfolge. Am 18. Mai erliegt Gustav Mahler in Wien einem Herzleiden.

1912   Sozialdemokraten werden stärkste Partei im Deutschen Reichstag. Verhandlungen zwischen Deutschland und England über Flottenbau scheitern. Letzte Erneuerung des Dreibundes, Erster Balkankrieg nach Gründung des Balkanbundes, Bulgarien, Serbien, Montenegro und Griechenland gegen die Türkei. Britischer Passagierdampfer »Titanic« sinkt; der Nobelpreis für Literatur geht an Gerhart Hauptmann. Franz Schrekers Oper »Der ferne Klang« uraufgeführt.

1913   Niederlage der Türkei im Balkankrieg. Woodrow Wilson Präsident der USA.

1914   Die Ermordung des österreichischen Thronfolgers Erzherzog Franz Ferdinand und seiner Gattin Sophie in Sarajevo (28. Juni) führt zum Ultimatum Österreich-Ungarns an Serbien. Deutschland sagt Beistand zu, die serbische Antwort bleibt unbefriedigend, das Ultimatum verstreicht. Am 28. Juli erklärt Österreich-Ungarn an Serbien den Krieg. Rußland ordnet Generalmobilmachung an. Deutschland fordert erfolglos Einstellung der Mobilmachung und erklärt Rußland den Krieg. Das komplexe Bündnissystem tritt in Kraft, Frankreich macht mobil und erklärt Deutschland den Krieg. Nach dem deutschen Einmarsch in Belgien tritt England in den Krieg gegen den Dreibund ein. Die Türkei erklärt Rußland den Krieg, Japan kämpft auf seiten der Entente. Italien bleibt vorerst neutral, tritt aber wie fast alle europäischen Länder bald in die Kämpfe ein. Der Erste Weltkrieg beginnt.

1915   Wenige Monate nach Kriegsausbruch geht der Angriffskrieg im Westen in einen Stellungskrieg über. Erste Einsätze von Kampfgas. Im Osten gerät die russische Armee in Bedrängnis. Italien tritt an der Seite der Alliierten in den Krieg ein, Bulgarien an der Seite der Mittelmächte. Deutscher Minen- und U-Boot-Krieg führt zu ersten Spannungen mit den USA. Albert Einstein entwickelt die allgemeine Relativitätstheorie; in Wien stirbt Karl Goldmark – der Komponist der »Königin von Saba«.

1916   Materialschlachten an der Westfront bringen keine Entscheidung. Zusammenbruch russischer Offensiven an der Ostfront; an der italienischen Front Isonzo-Schlachten. Kämpfe zu Lande, zu Wasser und in der Luft. Am 21. November stirbt im Wiener Schloß Schönbrunn Kaiser Franz Joseph I. von Österreich. Als Nachfolger besteigt sein Großneffe Karl I. den Thron.

1917   Aufgrund des andauernden U-Boot-Krieges erklären die USA Deutschland und später auch Österreich-Ungarn den Krieg. Die meisten amerikanischen Staaten und China schließen sich an. Krisenhafte Entwicklung in Österreich-Ungarn: Autonomieforderungen der Nationalitäten gefährden den Bestand der Monarchie. Erste erfolglose Friedensbemühungen von Kaiser Karl I. ohne das Wissen Deutschlands. Durchbruch der italienischen Isonzo-Front; in Rußland bricht die kommunistische Oktoberrevolution aus.
Konstituierung einer »Festspielhausgemeinde« zur Gründung der Salzburger Festspiele, der unter anderem Hugo

von Hofmannsthal, Max Reinhardt, Franz Schalk, Alfred Roller und Richard Strauss angehören.

1918   Deutschland, Österreich-Ungarn und die Türkei schließen Frieden mit Rußland. Zar Nikolaus II. und seine Familie werden von den Kommunisten während des Bürgerkriegs erschossen, Lenin proklamiert die Sowjetunion. Deutsche Offensiven an der Westfront werden von den Alliierten abgewehrt; Waffenstillstandsangebot Deutschlands auf der Grundlage der »14 Punkte« an den amerikanischen Präsidenten Wilson. Österreich-Ungarn stimmt zu; Kaiser Karl I. versucht durch Umwandlung in einen Bundesstaat sein Reich und die Monarchie zu retten. Die USA verlangen die Erfüllung der Selbständigkeitsforderungen der Völker der österreichisch-ungarischen Monarchie als Voraussetzung für einen Waffenstillstand. Nach und nach lösen sich die einzelnen Völker als Republiken aus dem Staatsverband der Monarchie. Im November verzichtet Kaiser Karl I. auf die Ausübung der Staatsgeschäfte. Die Republik »Deutsch-Österreich« wird ausgerufen, die Monarchie zerfällt in selbständige Nationalstaaten. In Deutschland verzichtet Wilhelm II. auf den Thron und geht ins Exil, der Sozialdemokrat Friedrich Ebert übernimmt die Regierungsgeschäfte.

In Paris stirbt der französische Komponist Claude Debussy. Der Dirigent Franz Schalk übernimmt die Direktion der Wiener Oper; in Budapest Uraufführung der Oper »Herzog Blaubarts Burg« von Béla Bartók.

1919   Friedenskonferenz in Versailles. Elsaß-Lothringen fällt an Frankreich, Verbot des Anschlusses von Österreich, hohe Reparationszahlungen und militärische Beschränkungen. Weimarer Verfassung: Deutschland wird als Bundesstaat mit verstärkter Reichsgewalt eine parlamentarisch-demokratische Republik. Gründung der kommunistischen Partei Deutschlands, deren Vertreter Karl Liebknecht und Rosa Luxemburg bei inneren Unruhen ermordet werden. In München gründet Drexler die

»Deutsche Arbeiter Partei« als Vorläuferin der NSDAP, der im gleichen Jahr Hitler beitritt. Friedensvertrag zwischen Österreich und den Alliierten zu St. Germain: Auflösung Österreich-Ungarns, Böhmen und Mähren fallen an die Tschechoslowakei, Abtretung Südtirols, Istriens, Triest und Dalmatiens an Italien, Anerkennung der Nachfolgestaaten, Anschlußverbot an Deutschland. Die österreichische Nationalversammlung ernennt Karl Renner zum Staatskanzler, ihr Präsident Karl Seitz wird provisorisches Staatsoberhaupt, die Familie Habsburg wird enteignet und ausgewiesen. In Paris wird der Völkerbund gegründet.

Richard Strauss feiert mit der Wiener Uraufführung von »Die Frau ohne Schatten« einen Erfolg und wird neben Franz Schalk zum künstlerischen Oberleiter der Wiener Staatsoper bestellt.

1920   Die Friedensverträge treten in Kraft. Österreich erhält eine neue Verfassung. Nach freien Wahlen Bildung einer Koalitionsregierung. Südkärnten bleibt nach Volksabstimmung bei Österreich. Die DAP wird in NSDAP umbenannt.

Am 22. August werden mit Hugo von Hofmannsthals »Jedermann« die ersten Salzburger Festspiele eröffnet. Erfolg für Erich Wolfgang Korngolds Oper »Die tote Stadt«; Uraufführung von Leo Falls »Der goldene Vogel«.

1921   Hohe Inflation und innenpolitische Unruhen in Deutschland. Adolf Hitler wird erster Vorsitzender der NSDAP. In Österreich Bildung einer Regierung aus Christlich-Sozialen und Großdeutschen unter Schober. Ein zweimaliger Restaurationsversuch von Kaiser Karl I. in Ungarn scheitert.

Albert Einstein erhält den Nobelpreis für Physik; Sergej Prokofjew erobert mit »Die Liebe zu den drei Orangen« die internationale Musikwelt.

Franz Lehárs Operette »Die Tangokönigin« wird uraufgeführt.

1922   Fortschreitende Inflation in Deutschland. Ermordung

des deutschen Außenministers Walther Rathenau in Berlin durch antisemitische Rechtsradikale. In Italien setzt sich der Faschismus systematisch durch, im November übernimmt Benito Mussolini mit einem Ermächtigungsgesetz die Regierungsgewalt. In Österreich wird Ignaz Seipel Bundeskanzler und erreicht eine leichte Stabilisierung von Wirtschaft und Finanzen. Am 1. April stirbt der letzte österreichische Kaiser Karl I. im Exil auf Madeira. In Moskau wird offiziell die Union der Sozialistischen Sowjetrepubliken (UdSSR) proklamiert.

Die Salzburger Festspiele nehmen erstmals Oper ins Programm; Franz Lehár bringt die Operette »Frasquita« zur Uraufführung.

1923   Franzosen und Belgier besetzen das Ruhrgebiet, Deutschland leistet Widerstand. Höhepunkt der Inflation durch Stabilisierung der Währung überwunden. Gescheiterter Putschversuch Hitlers in München führt zu Verbot von NSDAP und KPD. Innenpolitische Gegensätze in Österreich, Gründung der rechtsgerichteten »Heimwehr« und des linksgerichteten »Schutzbundes«.

1924   Einführung der Reichsmark in Deutschland führt zu wirtschaftlichem Aufschwung. Hitler schreibt in der Festungshaft »Mein Kampf«. In Österreich tritt der nach einem Attentat verletzte Bundeskanzler Seipel zurück, neue Regierung unter Rudolf Ramek. Nach dem Tod Lenins heftige Nachfolgekämpfe in Rußland. Stalin verdrängt seinen Gegner Trotzki aus allen Ämtern.

Richard Strauss gibt seine Demission als Direktor der Wiener Staatsoper bekannt. Arnold Schönbergs Psychodrama »Erwartung« weist auch auf der Opernbühne die Abkehr von der Tonalität. Thomas Mann publiziert den Roman »Der Zauberberg«. Am 29. November stirbt in Brüssel der italienische Komponist Giacomo Puccini.

1925   Erste Koalitionsregierung unter Einschluß der Deutschnationalen in Deutschland. Hindenburg wird zum Reichspräsidenten gewählt. Deutschland verzichtet vertraglich auf Elsaß-Lothringen. In Österreich wird der

Schilling als Währung eingeführt. Mussolini schaltet die demokratische Opposition aus.

Walter Gropius gründet in Dessau das »Bauhaus«; Heisenberg, Born und Jordan entwickeln die Quantenmechanik. Die Berliner Uraufführung von Alban Bergs Oper »Wozzeck« provoziert heftige Diskussionen; Franz Lehár feiert mit seiner Operette »Paganini« einen großen Triumph.

1926   Deutsch-sowjetischer Freundschafts- und Neutralitätsvertrag. Mussolini ernennt sich zum »Duce del Fascismo«, die absolute Vollmacht für den Diktator wird gesetzlich legalisiert. In Österreich erneut Regierung Seipel.

Erwin Schrödinger begründet die Wellenmechanik; Uraufführung von Paul Hindemiths »Cardillac« und postume Uraufführung von Puccinis »Turandot«. Im Dresdner Opernhaus sorgt eine Stummfilmversion von Richard Strauss' »Rosenkavalier« für weltweite Aufmerksamkeit.

1927   Sozialistischer Aufstand in Wien wird niedergeschlagen. Bewaffnete Auseinandersetzungen führen zum Brand des Wiener Justizpalastes. Auf Anordnung Stalins »Säuberungen« in der KPdSU. Attentat auf Mussolini gescheitert.

In Leipzig wird Ernst Kreneks Oper »Jonny spielt auf« zum Inbegriff der vom Jazz beeinflußten Musik der 20er Jahre. Bertolt Brecht und Kurt Weill bringen in Baden-Baden ihr »Mahagonny«-Songspiel zur Uraufführung. Die Berliner Uraufführung der Operette »Der Zarewitsch« bereitet Franz Lehár einen nachhaltigen Triumph.

1928   Wilhelm Miklas wird österreichischer Bundespräsident. Das Luftschiff »Graf Zeppelin« wird erstmals in Betrieb genommen. In Berlin sorgt die Uraufführung von Brecht/Weills »Dreigroschenoper« für Aufsehen.

Franz Lehárs Operette »Friederike« wird uraufgeführt.

1929   »Schwarzer Freitag« an der New Yorker Börse löst Weltwirtschaftskrise aus. Die Arbeitslosigkeit steigt. Soziale Spannungen in ganz Europa.

Thomas Mann erhält den Nobelpreis für Literatur. Der Dirigent Clemens Krauss folgt Franz Schalk als Direktor der Wiener Staatsoper. Am 15. Juli stirbt in Rodaun bei Wien der Schriftsteller Hugo von Hofmannsthal.

Mit der Berliner Uraufführung der Operette »Das Land des Lächelns« steht Franz Lehár im Zenit seines Schaffens und seiner Popularität.

1930   Die Wirtschaftskrise und die hohe Arbeitslosigkeit führen zur Auflösung des Deutschen Reichstags, bei Neuwahlen wird Hitlers NSDAP zur zweitstärksten Partei nach der SPD. Aufhebung der Reparationsverpflichtungen Österreichs.

1931   Notverordnungs- und Deflationspolitik Deutschlands. Zunehmende Radikalisierung. In Österreich Putschversuch der »Heimwehr« in der Steiermark. Der österreichische Schriftsteller Arthur Schnitzler stirbt am 2. Oktober in Wien. Der Dirigent und ehemalige Staatsoperndirektor Franz Schalk stirbt in Edlach bei Wien.

1932   Wiederwahl Hindenburgs zum Deutschen Reichspräsidenten. Kurzfristiges Verbot der nationalsozialistischen Verbände SA und SS wird durch das »Kabinett der nationalen Konzentration« unter Franz von Papen aufgehoben. Bei den Wahlen zum Reichstag wird die NSDAP stärkste Partei. Sturz der Regierung Papens. General von Schleicher Reichskanzler. In Österreich Machtübernahme der Regierung von Engelbert Dollfuß.

1933   In Deutschland tritt Schleicher zurück, Hindenburg ernennt Adolf Hitler zum Reichskanzler. Machtübernahme der Nationalsozialisten führt zum Reichstagsbrand und zu ersten Judenverfolgungen. Alle politischen Gegner und Intellektuelle werden vertrieben oder ausgeschaltet, die Grundrechte suspendiert, andere Parteien verboten. Nichtarische Künstler verlieren alle Ämter und Rechte; ihre Werke gelten als »entartet«. Erste Verbrennungen von Büchern unerwünschter Autoren. In Österreich schaltet Dollfuß das Parlament durch Staatsstreich aus. Die Zeit des Austrofaschismus beginnt. Zahlreiche

Emigrationen. Der Tenor Richard Tauber flieht ins Ausland.

1934   Treffen zwischen Hitler und Mussolini. »Röhm-Putsch« führt zur Beseitigung der politischen Gegner und zur Entmachtung der SA. Nach dem Tod Hindenburgs wird Hitler als »Führer und Reichskanzler« vereidigt. Nach einem sozialistischen Aufstand verbietet Dollfuß in Österreich alle Parteien und erläßt eine ständestaatlich-autoritäre Bundesverfassung. Am 25. Juli wird Dollfuß bei einem NS-Putsch ermordet. Kurt Schuschnigg wird neuer Bundeskanzler. Aus Protest gegen das NS-Aufführungsverbot von Paul Hindemiths Oper »Mathis der Maler« legt der deutsche Dirigent Wilhelm Furtwängler alle Ämter nieder. Sein Nachfolger in der Berliner Operndirektion wird der österreichische Dirigent Clemens Krauss. Am 21. März stirbt der Komponist Franz Schreker. An der Wiener Staatsoper wird mit der Operette »Giuditta« Franz Lehárs letztes Bühnenwerk triumphal uraufgeführt. Unter der musikalischen Leitung des Komponisten verbuchen Richard Tauber und Jarmilla Novotna einen großen künstlerischen Erfolg.

1935   Reichsparteitag der NSDAP in Nürnberg: Den Juden in Deutschland werden Rechte und Vermögen entzogen. Einführung der Arbeitsdienstpflicht. Repressionen und der Terror der Hitler-Diktatur nehmen weiter zu.
Nach langen Querelen um das vom jüdischen Schriftsteller Stefan Zweig verfaßte Libretto zur Oper »Die schweigsame Frau« tritt Richard Strauss als Präsident der Reichsmusikkammer zurück. Am 24. Dezember stirbt Alban Berg.

1936   Olympische Spiele in Berlin. Hitler läßt sich in Scheinwahlen bestätigen. Deutsche Unterstützung für die Bürgerkriegspartei von General Franco in Spanien. Deutsch-italienischer Pakt. Schauprozesse Stalins in Moskau.
Der Dirigent Bruno Walter wird der Nachfolger Felix von Weingartners als Direktor der Wiener Staatsoper.

1937   Ermächtigungsgesetz um vier Jahre verlängert. Freiwillige der deutschen Wehrmacht kämpfen auf seiten Francos im Spanischen Bürgerkrieg. Franco wird schließlich spanischer Staats- und Regierungschef. Die Annahme des Nobelpreises wird für Deutsche verboten.

Uraufführung von Carl Orffs »Carmina Burana« und von Alban Bergs Oper »Lulu«. Der Dirigent Herbert von Karajan debütiert an der Wiener Oper.

1938 Hitler übernimmt den Oberbefehl über die Wehrmacht und stellt dem österreichischen Kanzler Schuschnigg ein Ultimatum. Schuschnigg tritt zurück, deutsche Truppen marschieren in Österreich ein. Anschluß Österreichs an das Deutsche Reich, durch Volksabstimmung bestätigt. In der Nacht von 9. auf 10. November kommt es in ganz Deutschland zu Verhaftungen und Mißhandlungen von Juden, zur Zerstörung von Synagogen und Geschäften und zur Beschlagnahme des jüdischen Vermögens (Reichskristallnacht).

1939 Abschluß des Hitler-Stalin-Paktes. Im März besetzt Hitler die tschechischen Teile der Tschechoslowakei, im September marschieren deutsche Truppen in Polen ein. Beginn des Zweiten Weltkrieges. Blitzkrieg gegen Polen, Aussiedelung von Juden aus dem Deutschen Reich.

1940 Treffen Hitlers mit Franco, aber Spanien bleibt neutral. Deutsche Truppen besetzen Dänemark und Norwegen, der Westfeldzug überrollt Luxemburg, die Niederlande, Belgien und Frankreich. Beginn der »Luftschlacht um England«. Italien tritt an der Seite Deutschlands in den Krieg ein.

Bei den Salzburger Festspielen dirigiert Franz Lehár zur »Ablenkung vom Kriegsalltag« ein Operettenkonzert mit eigenen Werken. Als Solisten fungieren die beliebten Opernstars Esther Réthy und Marcel Wittrisch.

1941 Verschärfung der antijüdischen Maßnahmen. Deportationen nach Osten in Konzentrationslager. Der Krieg weitet sich auf ganz Europa und bis nach Afrika und Asien aus. Beginn des U-Boot-Kriegs im Atlantik. Nach japanischem Angriff auf Pearl Harbor treten die USA in den

Krieg ein. Am 22. Juni greifen deutsche Truppen auch die Sowjetunion an.

Der Dirigent Clemens Krauss wird zum neuen künstlerischen Leiter der Salzburger Festspiele ernannt.

1942 »Wannsee-Konferenz« zur »Endlösung der Judenfrage«. Britische und amerikanische Luftangriffe auf deutsche Städte. Deutscher Angriff im Osten bleibt vor Moskau stecken. Ab Dezember Kesselschlacht von Stalingrad. Britische und amerikanische Truppen erobern Nordafrika.

1943 Kapitulation der 6. Armee in Stalingrad. Ostfeldzug geht verloren. Sieg der Alliierten in Afrika. Landung der Alliierten in Sizilien führt zu Sturz Mussolinis. Die italienische Regierung erklärt Deutschland den Krieg. Große Verluste.

Der österreichische Dirigent Karl Böhm wird per 1. Januar neuer Direktor der Wiener Staatsoper. Am 30. Oktober stirbt im New Yorker Exil der österreichische Regisseur und Begründer der Salzburger Festspiele Max Reinhardt.

1944 Verstärkte Luftangriffe. Die sowjetische Armee dringt im Laufe des Jahres bis Ostpreußen vor. Landung der Alliierten in der Normandie. Frankreich wird befreit. Bombenattentat Stauffenbergs auf Hitler scheitert. Die Verschwörer werden hingerichtet. Wegen des Kriegsverlaufs werden die Salzburger Festspiele abgesagt. Der Luftoffensive der Alliierten fallen im gesamten Deutschen Reich auch die Opernhäuser zum Opfer.

1945 Niederlage Deutschlands an allen Fronten. Sowjetische Truppen erobern Berlin. Hitler begeht am 30. April Selbstmord. Bedingungslose Kapitulation der deutschen Wehrmacht. Deutschland und Österreich von den Alliierten Truppen besetzt. Die Stadt Wien ist in vier Sektoren geteilt. Die amerikanischen Atombombenabwürfe über Hiroshima (6. August) und Nagasaki (9. August) zwingen auch Japan zur Kapitulation. Einsetzung provisorischer Regierungen in Deutschland und Österreich.

Leopold Figl wird österreichischer Bundeskanzler, Karl Renner wird Bundespräsident.

In New York stirbt der ungarische Komponist Béla Bartók. Franz Salmhofer wird erster Direktor der Wiener Staatsoper nach Kriegsende. Als Ausweichquartier für das durch Bomben völlig zerstörte Haus am Ring dienen vorläufig das Theater an der Wien und die Volksoper.

1946   Nürnberger Prozesse. Österreich schließt mit Italien das Gruber/de Gasperi-Abkommen zur endgültigen Lösung der Südtirolfrage. Zusammenschluß von KPD und SPD zur Sozialistischen Einheitspartei Deutschlands (SED) unter Walter Ulbricht in der sowjetischen Besatzungszone. Enteignung von Wirtschaftsunternehmen wird durchgeführt. Beginn des Wiederaufbaus.

Hermann Hesse erhält den Nobelpreis für Literatur, Carl Zuckmayer veröffentlicht das Drama »Des Teufels General«.

1947   Annahme des Marshall-Plans für Österreich. Währungsreform. Wiederherstellung der politischen Einheit Deutschlands scheitert am Widerstand der Sowjetunion. Erste Auslandsgastspiele der Wiener Staatsoper nach Kriegsende in Paris und in London mit Mozarts »Cosi fan tutte« und »Don Giovanni«. Beim Gastspiel an der Covent Garden Opera singt Richard Tauber als späte Wiedergutmachung noch einmal den Don Ottavio. Von Thomas Mann erscheint der Roman »Doktor Faustus«.

1948   Am 8. Januar stirbt in London Richard Tauber, der ideale »Lehár-Tenor«. Am 24. Oktober stirbt Franz Lehár in Bad Ischl.

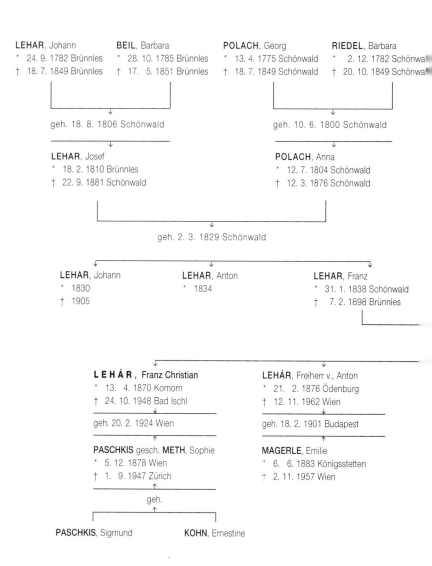

LEHAR, Johann
* 24. 9. 1782 Brünnles
† 18. 7. 1849 Brünnles

BEIL, Barbara
* 28. 10. 1785 Brünnles
† 17. 5. 1851 Brünnles

POLACH, Georg
* 13. 4. 1775 Schönwald
† 18. 7. 1849 Schönwald

RIEDEL, Barbara
* 2. 12. 1782 Schönwa
† 20. 10. 1849 Schönwa

geh. 18. 8. 1806 Schönwald

geh. 10. 6. 1800 Schönwald

LEHAR, Josef
* 18. 2. 1810 Brünnles
† 22. 9. 1881 Schönwald

POLACH, Anna
* 12. 7. 1804 Schönwald
† 12. 3. 1876 Schönwald

geh. 2. 3. 1829 Schönwald

LEHAR, Johann
* 1830
† 1905

LEHAR, Anton
* 1834

LEHAR, Franz
* 31. 1. 1838 Schönwald
† 7. 2. 1898 Brünnles

L E H Á R, Franz Christian
* 13. 4. 1870 Komorn
† 24. 10. 1948 Bad Ischl

geh. 20. 2. 1924 Wien

PASCHKIS gesch. **METH**, Sophie
* 5. 12. 1878 Wien
† 1. 9. 1947 Zürich

geh.

LEHÁR, Freiherr v., Anton
* 21. 2. 1876 Ödenburg
† 12. 11. 1962 Wien

geh. 18. 2. 1901 Budapest

MAGERLE, Emilie
* 6. 6. 1883 Königsstetten
† 2. 11. 1957 Wien

PASCHKIS, Sigmund

KOHN, Ernestine

Franz Lehár

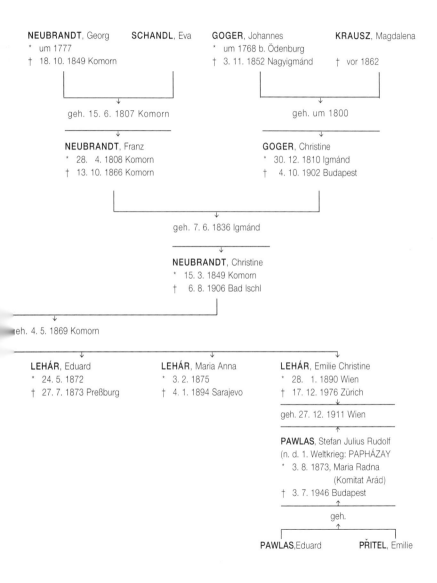

NEUBRANDT, Georg   **SCHANDL**, Eva   **GOGER**, Johannes   **KRAUSZ**, Magdalena
* um 1777   * um 1768 b. Ödenburg
† 18. 10. 1849 Komorn   † 3. 11. 1852 Nagyigmánd   † vor 1862

geh. 15. 6. 1807 Komorn   geh. um 1800

NEUBRANDT, Franz   **GOGER**, Christine
* 28. 4. 1808 Komorn   * 30. 12. 1810 Igmánd
† 13. 10. 1866 Komorn   † 4. 10. 1902 Budapest

geh. 7. 6. 1836 Igmánd

NEUBRANDT, Christine
* 15. 3. 1849 Komorn
† 6. 8. 1906 Bad Ischl

geh. 4. 5. 1869 Komorn

LEHÁR, Eduard   **LEHÁR**, Maria Anna   **LEHÁR**, Emilie Christine
* 24. 5. 1872   * 3. 2. 1875   * 28. 1. 1890 Wien
† 27. 7. 1873 Preßburg   † 4. 1. 1894 Sarajevo   † 17. 12. 1976 Zürich

geh. 27. 12. 1911 Wien

PAWLAS, Stefan Julius Rudolf
(n. d. 1. Weltkrieg: PAPHÁZAY)
* 3. 8. 1873, Maria Radna
           (Komitat Arád)
† 3. 7. 1946 Budapest

geh.

PAWLAS,Eduard   **PŘITEL**, Emilie

Literaturverzeichnis

Adorno, Theodor W., Einleitung in die Musiksoziologie, Frankfurt 1962

Bernstein, Leonard, Erkenntnisse, München/Hamburg 1983

Brixel, Eugen, Das ist Österreichs Militärmusik, Graz 1982

Csáki, Moritz, Ideologie der Operette und der Wiener Moderne, Wien 1996

Czech, Stan, Franz Lehár – Sein Weg und sein Werk, Lindau 1948

ders, Schön ist die Welt – Franz Lehárs Leben und Werk, Berlin 1957

Czeike, Felix, Historisches Lexikon Wien, 5 Bde., Wien 1992-1997

Decsey, Ernst, Franz Lehár, München/Berlin 1930

ders., Johann Strauß, Wien 1948

Einstein, Alfred, Größe in der Musik, Zürich 1951

Endler, Franz, Das Walzer-Buch, Wien 1975

ders., Wien zwischen den Kriegen, Wien 1983

ders., Musik in Wien, Musik aus Wien, Wien 1985

Fahrbach, Philipp, Alt-Wiener Erinnerungen, Wien 1883

Grun, Bernard, Gold und Silber – Franz Lehár und seine Welt, München/Wien 1970

Hadamowsky, Franz, Wien – Theatergeschichte, 3 Bde., München 1988

Hamann, Brigitte, Die Habsburger – Ein biographisches Lexikon, Wien 1988

Hennenberg, Fritz, »Es muß was Wunderbares sein ...«, Wien 1998

Hirschfeld, Ludwig, Das Buch von Wien, München 1927

Karpath, Ludwig, Begegnung mit dem Genius, Wien 1934

Keller, Otto, Die Operette – Ihre geschichtliche Entwicklung, Leipzig 1926

Klotz, Volker, Operette – Porträt und Handbuch einer unerhörten Kunst, München 1991

Knosp, Gaston, Franz Lehár, Brüssel 1935

Kosel, Hermann Clemens, Deutsch-Österreichisches Künstler- und Schriftsteller-Lexikon, Wien 1902

Kraus, Karl, Die Fackel, Reprint München 1977

Kuh, Anton, Luftlinien, Wien 1981

Leitich, Ann Tizian, »Lippen schweigen, flüstern Geigen«, Wien 1960

Mailer, Franz, Johann Strauß – Leben und Werk in Briefen und Dokumenten, bisher 7 Bände, Tutzing 1983-1998

ders., Joseph Strauß – Genie wider Willen, Wien/München 1977

ders., Weltbürger der Musik – Eine Oscar-Straus-Biographie, Wien 1985

Nemetschke, Nina, Lexikon der Wiener Kunst und Kultur, Wien 1990

Oesterreicher, Rudolf, Emmerich Kálmán, Wien/München 1988

Pahlen, Kurt, Johann Strauß und die Walzerdynastie, München 1997

Peteani, Maria von, Franz Lehár – Seine Musik, sein Leben, Wien/London 1950

Schenk, Erich, Johann Strauß, Potsdam 1940

Schneidereit, Otto, Operettenbuch, Berlin 1961

ders., Franz Lehár – Eine Biographie in Zitaten, Berlin 1984

Schönherr, Max, Johann Strauß Vater – Ein Werkverzeichnis, London 1954

ders., Franz Lehár – Bibliographie zu Leben und Werk, Baden bei Wien 1970

ders., C. M. Ziehrer – Dokumentation, Analysen und Kommentare, Wien 1974

Teuber-Kwasnik, Franz Lehár, Kevelaer 1953

Torberg, Friedrich, Auch das ist Wien, München/Wien 1984

Vajda, Stephan, »Mir san vom k.u.k. ...«, Die kuriose Geschichte der österreichischen Militärmusik, Wien 1977

Wehle, Peter, »Sprechen Sie Wienerisch?«, Wien/Heidelberg 1980

Weigel, Hans, Apropos Musik, Zürich 1965

Weinmann, Alexander, Sämtliche Werke von Johann Strauß Vater und Sohn, Wien 1956

Wulf, Joseph, Musik im Dritten Reich, Gütersloh 1963

Zuckmayer, Carl, Als wär's ein Stück von mir, Wien 1967

Zweig, Stefan, Die Welt von Gestern, Stockholm 1944

Der Autor dankt Peter Jarolin für Recherche in der Wiener Landes- und Stadtbibliothek, der Österreichischen National- bibliothek und in den Archiven von Wiener Tageszeitungen sowie im Archiv des ORF. Zahlreiche Artikel aus Tageszeitungen sind nach Otto Schneidereit zitiert, mehrere von ihnen wurden in Archiven auch im Original wiedergefunden, ergänzt oder gekürzt.

Außerdem verwendet wurden die Libretti und Klavierauszüge der Operetten von Franz Lehár aus den Archiven der Wiener Volksoper, des Glocken-Verlages und aus dem Archiv des Autors.

Bildnachweis

Archiv für Kunst und Geschichte, Berlin: 1, 5, 6, 7, 8, 9, 24, 25, 26, 27, 29
Archiv für Kunst und Geschichte, Berlin / Erich Lessing: 10
Archiv für Kunst und Geschichte, Berlin / Heiner Heine: 18
Archiv für Kunst und Geschichte, Berlin / Jerome da Cunha: 16, 17
Bilderdienst Süddeutscher Verlag, München: 19, 21
Lehár-Archiv: 2, 3, 4, 11, 12, 13, 14, 15, 23
Ullstein Bilderdienst, Berlin: 20, 22, 28

Personenregister

Österreich | Land der Musik

Der Walzerkönig | Ein begnadeter Künstler

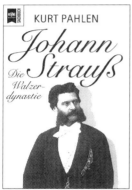

19/550

Die Biographie des großen Musikers, das Bild seiner Epoche und das Porträt der Strauß-Familie, der legendären Walzerdynastie.

19/461

Leben und Werk des genialen Musikers und Komponisten, des großen Liedschöpfers und Symphonikers Franz Schubert.

Heyne-Taschenbücher

HEYNE
BÜCHER

Peter Scholl-Latour

*»Peter Scholl-Latour
erweist sich als der große
Reporter, der das Wort
und das Thema
beherrscht.
Der Orientalist deutet
kenntnisreich Wesen und
Zusammenhang.
Der Journalist findet
zu prägenden
Formulierungen.
Der Stilist zeichnet feine,
stimmungsvolle Porträts.«*

*Frankfurter
Allgemeine Zeitung*

Pulverfaß Algerien
*Vom Krieg der Franzosen zur
islamischen Revolution*
19/364

Schlaglichter der Weltpolitik
*Die dramatischen neunziger
Jahre*
19/537

19/537

Heyne - Taschenbücher

Österreich

*Nachbarland
im Herzen Europas,
Heimat
der Habsburger*

19/388

Heyne - Taschenbücher

Bedeutende Persönlich- keiten der Weltgeschichte

*»Was will man uns noch
mit dem Schicksal! –
Politik ist das Schicksal.«*

Napoleon zu Goethe

19/552

Heyne-Taschenbücher

HEYNE BÜCHER

Erich Fromm

Schriften aus dem Nachlaß

Die nachgelassenen Schriften des großen Sozialpsychologen, Philosophen und Humanisten zeigen seinen gedanklichen Reichtum, sein immenses Einfühlungsvermögen und seine Fähigkeit zu scharfsinnigen Analysen.

Heyne-Taschenbücher